Franz Jürgen Säcker • Jochen Mohr

Fallsammlung zum BGB Allgemeiner Teil

mit Verbindungslinien zum Schuld-
und Sachenrecht

 Springer

Prof. Dr. Dr. Dr. h.c. Franz Jürgen Säcker
Dr. Jochen Mohr
Freie Universität Berlin
Institut für deutsches und
europäisches Wirtschafts-,
Wettbewerbs- und Regulierungsrecht
Boltzmannstraße 3
14195 Berlin
Deutschland
f.j.saecker@fu-berlin.de
jochen.mohr@fu-berlin.de

ISSN 0944-3762
ISBN 978-3-642-14810-1   e-ISBN 978-3-642-14811-8
DOI 10.1007/978-3-642-14811-8
Springer Heidelberg Dordrecht London New York

Die Deutsche Nationalbibliothek verzeichnet diese Publikation in der Deutschen Nationalbibliografie; detaillierte bibliografische Daten sind im Internet über http://dnb.d-nb.de abrufbar.

Einbandentwurf: WMXDesign GmbH, Heidelberg

Gedruckt auf säurefreiem Papier

Springer ist Teil der Fachverlagsgruppe Springer Science+Business Media (www.springer.com)

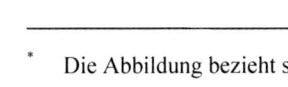

Foto: Axel Nickolaus, Kiel[*]

---

[*] Die Abbildung bezieht sich auf den Abschnitt „Grenzenlose Interpretation" (Seite 6).

Vorwort

> Es ist fast unmöglich, die Fackel der Wahrheit
> durch ein Gedränge zu tragen,
> ohne jemandem den Bart zu versengen.
>
> *Georg Christoph Lichtenberg*

Das Fallbuch vermittelt den examensrelevanten Stoff des Allgemeinen Teils des BGB in Fällen. Es tut dies nicht in der von manchen Fallbüchern praktizierten ergebnisorientierten Form, wonach alles Wissenswerte als modularisierter, unbezweifelbarer Lern- und Prüfungsgegenstand vermittelt wird, sondern es argumentiert problemorientiert entsprechend dem Humboldtschen Prinzip, „Wissenschaft als etwas noch nicht ganz Gefundenes und nie ganz Aufzufindendes zu betrachten". Dies mag von manchen als unzeitgemäßer Affront gegen die Bachelor-Studienreformidee empfunden werden. Die Verfasser folgen indes dem Leitspruch der Aufklärung: „Sapere aude!" (Wage selbstständig zu denken!). Sie wollen die Studierenden zum kritischen Mitdenken anregen, ihre Urteilsfähigkeit schulen und Gegenargumente und Gegenentwürfe provozieren.

Inhaltlich spiegelt sich in zahlreichen Fällen das Spannungsverhältnis zwischen Vertragsfreiheit, Inhaltskontrolle, Verbraucher- und Diskriminierungsschutz („AGG") wider. Den Schwerpunkt bildet allerdings die klassische Rechtsgeschäftslehre. Das Buch wendet sich nicht nur an Studienanfänger; es möchte vielmehr auch vor dem Staatsexamen zu einem zweiten Durchgang durch den Allgemeinen Teil verleiten und enthält zur Erleichterung der Stoffwiederholung umfangreiche „Merke"-Sätze, die bewusst über die im konkreten Fall erörterten Rechtsfolgen hinausgehen, um das Wissen zu verbreitern. Manche der in den Fällen angeschnittenen Probleme der Rechtsgeschäftslehre werden wegen ihrer Verknüpfung mit dem Schuld- und Sachenrecht erst nach Beschäftigung mit diesen Teilen des BGB voll begreifbar. Mögen die Lektüre und die Lösung der Fälle den Lesern nicht nur Qualen bei der Wahrheitssuche, sondern am Ende auch intellektuelle Freude bereiten!

Die Falllösungen haben nicht durchweg den Charakter von vier- oder fünfstündigen Musterklausuren. Im Interesse einer das erforderliche Prüfungswissen vermittelnden und vertiefenden Darstellung sind die Lösungen unter Beachtung des Gutachtenstils z. T. ausführlicher gehalten, als dies von einer Examensklausur erwartet werden kann. Die Lösungen sind mit umfangreichen Rechtsprechungs- und Literaturhinweisen versehen, um eine Nacharbeit zu ermöglichen. Gerade bei

Klausuren, die ihren Schwerpunkt in Fragen der Anfechtung von Willenserklärungen haben, treten im Staatsexamen immer wieder erhebliche Fehler auf. Die Verfasser möchten deshalb anhand dogmengeschichtlich vertiefter Hinweise zum Doppelirrtum (Fall 13) ein vertieftes Verständnis des Rechts der Irrtumsanfechtung wecken. Viele Falltexte sind in Universitätsklausuren oder im Staatsexamen getestet bzw. am Lehrstuhl diskutiert worden. Für den Fall 2 hat Kim Mengering, für die Fälle 15 und 22 Genevieve Baker gute Vorlagen geliefert. Beiden sei an dieser Stelle herzlich gedankt.

Berlin, im Juni 2010   Jochen Mohr
                                              Franz Jürgen Säcker

Inhaltsverzeichnis

Verzeichnis der Abkürzungen und der abgekürzten Literatur

Armbrüster	*Armbrüster*, Examinatorium BGB AT, 2007
Bork	*Bork*, Allgemeiner Teil des Bürgerlichen Gesetzbuchs, 2. Aufl. 2006
Brehm	*Brehm*, Allgemeiner Teil des BGB, 6. Aufl. 2008
Braun	*Braun*, Der Zivilrechtsfall, 4. Aufl. 2008
Boecken	*Boecken*, BGB-Allgemeiner Teil, 2007
Boemke/Ulrici	*Boemke/Ulrici*, BGB Allgemeiner Teil, 2009
Brox/Walker	*Brox/Walker*, Allgemeiner Teil des BGB, 33. Aufl. 2009
Eisenhardt	*Eisenhardt*, Einführung in das Bürgerliche Recht. Ein Studien- und Übungsbuch, 5. Aufl. 2007
Enneccerus/Nipperdey	*Enneccerus/Nipperdey*, Allgemeiner Teil des Bürgerlichen Rechts, 2 Bände 1959-1960
Faust	*Faust*, Bürgerliches Gesetzbuch Allgemeiner Teil, 2. Aufl. 2007
Fezer	*Fezer*, Klausurenkurs zum BGB AT, 7. Aufl. 2008
Flume	*Flume*, Allgemeiner Teil des Bürgerlichen Rechts, Band 2, Teil 2, 3. Aufl. 1979
Fritzsche	*Fritzsche*, Fälle zum BGB Allgemeiner Teil, 3. Aufl. 2009
Gottwald	*Gottwald*, Examens-Repetitorium, BGB – Allgemeiner Teil, 2. Aufl. 2008
Grigoleit/Herresthal	*Grigoleit/Herresthal*, BGB Allgemeiner Teil, 2006
Grunewald	*Grunewald*, Bürgerliches Recht, 8. Aufl. 2009
Hattenhauer	*Hattenhauer*, Grundbegriffe des Bürgerlichen Rechts, 2. Aufl. 2000
Hübner	*Hübner*, Allgemeiner Teil des BGB, 2. Aufl. 1996
Köhler	*Köhler*, BGB Allgemeiner Teil, 33. Aufl. 2009
Köhler	*Köhler*, Prüfe dein Wissen, BGB Allgemeiner Teil, 25. Aufl. 2009

Larenz/Wolf	*Larenz/Wolf,* Allgemeiner Teil des Bürgerlichen Rechts, 9. Aufl. 2004
Leipold	*Leipold,* BGB I Einführung und Allgemeiner Teil, 5. Aufl. 2008
Lindacher/Hau	*Lindacher/Hau,* Fälle zum Allgemeinen Teil des BGB, 5. Aufl. 2010
Löwisch/Neumann	*Löwisch/Neumann,* Allgemeiner Teil des BGB, Einführung und Rechtsgeschäftslehre, 7. Aufl. 2004
Marburger	*Marburger,* Klausurenkurs BGB – Allgemeiner Teil, 8. Aufl. 2004
Medicus	*Medicus,* Allgemeiner Teil des BGB, 9. Aufl. 2006
Medicus/Petersen	*Medicus/Petersen,* Bürgerliches Recht, 22. Aufl. 2009
Musielak	*Musielak,* Grundkurs BGB, 11. Aufl. 2009
Pawlowski	*Pawlowski,* Allgemeiner Teil des BGB, 7. Aufl. 2003
Rüthers/Stadler	*Rüthers/Stadler,* Allgemeiner Teil des BGB, 16. Aufl. 2009
Schack	*Schack,* BGB-Allgemeiner Teil, 12. Aufl. 2008
Schapp/Schur	*Schapp/Schur,* Einführung in das bürgerliche Recht, 4. Aufl. 2007
Schmidt	*Schmidt,* Bürgerliches Gesetzbuch, Allgemeiner Teil, 6. Aufl. 2009
Schwab/Löhnig	*Schwab/Löhnig,* Falltraining im Zivilrecht, 2003
Schwab/Löhnig	*Schwab/Löhnig,* Einführung in das Zivilrecht, 17. Aufl. 2007
Werner/Sänger	*Werner/Sänger,* Fälle mit Lösungen für Fortgeschrittene im Bürgerlichen Recht, 2. Aufl. 2004
Westermann	*H. P. Westermann,* Grundbegriffe des BGB, 16. Aufl. 2004

Teil 1: Einleitung und Grundbegriffe

I. Zur rechtswissenschaftlichen Methode

Das Fallbuch wird alle enttäuschen, die die Hoffnung hegen, die Lösung eines juristischen Falles sei nichts anderes als die Lösung einer mathematischen Aufgabe und am Ende des Erkenntnisprozesses stehe immer „richtig" oder „falsch". Der Jurist ist entgegen der Gewaltenteilungslehre *Montesquieus* nicht lediglich der Mund des Gesetzes, der ausspricht, was der Gesetzgeber an präfabrizierten Wertentscheidungen in den Gesetzestext hineingelegt hat. Der Jurist als Subsumtionsautomat ist eine Chimäre. Zwar fällt bei gleichem politischem Wollen und Fühlen die Verständigung über den (erwünschten) Inhalt eines Gesetzes leicht; gemeinsame Richtigkeitserlebnisse im hermeneutischen Zirkel der Gleichheit des Auslegungsziels scheinen mitunter zu bestätigen, dass nur *eine* Lösung in Betracht kommt. So werden Gewerkschaftsjuristen bei der Lektüre eines arbeitsrechtlichen Gesetzestextes unter sich kaum Verständigungsprobleme über den Inhalt des Gesetzestextes haben. Ein Gleiches gilt für Unternehmensjuristen, wenn sie in ihren Arbeitskreisen tagen. Nur das Ergebnis der getrennten Lektüre fällt jeweils sehr unterschiedlich aus. Gesetzesauslegung ist Textauslegung: die linguistischen Schwierigkeiten der Textinterpretation, die sich z. B. bei der Lektüre von Sprachkunstwerken einstellen, ereilen auch uns Juristen.[1]

Für Juristen, gleich welche Funktion sie beruflich ausüben, gilt, dass das Prinzip der Bindung des Rechtsanwenders an Gesetz und Recht, wie Art. 20 III GG es vorschreibt, heilig ist. Wir sind nicht befugt, die vorhandenen Gesetze als Fragmente unserer eigenen gesellschaftstheoretischen und rechtspolitischen Grundüberzeugungen zu vereinnahmen und sie aus dieser metajuristischen Position heraus zu interpretieren. Juristen sind keine Politologen, Moraltheologen oder Gesellschaftsphilosophen, die die Fundamente gerechter Staats- und Gesellschaftsordnung autonom definieren und dann von dieser subjektiv gesetzten normtranszendenten Position aus das positive Recht beurteilen. Sie haben vielmehr die Pflicht, die Wirklichkeit im Lichte der Wertungen und Zwecke des konkreten Gesetzes zu betrachten und die Entscheidungen der Legislative so korrekt wie nur möglich in die Wirklichkeit hineinzutragen. Rechtswissenschaft ist keine gesetzesfreie Gerechtigkeitswissenschaft, die den Juristen zum Künder höchster Wahrheit macht und ihm erlaubt, den demokratischen Gesetzgeber in die Schranken zu verweisen. Der Jurist schuldet dem Gesetz Gehorsam, auch wenn es ihm nicht gefällt und er im politischen Raum für seine Abschaffung kämpft. Wer z. B. Kernkraftwerke nicht mag, weil es hundertprozentige Sicherheit vor dem Eintritt eines Super-Gaus nicht gibt, ist nicht berechtigt, anderen seine Position mit Gewalt aufzuzwingen und Straßen oder Werkstore zu blockieren. Wer dies dennoch tut, weil er seine eigene Überzeugung über den staatsbürgerlichen Gehorsam gegenüber einem ungeliebten Gesetz stellt, mag gemäß seiner ethischen Eigenwertung höchst mora-

---

[1] Lesen Sie deshalb von *Umberto Eco* nicht nur die „Rose" und das „Foucaultsche Pendel", sondern auch seine „Einführung in die Semiotik" (9. Aufl. 2002).

lisch handeln; er handelt aber zugleich illegal. Er muss dann auch in Kauf nehmen, dass er von der Justiz als Gesetzesbrecher behandelt wird. Die Rechtsordnung würde anarchisiert und friedliches Zusammenleben unmöglich gemacht,
wenn jeder einzelne das Recht bekäme, gemäß seiner individuellen Überzeugung
das geschriebene Recht zu brechen.

II. Recht und Gerechtigkeit

Die Demokratie sichert das Recht der Minderheit, in freien Wahlen Mehrheit zu
werden; sie sichert dem Einzelnen oder einer sich als Avantgarde definierenden
Minderheit nicht das Recht, der Mehrheit des Volkes (auch wenn sie als „ver-
blendet" oder „verführt" empfunden wird) den Willen aufzuzwingen. Nun werden viele von Ihnen denken, dass es doch systemimmanente Grenzen für den
Gesetzesgehorsam geben müsse, dann nämlich, wenn das Gesetz sich in Widerspruch zur Gerechtigkeit setzt. Es gibt indes keine objektiv erkennbare Gerech-
tigkeitsordnung, in deren Lichte die geltende Rechtsordnung systemimmanent
korrigierbar wäre. Nach Überwindung der klassischen Naturrechtslehren wissen
wir, dass die Entscheidung der Frage, was gerecht und was ungerecht ist, von
der Wahl der Gerechtigkeitsnormen abhängt, die wir zur Grundlage unseres
Werturteils nehmen und daher sehr verschieden beantwortet werden kann, dass
diese Wahl nur wir selbst, jeder Einzelne von uns, dass sie niemand anderer,
nicht Gott, nicht die Natur und auch nicht die Vernunft als objektive Autorität
für uns treffen kann. Wenn es gilt, die Wahl zu treffen, geben die verschiedenen
Naturrechtslehren ebenso viele und ebenso verschiedene Antworten wie der re-
lativistische Positivismus. Sie ersparen dem Individuum nicht die Wahl. Aber
jede dieser Naturrechtslehren gibt dem Individuum die Illusion, dass die Gerech-
tigkeitsnorm, die es wählt, von Gott, der Natur oder der Vernunft stammt, daher
absolut gültig ist und die Möglichkeit der Geltung einer anderen, ihr widerspre-
chenden Gültigkeitsnorm ausschließt; und für diese Illusion bringen viele jedes
„sacrificium intellectus".[2] Hoffentlich wird kein Leser bei seiner künftigen beruflichen Tätigkeit der Grenzsituation des sittenwidrigen Gesetzes ausgesetzt
sein. Das Grundgesetz hat durch seine Grundrechts- und Staatszielbestimmun-
gen (Art. 1, Art. 20 und Art. 79 III GG) dafür Sorge getragen, dass Ihnen eine
solche Situation nach Möglichkeit erspart bleibt. Für den Alltag in der Demokratie, für den Alltag des Juristen gilt, dass er das Gesetz einer rot-grünen Re-
gierungskoalition genauso loyal anwendet wie das Gesetz einer schwarz-gelben
Koalition. Nicht Korrektur des Gesetzes, sondern Durchführung des verfas-
sungsgemäßen Gesetzes ist die Funktion des Rechtsanwendungsstabs.

---

[2]   *Kelsen*, Reine Rechtslehre, 2. Aufl. 1960, S. 442.

III.   Grenzenlose Interpretation?

Auch das muss gesagt werden: Angesichts gesetzestechnisch und sprachlich immer schlechter abgefasster Gesetze wird eine Einigkeit über Zweck und Tragweite eines Gesetzes unter den um seine Interpretation bemühten Juristen immer seltener. Bei politisch umstrittenen Gesetzen, die in das Kräfteparallelogramm von gesellschaftlichen Beharrungs- und Veränderungsinteressen eingreifen, suchen Normbegünstigte wie Normbetroffene nach Juristen, die sich dazu hergeben, die durch das Gesetz intendierten Änderungen klein zu reden oder zu verfälschen. Werden Sie kein Rechtsverdreher! Gewinnen Sie Ihr Berufsethos aus Ihrer Gesetzesloyalität und der auf dem Gesetzesgehorsam fußenden inneren Unabhängigkeit.

Gesetzliche Wertungen können allerdings nur da binden, wo sie erkennbar sind. Die Dringlichkeit einer Frage kann „keine Antwort erzwingen, sofern keine wahre zu erlangen ist; weniger noch kann das fehlbare Bedürfnis, auch nicht das verzweifelte, der Antwort die Richtung weisen".[3] Seit Überwindung der begriffsjuristischen Wortauslegung durch die Interessenjurisprudenz beherrscht die juristische Methodenlehre heute die Einsicht, dass ein großer Teil der zweifelhaften Rechtsfragen auf dem Vorhandensein von Gesetzeslücken beruht. So zu tun, als sei all das, was Richter heute tun, bereits im Inhalt des Gesetzes embryonal angelegt und im Laufe der Jahrzehnte aus ihm herausgewachsen, stellt, wie die kritische Theorie wissenschaftlicher Interpretation herausgearbeitet hat, eine objektive Selbsttäuschung dar. Das von der dialektisch-hermeneutischen Interpretationslehre auch heute noch aufrechterhaltene und sich in der sog. objektiven Auslegung niederschlagende Dogma, dass das Gesetz klüger sein könne als die, die es schufen, verdeckt nur die Tatsache, dass der Richter angesichts der zahlreichen Gesetzeslücken häufig „klüger" sein muss als der Gesetzgeber.

Die Schwächen und Lücken einer Kodifikation eröffnen aber keine grenzenlose Interpretation. Die inhaltliche Indeterminiertheit der Interpretation bei Schweigen des Gesetzes bedeutet nicht, dass jede beliebige Interpretation berechtigt ist. Der Text ist keine Spielwiese für unbegrenzte Semiose und unendliche Interpretationsspiralen, wie dies von Linguisten früher angenommen worden ist. Interpretation sucht nach der intentio auctoris, nicht nach der intentio lectoris, die den Text selbstherrlich so lange zurechtklopft, bis er den Inhalt annimmt, den der Interpret für seine Zwecke braucht. Es geht bei der Auslegung nicht um phantasievolle, kreative Benutzung des Textes für texttranszendente Zwecke. Interpretation ist keine konstruktivistische Rechtfertigungslehre, die jede beliebige Interpretation autorisiert; sie dient auch nicht der Legitimierung der „guten" Interpretation, sondern der Delegitimierung der „schlechten"; es geht um die Weckung von Zweifeln an voreiliger Inanspruchnahme und Vereinnahmung des Textes für ein bestimmtes vom Rezipienten vertretenes Verständnis. Es gibt kein Prinzip grenzenloser Pluri-

---

[3] *Adorno*, Negative Dialektik, 1966, S. 200.

Interpretabilität. Vom Standpunkt der inneren Kohärenz und der inneren System-
einheit ist die Interpretation einer Textstelle nur dann akzeptabel, wenn sie von
keiner anderen Stelle des Textes in Frage gestellt wird, sondern vom Gesamttext
her Sinn macht.

Der Jurist ist daher nicht zu beliebigen Aussagen über den Gesetzesinhalt berechtigt. Auslegung ist eine an Regeln gebundene, entziffernde „regulierte Trans-
formation dessen, was bereits geschrieben worden ist".[4] *Umberto Eco* (Die Grenzen der Interpretation, 1995, S. 78) stellt daher zu Recht fest, dass in vielen Fällen
niemand daran zweifelt, dass eine bestimmte Interpretation unhaltbar ist. „Würde
Jack the Ripper uns sagen, er habe seine Taten aufgrund einer Inspiration begangen, die ihn beim Lesen des Evangeliums überkam, so würden wir zu der Ansicht
neigen, er habe das Neue Testament auf eine Weise interpretiert, die zumindest
ungewöhnlich ist." *Eco* fügte hinzu: „Man wird angesichts der Ergebnisse seines
Misreadings nicht sagen können, Jack sei das Vorbild, anhand dessen man Studen-
ten erklären sollte, wie man mit einem Text umgeht."

Bei der Eröffnung einer Kunstausstellung am 14. Februar 2010 kam es vor
der Bronzeskulptur „Sitzender Torso" (auf Seite V des Buches abgebildet) zwischen dem Direktor des Museums und dem Künstler zu folgendem Zwiege-
spräch: Der Direktor sah in den abgetrennten Gliedern (Arme und Unterschen-
kel) symbolisch die Verletzung des Menschen und der Menschenwürde im ver-
gangenen Jahrhundert dargestellt. Der Künstler widersprach: „Ich habe mir
nichts dabei gedacht. Ich habe schlicht keine Lust gehabt, Arme und Beine zu
formen." „Doch, sie haben sich etwas dabei gedacht", beharrte der Museumslei-
ter, und am Ende gab der Künstler klein bei. Er habe sich also doch etwas dabei
gedacht, sagte er resigniert. Juristische Interpretation ist – ebenso wie literatur-
wissenschaftliche Interpretation – nicht nur Textreproduktion mit anderen Worten, sondern in aller Regel die Ergänzung eines unvollständigen Textes. Erst die
Interpretation macht einen abstrakten Gesetzestext verständlich und überführt
ihn in die Wirklichkeit des konkreten Sachverhalts. Die Ergänzung des Gesetzes, das in seiner Abstraktheit keine unmittelbare Berührung mit der Wirklichkeit hat, geschieht im Wege juristischer Auslegung. Es handelt sich dabei nicht
um die Sichtbarmachung von Unsichtbarem, um die Erhellung von Unerhelltem
oder um die Entbergung eines Sinnes, der im Text verborgen ist, sondern es geht
um die systemgerechte Fortbildung und Ergänzung des Gesetzes durch Interpretation. Die Güte der gesetzesergänzenden Interpretation bemisst sich wie bei
einem Kunstwerk daran, ob es gelingt, den Torso (Gesetz) sensibel „mit Finger-
spitzengefühl" entsprechend seiner inneren Struktur so fortzubilden, dass die
fehlenden Glieder zu ihm passen, wie wenn der Gesetzgeber (Künstler) selber
die Ergänzung vorgenommen hätte.

---

[4]   *Haselstein*, Entziffernde Hermeneutik, 1991.

IV. „Herz und Verstand"

Der Jurist ist zwar gesetzesunterworfen; er ist aber wie die Bewertungen unter III. gezeigt haben, kein Gesetzesautomat, da jedes Gesetz primäre und sekundäre Regelungslücken aufweist, die der Richter aufgrund des Rechtsverweigerungsverbotes zu schließen hat. Der Jurist sollte, gerade wenn seine Entscheidung wegen ihrer politischen Brisanz im Verfassungsrecht, im Arbeitskampfrecht, im Scheidungsfolgenrecht oder im Kreditsicherungsrecht mit großen, allerdings in unterschiedliche Richtungen gehenden Erwartungen der Normunterworfenen verbunden ist, immer einen kühlen Kopf behalten, auch wenn die Emotionen und die öffentliche Kritik hochgehen. Er sollte aber zugleich über ein warmes, mitfühlendes Herz verfügen, um dem Rechtsunkundigen, dem intellektuell oder wirtschaftlich Schwächeren durch klare und verständnisvolle prozessuale Hinweise, durch faire Verfahrensgestaltung und durch überzeugende Begründung der getroffenen Entscheidung zu helfen, Recht zu verstehen. Juristen sollten keine arroganten Darsteller staatlicher Macht sein, die mit unverständlicher Sprache ihr Desinteresse und ihre Gleichgültigkeit für das menschliche Schicksal, das hinter dem entschiedenen Fall steht, zum Ausdruck bringen. Das Bild der mit verbundenen Augen entscheidenden Iustitia symbolisiert nicht den blind und ahnungslos entscheidenden Richter, sondern den unbefangenen, frei von der Bindung an Partei- und Standesinteressen entscheidenden unabhängigen Juristen. Dies sollte das Leitbild des Juristen sein.

V. Sprache und Recht

Ein guter Jurist bringt im Umgang mit anderen ein Mindestmaß an Einfühlungsvermögen und Geschicklichkeit mit. Er formuliert seine Auffassung in klaren und vollständigen Sätzen, ohne sich billiger Rhetorik zu bedienen. Er ist sachlich und präzise, nie laut, vorlaut oder polemisch. Die Waffe des Juristen ist nicht der Säbel, sondern das Florett. Ein Urteil, eine Klausur oder ein Rechtsgutachten ist kein Text, der den Jargon banaler Alltagssprache verträgt. Unerträglich ist biederes, unstrukturiertes Dahinschreiben und breite Auswalzung der Gedanken statt präziser, knapper, disziplinierter Ausdrucksweise und Tiefenschärfe, die ihren sprachlichen Ausdruck in grammatisch und orthographisch korrekten und vollständigen Sätzen findet. Auch wenn andere lang und breit schwatzen – es ist die Aufgabe des Juristen, aus mitunter exaltiertem, aufgeblähtem und schwabbeligem Geschwätz die Fakten herauszufiltern. In den Übungsfällen dieses Buches lernen Sie die von der Fülle der Fakten abstrahierende juristische Subsumtionstechnik kennen und strukturiertes Denken zu erproben.

Wer sprachlich fundiert und überzeugend argumentieren will, muss über einen größeren Wortschatz verfügen, als in der Alltagssprache und in Repetitorskripten verwandt wird. Hören Sie nicht auf, während Ihres Studiums Bücher von Autoren zu lesen, die wegen der Klarheit und Anschaulichkeit ihrer Sprache berühmt geworden sind. Bücher sind der Kern der Wirklichkeit. Beim Lesen der Bücher ist man Teilnehmer am wissenschaftlichen und kulturellen Dialog, der vor Tausenden von Jahren begonnen hat und niemals enden wird, selbst wenn das Buch eines Tages im digitalen Text des PC weitgehend verschwunden sein sollte.

Begnügen Sie sich nicht mit oberflächlichem Grundzügewissen! Sie werden zwar vieles von dem, was Sie in anspruchsvollen Büchern lesen, wieder vergessen. Sie lernen indes, wenn Sie kritisch und gründlich lesen, in exemplarischer Weise juristisches Denken auf hohem Argumentationsniveau. Sie gewinnen die Fähigkeit, juristisch auf sachangemessenem Niveau zu argumentieren, ein Problem dogmatisch zu verorten und die maßgeblichen Lösungsgesichtspunkte selbstständig zu entwickeln. Sie gewinnen Sensibilität für gute Argumente und lernen, den Torso „Gesetz" mit zu ihm passenden Armen und Füßen zu verbinden. Die nachfolgenden Fälle sollen dazu beitragen, diese Sensibilität zu vermitteln.

VI.   Von den Fällen vorausgesetzte Grundbegriffe

1.   Allgemeines Privatrecht und Sonderprivatrechte

Das bürgerliche Recht ist das Kerngebiet des Privatrechts (= Zivilrechts); es ist das für alle Bürger in Deutschland in gleicher Weise geltende, in diesem Sinne allgemeine Privatrecht. Dieses ist seit 1900 im Wesentlichen im BGB geregelt; wichtige Teile befinden sich aber auch außerhalb des BGB, z.B. im AGG. Neben dem allgemeinen Privatrecht stehen die Sonderprivatrechte, die spezielle Regelungen enthalten, nämlich das Unternehmensrecht (HGB, AktG, GmbHG, GenG, UWG, GWB) und das Arbeitsrecht als Sonderrecht der abhängig Beschäftigten. Ein immer bedeutsamer werdender Teil der Vorschriften des deutschen Privatrechts (insbesondere des Verbraucherschutzrechts) beruht auf der Umsetzung EU-rechtlicher Richtlinien. Diese Vorschriften sind zur Sicherung der Einheitlichkeit des Rechts europäischen Ursprungs richtlinienkonform auszulegen. Das im BGB geregelte bürgerliche Recht (das vertragliche und außervertragliche Schuldrecht, das Sachenrecht, das Familienrecht und das Erbrecht) gilt für alle privatrechtlichen Rechtsbeziehungen, soweit es nicht durch sonderprivatrechtliche Rechtsvorschriften nach den Regeln der zivilrechtlichen Gesetzeskonkurrenz (Spezialität, Alternativität, Subsidiarität) verdrängt wird. Eine Verdrängungswirkung tritt namentlich ein, wenn nach intertemporalem Recht (Art. 50 ff.; Art. 219 ff.; Art. 230 ff. EGBGB) älteres Privatrecht fortgilt oder nach internationalem Recht (Art. 3 ff. EGBGB; Rom-I-VO; Rom-II-VO) ausländisches Privatrecht anzuwenden ist.

2.   Privatrecht und öffentliches Recht

Der Gegensatzbegriff zum Privatrecht ist der Begriff des öffentlichen Rechts, das im Wesentlichen die Gebiete Staatsrecht, Verwaltungsrecht, Völkerrecht und Verfahrensrecht umfasst. Aber auch das Strafrecht ist öffentliches Recht. Die Unterscheidung von öffentlichem und privatem Recht ist für die geltende deutsche Rechtsordnung von fundamentaler inhaltlicher Bedeutung; sie ist nicht nur für die Abgrenzung der gerichtsverfassungsrechtlichen Zuständigkeiten (vgl. §§ 13 GVG, 40 VwGO, Art. 19 IV 2 GG) wichtig, sondern auch für die richtige Charakterisierung und die Rechtsfolgen des Handelns staatlicher Organe maßgeblich. Handelt es sich um eine privatrechtlich zu qualifizierende Tätigkeit eines staatlichen Organs, so gilt das BGB bzw. das einschlägige Sonderprivatrecht. Handelt es sich dagegen um eine öffentlich-rechtlich zu qualifizierende Tätigkeit, gilt grundsätzlich (Ausnahmen: § 2 VwVfG) das Verwaltungsverfahrensgesetz des Bundes bzw. der Länder als allgemeine Handlungsgrundlage. Bedient sich – gleichgültig, ob öffentlich-rechtlich zulässig oder nicht – ein staatliches Hoheitssubjekt der Rechtsformen (z. B. der Gesellschaftsrechtsformen) des Privatrechts, so gelangen die betreffenden Privatrechtsnormen unmodifiziert und uneingeschränkt zur Geltung, soweit nicht das in Anspruch genommene privatrechtliche Institut ausdrückliche Sonderregelungen zugunsten der öffentlichen Hand vorsieht (z. B. §§ 349 f. AktG). Durch landesrechtliche, z. B. gemeindewirtschaftsrechtliche Regelungen kann Bundesprivatrecht nicht abgeändert werden (Art. 31 GG).

Das öffentliche Recht ist das spezifische „Amtsrecht" der Träger hoheitlicher Gewalt und ihrer Organe, durch das nur ein Träger oder ein bestimmtes Organ hoheitlicher Gewalt berechtigt oder verpflichtet wird. Öffentlich-rechtlich sind mithin diejenigen Pflichten und Rechte, die aus einem Rechtssatz folgen, der nur ein staatliches Rechtssubjekt verpflichtet oder berechtigt (sog. neuere Subjekts- oder Sonderrechtstheorie). Soweit sich ein Hoheitssubjekt demgemäß derselben Rechtssätze bedient oder dieselben Tatbestände verwirklicht wie ein Privatrechtssubjekt (z. B. beim Abschluss fiskalischer Hilfsgeschäfte oder bei normaler Teilnahme am allgemeinen Straßenverkehr), handelt es privatrechtlich. Im Einzelnen besteht über die Abgrenzung nach wie vor ein wissenschaftlicher Meinungsstreit. Die von der Rechtsprechung neben der Subjektstheorie vertretene Subordinations- oder Subjektionstheorie ordnet ein Rechtsverhältnis dann dem privaten Recht zu, wenn zwischen den an ihm Beteiligten ein Verhältnis der Gleichordnung besteht, sie ordnet es dem öffentlichen Recht zu, wenn zwischen den an ihm Beteiligten ein Verhältnis der Über-Unterordnung besteht. Diese typologisch im allgemeinen brauchbare Abgrenzung versagt jedoch bei bedeutsamen Fallgruppen, so bei öffentlich-rechtlichen Gleichordnungsverhältnissen (öffentlich-rechtliche Verträge zwischen Körperschaften des öffentlichen Rechts) oder bei privatrechtlichen Unterordnungsverhältnissen, wie sie z. B. im Bereich des Kindschaftsrechts anzutreffen sind. Die Darstellung des Theorienstreits im Einzelnen muss den Lehrbüchern des öffentlichen Rechts vorbehalten bleiben, die zugleich mit der Definition des öffentlichen Rechts den Wirklichkeitsausschnitt hervorbringen, der von ihnen betrachtet wird.

3.   Materielles Zivilrecht und Zivilprozessrecht

Das (materielle) Privatrecht beschäftigt sich – vom Grenzfall der Selbsthilfe (§§ 229, 859 BGB) abgesehen – nicht mit der *Verwirklichung* der Rechte, die sich aus den Normen des bürgerlichen Rechts ergeben. Der Rechtsschutz, d. h. die Durchsetzung der Rechtsansprüche, ist gemäß Art. 92 GG vielmehr den Gerichten überantwortet. Privatrechtliche („bürgerliche") Rechtsstreitigkeiten „gehören", wie § 13 GVG formuliert, vor die ordentlichen Gerichte, und zwar vor die Zivilgerichtsbarkeit.

Der Zivilprozess ist das durch die Vorschriften des Zivilprozessrechts (formelles Zivilrecht) geregelte Verfahren, das der Erkenntnis und Durchsetzung privater Rechte durch gerichtliche Entscheidung dient. Die Grundbegriffe des Zivilprozessrechts (Parteifähigkeit, Klageantrag, Streitgegenstand, Prozessvergleich, Verzicht, Anerkenntnis, formelle und materielle Rechtskraft) sind aufgrund mangelhafter legislativer Abstimmung der Vorschriften der ZPO von 1877 und des BGB von 1896 nicht identisch mit denen des Zivilrechts, obgleich z. B. die ZPO (vgl. § 322) und das BGB (vgl. § 194) mit dem Begriff des Anspruchs scheinbar die gleiche grundlegende Kategorie verwenden. Die Auseinanderentwicklung des materiellen und formellen Zivilrechts gilt auch für das im Achten Buch der ZPO geregelte Vollstreckungsverfahren, das sich trotz Anlehnung des Gesetzestextes an bürgerlich-rechtliche Auftrags- und Vertragskategorien (vgl. z. B. §§ 753, 817 ZPO) sowie an die bürgerlich-rechtlichen Vorschriften über das Fahrnispfandrecht (vgl. § 804 ZPO) von der Begrifflichkeit und den Wertungen des bürgerlichen Rechts inzwischen weitgehend abgekapselt hat.

Teil 2: Fälle

Fall 1

Rechtsfähigkeit; Allgemeines Persönlichkeitsrecht; Namensschutz

A vertreibt unter der Bezeichnung „Kukident" Präparate, die zum Reinigen und Befestigen von Zahnprothesen dienen. In der Zeitschrift „Uschi", die regelmäßig eine Auflage von über 600 000 Exemplaren hat, lässt A seit vier Wochen eine ganzseitige Werbeanzeige veröffentlichen, in der die angeblichen Erlebnisse einer nicht genannten Sängerin geschildert und gleichzeitig die Kukident-Produkte von A angepriesen werden. Die beiden ersten Absätze des Werbetextes lauten: „Wenn ich auch nicht so berühmt wurde wie meine große Kollegin Lady Gaga, so war doch die Bühne meine Welt. Ein Engagement jagte das andere, und überall erntete ich mit meinen Chansons stürmischen Beifall. Es war wirklich eine herrliche Zeit! Ich sage ‚war', denn eines Abends geschah etwas Furchtbares: Ich stand auf der Bühne eines bekannten süddeutschen Hauses und sang gerade mein Erfolgslied ‚Ich liebe nur Cowboys und Pferde'. Als ich das Wörtchen ‚Pferde' herausschmetterte, löste sich plötzlich die Oberplatte meines künstlichen Gebisses vom Gaumen, und nur ein blitzschneller Griff bewahrte sie vor dem Herausfallen. Zu Tode erschrocken stürzte ich hinter die Bühne, wo mich der Ansager entsetzt anstarrte. Kurz, mein Auftritt war eine schreckliche Blamage, die meine Karriere und Existenz zerstörte." S ist in den letzten Jahren unter ihrem Künstlernamen Lady Gaga in weiten Kreisen als Popsängerin bekannt geworden. Sie ist von A nicht gefragt worden, ob sie die Erlaubnis zur Erwähnung ihrer Person in dem Werbetext erteile. S verlangt von A, bei ihrer Werbung und Presseinformation die Verwendung ihres Namens zu unterlassen. A entgegnet, dass der Bekanntheitsgrad von S durch die Werbung nur gesteigert werde. Wie ist die Rechtslage?

Lösung Fall 1

A.   Anspruch auf Unterlassung gemäß § 12 Satz 2 BGB

S könnte gegen A gemäß § 12 Satz 2 BGB einen Anspruch darauf haben, es zu unterlassen, ihren Namen im Rahmen der Werbung zu verwenden. Hierzu müsste es sich bei der Verhaltensweise von A um eine unbefugte Beeinträchtigung des Namensrechts der S i. S. von § 12 Satz 1 BGB handeln.[1]

I.   Name der S

Ein Anspruch der S gemäß § 12 Satz 2 BGB setzt zunächst voraus, dass es sich bei dem Namen „Lady Gaga" um eine von § 12 BGB geschützte Bezeichnung eines Menschen handelt. Dies ist zweifelhaft, da es sich nicht um den bürgerlichen Namen der S, sondern um einen Künstlernamen handelt.

§ 12 BGB schützt das Recht einer Person auf Gebrauch ihres Namens als Bestandteil des allgemeinen Persönlichkeitsrechts.[2] Der Name eines Menschen ist die äußerliche Kennzeichnung einer Person zur Unterscheidung von anderen Personen.[3] Er dient seiner Individualisierung und der Zuordnung von tatsächlichen und rechtlichen Verhältnissen zu einer bestimmten Person.[4] Ließen sich Personen im Rechtsverkehr nicht eindeutig individualisieren, drohten Verwechslungen und Unsicherheiten bei der Zuordnung von Rechten und Pflichten.[5]

Der Schutz des Namens über § 12 BGB war nach seiner Konzeption eigentlich nur für den bürgerlichen Namen i. S. des einer Person gesetzlich zustehenden Zwangsnamens gedacht, der aus Vor- und Nachnamen besteht.[6] Nach dem Schutzzweck des § 12 BGB ist jedoch anerkannt, dass nicht der Begriff des Namens, sondern seine Funktion als Kennzeichen oder Unterscheidungsmerkmal entscheidend ist. § 12 BGB erfasst deshalb nicht nur den nach dem Familienrecht gebildeten Namen des Menschen[7], sondern auch Künstlernamen und anderweitige

---

[1]   Neben den verschuldensunabhängigen Abwehransprüchen des § 12 BGB kann der Berechtigte auch Schadensersatzansprüche nach § 823 I BGB (Namensrecht als sonstiges Recht, vgl. MünchKommBGB/*Bayreuther*, 5. Aufl. 2006, § 12 BGB Rn. 242 ff.) und Ansprüche aus einer Eingriffskondiktion gemäß § 812 I 1 Alt. 2 BGB aufgrund der Ersparnis der für eine Gestattung üblicherweise zu zahlenden Vergütung geltend machen (zur Eingriffskondiktion vgl. BGH, NJW 1981, 2402; *Medicus/Petersen*, Rn. 710).

[2]   *Larenz/Wolf*, § 8 Rn. 2.

[3]   RGZ 91, 350, 352; *Brehm*, Rn. 654; *Rüthers/Stadler*, § 14 Rn. 16.

[4]   *Bork*, Rn. 173; umfassend *Pawlowski*, Rn. 236 ff.

[5]   *Larenz/Wolf*, § 7 Rn. 1.

[6]   § 12 BGB regelt lediglich den Schutz des Namens durch Ansprüche auf Beseitigung und Unterlassung. Die privatrechtlichen Vorschriften über den Erwerb und die Änderung des Namens finden sich im Familienrecht, vgl. *Medicus*, Rn. 1063 ff.

[7]   Dazu *Leipold*, S. 457; *Hübner*, Rn. 156.

fingierte Namen (Pseudonyme).[8] Ein Pseudonym übt innerhalb des Verkehrs, für den es bestimmt ist, dieselben Funktionen aus wie der bürgerliche Name für den bürgerlichen Verkehr; es kann diesen insoweit sogar völlig verdrängen. Dann besteht für seine Führung jedoch dasselbe Schutzbedürfnis.[9]

Es ist umstritten, ob dem Decknamen oder Pseudonym schon mit der Aufnahme der Benutzung ein eigenständiger Namensschutz zukommt[10] oder ob ein solcher Schutz voraussetzt, dass der Namensträger unter diesem Namen im Verkehr bekannt ist, also mit diesem Namen Verkehrsgeltung besitzt.[11] Vorliegend kann der Streit dahinstehen, da S unter dem Pseudonym „Lady Gaga" bundesweit bekannt ist. Das Pseudonym „Lady Gaga" unterfällt folglich dem Schutzbereich von § 12 BGB.

II. Unbefugte Beeinträchtigung des Namensrechts

Darüber hinaus muss A unbefugt[12] das Namensrecht der S verletzt haben. § 12 BGB schützt nicht vor jeder Verletzung des Namens, sondern lediglich vor einer Namensleugnung oder einer Namensanmaßung.[13]

---

[8]   BGH, GRUR 1959, 430 – Caterina Valente; *Marburger*, Rn. 4 ff.; *Köhler*, § 20 Rn. 12. Es ist streitig, ob § 12 BGB auf Pseudonyme direkt oder analog anzuwenden ist: für eine analoge Anwendung von § 12 BGB auf Pseudonyme *Medicus*, Rn. 1066. Ein (analoger) Schutz wird auch für andere Kennzeichnungen einer Person wie Familienwappen oder in der Öffentlichkeit bekannt gewordenen Namenskürzeln gewährt, vgl. *Larenz/Wolf*, § 8 Rn. 11.

[9]   Grundlegend RGZ 101, 226, 230.

[10] RGRK/*Krüger-Nieland*, 12. Aufl. 1982, § 12 Rn. 31.

[11] Ein Pseudonym genießt nur Namensschutz, wenn es der Funktion des Namens entsprechend originär oder kraft Verkehrsgeltung unterscheidungskräftig ist (Bamberger/Roth/*Bamberger*, § 12 BGB Rn. 26). Stünde jedem Decknamen sofort mit Benutzungsaufnahme ein namensrechtlicher Schutz zu, würde dies zu einer erheblichen Beeinträchtigung des Schutzes derjenigen Namensträger führen, die für ihren eigenen bürgerlichen Namen Schutz beanspruchen. So könnte jeder Nichtberechtigte sich auf den Standpunkt stellen, er verwende keinen fremden Namen, sondern ein eigenes Pseudonym; vgl. BGH, GRUR 2003, 897 – Maxem.

[12] Der Namensgebrauch ist unbefugt i. S. von § 12 BGB, wenn er widerrechtlich erfolgt. Die Widerrechtlichkeit ergibt sich grundsätzlich bereits aus der Tatbestandsmäßigkeit, sofern nicht im Einzelfall besondere Rechtfertigungsgründe greifen (*Larenz/Wolf*, § 8 Rn. 20). Der Gebrauch des eigenen Namens ist grundsätzlich erlaubt, sofern er nicht im Einzelfall gezielt missbräuchlich verwandt wird. Der eigene Name darf also grundsätzlich auch dann gebraucht werden, wenn durch Namensgleichheit Verwechslungsgefahr besteht. Im geschäftlichen Verkehr gelten Einschränkungen: Zwar darf niemand daran gehindert werden, sich unter seinem bürgerlichen Namen im Geschäftsverkehr zu betätigen; führt dies jedoch zu namensrechtlichen Kollisionen, ist nach dem Prioritätsprinzip im Regelfall der Prioritätsjüngere gehalten, alles Erforderliche und Zumutbare zu tun, um eine Verwechslungsgefahr auszuschließen oder auf ein hinnehmbares Maß zu vermindern (BGH, NJW-RR 1993, 934). Dasselbe gilt auch im nicht-rechtsgeschäftlichen Verkehr, wenn im Einzelfall ein berechtigtes Interesse besteht, Namensverwechslungen zu vermeiden (vgl. BGH, NJW 2002, 2031 ff. – shell.de, zu sog. Domain-Namen im Internet).

1. Namensleugnung

Eine Namensleugnung gemäß § 12 Satz 1 Alt. 1 BGB ist gegeben, wenn dem Namensträger das Recht zum Gebrauch seines Namens von anderen Personen bestritten (geleugnet) wird. Eine derartige Namensbestreitung kann durch absichtlichen Gebrauch eines fremden Namens oder durch die Anrede des Berechtigten nach einer Namensänderung (z. B. nach Heirat) mit dem früheren Namen erfolgen.[14] Dabei ist es unerheblich, ob das Bestreiten gegenüber dem Berechtigten oder gegenüber Dritten erfolgt.[15] Vorliegend bestreitet A das Recht der S zur Führung des Namens „Lady Gaga" nicht. Sie hat das Pseudonym lediglich in ihrer Werbung benannt. Eine Namensleugnung scheidet somit aus.

2. Namensanmaßung

In der Nennung des Pseudonyms „Lady Gaga" in der Werbung der A könnte eine unzulässige Namensanmaßung i. S. von § 12 Satz 1 Alt. 2 BGB liegen.[16] § 12 BGB bezweckt den Schutz des Namens in seiner Funktion als Identitätsbezeichnung der Person seines Trägers.[17] Vor diesem teleologischen Hintergrund ist die Namensanmaßung anders als die Namensleugnung an weitere Voraussetzungen gebunden. Sie liegt nur vor, wenn ein Dritter unbefugt den gleichen Namen gebraucht, dadurch eine Zuordnungsverwirrung auslöst und schutzwürdige Interessen des Namensträgers verletzt.[18] Eine Zuordnungsverwirrung liegt vor, wenn die beteiligten Verkehrskreise die Namensverwendung als einen Hinweis auf diejenige Person ansehen, für die der Name geschützt ist. Ausreichend ist ein abstraktes Risiko; auf eine bestimmte Wahrscheinlichkeit der Verwechslung kommt es im Rahmen von § 12 Satz 1 Alt. 2 BGB also nicht an, geschweige denn auf eine bereits erfolgte Verwechslung.[19]

---

[13] *Rüthers/Stadler*, § 14 Rn. 17; *Armbrüster*, Fall 53.

[14] *Medicus*, Rn. 1067.

[15] *Larenz/Wolf*, § 8 Rn. 14.

[16] Die nachfolgenden Ausführungen sind aus didaktischen Gründen umfassender als in einer Examensklausur notwendig.

[17] BGH, NJW 1993, 918, 920 – Universitätsemblem; MünchKommBGB/*Bayreuther*, 5. Aufl. 2006, § 12 BGB Rn. 150.

[18] BGH, NJW 2002, 2031, 2033 – shell.de; *Köhler*, § 20 Rn. 17; siehe auch *Köhler*, PdW BGB-AT, Fall 17.

[19] MünchKommBGB/*Bayreuther*, 5. Aufl. 2006, § 12 BGB Rn. 150. Das verletzte Interesse des Namensträgers muss nicht notwendig wirtschaftlich, sondern kann auch ideell sein, vgl. *Larenz/Wolf*, § 8 Rn. 16 f. Wirtschaftliche Interessen sind etwa verletzt, wenn berühmte Namen oder Marken eines Unternehmens von Dritten zur Förderung des eigenen Absatzes verwandt werden. Ideelle Interessen werden z. B. dann beeinträchtigt, wenn ein Double unter dem gleichen Namen wie der wirkliche Namensträger in der Öffentlichkeit auftritt.

Ein Gebrauchen im Sinne einer Namensanmaßung, die eine Zuordnungsverwirrung auslöst, liegt zum einen in einem namens- und kennzeichenmäßigen Gebrauch des Namens durch einen Dritten.[20] Hierfür reicht es aus, dass der Dritte, der diesen Namen verwendet, als Namensträger identifiziert wird. Nicht erforderlich ist hingegen, dass es zu Verwechslungen mit dem Namensträger kommt.[21] An einem derartigen namensmäßigen Gebrauch fehlt es vorliegend; A hat weder ihr Unternehmen (als juristische Person) noch sich als „Lady Gaga" bezeichnet.

Ein „Gebrauchen" ist zum anderen in Verhaltensweisen zu sehen, durch die der Namensträger zu bestimmten Einrichtungen, Gütern oder Erzeugnissen in Beziehung gesetzt wird, mit denen er nichts zu tun hat. Ein Namensschutz wird also auch dann gewährt, wenn der Name nicht zur Kennzeichnung einer anderen Person, sondern z. B. zur Bezeichnung von Waren gebraucht wird.[22] A hat das Pseudonym der S in ihrer Werbung für „Kukident" benutzt. Hierdurch könnte sie den Namen der S unbefugt in Beziehung zu ihren Produkten gesetzt haben. Nach dem Zweck von § 12 Satz 1 Alt. 2 BGB – Schutz des Namens in seiner Funktion als Identitätsbezeichnung der Person des Trägers – ist jedoch zusätzlich eine namensmäßige Zuordnungsverwirrung notwendig. Hieran fehlt es, wenn die Verwendung des Namens nicht die Annahme nahe legt, dass die angepriesenen Erzeugnisse der S irgendwie zuzurechnen sind. Insbesondere reicht es für ein unzulässiges Gebrauchen i. S. von § 12 Satz 1 Alt. 2 BGB nicht aus, dass der Name in einer Werbung lediglich genannt wird.[23] Schließt die Art dieses Hinweises die Annahme aus, dass die angepriesenen Leistungen oder Erzeugnisse dem Genannten irgendwie zuzurechnen sind oder unter seinem Namen in Erscheinung treten sollen, eignet sich der Werbende den durch den Namen repräsentierten Eigenwert der Person des anderen weder für sich noch für seine Erzeugnisse oder Leistungen oder für einen Dritten an. In diesem Sinne ist die Werbung der A zu bewerten: A erweckt nicht den Eindruck, als ob ihr Warenangebot der S irgendwie zuzurechnen sei. Auch entsteht nicht der Eindruck, dass S die Leistungen von A für besonders empfehlenswert oder hochwertig erachte. Damit scheidet auch eine Namensanmaßung gemäß § 12 Satz 1 Alt. 2 BGB aus.

III. Zwischenergebnis

S hat keinen Anspruch gegen A aus § 12 BGB auf Unterlassung, da keine Namensrechtsverletzung vorliegt.

---

[20] BGH, NJW 1993, 918, 920 – Universitätsemblem.
[21] BGH, NJW 2003, 2978, 2979 – maxem.de.
[22] BGH, GRUR 1959, 430, 431 – Caterina Valente.
[23] BGH, GRUR 1959, 430, 431 – Caterina Valente.

B. Anspruch auf Unterlassung gemäß §§ 823 I, 1004 I 1 BGB

S könnte gegen A gemäß den §§ 823 I, 1004 I 1 BGB einen Anspruch auf Unterlassung der Namensnennung in der Werbung der A haben. Dazu müsste das Benutzen des Pseudonyms „Lady Gaga" in der Werbung der A einen rechtswidrigen Eingriff in das allgemeine Persönlichkeitsrecht der S bedeuten.

I. Eingriff in das allgemeine Persönlichkeitsrecht

A muss zunächst in eine vom allgemeinen Persönlichkeitsrecht geschützte Sphäre der S eingegriffen haben.[24] Das „bürgerlich-rechtliche allgemeine Persönlichkeitsrecht (APR)" gewährleistet als sog. Rahmenrecht die engere persönliche Lebenssphäre und die Erhaltung ihrer Grundbedingungen. Es ist insoweit vom verfassungsrechtlichen APR zu unterscheiden.[25] Nach h. A. ist das bürgerlich-rechtliche APR als sonstiges absolutes Recht i. S. von § 823 I BGB geschützt.[26] Aufgrund seiner tatbestandlichen Weite wird es von der Rechtsprechung durch Fallgruppen konkretisiert[27]; hierdurch wird zugleich der Gefahr einer übermäßigen Ausuferung des Deliktsschutzes durch unmittelbare Anwendung des verfassungsrechtlichen APR im Privatrecht vorgebeugt.[28] Im Kern geht es um den Schutz des Einzelnen

---

[24] Grundlegend zum allgemeinen Persönlichkeitsrecht BGH, NJW 1954, 1404, 1405. Die Schöpfer des BGB hatten noch davon abgesehen, den persönlichen Lebens- und Freiheitsbereich durch ein allgemeines Persönlichkeitsrecht umfassend vor Eingriffen anderer zu schützen. Der Einfluss der Medien und die technische Entwicklung haben jedoch zunehmend zu immer größeren Gefahren für den Freiheitsbereich des Einzelnen geführt. Nach Inkrafttreten des Grundgesetzes hat die Rechtsprechung deshalb die einzelnen Persönlichkeitsrechte zu einem allgemeinen Persönlichkeitsrecht verdichtet, welches über Art. 1 I i. V. mit Art. 2 I GG grundrechtlichen Schutz genießt; vgl. *Larenz/Wolf*, § 8 Rn. 1. In Fortführung dieser Judikate wurde dem Betroffenen durch das „Herrenreiter-Urteil" (BGH, NJW 1958, 827) – in Widerspruch zu § 253 BGB – erstmals ein Anspruch auf eine Geldentschädigung wegen immaterieller Schäden zugesprochen (*Medicus/Petersen*, Rn. 615).

[25] Dazu Erman/*Ehmann*, 12. Aufl. 2008, Anh. zu § 12 BGB Rn. 9.

[26] *Köhler*, § 17 Rn. 8; *Schwab/Löhnig*, S. 21; Erman/*Ehmann*, 12. Aufl. 2008, Anh. zu § 12 BGB Rn. 9. Nach a. A. ist der Schutz der Persönlichkeit in Analogie zu den Schutzgütern Leben, Körper, Gesundheit und Freiheit des § 823 I BGB zu gewährleisten, da sich die einzelnen Ausprägungen der Persönlichkeit wie die Ehre nicht von der Persönlichkeit trennen lassen und deshalb nicht Objekt besonderer Rechte sein können; vgl. *Medicus/Petersen*, Rn. 292.

[27] Vgl. dazu ausführlich MünchKommBGB/*Rixecker*, 5. Aufl. 2006, Anh. zu § 12 BGB Rn. 40 ff.; Erman/*Ehmann*, 12. Aufl. 2008, Anh. zu § 12 BGB Rn. 18 ff. Als Fallgruppen sind grundsätzlich zu unterscheiden: Ehrenschutz; Verfälschung des Persönlichkeitsbilds; Schutz vor unbefugter Ausspähung der Privatsphäre; Schutz vor unbefugter Verbreitung und Auswertung von Geheimnissen der Privatsphäre; Schutz vor kommerzieller Auswertung.

[28] Erman/*Ehmann*, 12. Aufl. 2008, Anh. zu § 12 BGB Rn. 13.

vor ungerechtfertigter Beeinträchtigung und Verletzung seiner gesamten körperlichen und seelischen Integrität, seines privaten Lebensbereichs, seiner Möglichkeiten der Selbstdarstellung und der Selbstverwirklichung.[29] Das allgemeine Persönlichkeitsrecht erfasst hiernach die Befugnis, das eigene Erscheinungsbild in der Öffentlichkeit selbst zu bestimmen[30] und damit auch das Recht, selber über Art und Umfang des Gebrauchs des eigenen Namens durch andere zu entscheiden.[31] Der Name ist mithin nicht nur Kennzeichen der Person, sondern auch Teil ihrer Persönlichkeit.[32]

A hat den Namen der S in ihren Werbeanzeigen in der Öffentlichkeit in Zusammenhang mit ihren Produkten benannt. Hierdurch hat sie in das allgemeine Persönlichkeitsrecht der S eingegriffen.[33] S wurde in der Anzeige der A nicht nur beiläufig, sondern deshalb erwähnt, weil A sich davon eine größere Beachtung der Zeitungsreklame in der Öffentlichkeit versprochen hat. Bei einem nicht unerheblichen Teil der Leser wird S durch die Werbung in der Tat unwillkürlich mit den für ihr persönliches Ansehen nicht gerade schmeichelhaften Vorzügen der Produkte der A in Verbindung gebrachen werden. Auch wenn S nicht den Mittelpunkt der Reklamegeschichte bildet, sondern in dieser nur als Beispiel für eine berühmte Sängerin genannt worden ist, sollte ihre Erwähnung am Anfang der Geschichte doch dazu dienen, die Aufmerksamkeit der Leser der Zeitschrift auf die Anzeige zu lenken. Ob bei den Lesern der Eindruck entstanden ist, die S habe ihren Namen für die Bezeichnung der Erzeugnisse der A hergegeben, kann dabei letztlich dahinstehen. Der Schutz des Persönlichkeitsrechts der S hängt davon nicht ab. S braucht es nicht hinzunehmen, daß durch die Reklame der A unwillkürlich Gedankenverbindungen zwischen ihr und deren Produkten hergestellt werden, insbesondere wenn man die Art der von der A vertriebenen und in der erwähnten Reklame angepriesenen Erzeugnisse berücksichtigt. Es liegt auf der Hand, dass das Ansehen der S leiden kann, wenn in der Öffentlichkeit solche Vorstellungen über sie aufkommen. Die A hat daher durch ihre Anzeige das allgemeine Persönlichkeitsrecht der S verletzt.

Das allgemeine Persönlichkeitsrecht tritt als Auffangrecht auch nicht als subsidiär hinter das Namensrecht des § 12 BGB zurück. Das Verhalten der A hat das durch § 12 BGB geschützte Namensrecht von S nicht verletzt.[34] Namensbein-

---

[29]   Prütting/Wegen/Weinreich/*Prütting*, § 12 BGB Rn. 32.
[30]   *Larenz/Wolf*, Rn. 27; MünchKommBGB/*Rixecker*, 5. Aufl. 2006, Anhang zu § 12 BGB Rn. 127 ff.
[31]   In diesem Punkt geht der Schutz des allgemeinen Persönlichkeitsrechts über denjenigen des Namensrechts gemäß § 12 BGB hinaus, der nur die Zuordnungsfunktion des Namensrechts schützt.
[32]   *Schack*, Rn. 60.
[33]   Zum Folgenden BGH, GRUR 1959, 430, 431 – Caterina Valente; vgl. auch BGH, NJW 1981, 2402 – Carrera.
[34]   BGH, GRUR 1959, 430, 431 – Caterina Valente.

trächtigungen sonstiger Art werden jedoch vom allgemeinen Persönlichkeitsrecht erfasst.[35]

II. Rechtswidrigkeit

Bei den absoluten Rechtsgütern und Rechten des § 823 I BGB indiziert die Erfüllung des Tatbestands nach h. A. die Rechtswidrigkeit, da das verletzte Rechtsgut in aller Regel eindeutig zu erfassen ist.[36] Demgegenüber ist beim allgemeinen Persönlichkeitsrecht aufgrund seiner Weite und Unbestimmtheit eine Interessenabwägung im Einzelfall vorzunehmen.[37] Dies setzt die Feststellung, Bewertung und Abwägung der gegeneinander stehenden Interessen voraus. Um diese zu strukturieren, unterscheidet die h. A. bezüglich des Beeinträchtigten zwischen den drei verschiedenen Schutzbereichen der Intim-, Privat- und Sozialsphäre, wobei die Intimsphäre den stärksten und die Sozialsphäre den schwächsten Schutz genießt.[38] Auf Seiten des Eingreifenden sind vor allem das Recht auf freie Meinungsäußerung gemäß Art. 5 I GG, die Kunst-, Wissenschafts- und Forschungsfreiheit gemäß Art. 5 III GG, das Recht zur Rechtsverfolgung und -verteidigung vor Gericht und die Wahrnehmung berechtigter Interessen (vgl. § 193 StGB) mit in die Abwägung einzubeziehen. Darüber hinaus erlaubt § 23 I KUG die Veröffentlichung von Bildern von Personen der Zeitgeschichte im Interesse der Allgemeinheit.[39]

In Anwendung dieser Grundsätze hat A das allgemeine Persönlichkeitsrecht der S in rechtswidriger Weise verletzt.[40] Zwar ist die öffentliche Erwähnung einer Person oder die öffentliche Aussage über sie grundsätzlich von Art. 5 I GG gestattet, da hierdurch weder die Intim- noch die Privatsphäre, sondern lediglich die Sozialsphäre einer Person betroffen ist. Dies gilt bei der gebotenen Einzelfallbetrachtung umso mehr, wenn eine Person wie die S durch ihre Tätigkeit in der Öffentlichkeit steht. Das aus Art. 5 I GG folgende Recht zur öffentlichen Nennung einer Person dient jedoch nicht dazu, lediglich die eigenen wirtschaftlichen Interessen zu befördern. Wer wie A eigenmächtig den Ruf eines anderen, sein Ansehen und die ihm in der Öffentlichkeit entgegengebrachte Wertschätzung zur Förderung seiner eigenen materiellen Interessen vor der Allgemeinheit ausnutzt, kann sich deshalb nicht auf Art. 5 I GG berufen.[41] Niemand, auch eine in der

---

[35] *Larenz/Wolf*, § 8 Rn. 18.

[36] Dies gilt jedenfalls für unmittelbare Verletzungen; bei mittelbaren Verletzungen ist die Rechtswidrigkeit gesondert festzustellen, sofern diese nicht ausnahmsweise vorsätzlich erfolgen; vgl. *Larenz*, in: Festschrift Dölle I, 1963, 169, 193.

[37] *Ehmann* AcP 188 (1988), 230, 286 ff.

[38] Vgl. *Bork*, Rn. 180 ff.; kritisch Erman/*Ehmann*, 12. Aufl. 2008, Anh. zu § 12 BGB Rn. 7.

[39] *Larenz/Wolf*, § 8 Rn. 39 ff.

[40] BGH, GRUR 1959, 430, 432 – Caterina Valente.

[41] BGH, GRUR 1959, 430, 432 – Caterina Valente.

Öffentlichkeit bekannte Persönlichkeit, muss es dulden, ungefragt in einer Werbeanzeige für bestimmte Gegenstände erwähnt zu werden.

Dabei ist es unerheblich, ob mit der Erwähnung – wie vorliegend der Fall – eine Ansehensminderung verbunden ist oder nicht.[42] Der Name einer anderen Person, den diese im Geschäftsverkehr selber werbend herausstellt, ist vor unbefugter Ausnutzung für fremde Geschäftsinteressen auch dann zu schützen, wenn mit dem Namensgebrauch eine Minderung von Ruf und Ansehen des Berechtigten nicht verbunden ist. Das allgemeine Persönlichkeitsrecht gewährt dem Berechtigten einen generellen Schutz vor den die Person als solche berührenden Eingriffen Dritter. Ihm allein ist es vorbehalten, darüber zu befinden, ob und unter welchen Voraussetzungen sein Name in der Öffentlichkeit in Erscheinung tritt. Damit würde es nicht in Einklang stehen, wenn der Berechtigte es dulden müsste, dass sein Name, den er im Geschäftsverkehr selber werbend benutzt, ungefragt oder sogar gegen seinen Willen für fremde Werbung verwendet wird.

A hat die S nicht nur beiläufig, sondern systematisch erwähnt, um die Aufmerksamkeit von potenziellen Kunden zu erregen und dadurch den Umsatz zu steigern. Auch wenn S nicht den Mittelpunkt der Reklamegeschichte bildet, sondern in dieser nur als Beispiel für eine berühmte Sängerin genannt worden ist, sollte ihre Erwähnung am Anfang der Geschichte wie bereits erläutert dazu dienen, die Aufmerksamkeit der Leser der Zeitschrift auf die Anzeige zu lenken und die S dadurch in den Vorstellungen der Leser in irgendeiner Weise mit den Erzeugnissen der A in Verbindung zu bringen. Auch wenn es sich nicht um einen schwerwiegenden Eingriff in das Selbstbestimmungsrecht der S gehandelt hat, sind ihre Interessen deshalb vor denjenigen des A vorrangig.

III. Anspruch auf Unterlassung

S hat in entsprechender Anwendung des § 1004 I 2 BGB einen verschuldensunabhängigen Anspruch auf Unterlassung zukünftiger Beeinträchtigungen.[43] Materiellrechtliche Voraussetzung eines Unterlassungsanspruchs ist die Besorgnis weiterer Beeinträchtigungen, mit anderen Worten eine Wiederholungsgefahr.[44] Auf eine solche kann schon aus den vorangegangenen Eingriffen in das Persönlichkeitsrecht der S durch A geschlossen werden.[45] Eine Wiederholungsgefahr ist jedoch auch deshalb gegeben, weil A die Ansicht vertritt, dass er die S in seiner Werbung benennen dürfe. Hierdurch besteht die Gefahr, dass A auch künftig das Persönlichkeitsrecht von S missachtet.

---

[42] BGH, NJW 1981, 2402 – Carrera; noch offen gelassen von BGH, GRUR 1959, 430, 432 – Caterina Valente.

[43] BGH, GRUR 1959, 430, 432 – Caterina Valente.

[44] BGH, NJW 1980, 1843. Der Anspruch verlangt keine vorangegangene Verletzung; es ist vielmehr auch ein vorbeugender Unterlassungsanspruch anerkannt, vgl. BayOLG, NJW-RR 1987, 1040.

[45] Bamberger/Roth/*Fritzsche*, § 1004 BGB Rn. 82.

IV. Zwischenergebnis

S kann von A analog § 1004 I 2 BGB Unterlassung der Verwendung ihres Namens in Werbetexten der A verlangen.

C. Gesamtergebnis

S hat gegen A analog §§ 1004 I 2, 823 I BGB einen Anspruch darauf, dass A es unterlässt, den Namen der S in Werbetexten zu verwenden.

Merke

1. Die Rechtsfähigkeit bezeichnet die Fähigkeit jedes Menschen, Subjekt von Rechtsverhältnissen und damit Träger von Rechten und Pflichten zu sein.[46] Die Menschenwürdegarantie des Art. 1 GG gebietet die Anerkennung der Person als Rechtssubjekt, die über ihre Rechte selbst bestimmen kann und durch die Zurechnung von Verpflichtungen als verantwortlich anerkannt wird. Davon zu unterscheiden sind die Geschäfts- und Deliktsfähigkeit, die an Altersgrenzen anknüpfen (§§ 104 ff., 827 ff. BGB) und eine Einsichts- und Verantwortungsfähigkeit voraussetzen, die bei Erreichen eines bestimmten Alters erwartet werden kann.

2. § 12 BGB schützt das Recht einer Person auf Gebrauch ihres Namens als Bestandteil des allgemeinen Persönlichkeitsrechts. Die Vorschrift schützt die Zuordnungsfunktion des Namens als Unterscheidungsmerkmal. Sie erfasst insoweit nicht nur den nach dem Familienrecht gebildeten Namen des Menschen, sondern auch Künstlernamen, Etablissementbezeichnungen und anderweitige fiktive Namen (Pseudonyme). Ein fingierter Name genießt jedoch nur dann Namensschutz, wenn er entsprechend der Funktion des bürgerlichen Namens originär oder kraft Verkehrsgeltung unterscheidungskräftig ist. Nach h. A. schützt § 12 BGB auch die Firma oder unterscheidungskräftige Firmenbestandteile einer Gesellschaft bzw. eines Einzelunternehmens.[47]

3. Das Namensrecht gemäß § 12 BGB wird entweder durch eine Namensleugnung oder durch eine Namensanmaßung verletzt. Bei der Namensleugnung wird dem Berechtigten das Recht zum Gebrauch des Namens von anderen bestritten. Eine Namensanmaßung liegt vor, wenn ein Dritter unbefugt den gleichen Namen gebraucht, hierdurch eine Zuordnungsverwirrung auslöst und schutzwürdige Interessen des Namensträgers verletzt. Eine Namensanmaßung ist auch darin zu sehen, dass der Namensträger durch bestimmte Verhaltens-

---

[46] Siehe dazu *Larenz/Wolf*, § 5.
[47] *Lindacher/Hau*, S. 1; *Schack*, Rn. 61.

weisen in Beziehung zu Einrichtungen, Gütern oder Erzeugnissen gesetzt wird, mit denen er nichts zu tun hat.

4. Namensbeeinträchtigungen, die nicht von § 12 BGB erfasst werden, können vom Schutz des allgemeinen Persönlichkeitsrechts umfasst sein. Dies ist z. B. dann der Fall, wenn der Name des Berechtigten in einer Werbung benannt wird, ohne dass sein Träger hierdurch in Beziehung zu den beworbenen Gegenständen oder Dienstleistungen gesetzt wird (kein Verstoß gegen die Zuordnungsfunktion des Namens).

5. Das allgemeine Persönlichkeitsrecht schützt als sog. Rahmenrecht die engere persönliche Lebenssphäre, insbesondere die Privat- und Intimsphäre vor Beeinträchtigungen durch Dritte. Es wird – ebenso wie das Namensrecht gemäß § 12 BGB – als sonstiges Recht von § 823 I BGB geschützt. Anders als bei den absoluten Rechtsgütern und Rechten des § 823 I BGB, bei denen die Erfüllung des Tatbestands die Rechtswidrigkeit indiziert, ist die Rechtswidrigkeit beim allgemeinen Persönlichkeitsrecht im Wege einer umfassenden Abwägung mit anderen rechtlich geschützten Interessen, namentlich der Meinungs- und Pressefreiheit, im Einzelfall zu bestimmen.

6. Das allgemeine Persönlichkeitsrecht schützt alle lebenden natürlichen Personen. Darüber hinaus erkennt die Rechtsprechung in gewissem Umfang auch einen postmortalen Persönlichkeitsschutz an.[48] So wirkt das Persönlichkeitsrecht in seiner Erscheinungsform als Recht am eigenen Bild über den Tod hinaus fort und gewährt den Wahrnehmungsberechtigten (zumeist den nächsten Angehörigen) Unterlassungsansprüche zum Schutz gegen Angriffe auf den Achtungsanspruch des Verstorbenen. Die Schutzdauer der vermögenswerten Bestandteile des postmortalen Persönlichkeitsrechts ist wie diejenige des Rechts am eigenen Bild gemäß § 22 Satz 3 KUG auf zehn Jahre nach dem Tod der Person begrenzt; seine ideellen Bestandteile werden u. U. auch noch über diesen Zeitpunkt hinaus geschützt.[49]

7. Ein Persönlichkeitsschutz kommt auch juristischen Personen, Personengesellschaften oder politischen Parteien zu, soweit dies mit den Funktionen des Verbands und mit ihren satzungsmäßigen Zwecken vereinbar ist.[50] Vor diesem Hintergrund scheidet etwa ein Schutz der Intimsphäre juristischer Personen aus.[51]

---

[48] BGH, NJW 2002, 2317 – Marlene Dietrich.
[49] BGH, NJW 2007, 684 – kinski-klaus.de.
[50] BGH, NJW 1994, 1281.
[51] *Larenz/Wolf*, § 8 Rn. 48.

Fall 2

Juristische Person als Rechtssubjekt; Anspruch auf Aufnahme in den Verein (Kontrahierungszwang); Allgemeines Gleichbehandlungsgesetz; abhanden gekommene Willenserklärung

Im April 2007 beantragten K und B, beide Mitglieder der X-Partei, schriftlich die Aufnahme in den Verein Volksbund Deutsche Kriegsgräberfürsorge e. V. (im Folgenden: Volksbund). Kurz darauf erhielten beide ein Begrüßungsschreiben des Vorstands ohne handschriftliche Unterschrift, das ihnen die Aufnahme in den Verein mitteilte. Anfang August 2007 versandte der Volksbund an K und B Schreiben mit dem Inhalt, dass die Begrüßungsschreiben als Folge einer EDV-Umstellung ohne vorherigen Beschluss des Vorstandes über die Aufnahme versehentlich versandt worden seien. Die Mitgliederbegrüßungsschreiben seien daher rechtlich wirkungslos; der Volksbund erkläre vorsorglich die Anfechtung. Der Bundesvorstand werde erst auf seiner nächsten Sitzung über die Aufnahme entscheiden.

Als Antwort auf das Schreiben sandten K und B ein Schreiben an den Volksbund, in dem sie sich auf die durch die Begrüßungsschreiben ausgesprochene Aufnahme in den Verein beriefen. In der Vorstandssitzung im September 2007 wurde die Aufnahme einstimmig abgelehnt. Die Ablehnung wurde damit begründet, dass das Verhalten und das Auftreten von K und B mit dem Vereinszweck des Volksbundes unvereinbar seien. K und B traten dem Schreiben des Volksbundes entgegen. Sie sahen in ihrem Verhalten keinen Verstoß gegen den Vereinszweck und beriefen sich darauf, dass mit dem Begrüßungsschreiben die Aufnahmeanträge angenommen worden seien. Der Bundesvorstand beschloss deshalb vorsorglich für den Fall, dass eine Mitgliedschaft bereits begründet worden sei, den Ausschluss aus dem Volksbund und gab den Betroffenen Gelegenheit, dazu Stellung zu nehmen. Den Ausschluss begründete er damit, dass ein aktives Eintreten für die Ziele und Parolen der X-Partei so, wie diese auf den Internetseiten der X-Partei dargestellt seien, dem Vereinszweck des Volksbundes diametral zuwider laufe. Beiden Personen sei darüber hinaus – was der Wahrheit entspricht – auch ein individuelles Fehlverhalten (dem B die Verbreitung von Kampf- und Hetzparolen bei Gedenkfeiern auf Kriegsgräberstätten und dem K eine Verurteilung wegen gefährlicher Körperverletzung, indem er am Rande einer Demonstration der X-Partei eine am Boden liegende Gegendemonstrantin mehrfach mit Füßen getreten hatte) zur Last zu legen. Darüber hinaus bezog sich der Bundesvorstand des Volksbunds zur Begründung seiner Ausschlussentscheidung auf folgende, unstreitige Äußerungen von Parteimitgliedern von B und K: „Zweifellos handelt es sich bei Hitler um einen großen deutschen Staatsmann."

„Durch den Dauereinsatz der Auschwitz-Keule (…) kamen die Deutschen in eine Schuldknechtschaft, die es in- und ausländischen Kreisen bis heute ermöglicht, die Deutschen moralisch zu demütigen, wirtschaftlich auszunehmen und politisch zu bevormunden." In einem Beschluss der Jugendorganisation der X-Partei heißt es: „Der multikulturelle Weltstaat, der im Laufe der Zeit unvermeidlich in einen monokulturellen Weltstaat münden wird, ist der ideale Nährboden für das Entstehen einer parasitären Klasse."

In der Satzung des Volksbundes Deutsche Kriegsgräberfürsorge heißt es:

Präambel

Im Gedenken an die Millionen Toten der Kriege und der Gewaltherrschaft, in dem Bestreben, das Leid der Hinterbliebenen zu lindern, und in der Erkenntnis, dass das Vermächtnis dieser Toten alle Völker zu Verständigung und Frieden mahnt, sorgt der Volksbund Deutsche Kriegsgräberfürsorge für die Gräber dieser Toten. Er will mit seiner Arbeit zur Verständigung unter den Völkern und zur Förderung und Erhaltung des Friedens beitragen. Grundlage der Arbeit des Volksbundes ist die Achtung der unantastbaren Würde des Menschen. Die Würde des Menschen reicht über den Tod hinaus. Daraus erwächst die Verpflichtung, Kriegsgräberstätten zu schaffen und als ständige Mahnung zum Frieden dauerhaft zu erhalten. Kriegsgräberarbeit bedeutet zugleich, sich um die Aussöhnung und Verständigung der Völker zu bemühen und dabei insbesondere die Begegnung und die gemeinsame Arbeit junger Menschen aller Völker an den Kriegsgräberstätten zu fördern. Die Arbeit des Volksbundes steht unter dem Leitwort: Versöhnung über den Gräbern – Arbeit für den Frieden.

§ 2 Rechtsgrundlagen und Aufgaben

Der Volksbund hat folgende Aufgaben: 1. Das Gedenken an die Opfer von Krieg und Gewaltherrschaft als Mahnung zum Frieden unter den Völkern und zur Achtung der Würde und der Freiheit des Menschen zu wahren und zu pflegen, (…) 3. die deutschen Kriegstoten beider Weltkriege und ihre Gräber zu erfassen, (…) 6. die internationale Zusammenarbeit auf dem Gebiet der Kriegsgräberfürsorge zu pflegen und zu fördern, (…) 8. die Begegnung insbesondere junger Menschen an den Ruhestätten der Toten und die Auseinandersetzung mit deren Schicksal zu fördern.

§ 4 Mitglieder

(1) Jede natürliche Person kann Mitglied des Volksbundes werden. (2) Der Antrag auf Mitgliedschaft wird schriftlich gestellt. Der Bundesvorstand lehnt einen Antrag ab, wenn nach seiner Beurteilung durch die Aufnahme als Mitglied Belange des Volksbundes beeinträchtigt werden können. (…) (4) Das Mitglied verpflichtet sich, für die Ziele des Volksbundes einzutreten und seinen Jahresbeitrag zu leisten.

§ 5 Ausschluss

Der Bundesvorstand schließt ein Mitglied aus dem Volksbund aus, wenn nach seiner Beurteilung durch die Mitgliedschaft Belange des Volksbundes beeinträchtigt werden.

Frage 1: Ist die Aufnahme von K und B wirksam erfolgt?

Frage 2: Unterstellen Sie, wenn Sie Frage 1 bejaht haben, dass eine Aufnahme nicht wirksam erfolgt ist. Haben K und B einen Anspruch auf Aufnahme in den Verein?

Frage 3: Unterstellt, die Aufnahme ist wirksam erfolgt, war der Ausschluss von K und B rechtmäßig?

Frage 4: Angenommen, der Vorstand des Volksbundes hatte in Unkenntnis der Mitgliedschaft in der X-Partei positiv über die Aufnahme abgestimmt und die Mitgliederbegrüßungsschreiben verfasst. Dem Vorstandsmitglied M kamen K und B jedoch „irgendwie bekannt" vor, und er wollte als Vorstandsvorsitzender noch einige Recherchen tätigen, bevor die Mitgliederbegrüßungsschreiben verschickt werden. Aus diesem Grund legte er die Schreiben nicht in die Postausgangsmappe, sondern auf den Stapel der „unerledigten" Sachverhalte. Tags darauf leert die Sekretärin des M die Postmappe und nimmt die beiden Schreiben an K und B mit und gibt sie zur Post, da sie annimmt, M habe die „fertigen" Schreiben versehentlich nicht in die Postausgangsmappe gelegt. Sind K und B durch Erhalt der Schreiben Mitglieder geworden? Haben K und B anderweitige Ansprüche gegen den Volksbund?

Lösung Fall 2

A. Frage 1: Aufnahme als Vereinsmitglied durch das Begrüßungsschreiben

I.   Wirksame Aufnahme

Durch den Aufnahmeantrag und die als Antwort daraufhin ergangenen Begrüßungsschreiben könnten K und B Mitglieder des Volksbundes geworden sein. Voraussetzung für eine wirksame Aufnahme ist das Vorliegen von zwei übereinstimmenden Willenserklärungen i. S. der §§ 145 ff. BGB, Angebot und Annahme.

1.   Angebot

Ein Angebot ist eine auf die Herbeiführung von Rechtsfolgen (hier die Aufnahme in den Verein) gerichtete Willenserklärung. Das BGB geht davon aus, dass ein Angebot alles enthält, was vertraglich geregelt werden soll, so dass es von dem Angebotsempfänger im Regelfall nur noch durch ein „Ja" angenommen werden kann.[1] Die von K und B an den Volksbund versandten Anträge auf Aufnahme in den Verein waren Angebote in diesem Sinne. Sie richteten sich auf die Rechtsfolge der Aufnahme in den Verein durch ihre Annahme.

2.   Annahme

Diese Anträge könnten durch die Mitgliederbegrüßungsschreiben wirksam angenommen worden sein.

a)   Objektiver Tatbestand der Willenserklärung

Aus der Sicht vernünftiger Erklärungsempfänger mussten K und B das an sie verschickte Schreiben gemäß den §§ 133, 157 BGB so verstehen, dass der Absender die Anträge auf Erlangung der Mitgliedschaft rechtlich verbindlich annehmen wollte. Der objektive Tatbestand einer Willenserklärung liegt damit vor.

b)   Zurechnung der Willenserklärung

Fraglich ist aber, ob die Schreiben dem Verein zugerechnet werden können, da der Vorstand nicht entsprechend der Satzung über die Aufnahme entschieden hat. Nach § 4 II der Vereinssatzung kann nur der Bundesvorstand über die Aufnahme neuer Vereinsmitglieder entscheiden. Dies ist nicht geschehen. Die Annahmeerklärungen stammten damit nicht von einem vertretungsberechtigten Organ. Somit lag in Ermangelung einer Aufnahmeentscheidung durch den Bundesvorstand keine den Verein bindende Willenserklärung vor.

---

[1]   *Bork*, Rn. 704.

So wie die Handlung eines falsus procurator nach den §§ 177 ff. BGB den Schein-Vertretenen nicht bindet, wird der Verein auch nicht durch die von einer nicht zuständigen Person abgesandte scheinbare Willenserklärung gebunden. K und B sind somit durch die aufgrund des EDV-Fehlers versendeten Schreiben nicht Mitglieder im Volksbund geworden.[2]

II. Gesamtergebnis Frage 1

Die Aufnahme von K und B als Mitglieder in den Volksbund ist damit nicht erfolgt.

B. Lösung Frage 2: Anspruch auf Aufnahme als Vereinsmitglied

I. Anspruch gemäß §§ 21 ff. BGB

Aus den §§ 21 ff. BGB ergibt sich kein Anspruch auf Aufnahme. Dies entspricht dem allgemeinen Grundsatz der Vereinigungsfreiheit, wonach Vereine gemäß Art. 9 I GG privatautonom die Voraussetzungen für den Erwerb der Vereinsmitgliedschaft festlegen können. Eine vorliegend nicht einschlägige Ausnahme gilt für wirtschaftliche Vereinigungen i. S. von § 20 VI GWB.

II. Anspruch gemäß § 826 BGB

§ 826 BGB schützt jedes Rechtssubjekt vor der vorsätzlichen sittenwidrigen Schädigung durch einen anderen. Die Norm setzt damit auch der Vereinsautonomie Grenzen. Wenn durch die Nichtaufnahme eine sittenwidrige Beeinträchtigung des Bewerbers droht, die höher wiegt als das Vereinsinteresse an der Nichtaufnahme, kann sich diese als eine sittenwidrige Beeinträchtigung des anderen Teils bzw. des Bewerbers darstellen.[3] Werden die Interessen des Bewerbers nach einer Abwägung mit den Vereinsinteressen als höherrangig eingestuft, d. h. ist die Versagung

---

[2] Da keine dem Verein zurechenbare Willensbildung vorliegt, geht die vorsorglich erklärte Anfechtung wegen Irrtums gemäß § 119 I BGB ins Leere – „wer nichts denkt, irrt auch nicht". Auch ist keine falsche Übermittlung i. S. des § 120 BGB gegeben. Im vorliegenden Fall lag der Fehler nicht darin, dass der Inhalt des sonst rechtmäßig zustande gekommenen Begrüßungsschreibens durch die Übermittlung verfälscht wurde. Der Fehler lag vielmehr bereits in dem Zustandekommen des Schreibens. Mangels Zurechenbarkeit des Bestätigungsschreibens zum Verein gab schon keine Willenserklärung, die falsch übermittelt werden konnte. Zur Problematik der abhanden gekommenen Willenserklärung siehe die Lösung zu Frage 4; siehe zur Anfechtung von elektronischen Willenserklärungen noch Fall 16.

[3] BGH, NJW 1985, 1216; grundlegend *Busche*, Privatautonomie und Kontrahierungszwang, 1999.

der Aufnahme grob unbillig[4], ergibt sich aus § 826 BGB grundsätzlich ein Anspruch des Bewerbers auf Aufnahme in den Verein.[5] Eine solche Beeinträchtigung ist vor allem dann denkbar, wenn der Verein im wirtschaftlichen oder sozialen Bereich eine überragende Stellung hat und deshalb für den Bewerber ein wichtiges Interesse am Erwerb der Mitgliedschaft besteht.[6] Nur durch eine solche Stellung wäre ein Aufnahmeanspruch i. S. einer Pflicht des Vereins, die Interessen der Bewerber zu wahren, gerechtfertigt. Ein Aufnahmeanspruch entfällt demgegenüber, wenn die Ablehnung sachlich begründet ist, wobei die satzungsmäßigen Ziele des Vereins im Rahmen der erforderlichen Abwägung zu berücksichtigen sind.[7]

Damit K und B einen Anspruch auf Aufnahme in den Verein Volksbund Deutsche Kriegsgräberfürsorge hätten, müsste dem Verein zunächst eine überragende Bedeutung zukommen und das Anliegen von K und B nur durch die Mitgliedschaft in dem Verein verwirklicht werden können. Unterstellt, K und B möchten – dem Vereinszweck entsprechend – sich an der Kriegsgräberpflege beteiligen und hierdurch einen Beitrag für die Völkerverständigung leisten, so stellt dies eine Tätigkeit dar, die nicht allein durch die Mitgliedschaft im Volksbund verwirklicht werden kann. Vielmehr ist es K und B aufgrund der freien Zugänglichkeit der Kriegsgräberstätten möglich, unabhängig von der Vereinsmitgliedschaft Gräber zu pflegen und durch ihr Verhalten aktiv für die Völkerverständigung einzutreten. Auch nimmt der Verein in der öffentlichen Wahrnehmung 65 Jahre nach Ende des Zweiten Weltkrieges keine derart überragende Rolle ein, dass die Nichtaufnahme zu einer sozialen Ächtung oder Isolation von K und B führen würde. Der Verein ist somit, wenn er sich bei seiner Entscheidung nicht von sittenwidrigen Motiven leiten lässt, darin frei, dem Antragsteller die Aufnahme als Mitglied zu verweigern (§ 25 BGB).

III. Anspruch gemäß § 18 II AGG

Ferner könnte sich eine Pflicht zur Aufnahme der K und B als Mitglieder in den Volksbund Verein (Kontrahierungszwang) aus § 18 II AGG ergeben. Gemäß § 18 I Nr. 2 AGG gelten die Vorschriften des arbeitsrechtlichen Teils des Gesetzes entsprechend für die Mitgliedschaft in einer Vereinigung, die eine überragende Machtstellung im wirtschaftlichen oder sozialen Bereich innehat, wenn ein grundlegendes Interesse am Erwerb der Mitgliedschaft besteht.[8] Die Formulierung

---

[4]   BGHZ 93, 151, 153 f.

[5]   Siehe zum Kontrahierungszwang *Rüthers/Stadler*, § 3 Rn. 9 ff.; *Armbrüster*, Fälle 457 f.; *Brehm*, Rn. 86.

[6]   BGHZ 93, 151, 152; BGHZ 102, 265, 276; BGH, GRUR 1986, 332, 333.

[7]   BGHZ 140, 74, 77; BGHZ 93, 151, 155; OLG Celle, NJW-RR 1989, 313, 314.

[8]   § 18 I AGG konkretisiert den sachlichen Anwendungsbereich des Gesetzes gemäß § 2 I Nr. 4. Für Vereinigungen, die nicht in § 18 I AGG benannt sind, kommt allenfalls das allgemeine zivilrechtliche Benachteiligungsverbot gemäß den §§ 19 ff. AGG in Betracht, vgl. *Adomeit/Mohr*, KommAGG, 2007, § 18 Rn. 9.

nimmt Bezug auf die unter II. geschilderte Rechtsprechung, weshalb grundsätzlich die dort entwickelten Grundsätze herangezogen werden können.[9] Der Volksbund hat jedoch weder eine überragende Machtstellung im sozialen Bereich, noch kann dem Anliegen von K und B nur durch eine Mitgliedschaft im Verein Rechnung getragen werden (siehe bereits unter II.). Darüber hinaus werden politische Anschauungen nicht vom Merkmal der „Weltanschauung" des § 1 AGG geschützt.[10] Politische Anschauungen werden nämlich nur für Teilaspekte des Lebens relevant und besitzen deshalb nicht dieselbe Wertigkeit wie Religionen und grundlegende Weltanschauungen.[11] Zudem werden politische Anschauungen meistens nicht im gleichen Maße von Individuen als für sich verbindliche ethische Normen und das Weltbild unwillentlich prägend angenommen wie religiöse oder sonst ethische Weltanschauungen. Folgerichtig hat der Gesetzgeber im Zuge der Herausnahme des Merkmals Weltanschauung aus dem Geltungsbereich des zivilrechtlichen Benachteiligungsverbots gemäß § 19 I AGG (dazu unter IV.) klargestellt, dass politische Überzeugungen keine Weltanschauungen sind.[12]

IV. Anspruch gemäß § 21 I AGG

Auch aus § 21 AGG kann kein Aufnahmeanspruch begründet werden. Zum einen werden politische Anschauungen nicht vom Benachteiligungsverbot im Zivilrechtsverkehr gemäß § 19 AGG geschützt, da der deutsche Gesetzgeber die „Weltanschauung", worunter politische Anschauungen allenfalls subsumiert werden könnten (siehe dazu bereits unter III.), nicht in den Katalog der im Zivilrecht geschützten Merkmale aufgenommen hat.[13] Hierdurch soll gemäß der Empfehlung des Rechtsausschusses des Deutschen Bundestages v. 28.6.2006 gerade verhindert werden, dass sich Rechtsextreme, deren Gedankengut nicht mit dem des Grundgesetzes vereinbar ist, auf privatrechtlichen Diskriminierungsschutz berufen können.[14] Zum anderen folgte selbst aus einem Verstoß gegen das Benachteiligungsverbot des § 19 I AGG kein Kontrahierungszwang.[15] Zwar wird von Teilen des

---

[9]   MünchKommBGB/*Thüsing*, 5. Aufl. 2006, § 18 AGG Rn. 5; *Adomeit/Mohr*, KommAGG, 2007, § 18 Rn. 13.

[10]   *Adomeit/Mohr*, KommAGG, 2007, § 1 Rn. 81; *Säcker*, ZRP 2002, 286, 289; *Hanau*, ZIP 2006, 2189, 2190.

[11]   *Thüsing*, Sonderbeilage zu NZA Heft 22/2004, 3, 11.

[12]   BT-Drucks. 16/2022 v. 28. 6. 2006, S. 13.

[13]   BT-Drucks. 16/2022 v. 28. 6. 2006, S. 13; *Adomeit/Mohr*, KommAGG, 2007, § 1 Rn. 82.

[14]   Siehe auch BVerfG v. 17. 11. 2009 – 1 BVR 2150/08 – Rudolf Hess Gedenken: „Angesichts des einzigartigen Unrechts und des Schreckens, die diese Herrschaft unter deutscher Verantwortung über Europa und weite Teile der Welt gebracht hat, und der für die Identität der Bundesrepublik Deutschland prägenden Bedeutung dieser Vergangenheit, können Äußerungen, die dies gutheißen, Wirkungen entfalten, denen nicht allein in verallgemeinerbaren Kategorien Rechnung getragen werden kann."

[15]   *Adomeit/Mohr*, KommAGG, 2007, § 21 Rn. 6 ff.

Schrifttums ein „auf Kontrahierung gerichteter, unzweifelhaft verschuldensunab-hängiger Abwehranspruch"[16] bejaht, sowie als „Minus" ein Anspruch auf Ver-tragsanpassung bei der diskriminierenden Weigerung, einen Vertrag zu bestimm-ten Konditionen abzuschließen.[17] Allerdings wurde die noch im Entwurf eines ADG enthaltene Bestimmung des § 22 II AGG über einen (eingeschränkten) Kon-trahierungszwang[18] im AGG ersatzlos gestrichen worden.[19] Ein über den Beseiti-gungs- und Unterlassungsanspruch des § 21 I AGG konstruierter Kontrahierungs-zwang würde außerhalb der von § 826 BGB erfassten Fallgestaltungen außerdem die grundrechtlich geschützte negative Vertragsfreiheit des Anbieters unzumutbar beeinträchtigen.[20] Darüber hinaus ist die Geltendmachung eines Beseitigungsan-spruchs in erster Linie bei dauernden Beeinträchtigungen oder Einwirkungen sinnvoll, nicht jedoch bei einmaligen Handlungen, wie dies bei einem verweiger-ten Vertrag der Fall ist.[21] Schlussendlich handelt es sich bei den von § 19 I und II AGG erfassten Fallgestaltungen überwiegend um sog. Massengeschäfte; hier hat der Beeinträchtigte jedoch regelmäßig kein nachvollziehbares Interesse gerade an dem verweigerten Vertragsschluss; es geht vielmehr vornehmlich um eine Verlet-zung des allgemeinen Persönlichkeitsrechts, der über den Entschädigungsanspruch des § 21 II 3 AGG effektiv Rechnung getragen wird.[22]

V.   Gesamtergebnis Frage 2

K und B haben folglich keinen Anspruch auf Aufnahme in den Volksbund.

C.   Lösung Frage 3: Rechtmäßigkeit des Ausschlusses aus dem Verein?

Unterstellt, dass K und B Mitglieder des Volksbundes sind, ist nach Frage 3 zu prüfen, ob ihr Ausschluss rechtmäßig erfolgt ist.

I.   Zuständigkeit des Bundesvorstands

Das BGB enthält lediglich eine Bestimmung über den freiwilligen Austritt von Mitgliedern (§ 39 I BGB). Gemäß § 32 I BGB ist die Mitgliederversammlung zu-

---

[16]   Gaier/Wendtland/*Gaier*, Allgemeines Gleichbehandlungsgesetz, 2006, Rn. 207 ff.; siehe auch *Köhler*, § 8 Rn. 47a.

[17]   *Thüsing/von Hoff*, NJW 2007, 21, 23.

[18]   BT-Drucks. 15/4538 v. 16. 12. 2004, S. 62, 101 und 112 f.; dazu *Armbrüster*, ZRP 2005, 41, 43.

[19]   *Rüthers/Stadler*, § 3 Rn. 12c, die einen solchen Anspruch im Ergebnis bejahen.

[20]   *Armbrüster*, VersR 2006, 1297, 1304; a. A. *Thüsing/von Hoff*, NJW 2007, 21, 25.

[21]   *Nicolai*, Allgemeines Gleichbehandlungsgesetz, 2006, Rn. 842, a. A. Gaier/Wendtland/ *Gaier*, Allgemeines Gleichbehandlungsgesetz, 2006, Rn. 207.

[22]   *Armbrüster*, VersR 2006, 1297, 1304; siehe auch *Armbrüster*, KritV 2005, 46.

ständig, soweit die Angelegenheit nicht dem Vorstand oder einem anderen Vereinsorgan übertragen wurde.[23] Die Regelung des Ausschlusses unterliegt damit der Satzungsautonomie gemäß § 25 BGB.[24] Gemäß § 5 der Satzung ist der Bundesvorstand für den Ausschluss von Mitgliedern zuständig. Anhaltspunkte für eine unwirksame Beschlussfassung des Vorstands gemäß § 28 BGB i. V. m. §§ 32 und 34 BGB liegen nicht vor. Unabhängig davon wird die Wirksamkeit eines Rechtsgeschäfts, an welchem Vorstandsmitglieder in vertretungsberechtigter Zahl mitwirken, aufgrund der Abstraktion von Vertretungsmacht und Innenverhältnis nicht dadurch berührt, dass ihm kein wirksamer Vorstandsbeschluss zugrunde liegt.[25]

II. Formale Voraussetzungen für den Vereinsausschluss

Nach § 5 der Satzung des Volksbundes ist ein Mitglied auszuschließen, wenn durch die Mitgliedschaft – aus der Sicht des Bundesvorstandes – die Belange des Volksbundes beeinträchtigt werden. Die Belange des Vereins werden dabei durch die in der Präambel festgelegten Satzungsziele definiert.

Ob im Einzelfall die Belange des Volksbundes beeinträchtigt sind, ist gegenüber jedem einzelnen Mitglied, welches von einem Ausschluss betroffen ist, festzustellen, um den Rechtsschutz des Einzelnen vor pauschaler Ausschließung zu sichern. Deshalb ist jede Form eines Gruppenausschlusses unzulässig[26], und es muss jedem der auszuschließenden Personen ein individuell vorwerfbares Verhalten im Sinne eines venire contra factum proprium (§ 242 BGB) in Bezug auf die Vereinszwecke zur Last fallen.[27] Ferner muss den Mitgliedern eine Möglichkeit der Stellungnahme gewährt werden[28]; zuvor müssen sie über die konkreten Vorwürfe informiert worden sein.[29] Die vom Volksbund an K und B versandten Schreiben erfüllen diese formalen Voraussetzungen, da jedem Mitglied neben dem Vorwurf der Unvereinbarkeit einer gleichzeitigen Mitgliedschaft in der X-Partei und im Volksbund ein konkretes vereinsschädigendes Verhalten vorgehalten wird[30] und K und B die Gelegenheit eingeräumt wurde, zu den Vorwürfen Stel-

---

[23] Bamberger/Roth/*Schwarz/Schöpflin*, § 25 BGB Rn. 74.

[24] MünchKommBGB/*Reuter*, 5. Aufl. 2006, Vorbem vor § 21 BGB Rn. 198 ff.; § 20 Rn. 34 ff. und § 40 Rn. 3.

[25] Bamberger/Roth/*Schwarz/Schöpflin*, § 28 BGB Rn. 6.

[26] OLGZ 1968, 248, 249; BayObLGZ 1988, 177.

[27] Wenn die Aufnahme eines Bewerbers oder das Weiterbestehen der Mitgliedschaft die Glaubwürdigkeit der Zielverwirklichung des Vereins in Zweifel zieht, muss entweder der Bewerber sein venire contra factum proprium gegen den Vereinszweck beenden, d. h. aus einer „Contra"-Vereinigung austreten, oder der Verein muss ihn ausschließen; so zutreffend BGH, NJW 1973, 35 und BGH, NJW 1991, 888 (zum Ausschluss eines KPD-ML-Mitglieds aus der Gewerkschaft).

[28] BGHZ 27, 297, 298; BGH, NJW 1996, 1756, 1758.

[29] BGH, NJW 1996, 1756, 1757.

[30] BGHZ 102, 265, 274 f.; BGH, NJW 1990, 40, 41.

lung zu nehmen. Der Ausschluss von K und B erfüllt demnach die formalen Voraussetzungen. Da der Vereinsvorstand den Ausschluss vorsorglich für den Fall, dass K und B entgegen der rechtlichen Überzeugung des Vorstandes doch Mitglieder geworden sein sollten, erklärte, könnte der Beschluss jedoch unter einer unzulässigen Bedingung erfolgt sein. Ein Ausschluss aus dem Verein erfolgt nämlich genauso wie eine Kündigung oder eine Anfechtung durch eine einseitige bedingungsfeindliche Willenserklärung.[31] Dies ist indes nicht der Fall; eine Rechtsbedingung, die an die bestehende Rechtslage anknüpft, ist keine auf ungewisse zukünftige Tatsachen bezogene Bedingung i. S. der §§ 158 ff. BGB.[32] Der Grundsatz der Bedingungsfeindlichkeit des Vereinsausschlusses greift daher nicht ein.

III. Materielle Voraussetzungen für den Vereinsausschluss

Die Satzung nennt als Ausschlussgrund die Beeinträchtigung der Belange des Volksbundes, wobei dem Vorstand ein Beurteilungsspielraum bei der Feststellung vereinswidrigen Verhaltens eingeräumt wird (§ 5 Vereinssatzung).

1.   Zulässiger Ausschlussgrund

Da § 5 der Vereinssatzung sehr allgemein gehalten ist, ist zu prüfen, ob diese satzungsmäßige Klausel den rechtlichen Anforderungen an einen wirksamen Vereinsausschluss standhält. Hierbei können aufgrund der Vielgestaltigkeit der Vereine und Vereinszwecke keine allgemeingültigen Rahmenbedingungen gelten; vielmehr ist anhand der Stellung des Vereins in der Gesellschaft, seiner Größe und Wichtigkeit und den durch eine Mitgliedschaft ermöglichten Privilegien zu ermitteln, unter welchen rechtlichen Voraussetzungen ein Ausschluss erfolgen darf. Somit ist auch hier wieder zu unterscheiden zwischen Vereinen mit einer überragenden Machtstellung im sozialen Bereich und mit einem sich daraus ergebenden hohem Mitgliederschutz und Vereinen ohne existentielle Bedeutung für das Berufsleben der Mitglieder (Vereine mit grundsätzlicher Aufnahme- und Ausschlussfreiheit).

Da der Volksbund ein Idealverein ohne wirtschaftliche oder soziale Machtstellung ist (siehe hierzu die obigen Ausführungen), sind K und B nicht auf die

---

[31]   MünchKommBGB/*Reuter*, 5. Aufl. 2006, § 38 BGB Rn. 54; siehe zur Kündigung als einseitigem Gestaltungsrecht BAG, NZA 2001, 1070.

[32]   Die Bedingungsfeindlichkeit von Gestaltungsrechten dient der Rechtssicherheit. Einschränkungen werden für Rechtsbedingungen und Potestativbedingungen gemacht, vgl. ErfK/*Müller-Glöge*, 10. Aufl. 2010, § 620 BGB Rn. 22. Unter einer Potestativbedingung versteht man eine Bedingung gemäß § 158 BGB, deren Eintritt ausschließlich vom Verhalten des Erklärungsempfängers abhängt (vgl. §§ 449 I, 454 I 2 BGB). Unter Rechtsbedingungen versteht man die gesetzlichen Wirksamkeitserfordernisse eines Rechtsgeschäfts, deren Erwähnung durch die Parteien keinen Schwebezustand auf Grund einer Willensmodalität herbeiführt, vgl. MünchKommBGB/*H. P. Westermann*, 5. Aufl. 2006, § 158 BGB Rn. 54.

Mitgliedschaft zur Ausübung der Kriegsgräberpflege angewiesen, mit der Folge, dass die Kontrolle des Vereinsausschlusses nicht dem Erfordernis eines sachlichen Grundes für den Ausschluss unterliegt.[33] Nur wenn der Ausschluss *grob unbillig* ist, sieht die Rechtsprechung einen Grund, den Ausschluss aus dem Verein für unwirksam zu erklären.[34] Hat der Volksbund somit Ausschlussfreiheit, unterliegt die Subsumtion des Ausschlusstatbestandes unter den Ausschlussgrund – in den Grenzen der groben Unbilligkeit – den individuellen Beurteilungsmaßstäben des Vereins,[35] da „diese Vereinigungen die Voraussetzungen für die Aufnahme eines Mitgliedes eigenverantwortlich bestimmen können, und ihnen grundsätzlich auch das Recht zusteht, selber zu entscheiden, unter welchen Voraussetzungen jemand nicht Mitglied werden"[36] bzw. ausgeschlossen werden kann, wenn er schon Mitglied ist. Wenn der Vorstand nach pflichtgemäßer Prüfung zum Ergebnis kommt, das Verhalten eines Mitglieds verstoße gegen die in der Satzung definierten Belange des Vereins, weil das Mitglied mit den Vereinszwecken unvereinbare Ziele vertrete, ist ein Ausschluss gerechtfertigt.[37] Die Vereinsautonomie schützt den Verein vor Mitgliedern, die seine Ziele nach seinem in der Satzung zum Ausdruck gelangten Selbstverständnis nicht teilen. Das einzelne Mitglied hat kein Recht, diese Vereinsziele entgegen den Vorstellungen der Mehrheit der Vereinsmitglieder und des Vorstandes umzuinterpretieren. Verfolgt ein Mitglied mit dem Vereinsbeitritt Ziele, die den Satzungszielen zuwiderlaufen, so ist sein Ausschluss gerechtfertigt. Eine zusätzliche Prüfung dahin, ob der Ausschluss eine grobe Unbilligkeit darstellt und deshalb unzulässig ist, ist in diesem Fall nicht geboten.[38]

Folglich ist anhand des § 5 der Satzung in Verbindung mit den in der Präambel und in § 2 der Satzung genannten Aufgaben und Vereinszielen zu prüfen, ob K und B durch ihr Verhalten die Belange des Volksbundes beeinträchtigt haben.

---

[33] BGHZ 102, 256; BGHZ 105, 306; dazu *Bunte*, ZGR 1991, 316 ff. m. w. N.

[34] RGZ 60, 94, 102 ff.; 133, 388 ff.; eingehend MünchKommBGB/*Reuter*, Vorbem vor § 21 BGB Rn. 115 ff.; RGZ 107, 386; RGZ 140, 23; RGZ 147, 11; BGHZ 102, 265.

[35] BGHZ 87, 337 m. w. N.

[36] BGHZ 102, 265, 276.

[37] Der BGH hat daher z. B. den Ausschluss von NPD- und KPD-ML-Mitgliedern aus den Gewerkschaften für wirksam erklärt, weil diese andere Vorstellungen von den Gewerkschaftsarbeitszielen hätten als die Organisationen, in denen sie Mitglieder waren; zustimmend MünchKommBGB/*Reuter*, Vorb. 113 vor § 21 BGB m. w. N. Was für den Ausschluss aus Gewerkschaften als sozial mächtigen Vereinen gilt, muss erst recht für Idealvereine mit Aufnahmefreiheit gelten; näher dazu *Teubner*, Organisationsdemokratie und Verbandsverfassung, 1978, S. 281 ff.

[38] *Reuter*, NJW 1987, 2401 ff.; a. A. *Sauter/Schweyer/Waldner*, Der eingetragene Verein, 18. Aufl. 2006, Rn. 380, wonach die Prüfung der groben Unbilligkeit unabhängig von der Art des Vereins immer erfolgen muss.

2.   Rechtmäßigkeit des Ausschlusses aufgrund der Mitgliedschaft in der X-Partei

Der Volksbund hat den Vereinsausschluss von K und B damit begründet, dass K und B Mitglieder in der X-Partei seien. Deshalb ist entscheidungserheblich, ob die Mitgliedschaft in der X-Partei unvereinbar mit den Belangen des Volksbundes ist.

Die Arbeit des Volksbundes steht unter dem Leitmotiv „Versöhnung über den Gräbern – Arbeit für den Frieden" (vgl. Präambel). Nach § 2 der Vereinssatzung tritt er für die Völkerverständigung, für ein friedliches, gleichberechtigtes Nebeneinander aller Völker ohne Unterschied der Herkunft ein. Eine diesem Leitbild entsprechende Arbeit für den Frieden lässt sich nur durchführen, wenn die Mitglieder des Volksbundes das Gedenken an den Krieg und die Gewaltherrschaft als Mahnung für den Frieden (vgl. § 2 Nr. 1 der Vereinssatzung) auffassen und im Sinne der Völkerverständigung eine internationale Zusammenarbeit auf dem Gebiet der Kriegsgräberfürsorge pflegen und fördern (§ 2 Nr. 6 der Vereinssatzung).

Diesen Vereinszweck müssen sich auch die Mitglieder der X-Partei zu eigen machen; denn die Mitglieder des Volksbundes müssen sich dazu verpflichten, für die in § 2 der Satzung genannten Aufgaben und Interessen einzutreten. Beeinträchtigt die Mitgliedschaft in der X-Partei durch deren Auftreten und Selbstverständnis diese Belange des Volksbundes, kann der Volksbund nach § 5 der Satzung die betroffenen Personen ausschließen.

a)   Ideelle Gründe

(1) Die Mitgliedschaft in der X-Partei könnte die Zielsetzung der Völkerverständigung beeinträchtigen. Völkerverständigung ist nach den Erfahrungen mit dem Nationalsozialismus und Faschismus nicht möglich ohne ein tolerantes, von geschichtsbedingten Ressentiments losgelöstes Zusammenleben von Menschen verschiedener Nationalität und Religion.

Die Schilderungen einer Überfremdung Deutschlands durch „Masseneinwanderung" sind Grundthemen der nationaldemokratischen Parteipolitik. Aussagen wie „der multikulturelle Weltstaat, der im Laufe der Zeit unvermeidlich in einen monokulturellen Weltstaat münden wird, ist der ideale Nährboden für das Entstehen einer parasitären Klasse" zeigen die Ablehnung eines multikulturellen Zusammenlebens und machen deutlich, dass die X-Partei nicht alle Menschen unabhängig von ihrer Herkunft, Religion und Hautfarbe als gleichberechtigt anerkennt.

Solche Auffassungen, formuliert in einer aggressiven Kampfsprache, vermitteln den Eindruck, dass in Deutschland nach wie vor ein nationalistisches, integrationsfeindliches Menschenbild vorherrscht, welches einer Völkerverständigung auf der Grundlage von Toleranz und Achtung des Fremden entgegensteht. Da der Volksbund mittels internationaler Zusammenarbeit die Gräber der Kriegstoten im Ausland pflegen will (§ 2 Nr. 3 der Satzung), ist er auf ein positives und tolerantes Bild in der internationalen Wahrnehmung angewiesen, um seine Ziele zu erreichen. Die Verherrlichung kriegerischer Handlungen und die Heldenverehrung von

Wehrmachtsoldaten sind keine Mahnung zum Frieden, sondern zeichnen ein Gewalt verherrlichendes Bild von Deutschland.

(2) Eine weitere wichtige Zielsetzung der Arbeit des Volksbundes liegt in der internationalen Jugendverständigung, die durch die Begegnung junger Menschen an den Ruhestätten der Toten (vgl. § 2 Nr. 8 der Satzung) gestärkt werden soll. In einem Beschluss der Jugendorganisation, die einen korporativen Bestandteil der X-Partei bildet, wird der multikulturelle Weltstaat als idealer Nährboden für das Entstehen einer parasitären Klasse bezeichnet und ein interkulturelles und friedliches Zusammenleben als gescheitert dargestellt. Durch solche Äußerungen – insbesondere die Zuordnung von Menschen mit Migrationshintergrund zu einer „parasitären Klasse" – wird der Gedanke der Jugendverständigung über die Grenzen hinweg verunglimpft.

(3) Ein ebenfalls zentraler Bestandteil der Arbeit der Kriegsgräberfürsorge ist das Gedenken an sämtliche Kriegstote und Opfer der Gewaltherrschaft und die daraus abgeleitete Mahnung, von nun an friedlich miteinander zu leben. Dies wird deutlich, indem die Satzung des Volksbundes zwischen *den* Opfern von Krieg und Gewalt (§ 2 Nr. 1 der Satzung), die zum Frieden unter den Völkern mahnen, und den *deutschen* Opfern von Krieg und Gewalt differenziert (§ 2 Nr. 3 der Satzung), wobei deutsche Kriegsopfer hier deshalb gesondert genannt werden, weil die Kriegsgräberfürsorge des Volksbundes sich auf die Gräber der deutschen Gefallenen konzentriert. Aus dieser Differenzierung wird deutlich, dass sich der Volksbund in § 2 Nr. 1 seiner Satzung sich auf das verpflichtende Gedenken an die *weltweiten* Opfer von Krieg und Gewaltherrschaft bezieht und nicht nach Nationalitäten unterscheidet. Der Volksbund erwartet von seinen Mitgliedern ein objektives Geschichtsbild, das die Opfer von Krieg und Gewaltherrschaft (laut § 2 Nr. 3 der Satzung insbesondere die Opfer des Ersten und Zweiten Weltkriegs) unverzerrt darstellt.

Die X-Partei wird dem in der Satzung des Volksbundes aufgestellten Ziel des „verpflichtenden Gedenken Aller" nicht gerecht. Ihre Mitglieder verletzen die Werte, an die die Mitglieder des Volksbunds Deutsche Kriegsgräberfürsorge e. V. durch § 2 gebunden sind. Zusammenfassend lässt sich daher festhalten, dass sich die Inhalte der Selbstdarstellung der X-Partei und ihr aggressiv-kämpferisches Pathos mit den Belangen des Volksbundes nicht vereinbaren lassen.

b) Wirtschaftliche Gründe

Der Volksbund Deutsche Kriegsgräberfürsorge e. V. ist ein gemeinnütziger Verein. Seine Arbeit finanziert er zum größten Teil aus freiwilligen Mitgliedsbeiträgen und Spenden. Aus dieser Abhängigkeit von Mitgliedsbeiträgen und Spenden wird deutlich, wie wichtig die Wahrung der Glaubwürdigkeit der ideellen Zwecksetzung und die satzungsgetreue Umsetzung der Vereinszwecke für den Volksbund ist. Die Mitgliedschaft von Mitgliedern der X-Partei erschwert eine glaubwürdige Umsetzung der in der Präambel und § 2 der Satzung normierten Pflichten und Aufgaben. Daher besteht die Gefahr, dass sich die Spendenbereitschaft der

Bürger deutlich verringert und zahlreiche Mitglieder austreten. Auch deshalb ist die gleichzeitige Mitgliedschaft sowohl in der X-Partei als auch im Volksbund für diesen nicht tragbar. Die Mitgliedschaft von Mitgliedern der X-Partei stellt vielmehr eine ernste Beeinträchtigung der Belange des Volksbundes gemäß § 5 der Satzung dar. Ein Ausschluss ist deshalb grundsätzlich gerechtfertigt.

Der Vorteil, den der Ausschluss bzw. die Nichtaufnahme von Mitgliedern der X-Partei für den Verband hat, steht auch nicht in einem offensichtlichen Missverhältnis zu den Nachteilen, die ein nicht aufgenommenes oder ausgeschlossenes Mitglied hat; denn der Volksbund ist kein Verein „mit einer überragenden Machtstellung im wirtschaftlichen Bereich" i. S. von § 20 VI GWB[39], bei dem eine Verweigerung der Mitgliedschaft oder der Ausschluss zu einem Schaden führt. Es ist daher zulässig, wenn zur Sicherung der authentischen Vertretung der Vereinsziele durch den Vorstand Mitglieder, die aus vereinsfremden politischen Motiven die Vereinsziele verfälschen oder in Misskredit bringen, ausgeschlossen werden. Dies ist zur Wahrung der Belange des Vereins umso wichtiger, als der Volksbund nicht allein auf nationaler Ebene agiert, sondern in vielen ehemaligen Kriegsgebieten des Zweiten Weltkrieges arbeitet und nationalistisch übersteigerte, konfliktverherrlichende Parolen von Mitgliedern gegen eine friedliche Völkerverständigung die Arbeit auf ausländischen Soldatenfriedhöfen nahezu unmöglich machen.

IV. Individuell vorwerfbare Verstöße gegen den Vereinszweck

1.   Verstoß des K

Der Ausschluss ist weiterhin gerechtfertigt wegen des individuell vorwerfbaren Verhaltens von K und B. K hat eine Gegendemonstrantin am Rande einer Demonstration der X-Partei brutal zusammengeschlagen. Damit hat er bewiesen, dass er selbst nicht in der Lage ist, Konflikte friedlich und argumentativ zu lösen. Im Gegenteil zeigte K, dass er gegenüber einer friedlichen Diskussion eine Niederschlagung der Meinungsfreiheit durch Gewalt bevorzugt. Ein solch radikales und kompromissloses Verhalten ist keinesfalls mit den auf Friedensarbeit und Völkerverständigung ausgerichteten Zielsetzungen des Volksbundes vereinbar. Somit begründet im Fall des K nicht nur seine Mitgliedschaft in der X-Partei, sondern auch sein individuelles Verhalten die materielle Rechtmäßigkeit seines Ausschlusses aus dem Volksbund.

2.   Verstoß des B

B ist mehrfach mit Mitgliedern von als gewaltbereit bekannten Kameradschaften bei Trauerfeiern auf Kriegsgräberstätten aufgetreten und hat hetzerische Parolen mit rechtsradikalen Inhalten von sich gegeben. Er hat hierdurch die Ziele des Vereins, ein konfliktfreies und tolerantes Gedenken an die Kriegstoten aus allen Ländern zu ermöglichen, missachtet und so deutlich gemacht, dass seine politischen

---

[39] Vgl. BGHZ 63, 282, 285; BGHZ 93, 151, 152.

Überzeugungen auch auf die Arbeit des Vereins ausstrahlen und diese beeinträchtigen. B behinderte somit schon im Vorfeld seiner Mitgliedschaft die Friedensarbeit des Vereins, weshalb nicht anzunehmen ist, dass er zukünftig im Sinne des Vereins an den Trauerfeierlichkeiten teilnehmen wird. Auch den B trifft somit ein individueller Verstoß gegen die Vereinsziele.

V. Gesamtergebnis Frage 3

Der Ausschluss von K und B aus dem Volksbund war rechtmäßig.

D. Lösung Frage 4: Wirksamkeit der Aufnahme bei Absendung durch die Sekretärin?

K und B sind Mitglieder im Volksbund geworden, wenn das ihnen zugesandte Mitgliederbegrüßungsschreiben wirksam ist.

I. Zurechnung der Schreiben

1. Abgabe der Willenserklärung

Die Mitgliederbegrüßungsschreiben wurden mit Handlungswillen, Erklärungsbewusstsein und Rechtsbindungswillen von M verfasst, da zuvor ein positiver Vorstandsbeschluss über die Aufnahme von K und B gefällt wurde. Der objektive und subjektive Tatbestand einer Willenserklärung liegt somit vor.[40] Jedoch werden die Begrüßungsschreiben als empfangsbedürftige Willenserklärungen erst nach Abgabe (vgl. §§ 130 II, 119 I BGB) und mit Zugang beim Erklärungsempfänger wirksam (§ 130 I BGB).[41]

Eine Willenserklärung ist abgegeben, wenn der Erklärende alles getan hat, was für das Wirksamwerden der Willenserklärung erforderlich ist[42]: Bei nicht empfangsbedürftigen Willenserklärungen ist dafür nur die Vollendung des Erklärungsvorgangs erforderlich; demgegenüber ist bei empfangsbedürftigen Willenserklärungen – wie vorliegend – zusätzlich erforderlich, dass die Willenserklärung an den Erklärungsempfänger gerichtet ist. Eine Abgabe liegt bei empfangsbedürftigen Willenserklärungen demnach nur dann vor, wenn die Erklärung willentlich aus dem Machtbereich des Erklärenden auf den Weg zum Empfänger gebracht wird, so dass mit dessen Kenntnisnahme gerechnet werden kann.[43]

---

[40] Die Willenserklärung wird „geboren" durch das Vorliegen des objektiven (§§ 133, 157 BGB) und subjektiven (Handlungswille, Erklärungsbewusstsein, Rechtsbindungswille) Tatbestandes einer Willenserklärung.

[41] Vgl. zum Zugang von Willenserklärungen noch Fall 10.

[42] Vgl. MünchKommBGB/*Einsele*, 5. Aufl. 2006, § 130 BGB Rn. 13.

[43] *Köhler*, § 6 Rn. 11.

2.   Abhanden gekommene Willenserklärung

Nach dem Vorstehenden muss die Abgabe mit dem Willen des Erklärenden erfolgen. Vorliegend wollte der M die Mitgliederbegrüßungsschreiben jedoch noch nicht versenden, da ihm K und B „irgendwie bekannt" vorkamen und er über beide vor der Absendung noch Recherchen einholen wollte. M hat die Willenserklärungen deshalb nicht willentlich in den Verkehr entäußert. Jedoch hat seine Sekretärin S, die die Erklärungen versehentlich als versendungsfertige Schreiben einstufte, die Begrüßungsschreiben an K und B verschickt. Da K und B diese nach dem objektiven Empfängerhorizont als wirksame Willenserklärungen ansehen durften, könnte dem M aus Gründen des Verkehrsschutzes die durch S erfolgte Versendung zuzurechnen sein.

a)   Schutzwürdigkeit des Vertrauens des Erklärungsempfängers

Für eine Zurechnung des Versendens zu M spricht, dass der Erklärungsempfänger auf die Wirksamkeit der Erklärung vertraut und sein Vertrauen schutzwürdig ist. Aus diesem Grund wird angenommen, dass die vorliegenden Fälle der „abhandengekommenen Willenserklärung" trotz tatsächlich bestehender Unterschiede – der Erklärende weiß hier um die rechtliche Bedeutung seiner Erklärung – mit den Fällen des fehlenden Erklärungsbewusstseins zu vergleichen seien.[44] Maßgeblich wäre hiernach allein, ob dem Erklärenden die Abgabe bzw. der von ihm gesetzte Rechtsschein zuzurechnen ist, ob ihm also eine Erklärungsfahrlässigkeit vorzuwerfen ist.[45] Wenn der Erklärende danach hätte erkennen und verhindern können, dass die Erklärung in den Verkehr gelangt, soll sie ihm zuzurechnen und als abgegeben zu behandeln sein. Dies wird beispielsweise angenommen, wenn eine Person im Organisationsbereich des Erklärenden einen Brief in den Postkasten in der Meinung einwirft, dieser sei versehentlich liegen geblieben, obwohl der Erklärende über die Absendung des Briefs nochmals nachdenken wollte.[46] Zum Schutz des Erklärenden soll diesem aber ein Anfechtungsrecht zustehen, nach dessen Ausübung der Erklärungsempfänger analog § 122 BGB seinen Vertrauensschaden ersetzt verlangen kann.[47] Die Sekretärin des M ist in seinem Organisationsbereich tätig geworden, weshalb nach dieser Ansicht dem M eine Erklärungsfahrlässigkeit vorzuwerfen wäre und der Rechtsschein der Abgabe als von ihm zurechenbar ver-

---

[44]   Staudinger/*Singer* (2004) Vorbem. zu §§ 116 – 144 BGB Rn. 49; zum fehlenden Erklärungsbewusstsein Fall 11.

[45]   *Flume*, § 23, Rn. 1; *Larenz/Wolf*, § 26 Rn. 7; *Medicus*, Rn. 265; Soergel/*Hefermehl* (1999), § 130 BGB Rn. 5.

[46]   MünchKommBGB/*Einsele*, 5. Aufl. 2006, § 130 Rn. 14.

[47]   *Singer*, Selbstbestimmung und Verkehrsschutz im Recht der Willenserklärungen, 1995, S. 197; *Lobinger*, Rechtsgeschäftliche Verpflichtung und autonome Bindung, 1999, S. 229 ff.; Staudinger/*Singer* (2004), § 130 Rn. 10; *Canaris*, JZ 1976, 134; *Larenz/Wolf*, § 26 Rn. 6 f.; Erman/*Palm*, 12. Aufl. 2008, § 130 BGB Rn. 3; Bamberger/Roth/*Wendtland*, § 130 BGB Rn. 3.

ursacht angesehen werden würde. Die Mitgliederbegrüßungsschreiben wären hiernach wirksam, § 130 I BGB.

b) Kein Handlungswille des Erklärenden zur Abgabe

Gegen die Überwindung des fehlenden Abgabewillens mittels des Merkmals der Erklärungsfahrlässigkeit spricht jedoch, dass nicht einmal ein Handlungswille des Erklärenden zur Abgabe vorliegt.[48] Die Trennung zwischen Abfassung und Abgabe der Willenserklärung kann das erforderliche Willenselement nicht übergehen, da sich der für die Wirksamkeit von Willenserklärungen konstitutive Handlungswille auf die Willenserklärung als Ganzes, also auch auf die Abgabe beziehen muss. Ebenfalls schlägt die Gleichstellung mit dem fehlenden Erklärungsbewusstsein fehl, da der Erklärende in diesen Fällen in eigener Person den Anschein einer Willenserklärung setzt, in den Grundfällen der abhanden gekommenen Willenserklärung jedoch der Erklärende nicht selbst, sondern andere die Abgabe vornehmen. Für die hiermit vergleichbaren Fälle der Stellvertretung trifft das BGB in § 172 I BGB eine klare Regelung; hiernach muss sich der Aussteller einer Urkunde deren Inhalt nur dann zurechnen lassen, wenn er sie einem anderen ausgehändigt hat.[49] Der Schutz des § 172 I BGB gilt deshalb nicht für abhanden gekommene Urkunden; eine entsprechende Anwendung des § 172 I BGB kommt nach h. M. selbst dann nicht in Betracht, wenn der Vollmachtgeber den Zugang zur Vollmachtsurkunde leicht fahrlässig ermöglicht hat.[50] Bei fehlender Abgabe hat der Erklärende, anders als bei fehlendem Erklärungsbewusstsein, gerade keine Äußerung im Rechtsverkehr getätigt, so dass auch keine Zurechnung der Willenserklärung in Betracht kommt. So wie an abhanden gekommenen Sachen trotz Vorliegens eines Vertrauenstatbestands (§ 932 BGB) kein gutgläubiger Erwerb möglich ist (§ 935 BGB), ist auch an abhanden gekommenen Willenerklärungen mangels Veranlassung der Abgabe kein Zurechnungsgrund erfüllt.

Hiernach ist die Willenserklärung ohne Willen des Erklärenden an den Empfänger gelangt und dem Erklärenden nicht zurechenbar, sie ist nicht existent – eine Anfechtung ist daher nicht erforderlich.[51] Anderenfalls würde der Erklärende an eine Willenserklärung gebunden, deren Abgabe ihm nicht zugerechnet werden kann. Der bloße Schein einer Abgabe kann somit nicht zum Entstehen einer Willenserklärung führen.[52]

---

[48] BGH, NJW 1979, 2032, 2033; *Bork*, Rn. 615; *Köhler*, § 6 Rn. 12; *Larenz/Wolf*, § 26 Rn. 7; *Brox/Walker*, Rn. 150.

[49] BGHZ 65, 13, 14; siehe dazu noch Fall 20.

[50] Bamberger/Roth/*Habermeier*, § 172 BGB Rn. 6.

[51] BGHZ 65, 13, 14 f.; BGH, NJW 79, 2032, 2033; BGH, NJW-RR 2006, 847, 849.

[52] MünchKommBGB/*Säcker*, 5. Aufl. 2006, Bd. 1 Einl. Rn. 176.

3. Zwischenergebnis

Das Versenden durch die S ist dem M nach hier vertretener Ansicht nicht vorzuwerfen und kann den fehlenden Handlungswillen des M zur Abgabe nicht über-
winden. Die Mitgliederbegrüßungsschreiben waren somit nicht wirksam und
konnten keine Aufnahme von K und B in den Volksbund begründen.

II. Ansprüche von K und B auf Ersatz des Vertrauensschadens?

Aufgrund der Schutzbedürftigkeit des Erklärungsempfängers und seines Vertrauens in die Wirksamkeit der Erklärung muss ihm eine Möglichkeit des Ersatzes
seines Vertrauensschadens gegeben werden. Umstritten ist jedoch, auf welche
Normen im Fall der abhanden gekommenen Willenserklärung abzustellen ist.

1. § 122 BGB analog

In Betracht kommen könnte eine analoge Anwendung des § 122 BGB, da auch er
einen Ersatz des Vertrauensschadens bei der Unwirksamkeit von Willenserklärungen vorsieht (siehe oben). Sieht man aber mit der Grundwertung des § 172 I BGB
durch die bloße Ausstellung der Urkunde noch keinen vom Aussteller verursach-
ten Rechtsschein, ergibt sich kein hinreichender Anknüpfungspunkt für die Haftung aus § 122 analog, da diese die Ersatzfähigkeit an den zurechenbar verursach-
ten Vertrauenstatbestand knüpft.[53] § 122 BGB regelt Fälle des Vertrauens in eine
tatsächlich existente, aber anfechtbare Erklärung; davon zu unterscheiden ist der
Fall des Vertrauens in eine nicht existente Willenserklärung.[54]

2. §§ 311 II, 241 II BGB

Naheliegender erscheint es demnach, eine Haftung nach §§ 311 II, 241 II BGB
anzunehmen, wenn dem vermeintlich Erklärenden eine vorvertragliche Pflichtverletzung zur Last gelegt werden kann.[55] Eine derartige Pflichtverletzung liegt beispielsweise vor, wenn der Verfasser von der Absendung erfährt und den Empfänger hierüber nicht unverzüglich aufklärt, oder er für das Versenden der Erklärung
aufgrund der Außerachtlassung der im Verkehr erforderlichen Sorgfalt verantwortlich ist. Der Anknüpfungspunkt der gesetzlichen Vertrauenshaftung ist somit
vorverlagert, da diese keine Bindung des Erklärenden an die Erklärung voraussetzt, dem Erklärungsempfänger aber seinen Vertrauensschaden ersetzt, den er
aufgrund der Anbahnung des Vertragsverhältnisses durch das Verschulden des
anderen Teils erlitten hat.

---

[53] *Köhler*, § 6 Rn. 12; MünchKommBGB/*Einsele*, 5. Aufl. 2006, § 130 BGB Rn. 14; *Lange*, JA 2007, 687, 689.

[54] BGH, NJW-RR 2006, 847, 850; ausführlich hierzu *Lange*, JA 2007, 687, 689.

[55] MünchKommBGB/*Einsele*, 5. Aufl. 2006, § 130 BGB Rn. 14.

Da der M die Schreiben nicht versehentlich in die Postmappe gesteckt hat und ihm eine generelle Fahrlässigkeit aufgrund des „Liegenlassens" auf seinem Schreibtisch nicht vorgeworfen werden kann, ist er K und B gegenüber nicht verpflichtet, einen etwaig durch das Schreiben entstandenen Vertrauensschaden zu ersetzen.

III. Gesamtergebnis Frage 4

K und B sind weder Mitglieder des Volksbundes geworden, noch steht ihnen unter Vertrauensschutzgesichtspunkten ein Anspruch auf Schadensersatz nach den §§ 311 II, 241 II BGB zu.

Merke

1. Rechtssubjekte als Adressaten der Regelungen des Bürgerlichen Gesetzbuchs sind neben den natürlichen Personen (Fall 1) auch juristische Personen.[56] Unter einer juristischen Person versteht man eine rechtlich verselbständigte, von ihren Mitgliedern oder Gründern unabhängige Organisation. Die Anerkennung juristischer Personen entspringt dem praktischen Bedürfnis, Organisationen dann als Träger der Rechte und Pflichten anzusehen, wenn eine größere Anzahl von Menschen nach außen auftritt, die sich zu einem bestimmten Zweck organisiert haben.

2. Das Bürgerliche Gesetzbuch normiert als juristische Personen des Privatrechts den Verein (§ 21 BGB) und die Stiftung (§ 80 BGB). Hierin spiegelt sich die Unterscheidung zwischen rechtlich verselbständigten Personenvereinigungen (Körperschaften) und rechtlich verselbständigten Sondervermögen ohne Mitglieder wider. Rechtssystematisch ist der Verein die Grundform aller rechtsfähigen juristischen Personen des Zivilrechts.[57] Als Körperschaft ist er weitgehend gegenüber seinen Mitgliedern verselbständigt, was sich typischer Weise an Hand folgender Merkmale zeigt: Auftreten unter einem Gesamtnamen; Vertretung nach außen durch den Vorstand als Organ; wirksame Beschlussfassung grundsätzlich nach dem Mehrheits- und nicht nach dem Einstimmigkeitsprinzip; keine mitgliedsbezogenen Auflösungsgründe wie Tod, Insolvenz oder Kündigung; Mitglieder können wechseln. Weitere Körperschaften des Privatrechts sind die Kapitalgesellschaften (AG, GmbH, KGaA), die eingetragene Genossenschaft und der Versicherungsverein auf Gegenseitigkeit. Für diese Körperschaften gilt subsidiär das Vereinsrecht des BGB, sofern die entsprechenden Spezialgesetze keine Sonderregelungen enthalten.

---

[56] Vgl. hierzu *Westermann*, S. 34; *Boecken*, Rn. 83 ff.
[57] *Boecken*, Rn. 111.

3. Die Vereinsautonomie beinhaltet ein Recht des Vereins, sich in freier Selbstbe-
    stimmung eine eigene innere Ordnung zu geben.[58] Die Mitglieder des Vereins
    können die Vereinsangelegenheiten hiernach grundsätzlich eigenverantwortlich
    regeln; der Verein kann durch seine Organe seine Organisation und Rechtsver-
    hältnisse frei gestalten. Die Vereinsautonomie ergibt sich aus der Privatautono-
    mie und Vertragsfreiheit; sie ist als Teil der Vereinigungsfreiheit durch Art 9 I
    GG geschützt.[59] Die Vereinsautonomie beinhaltet keine eigenständige Rechts-
    quelle; die vereinsrechtlichen Vorgänge sind vielmehr regelmäßig als privat-
    rechtliche Rechtsgeschäfte aufzufassen. So errichten die Gründer des Vereins die
    Satzung und die sonstigen Vereinsregelungen als Rechtsgeschäft; die danach
    dem Verein beitretenden Mitglieder erkennen diese Regelungen durch den
    rechtsgeschäftlichen Akt des Eintritts als für sich verbindlich an.[60]

4. Ein Aufnahmeanspruch in den Verein über § 826 BGB wurde von der Recht-
    sprechung zunächst nur dann bejaht, wenn der Verein eine Monopolstellung
    innehatte und einen Bewerber um die Mitgliedschaft, der die satzungsmäßigen
    Voraussetzungen erfüllte und ein lebenswichtiges Interesse an der Aufnahme
    nachwies, in verwerflicher Absicht, offenbarer Willkür oder in diskriminieren-
    der Weise ablehnte.[61] Nach neuerer Rechtsprechung kann ein Anspruch nach
    § 826 BGB auf Aufnahme auch dann bestehen, wenn ein Verein oder Verband
    im wirtschaftlichen oder sozialen Bereich eine überragende Machtstellung in-
    nehat und ein schwerwiegendes Interesse von Beitrittswilligen am Erwerb der
    Mitgliedschaft besteht.[62] Voraussetzung eines Aufnahmeanspruchs ist hier-
    nach, dass die Ablehnung der Aufnahme nicht zu einer im Verhältnis zu be-
    reits aufgenommenen Mitgliedern sachlich nicht gerechtfertigten ungleichen
    Behandlung oder unbilligen Benachteiligung eines die Aufnahme beantragen-
    den Bewerbers führen darf. Dogmatisch wird dieses Ergebnis mit einer Dritt-
    wirkung von Art. 9 I GG im Privatrecht begründet. Für Koalitionen gilt Art. 9
    III 2 GG, für Wirtschaftsvereinigungen § 20 VI GWB.[63]

5. Bei einer nicht gerechtfertigten Benachteiligung wegen eines von § 1 AGG
    geschützten Merkmals folgt ein Kontrahierungszwang für Vereinigungen mit
    einer überragenden Machtstellung auch aus § 18 II AGG. Für Vereinigungen,
    die nicht in § 18 I AGG benannt sind, kommt das allgemeine zivilrechtliche
    Benachteiligungsverbot gemäß den §§ 19 ff. AGG zur Anwendung; hier ist
    umstritten, ob aus § 21 I AGG ein Zwang zum Vertragsschluss abgeleitet wer-
    den kann.

---

[58] Siehe hierzu Bamberger/Roth/*Schwarz/Schöpflin*, § 21 BGB Rn. 55; *Leipold*, § 31
      Rn. 47.
[59] Ausführlich Staudinger/*Weick* (2005), Vorbem §§ 21 ff. BGB Rn. 30 ff.
[60] Bamberger/Roth/*Schwarz/Schöpflin*, § 21 BGB Rn. 55.
[61] RGZ 60, 94, 102 ff.; RGZ 133, 388, 390; ausführlich MünchKommBGB/*Reuter*, 5.
      Aufl. 2006, Vorbem. §§ 21 ff. BGB Rn. 108 ff.
[62] BGH, NJW 1975, 771; BGH, NJW 1985, 1216.
[63] BGH, NJW 1999, 1326.

6. Das Gesetz enthält mit § 39 I BGB nur eine Vorschrift über den freiwilligen Austritt von Mitgliedern, nicht aber eine solche über ihren Ausschluss aus dem Verein; allerdings soll die Satzung nach § 58 Nr. 1 BGB eine Bestimmung über den freiwilligen Austritt enthalten. Die Regelung des Ausschlusses als schwerster satzungsmäßiger Vereinsstrafe unterliegt deshalb der Vereinsautonomie; daneben kann ein Ausschluss aus dem Verein im Einzelfall bei Vorliegen eines wichtigen Grundes erfolgen. Die Satzung kann konkrete Ausschlussgründe vorsehen, die die Schwere eines wichtigen Grundes nicht erreichen müssen (z. B. Verzug mit der Beitragszahlung). Anders ist es nur bei Vereinen mit Aufnahmezwang, die dieser Verpflichtung nicht dadurch entgehen können, dass sie Ausschlussgründe festlegen, die unter Berücksichtigung der Interessen des Mitglieds nicht stichhaltig sind.[64]

7. Eine Willenserklärung wird erst mit ihrer Abgabe existent (siehe § 130 BGB). Eine empfangsbedürftige Willenserklärung ist abgegeben, wenn der Erklärende sich ihrer zum Zweck des Zugangs beim Empfänger entäußert hat. Streitig ist die dogmatische Behandlung einer versehentlich abgegebenen (abhanden gekommenen) Willenserklärung: nach einer Minderansicht ist das unbeabsichtigte, aber fahrlässige In-Verkehr-Bringen der Erklärung einer Abgabe gleichzustellen. Nach vorzugswürdiger Ansicht kann der fehlende Abgabewillen nicht durch das Merkmal der Erklärungsfahrlässigkeit überwunden werden. Eine abhanden gekommene Willenserklärung ist nicht existent. So wie an abhanden gekommenen Sachen trotz eines Vertrauenstatbestands (§ 932 BGB) kein gutgläubiger Erwerb möglich ist (§ 935 BGB), so ist auch an abhanden gekommenen Willenserklärungen mangels Veranlassung der Abgabe kein Zurechnungsgrund erfüllt. Eine Schadensersatzhaftung kommt allein unter den Voraussetzungen der §§ 311 II, 241 II, 280 I BGB in Betracht, nach a. A. besteht eine verschuldensunabhängige Haftung analog § 122 I BGB.

---

[64] *Sauter/Schweyer/Waldner,* Der eingetragene Verein, 18. Aufl. 2006, Rn. 89.

Fall 3

Vertretung, Haftung, Nebenzweckprivileg und Durchgriff durch den Schleier (corporate veil) der juristischen Person

Der ins Vereinsregister eingetragene, als gemeinnützig anerkannte B e. V. erstrebt nach seiner Satzung „den Zusammenschluss von am Kleingartenwesen interessierten Bürgern". Im Jahr 1980 pachtete der B e. V. ein dem A gehörendes Grundstück. Der Pachtvertrag wurde von A und dem C als Vorstand des B e. V. unterzeichnet. Hiernach war es dem B e. V. – was in der Folgezeit auch geschah – gestattet, auf dem Gelände eine Vereinsgaststätte zu betreiben, die auch Nicht-Vereinsmitgliedern offen steht. Als Pacht vereinbarten die Parteien (umgerechnet) 3500,- EUR pro Monat. Der B e. V. war verpflichtet, die Pacht von seinen Mitgliedern einzuziehen und an A weiterzuleiten. Aus diesem Grund sollte der B e. V. eine entsprechende Zahlungspflicht seiner Mitglieder in die Satzung aufnehmen. Die Mitglieder des B e. V. waren hierüber informiert. Während der B e. V. in der Folgezeit die von den Mitgliedern an ihn gezahlte Pacht an A weiterleitete, kam er seiner Verpflichtung zur Aufnahme einer entsprechenden Bestimmung in die Satzung auf Grund eines einstimmigen Beschlusses der Mitgliederversammlung, an der auch das Vereinsmitglied D teilgenommen hat, nicht nach; die Mitglieder waren satzungsgemäß lediglich verpflichtet, einen geringen Verwaltungskostenzuschuss zu leisten.

Aufgrund eines gemäß § 5 III BKleingG zulässigen Erhöhungsverlangens durch A war der B e. V. seit dem 1. 1. 2005 verpflichtet, eine monatliche Pacht in Höhe von 7.500,- EUR zu zahlen. Er weigerte sich jedoch, die höhere Pacht zu entrichten, ohne gleichzeitig den Pachtvertrag zu kündigen. Als A seinen Anspruch daraufhin gerichtlich geltend machte, beantragte der B e. V. am 1. 10. 2007 die Eröffnung des Insolvenzverfahrens. Die dem Antrag beigefügte Übersicht über den Stand des Vermögens ergab, dass einem Guthaben von 23,- EUR Verbindlichkeiten von 11.000,- EUR gegenüberstanden. Letztere resultierten aus der anwaltlichen Auseinandersetzung mit A sowie aus der rückständigen Pacht. Aus diesem Grunde wurde der Antrag auf Eröffnung des Insolvenzverfahrens durch Beschluss des zuständigen Amtsgerichts gemäß § 26 I 1 InsO mangels einer den Kosten des Verfahrens entsprechenden Masse zurückgewiesen.[1] Am 14.10.2007 löste sich der B

---

[1] Gemäß § 42 I 1 BGB i. d. F. des Gesetzes zur Erleichterung elektronischer Anmeldungen zum Vereinsregister und anderer vereinsrechtlicher Änderungen vom 24. 9. 2009 (BGBl I, 3145) wird der Verein mit Rechtskraft des Beschlusses, durch den die Eröffnung des Insolvenzverfahrens mangels Masse abgewiesen worden ist, aufgelöst, vgl. Bamberger/Roth/*Schwarz/Schöpflin*, § 42 BGB Rn.1. Die Auflösung des Vereins führt

e. V. durch Beschluss seiner Mitgliederversammlung auf. Er befindet sich seitdem in Liquidation.

Kann A wenigstens von D als Mitglied des B e. V. den auf D entfallenden anteiligen Pachtzins in Höhe 200,- EUR verlangen?

Bundeskleingartengesetz (Sartorius Nr. 350) – Auszug

§ 5 I 1 BkleingG: „Als Pacht darf höchstens der vierfache Betrag der ortsüblichen Pacht im erwerbsmäßigen Obst- und Gemüseanbau, bezogen auf die Gesamtfläche der Kleingartenanlage, verlangt werden." § 5 III 1 BKleingG: "Ist die vereinbarte Pacht niedriger oder höher als die sich nach den Absätzen 1 und 2 ergebende Höchstpacht, kann die jeweilige Vertragspartei der anderen Vertragspartei in Textform erklären, dass die Pacht bis zur Höhe der Höchstpacht herauf- oder herabgesetzt wird."

---

zu seiner Liquidation nach den allgemeinen Vorschriften der §§ 45 ff., 47 ff. BGB. Hierdurch tritt der Verein in die Beendigungsphase ein, ohne damit automatisch seine Rechtsfähigkeit zu verlieren. Erst mit der Vermögensabwicklung des Vereins i. S. von § 49 I BGB endet gemäß § 49 II BGB die Rechtsfähigkeit des Vereins als juristische Person (*Larenz/Wolf,* § 10 Rn. 123, streitig).

Lösung Fall 3

A. Anspruch des A aus einem Rechtsgeschäft oder einem vertragsähnlichen Vertrauensverhältnis mit D

A hat gegen D keinen unmittelbaren Anspruch aus einem Vertrag oder einem vertragsähnlichen Vertrauensverhältnis.[2] D ist keine Partei des Schuldverhältnisses zwischen A und dem B e. V.[3] Auch hat D für die Verbindlichkeiten des B e. V. nicht etwa eine Bürgschaft gemäß § 765 BGB übernommen.

Eine Haftung aus einem gesetzlichen Vertrauensschuldverhältnis i. S. von § 311 II und III BGB scheidet ebenfalls aus; allein der Umstand, dass D Kenntnis vom Inhalt des Vertrages zwischen A und dem B e. V. hatte, begründet keine Haftung des D, da es an einem vertrauensbegründenden Umstand fehlt.

B. Anspruch des A gegen D aus dem Pachtvertrag mit dem B e. V. in Verbindung mit den Grundsätzen der Durchgriffshaftung

A könnte gegen D jedoch einen Anspruch auf Zahlung der anteiligen Pacht in Höhe von 200,- EUR gemäß § 581 I 2 BGB in Verbindung mit den Grundsätzen der Durchgriffshaftung haben. Dies setzt voraus, dass A gegen den B e. V. einen Zahlungsanspruch hat, welchen A nach § 242 BGB auch gegenüber dem D als Gesellschafter des B e. V. geltend machen kann.[4]

I. Anspruch des A gegen den B e. V.

A müsste zunächst einen Anspruch gegen den B e. V. auf Zahlung der erhöhten Pacht haben. Ein solcher Anspruch setzt voraus, dass zwischen A und dem B e. V. ein wirksamer Pachtvertrag i. S. von § 581 BGB zustande gekommen ist (§§ 145 ff. BGB). Darüber hinaus ist ein wirksames Erhöhungsverlangen i. S. von § 5 III BKleingG erforderlich.

1. Vertragsschluss zwischen A und dem B e. V.

a) Abschluss des Pachtvertrages

Ein Pachtvertrag gemäß § 581 BGB begründet ein Dauerschuldverhältnis, gerichtet auf den Austausch einer zeitlich begrenzten Nutzungsmöglichkeit gegen

---

[2] Siehe dazu *Larenz/Wolf*, § 9 Rn. 21.

[3] Gemäß § 241 I BGB kann der Gläubiger kraft des Schuldverhältnisses von seinem Schuldner eine Leistung fordern; nach dieser Vorschrift besteht grundsätzlich nur eine zweipolige Beziehung.

[4] *Larenz/Wolf*, § 9 Rn. 19.

ein Entgelt (die Pacht).[5] Vor diesem Hintergrund ist der Vertrag zwischen A und
dem B e.V. als Pachtvertrag anzusehen, da dem Pächter die Fruchtziehung gestattet ist.[6]

Der B e.V. ist ein nichtwirtschaftlicher Verein i.S. von § 21 BGB (sog. Idealverein; vgl. B. II. 3.).[7] Als solcher ist er bis zur Löschung im Vereinsregister
rechtsfähig.[8] Als juristische Person ist der B e.V. aus dem Vertrag berechtigt und
verpflichtet, wenn er sich das Handeln des C zurechnen lassen muss. Der Vorstand
ist das Vertretungsorgan des Vereins.[9] Nach § 26 I 2 Hs. 2 BGB hat der Vorstand
„die Stellung" eines gesetzlichen Vertreters. Anders als bei der Stellvertretung
gemäß den §§ 164 ff. BGB wird dem Verein bei einem Organhandeln keine fremde Willenserklärung zugerechnet; die juristische Person handelt vielmehr durch
das Organ und erfüllt so den juristischen Tatbestand selbst.[10] Soweit erforderlich,

---

[5] Der Pachtvertrag unterscheidet sich vom Mietvertrag i.S. der §§ 535 ff. BGB dadurch,
dass der Verpächter seinem Vertragspartner außer dem Gebrauch des Pachtgegenstands
oder stattdessen noch die Fruchtziehung hieraus zu gewähren hat. Pachtgegenstand
können deshalb – im Gegensatz zum Mietvertrag – nicht nur Sachen, sondern auch
Rechte und (für die Praxis besonders bedeutsam) Betriebe sein. Da der Pachtvertrag
ebenso wie der Mietvertrag eine entgeltliche Nutzungsüberlassung auf Zeit regelt, ist
nach § 581 II BGB grundsätzlich das Recht der Miete anzuwenden. Allerdings unterscheiden sich die Vertragsgegenstände in der Praxis regelmäßig so erheblich, dass die
mietrechtliche Dogmatik kaum verwendbar ist, vgl. MünchKommBGB/*Harke*, 5. Aufl.
2008, § 581 BGB Rn. 1. Die Abgrenzung von Miet- und Pachtvertrag richtet sich nach
der Parteivereinbarung über Eignung und Verwendung des Vertragsgegenstands: soll
dieser für den Pächter nur Gebrauchsvorteile abwerfen, liegt ein Mietvertrag vor; soll er
auch die Ziehung von Früchten i.S. von § 99 BGB ermöglichen, ist ein Pachtvertrag zustande gekommen (MünchKommBGB/*Harke*, a.a.O., Rn. 11 m.w.N. zum Streitstand).

[6] Einer dogmatischen Einordnung des Vertragsverhältnisses zwischen A und dem B e.V.
als Pachtvertrag i.S. von § 581 BGB steht nicht entgegen, dass Vertragsgegenstand eine
Kleingartenanlage ist; vgl. dazu MünchKommBGB/*Harke*, 5. Aufl. 2008, § 581 BGB
Rn. 21 und 26.

[7] Anders als ein wirtschaftlicher Verein i.S. von § 22 BGB erlangt ein nichtwirtschaftlicher Verein die Rechtsfähigkeit nicht erst durch staatliche Gestattung, sondern konstitutiv durch Eintragung in das Vereinsregister des zuständigen Amtsgerichts. Wenn ein
nichtwirtschaftlicher Verein die gesetzlichen Voraussetzungen erfüllt, ist er ins Vereinsregister einzutragen (Normativsystem); vgl. *Schack*, § 5 II. 3.

[8] KG, NJW-RR 2001, 966.

[9] Gemäß §§ 26 I 1, 40 BGB muss ein Verein einen Vorstand haben, der ihn gerichtlich
und außergerichtlich vertritt (§ 26 I 2 BGB); vgl. Bamberger/Roth/*Schwarz/Schöpflin*,
§ 26 BGB Rn. 1. Organe sind einzelne oder mehrere juristische Personen, wie z.B. der
Vorstand des Vereins (*Larenz/Wolf*, Rn. 13).

[10] Die Formulierung von § 26 I 2 Hs. 2 BGB („hat die Stellung" statt „ist") signalisiert den
Willen des Gesetzgebers, den dogmatischen Streit zwischen Organ- und Vertretertheo-
rie nicht zu entscheiden; in der Praxis hat sich die Organtheorie durchgesetzt, vgl.
MünchKommBGB/*Reuter*, 5. Aufl. 2006, § 26 BGB Rn. 11. Siehe dazu auch *Bork*,
Rn. 1433.

gelten für Willenserklärungen der Organe die §§ 164 ff. BGB analog. Durch eine vom Vorstand im Namen des Vereins abgegebene Willenserklärung wird analog § 164 I BGB der Verein berechtigt und verpflichtet, also weder der Vorstand selbst, noch die einzelnen Vorstandsmitglieder (siehe dazu § 26 II BGB), noch die Mitglieder des Vereins.[11]

Die Voraussetzungen des § 164 I BGB (analog) sind vorliegend gegeben: C hat eine eigene Willenserklärung im Namen des B e. V. abgegeben. Er handelte auch mit Vertretungsmacht, da er als Vorstand nach § 26 I 2 BGB Vertreter des B e. V. war und die Vertretungsmacht des Vereinsvorstands im Außenverhältnis grundsätzlich unbeschränkt ist (§ 26 I 3 BGB).

Die Willenserklärung des C wirkt hiernach für und gegen den B e. V.; Parteien des Pachtvertrages sind A und der B e. V.

b) Wirksamkeit des Pachtvertrages

Der B e. V. betreibt die auf dem Pachtgrundstück befindlichen Kleingärten nicht selbst, sondern verpachtet diese weiter. Dies steht der Wirksamkeit des Pachtvertrages mit A nicht entgegen, da der B e. V. nach § 4 II 2 BKleingG als gemeinnützig anerkannt ist (sog. Zwischenpachtvertragsprivileg). Durch dieses Erfordernis wird sichergestellt, dass Zwischenpächter nicht erwerbsmäßig und damit gewinnorientiert, sondern selbstlos zur Förderung des Kleingartenwesens tätig werden.[12]

2. Wirksame Anpassungserklärung

Aufgrund seines wirksamen Anpassungsbegehrens i. S. von § 5 III BKleingG hat A gegenüber dem B e. V. einen Anspruch auf die erhöhte Pacht von insgesamt 7500,- EUR.

II. Durchgriff des A auf D gemäß § 242 BGB

Der B e. V. ist faktisch vermögenslos, weshalb A seinen Anspruch gegen ihn nicht tatsächlich durchsetzen kann. A könnte es jedoch nach § 242 BGB ausnahmsweise gestattet sein, seinen Anspruch gegen den B e. V. anteilig auch gegenüber dem Vereinsmitglied D geltend zu machen.

1. Grundsatz: Trennung

Nach dem sog. Trennungsprinzip ist die Vermögenssphäre der juristischen Person gegenüber derjenigen ihrer Mitglieder verselbständigt, ebenso wie dies bei ver-

---

[11] *Larenz/Wolf*, § 10 Rn. 69. Einschränkend *Beuthien*, NJW 1999, 1142, 1144 f.

[12] In der Klausur ist dieser Aspekt – wenn überhaupt – nur kurz zu anzusprechen. Siehe dazu BGH, NJW 1987, 2865; Ernst/Zinkahn/Bielenberg/Krautzberger/*Otte*, Baugesetzbuch, 91. Auflage 2009, § 4 BKleingG Rn. 12.

schiedenen natürlichen Personen der Fall ist.[13] Aus diesem Grunde haftet für Verbindlichkeiten eines rechtsfähigen Vereins grundsätzlich nur der Verein selbst und nicht seine Mitglieder.[14]

2.   Ausnahme: Durchgriffshaftung

Die rechtliche Selbständigkeit des B e. V. könnte nach § 242 BGB unbeachtlich sein, mit der Folge eines Durchgriffsrechts des A als Gläubiger des B e. V. auf den D als dessen Mitglied (sog. Durchgriffshaftung).

Unter einem Durchgriff versteht man im Allgemeinen eine Methode, über die rechtliche Selbständigkeit einer juristischen Person hinwegzugehen und ein Rechtsverhältnis bzw. rechtlich relevante Tatsachen über die Grenzen des Rechtsträgers zuzurechnen.[15] Ob und unter welchen Voraussetzungen ein Durchgriff auf die hinter einem Rechtsträger stehenden Personen zulässig ist, ist im Einzelnen sehr streitig.[16] Eine dogmatisch voll überzeugende Abgrenzung der Fallgruppen ist bislang noch nicht gelungen.

Nach einer Ansicht ist die rechtliche Selbständigkeit der juristischen Person unbeachtlich, wenn die Rechtsform zu unlauteren Zwecken missbraucht wird (sog. subjektive Missbrauchslehre).[17] Nach einer weiteren Ansicht kommt es für die Zulässigkeit eines Durchgriffs lediglich darauf an, ob die juristische Person das Objekt der Interessenverfolgung eines anderen ist; auf eine subjektive Vorwerfbarkeit wird also verzichtet (sog. objektive Missbrauchslehre).[18] Nach einer dritten Ansicht bedeutet der Durchgriff keine verallgemeinerungsfähige Problematik; es sei vielmehr zu fragen, ob der jeweilige Normzweck es erfordere, sich über das Trennungsprinzip hinwegzusetzen (sog. Normanwendungslehre).[19] Eine vierte, vermittelnde Ansicht sieht das Nebeneinander von Verband und Mitgliedern nicht als Problem der Anerkennung oder Nichtanerkennung des Rechtsträgers an, sondern als ein solches der jeweiligen vertraglichen oder gesetzlichen Zurechnungsregelung.[20]

---

[13]   *Wiedemann*, Gesellschaftsrecht I, Grundlagen, 1980, § 4 I 2 b; *Coing*, NJW 1977, 1794 ff.; *Larenz/Wolf*, § 9 Rn. 17.

[14]   *K. Schmidt*, Gesellschaftsrecht, 4. Aufl. 2002, S. 719; *Pawlowski*, Rn. 116.

[15]   *K. Schmidt*, Gesellschaftsrecht, 4. Aufl. 2002, S. 217; *Wagner*, in: Festschrift Canaris, II, 2007, S. 473.

[16]   Siehe den Überblick bei *Bittner*, WM 2001, 2133 f. und *Altmeppen*, ZIP 2002, 1551, 1555 ff.

[17]   Vgl. *Serick*, Rechtsform und Realität juristischer Personen, 1955, S. 38 und 203 ff.

[18]   MünchKommBGB/*Reuter*, 5. Aufl. 2006, Vorbem. § 21 ff. BGB Rn. 21.

[19]   *Rehbinder*, in: Festschrift Fischer, 1979, S. 579, 580. Durchgriff ist nach *Rehbinder* „die Nichtanwendung einer Norm, die den Zuordnungs- oder Zurechnungszusammenhang der juristischen Person festlegt. Methodisch handelt es sich dabei um eine Restriktion der Trennungsnorm unter Ausfüllung durch eine andere Norm."

[20]   *K. Schmidt*, Gesellschaftsrecht, 4. Aufl. 2002, S. 226 ff.

Nach Ansicht des BGH ist eine Durchbrechung des Trennungsgrundsatzes nach § 242 BGB zulässig, wenn das Ausnutzen der rechtlichen Verschiedenheit zwischen der juristischen Person und der hinter ihr stehenden natürlichen Personen rechtsmissbräuchlich ist.[21] Dem liegt die zutreffende Erkenntnis zugrunde, dass das Ausnutzen einer formalen Rechtsstellung unzulässig ist, wenn im Einzelfall kein schützenswertes Interesse besteht.[22] Auf der Grundlage dieser Sichtweise haben sich verschiedene Fallgruppen herausgebildet, bei denen eine Durchgriffshaftung problematisiert wird.[23]

3. Fallgruppen

a) Materielle Unterkapitalisierung

Ein Durchgriff des A auf den D über § 242 BGB ist nicht allein deshalb zulässig, weil der B e. V. von Anfang an materiell unterkapitalisiert war, da ihm die zur Betriebsführung notwendigen Finanzmittel weder als Eigen- noch als Fremdkapital zur Verfügung standen.[24] Eine materielle Unterkapitalisierung der juristischen Person führt nämlich nach h. A. lediglich unter den engen Voraussetzungen des § 826 BGB zu einer Durchgriffshaftung, wenn die Schädigung der Gläubiger von Anfang an gewollt bzw. in Kauf genommen worden war.[25]

b) Gegenständliche Vermögensvermischung

Eine Durchgriffshaftung setzt – über den Tatbestand der materiellen Unterkapitalisierung hinaus – also weitere Umstände voraus, aus denen auf einen Rechtsmissbrauch zu schließen ist.[26] Derartige Umstände liegen nach der Rechtsprechung zum Gesellschaftsrecht vor, wenn sich das Gesellschaftsvermögen aufgrund unzureichender Buchführung nicht mehr nachvollziehbar vom Vermögen der Gesellschafter abgrenzen lässt (sog. gegenständliche Vermögensvermischung).[27] Dies gilt nach überzeugender Ansicht auch für den rechtsfähigen Verein; denn fehlendes abgrenzbares Gesellschaftsvermögen lässt die Gläubiger eines Vereins ebenso ins Leere laufen wie bei sonstigen juristischen Personen.[28] Davon zu unterscheiden sind Fälle, in denen die Gesellschafter im Rechtsverkehr nicht deutlich zwischen den verschiedenen Ebenen differenzieren.[29] Hierbei handelt es sich um kein Durch-

---

[21] BGH, NJW 1970, 2015 – Kleingärtnerverein; BGH, NZG 2008, 670 – Kolpingwerk.

[22] *Larenz/Wolf*, § 16 Rn. 24.

[23] In der Klausur sollten die nicht einschlägigen Fallgruppen kurz angesprochen und sodann – ggf. im Urteilsstil – abgelehnt werden.

[24] BGH, NJW 2008, 2437 – Gamma; BGH, NJW 1977, 1449; *K. Schmidt*, JuS 2008, 939. A. A. *Ulmer*, in: Festschrift Duden, 1977, S. 676 ff.; *ders.*, GmbHR 1984, 261 f.

[25] Siehe z. B. BAG, NJW 1999, 740; BAG, NJW 1999, 2299.

[26] Siehe jüngst *Kölbl*, BB 2009, 1194, 1200 ff.

[27] Siehe zur GmbH BGHZ 95, 330, 334.

[28] *Wolff*, JZ 2008, 519, 522, streitig; offen gelassen von BGH, NZG 2008, 670, 673 – Kolpingwerk.

[29] BGH, NJW 2001, 2716 ff.

griffsproblem, sondern um ein solches des Firmen- und Stellvertretungsrechts.[30] Ein Durchgriff des A auf D aufgrund einer gegenständlichen Vermögensvermischung ist nach dem Sachverhalt nicht möglich.

c)   Existenzvernichtung

Ein Durchgriff des A auf den D kann auch unter dem Gesichtspunkt einer Existenzvernichtung in Betracht kommen. Hierunter fallen missbräuchliche, zur Insolvenz einer Gesellschaft führende oder diese vertiefende kompensationslose Eingriffe in das zur vorrangigen Befriedigung der Gesellschaftsgläubiger dienende Gesellschaftsvermögen.[31] Neuerdings behandelt die Rechtsprechung diese Fallgestaltung bei der GmbH jedoch nicht mehr als Außen(durchgriffs)haftung, sondern als Innenhaftung des Gesellschafters gegenüber der Gesellschaft gemäß § 826 BGB.[32] Unabhängig davon lehnte sie bislang eine Übertragung der Grundsätze zur Existenzvernichtung auf den eingetragenen Idealverein ab, weil Vereine keine gesetzlichen Vorschriften über die Kapitalerhaltung kennen.[33] Gegen das letztgenannte Argument spricht jedoch, dass die Gesellschafter aller Körperschaften mit Haftungsbeschränkung dafür sorgen müssen, dass das Vermögen der Gesellschaft zur Befriedigung der Gläubiger zur Verfügung steht.[34] Nach überzeugender Ansicht kommt deshalb auch beim rechtsfähigen Verein eine Haftung wegen Existenzvernichtung in Betracht. Jedenfalls handelt es sich um eine sittenwidrige Schädigung gemäß § 826 BGB, wenn ein Vereinsmitglied in das kraft Satzung zweckgebundene Vermögen des Vereins eingreift und sich rechtsmissbräuchlich daran selbst bedient.[35] Der Streit kann vorliegend dahinstehen; denn D hat das Vermögen des B e. V. nicht dadurch verringert, dass er ihm zu Lasten von dessen Gläubigern Vermögenswerte entzogen hat, ohne für eine zureichende Kompensation zu sorgen.

d)   Überschreitung des Nebenzweckprivilegs

Eine Durchgriffshaftung nach § 242 BGB könnte auch aufgrund der wirtschaftlichen Betätigung des B e. V. durch das Betreiben der Gaststätte gerechtfertigt sein.

---

[30]   *K. Schmidt*, Gesellschaftsrecht, 4. Aufl. 2002, S. 236.

[31]   BGH, NZG 2007, 667 – Trihotel, Leitsatz 1; zur Existenzvernichtungshaftung instruktiv Schwab, ZIP 2008, 341 ff.

[32]   Grundlegend BGH, NZG 2007, 667 – Trihotel; zuletzt BGH, BB 2009, 1037 ff. Dies bedeutet, dass die Gläubiger der Gesellschaft außerhalb des Sonderfalls der Insolvenz keinen direkten Anspruch gegenüber dem Gesellschafter wegen Existenzvernichtung geltend machen können, sondern einen Titel gegen die Gesellschaft erwirken und sich den Anspruch gegen den Gesellschafter im Wege der Zwangsvollstreckung pfänden und überweisen lassen müssen (§§ 829, 835 ZPO); kritisch *Kölbl*, BB 2009, 1194, 1195 und *Wolff*, JZ 2008, 519, 520.

[33]   BGH, NZG 2008, 670 – Kolpingwerk; dazu *Reuter*, NZG 2008, 650 ff. und *Wolff*, JZ 2008, 519 ff.

[34]   Vgl. *Grunewald*, in: Festschrift Raiser, 2005, S. 349, 360; *Kölbl*, BB 2009, 1194, 1200.

[35]   BGH, NZG 2008, 670, 673.

Dies setzt zunächst voraus, dass es sich bei dem B e. V. um einen nicht-wirtschaftlichen Verein handelt. Hierfür ist entscheidend, ob sich seine Betätigung bei einer Gesamtbetrachtung als „wirtschaftlicher Geschäftsbetrieb" darstellt oder nicht. Der B e. V. ist ein Kleingartenverein, also ein Verein, der nach seinem Hauptzweck nicht wirtschaftlich organisiert ist, sondern der Freizeitgestaltung seiner Mitglieder dient. Er ist somit grundsätzlich als Idealverein i. S. von § 21 BGB anzusehen und damit kraft Eintragung in das Vereinsregister rechtsfähig.[36] Hieran ändert nach h. A. auch eine untergeordnete wirtschaftliche Tätigkeit nichts, da eine Versagung der Eintragungsfähigkeit in diesem Fall nicht verhältnismäßig wäre (sog. Nebentätigkeitsprivileg).[37]

Ob bei einer Überschreitung des Nebentätigkeitsprivilegs mit der Folge einer Konzessionspflicht gemäß § 22 BGB eine Durchgriffshaftung auf die Mitglieder des Vereins möglich ist, wird unterschiedlich gesehen: Nach einer Ansicht scheidet ein Durchgriff aus, wenn ein eingetragener Idealverein das Nebenzweckprivileg überschreitet.[38] Eine andere Ansicht zieht eine Parallele zur wesentlichen Funktion von Kapitalgesellschaften, die persönliche Haftung ihrer Mitglieder auszuschließen; hierdurch werde ein Teil des Verlustrisikos auf die Gläubiger der Gesellschaft verlagert, während die Gewinne bei der Gesellschaft verblieben.[39] Als Kompensation sei dann jedoch für einen angemessenen Schutz der Gläubiger zu sorgen, u. a. durch Vorschriften über die Kapitalaufbringung und -erhaltung. Bei Vorliegen besonderer Umstände könne eine Überschreitung des Nebenzweckprivilegs also durchaus einen Haftungsdurchgriff wegen Rechtsformverfehlung begründen.[40] Dieser Streit kann vorliegend ebenfalls dahinstehen, da der B e. V. allein durch das Betreiben einer Vereinsgaststätte, welche auch Nicht-Vereinsmitgliedern offen steht, noch nicht das Nebenzweckprivileg überschritten hat.

e)   Zwischenschaltung des Vereins als vermögenslose Verrechnungsstelle

Ein Durchgriff des A auf das Vermögen des D kommt jedoch in Betracht, weil der B e. V. von Anfang an vermögenslos war und keine Aussicht hatte, jemals eigenes Vermögen zu erwerben. So zahlten die Mitglieder des B e. V. außer einem geringen Verwaltungskostenzuschuß, der keine Vermögensbildung ermöglichte, nur solche

---

[36] Nicht entscheidend ist die in der Satzung enthaltene Zielsetzung, vgl. *Sauter/Schweyer/Waldner,* Der eingetragene Verein, 18. Aufl. 2006, 1. Teil Rn. 42. Anders als bei der natürlichen Person bedarf die juristische Person eines Gründungsakts, der bei juristischen Personen des Privatrechts in der Manifestation des rechtsgeschäftlichen Gründungswillens in der Satzung liegt. Die Satzung regelt zum einen den Zweck der Gesellschaft. Darüber hinaus regelt sie neben dem zwingenden Gesetzesrecht die Kompetenzverteilung der Organe und das Verfahren der Willensbildung (*Larenz/Wolf,* § 9 Rn. 12).

[37] *K. Schmidt,* Gesellschaftsrecht, 4. Aufl. 2002, S. 670 und 674.

[38] BGH, NZG 2008, 670 – Kolpingwerk.

[39] Grund: Förderung volkswirtschaftlich erwünschten Unternehmertums, vgl. auch *Teichmann,* NJW 2006, 2444, 2445.

[40] *Wolff,* JZ 2008, 519, 521.

Beträge, die der B e. V. als Pacht oder als Gebühren/Abgaben abzuführen hatte. Der B e. V. konnte also die von ihm als Pächter geschuldete Pacht nur dann aufbringen und an den A als Verpächter zahlen, wenn die Unterpächter an ihn anteilig Pacht in solcher Höhe zahlten, dass er seinen Verpflichtungen gegenüber A nachkommen konnte. Über diesen Sachverhalt waren die Vereinsmitglieder genau unterrichtet.

Der B e. V. wurde von seinen Mitgliedern nach dem Sachverhalt zwischen sich und den A geschaltet, um einer direkten Inanspruchnahme durch A zu entgehen. Der B e. V. war mit anderen Worten eine vermögenslose Verrechnungsstelle, obwohl er nach dem Pachtvertrag mit A dazu verpflichtet war, eine Vorschrift in seine Satzung aufzunehmen, wonach seine Mitglieder dazu verpflichtet sind, für eine ausreichende Kapitalausstattung zu sorgen. In einer solchen Fallgestaltung wäre es rechtsmissbräuchlich i. S. von § 242 BGB, wenn sich D auf eine formale Trennung der Vermögenssphären berufen könnte.[41] Wenn dem D gestattet würde, sich hinter der Konstruktion des Vereins als juristischer Person zu verschanzen, käme ihm ein Vorteil zu, der ihm wirtschaftlich gesehen nicht zusteht. Aus diesem Grunde erfordern es „die Wirklichkeiten des Lebens, die wirtschaftlichen Bedürfnisse und die Macht der Tatsachen", dem A gegen D einen Anspruch auf die rückständigen 200,- EUR zuzubilligen.[42]

III. Ergebnis

A hat aus dem Pachtvertrag mit dem B e. V. in Verbindung mit § 242 BGB einen direkten Anspruch gegen D auf 200,- EUR.

C. Anspruch des A gegen D aus § 826 BGB

A hat gegen D zusätzlich einen Anspruch auf Schadensersatz wegen vorsätzlich sittenwidriger Schädigung gemäß § 826 BGB.[43]

D hat einen Schaden des A verursacht, da der A seinen Anspruch auf die nach § 5 III BKleingG erhöhte Pacht wegen der treuwidrigen Zwischenschaltung des B e. V. durch dessen Mitglieder – u. a. durch den D – in Verbindung mit dessen fehlender Finanzausstattung nicht durchsetzen konnte. Das Verhalten des D ist als sittenwidrig zu werten, da es gegen das „Anstandsgefühl aller billig und gerecht Denkenden" verstößt, wenn sich eine natürliche Person hinter der juristischen Konstruktion eines rechtsfähigen Vereins verschanzt, um dadurch einem begründeten Verlangen des Gläubigers nach einer Erhöhung der Gegenleistung zu entgehen. Das Urteil der Sittenwidrigkeit gründet auf dem Inverkehrbringen einer materiell unterkapitalisierten Gesellschaft in Verbindung mit der Irreführung der Gläubiger über diesen Umstand.[44] D handelte auch vorsätzlich, da er den B e. V. als

---

[41]   So im Ergebnis auch *K. Schmidt*, JZ 1970, 688, 689.

[42]   So BGH, NJW 1970, 2015 – Kleingärtnerverein.

[43]   Siehe dazu BGH, NJW-RR 1988, 1181; BGH, NJW 2008, 2437, 2440 – Gamma.

[44]   So die Deutung von MünchKommBGB/*Wagner*, 5. Aufl. 2009, § 826 BGB Rn. 123.

dessen Mitglied in Kenntnis des Umstandes zwischen sich und den A geschaltet hat, dass der B e. V. die finanziellen Verpflichtungen gegenüber A allein nicht erfüllen kann. Gerade aus diesem Grunde war in die Satzung des B e. V. eine Verpflichtung der Mitglieder zu angemessener Finanzausstattung aufzunehmen; dies haben die Mitglieder des B e. V. – u. a. der D – jedoch unterlassen. D hat dadurch den Schadenseintritt bei A billigend in Kauf genommen.

Der Anspruch ist nach der Rechtsprechung nicht lediglich auf eine Innenhaftung wie beim existenzvernichtenden Eingriff, sondern auf eine Außenhaftung der Gesellschafter gegenüber den durch die Zahlungsunfähigkeit der Gesellschaft geschädigten Gesellschaftsgläubigern gerichtet.[45] D muss den A nach § 249 I BGB so stellen, wie A ohne das schädigende Ereignis stehen würde.[46] Hiernach wäre der B e. V. von den Vereinsmitgliedern – also auch von D – mit zureichenden Finanzmitteln ausgestattet worden, um dem A auch die erhöhte Pacht zahlen zu können. A hat folglich im Wege des Schadensersatzes gegen D einen Anspruch auf Zahlung der 200,- EUR.

D. Gesamtergebnis Fall 3

A hat gegen D einen Anspruch auf Zahlung von 200,- EUR aus §§ 581 I 2, 242 BGB (Durchgriffshaftung) sowie im Wege des Schadensersatzes aus § 826 BGB.

Merke

1. Juristische Personen erhalten ihre Rechtsfähigkeit grundsätzlich durch konstitutiv wirkende Eintragung in ein öffentliches Register. Für den nichtwirtschaftlichen Verein ergibt sich dies aus § 21 BGB. Nach dem sog. Normativsystem muss die Eintragung erfolgen, wenn die gesetzlichen Voraussetzungen erfüllt sind. Ausnahmsweise erlangt eine juristische Person die Rechtsfähigkeit erst durch staatliche Verleihung, die im (restriktiv ausgeübten) Ermessen der Behörde steht (Konzessionssystem). Im Vereinsrecht gilt dies nach § 22 BGB für den wirtschaftlichen Verein. Den §§ 21, 22 BGB liegt der gesetzgeberische Gedanke zugrunde, aus Gründen der Sicherheit des Rechtsverkehrs, insbesondere des Gläubigerschutzes, Vereine mit wirtschaftlicher Zielsetzung auf die dafür zur Verfügung stehenden ausführlich geregelten handelsrechtlichen Formen zu verweisen und die wirtschaftliche Betätigung von Idealvereinen zu verhindern, soweit es sich nicht lediglich um eine untergeordnete, den idealen

---

[45]   BGH, NJW 2008, 2437, 2440 – Gamma. Hierin liegt ein gewisser Wertungswiderspruch, da bei einer qualifizierten Unterkapitalisierung eine Außenhaftung greifen soll, wohingegen beim existenzvernichtenden Eingriff, der im Ergebnis zu einer Unterkapitalisierung ex post führt, lediglich eine Innenhaftung bestehen soll (MünchKommBGB/*Wagner*, 5. Aufl. 2009, § 826 BGB Rn. 124; a. A. *Altmeppen*, ZIP 2008, 1201, 1204 ff.).

[46]   Ausführlich zum Grundsatz der Naturalrestitution *Mohr*, Jura Heft 9/2010.

Hauptzwecken des Vereins dienende wirtschaftliche Betätigung im Rahmen des sog. Nebenzweckprivilegs handelt.[47]

2. Gemäß §§ 26, 40 BGB muss ein Verein einen Vorstand haben, der ihn gerichtlich und außergerichtlich vertritt. Nach § 26 I 2 Hs. 2 BGB hat der Vorstand „die Stellung" eines gesetzlichen Vertreters. Anders als bei der Stellvertretung wird dem Verein bei einem Organhandeln also keine fremde Willenserklärung zugerechnet; vielmehr handelt der Verein durch das Organ und erfüllt deshalb den juristischen Tatbestand in eigener Person (organschaftliche Vertretung). Für Willenserklärungen der Organe gelten die §§ 164 ff. BGB analog. Durch eine vom Vorstand im Namen des Vereins abgegebene Willenserklärung wird folglich der Verein berechtigt und verpflichtet. Die Vertretungsmacht von Vorständen ist aus Gründen des Verkehrsschutzes grundsätzlich unbeschränkt; nach § 26 I 3 BGB kann sich jedoch ausnahmsweise aus der Vereinssatzung eine Beschränkung auf satzungskonforme Rechtsgeschäfte ergeben.[48]

3. Für ein Fehlverhalten von Organen haftet der Verein nach § 31 BGB.[49] § 31 BGB beinhaltet eine besondere Zurechnungsnorm für rechtswidrig-schuldhaftes Verhalten der Organe zum Verband. „Organ" gemäß dieser Vorschrift ist jeder, dem durch die Satzung oder durch die allgemeine Betriebsregelung bedeutende Funktionen zur selbständigen, eigenverantwortlichen Wahrnehmung nach außen übertragen worden sind, so dass er die juristische Person auf diese Weise repräsentiert.[50] Umstritten ist, ob das Organ bei der Verletzung von Pflichten aus einem Schuldverhältnis Erfüllungsgehilfe i. S. von § 278 BGB ist[51], oder ob auch insoweit § 31 BGB greift; für die letztgenannte Ansicht spricht die herrschende Organtheorie.[52] § 31 BGB gilt nicht nur für den eingetragenen Verein, sondern analog für sonstige Körperschaften sowie für die GbR.[53]

---

[47] BGH, NJW 1983, 569 – ADAC-Verkehrsrechtsschutz. Grundlegend zur typologischen Abgrenzung des Idealvereins vom wirtschaftlichen Verein *K. Schmidt*, AcP 182 (1982), 1 ff.: Verhinderung einer Umgehung der Schutznormen des Kapitalgesellschaftsrechts und des Genossenschaftsrechts zugunsten der Gläubiger und Mitglieder, indem wirtschaftliche Vereinigungen in das BGB-Vereinsrecht flüchten, welchem entsprechende Sicherungen fehlen (MünchKommBGB/*Reuter*, 5. Aufl. 2006, §§ 21, 22 BGB Rn. 6).

[48] Insoweit unterscheidet sich der Verein durch die rechtliche Möglichkeit, ein Handeln der Organe außerhalb der Satzung als ultra vires und damit als nicht zurechenbar zu definieren, von außerhalb des BGB geregelten Handelsgesellschaften; Soergel/*Hadding*, BGB-Kommentar, 13. Aufl. 2000, § 26 Rn. 20; *Reuter*, ZHR 145 (1981), 273.

[49] MünchKommBGB/*Reuter*, 5. Aufl. 2006, § 26 BGB Rn. 11. Siehe zum neu geschaffenen § 31a BGB, mit dem ehrenamtliche Vorstände privilegiert werden, *Reuter*, NZG 2009, 1368 ff.

[50] BGH, NJW 1968, 391, 392.

[51] So BGH, NJW 1977, 2259, 2260; *Medicus*, Rn. 1135 f. Folgt man dieser Ansicht, bedarf es § 31 BGB vornehmlich für deliktische Schädigungen.

[52] Ebenso *Bork*, Rn. 213.

[53] BGH, NJW 2003, 1445. Zu den Einzelheiten *K. Schmidt*, Gesellschaftsrecht, 2. Aufl. 2002, S. 273 ff.

4. Nach dem Trennungsprinzip ist die Vermögenssphäre der juristischen Person gegenüber derjenigen ihrer Mitglieder verselbständigt, ebenso wie dies bei verschiedenen natürlichen Personen der Fall ist. Aus diesem Grunde haften für Verbindlichkeiten eines rechtsfähigen Vereins – ebenso wie bei einem nichtrechtsfähigen Idealverein[54] – regelmäßig nur der Verein selbst und nicht seine Mitglieder.[55] Anders ist dies bei der BGB-Gesellschaft, bei der die Gesellschafter für Gesellschaftsschulden aufgrund des Fehlens besonderer Gläubigerschutznormen analog § 128 HGB einstehen müssen.[56] Die Trennung der Vermögenssphären folgt zwingend aus der Rechtsfähigkeit des eingetragenen Vereins.[57]

5. Die rechtliche Selbständigkeit des Vereins muss ausnahmsweise zurückstehen, wenn sich ein Vereinsmitglied missbräuchlich auf die Haftungsbegrenzung beruft. In diesem Fall können die Gläubiger des Vereins auf die Mitglieder zugreifen (sog. Durchgriffshaftung). Unter einem Durchgriff durch den Schleier (corporate veil) der juristischen Person versteht man das aus dem Verbot sittenwidriger Schadenszufügung (§ 826 BGB) abgeleitete Prinzip, sich über die rechtliche Selbständigkeit einer juristischen Person hinwegzusetzen, wenn die Ausnutzung der rechtlichen Verschiedenheit zwischen der juristischen Person und der hinter ihr stehenden natürlichen Personen rechtsmissbräuchlich bzw. sittenwidrig ist. Eine materielle Unterkapitalisierung der Gesellschaft reicht hierfür nicht aus. Erforderlich sind vielmehr weitere Umstände, wie z. B. das Zwischenschalten eines Vereins als bloße Verrechnungsstelle in Kenntnis einer rechtlichen Verpflichtung des Vereins zur Aufnahme einer Regelung in die Satzung, wonach die Mitglieder für eine ausreichende Kapitalausstattung sorgen müssen.

6. § 54 Satz 1 BGB verweist für den nicht-rechtsfähigen Verein auf die Vorschriften der BGB-Gesellschaft (§§ 705 ff. BGB). Hiernach haften die Gesellschafter grundsätzlich analog § 128 HGB akzessorisch mit ihrem gesamten Privatvermögen. Für den nicht eingetragenen Idealverein ist eine derart weitreichende Haftung nicht sachgerecht, da seine Mitglieder nach der Verkehrsauffassung

---

[54] Vgl. dazu *Schöpflin*, Der nichtrechtsfähige Verein, 2003, S. 400 ff.

[55] *K. Schmidt*, Gesellschaftsrecht, 4. Aufl. 2002, S. 719.

[56] Zwar geht die h. A. für die unternehmerisch tätige BGB-Außengesellschaft von einer Teilrechtsfähigkeit aus, weshalb diese im Rechtsverkehr eigene Rechte und Pflichten begründen kann, vgl. BGH, NJW 2001, 1056; *Ulmer*, AcP 198 (1998), 113 ff.; *K. Schmidt*, NJW 2003, 1897; *H. P. Westermann*, NZG 2001, 289; *Wiedemann*, JZ 2001, 661. Anders als bei der juristischen Person haften die Gesellschafter für Verbindlichkeiten der BGB-Gesellschaft jedoch akzessorisch analog § 128 HGB, weshalb kein echtes Gesamtschuldverhältnis besteht; es ist aber zu prüfen, ob unter Berücksichtigung der jeweils verschiedenartigen Interessen der Beteiligten der Rechtsgedanke der §§ 420 ff. BGB im Einzelfall zur Anwendung kommt.

[57] *K. Schmidt*, JZ 1970, 688.

lediglich ihrer Beitragspflicht nachkommen wollen, ohne ein höheres finanzielles Risiko einzugehen. Aus diesem Grunde ist die Haftung grundsätzlich auch hier auf das Vereinsvermögen beschränkt, obwohl der nicht eingetragene Verein keine juristische Person ist.[58] Zur Begründung wird auf die körperschaftliche Struktur des nicht eingetragenen Vereins sowie auf das vom Mitgliedervermögen getrennte Vereinsvermögen verwiesen.[59] Der nicht eingetragene Idealverein steht dem eingetragenen Idealverein auch ansonsten weitgehend gleich. Aus diesem Grunde richtet sich seine Vertretung nicht nach den §§ 709, 714 BGB, sondern nach inzwischen h. L. analog § 26 BGB.[60] Die Haftung der Organe des nicht eingetragenen Vereins bestimmt sich analog § 31 BGB.[61]

---

[58]   Grundlegend BGH, NJW 1968, 1830; BGH, NJW-RR 2003, 1265.

[59]   Staudinger/*Weick*, § 54 BGB Rn. 52.

[60]   Vgl. *K. Schmidt*, Gesellschaftsrecht, 4. Aufl. 2002, S. 741. Rechtstechnisch geschieht dies unter Verweis auf die weitgehende Dispositivität des Rechts der BGB-Gesellschaft, welches in der Vereinssatzung konkludent (stillschweigend) abbedungen wird.

[61]   *Larenz/Wolf*, § 11 Rn. 23.

Fall 4

Rechtsgeschäft; ausdrückliche und konkludente Willenserklärung; Gefällig-keitsschuldverhältnis

Der in Hamburg wohnende A nimmt seinen Freund B am 5. 1. 2009 mit seinem Auto von Berlin nach Hamburg mit, weil B dort am gleichen Tag um 16.00 Uhr einen wichtigen geschäftlichen Termin hat und eine gemeinsame Fahrt unterhaltsamer ist. Vereinbarungsgemäß fahren A und B in Berlin um 13.00 Uhr los. A hat in der Eile vergessen zu tanken und auch die Tankanzeige nicht beachtet, weshalb der Wagen auf der Autobahn stehen bleibt und B seinen Termin verpasst, wodurch ihm ein lukratives Geschäft entgeht. B verlangt von A Schadensersatz. Zu Recht?

Abwandlung 1

Wie ist der Ausgangsfall zu beurteilen, wenn der Kfz-haftpflichtversicherte A seinen Arbeitskollegen B aufgrund schlechter Witterungsverhältnisse spontan von der Arbeit nach Hause fährt und durch eine kleine Unachtsamkeit einen Unfall verursacht, bei dem B erheblich verletzt wird?

Abwandlung 2

A ist Taxifahrer in Berlin und soll B zum Flughafen bringen. B teilt A mit, er habe einen wichtigen Termin, weshalb er nur dann mit A fahre, wenn dieser es wirklich pünktlich zum Flughafen schaffe; A bejaht dies nachdrücklich. A verfährt sich dann jedoch auf der Stadtautobahn, weshalb B den Flug verpasst. Kann B von A Schadensersatz fordern, wenn im aufgrund der Verspätung ein Geschäftsabschluss entgeht und er dadurch einen Schaden in Millionenhöhe erleidet?

Lösung Fall 4

A.   Anspruch des B gegen A gemäß § 662 BGB i. V. mit §§ 280 I, III, 283 BGB

I.   Willenserklärung des A

Ein Anspruch des B auf Schadensersatz könnte sich aus einer schuldhaften Verletzung einer Vertragspflicht des A ergeben, §§ 662 BGB i. V. mit §§ 280 I, III, 283 BGB. Dies setzt ein Schuldverhältnis zwischen A und B voraus, aus dem A eine geschuldete Leistung – vorliegend der Transport des B zum Termin um 16.00 Uhr des gleichen Tages – unmöglich geworden ist.[1]

Als Pflichten begründendes Schuldverhältnis kommt ein Gefälligkeitsvertrag in Gestalt eines Auftrags (§ 662 BGB) in Betracht.[2] Der Auftrag ist ein unvollkommen zweiseitig verpflichtender Vertrag, durch welchen der Beauftragte verpflichtet wird, unentgeltlich ein Geschäft des Geschäftsherrn zu besorgen und das aus der Geschäftsführung Erlangte herauszugeben, wohingegen der Geschäftsherr dem Beauftragten die erforderlichen Aufwendungen ersetzen muss.[3] Anders als es der allgemeine Sprachgebrauch nahe legt, kommt das Rechtsgeschäft des Auftrags somit nicht durch eine einseitige Willenserklärung des Geschäftsherrn zustande, sondern setzt eine vertragliche Einigung voraus.[4] Diese besteht aus mindestens zwei aufeinander bezogenen Willenserklärungen (Antrag [Angebot] und Annahme), vgl. §§ 145, 147 BGB.

1.   Objektiver Tatbestand einer Willenserklärung

a)   Tatbestandsmerkmale

Ein Schadensersatzanspruch des B nach den §§ 662 BGB i. V. mit §§ 280 I, 283 BGB setzt voraus, dass das Verhalten des A aus der Sicht eines verständigen

---

[1]   Unmöglichkeit setzt voraus, dass es sich bei der Verpflichtung des A um ein sog. absolutes Fixgeschäft gehandelt hat. Hierbei ist eine Leistung im Gegensatz zum relativen Fixgeschäft (siehe dazu § 323 II Nr. 2 BGB) derart an einen Termin gebunden, dass sie nach dessen Ablauf für beide Parteien erkennbar sinnlos ist (z. B. Taxifahrt zum Flughafen). Daher ist die Leistung bei Versäumung des Termins *unmöglich.* Siehe zur Abgrenzung zwischen Verzug und Unmöglichkeit beim absoluten Fixgeschäft noch Fall 4 Abwandlung 2.

[2]   Vgl. dazu *Armbrüster*, Fall 148; die Mitnahme in einem Kfz ist eine Geschäftsbesorgung, vgl. *Flume*, S. 86 f.; BGH, NJW 1992, 498.

[3]   Aufgrund seiner Unentgeltlichkeit ist der Auftrag kein gegenseitiger, sondern nur ein unvollkommen zweiseitiger Vertrag; der Pflicht zur Geschäftsbesorgung steht keine Gegenleistung des Auftraggebers gegenüber.

[4]   MünchKommBGB/*Seiler*, 5. Aufl. 2009, § 662 BGB Rn. 2 f.

Rezipienten in der konkreten Situation des B als eine auf den Abschluss eines Auftragsvertrages gerichtete Willenserklärung einzustufen ist.[5]

Der objektive Tatbestand einer Willenserklärung besteht nach h. A. aus der Äußerung eines Willens, der unmittelbar auf die Herbeiführung einer Rechtswirkung gerichtet ist.[6] Er setzt sich zusammen aus einer Erklärungshandlung als objektiver Verlautbarung des Willens nach außen[7], welche den Schluss auf einen generellen Rechtsbindungswillen zulässt[8] und die Rechtsfolgen bezeichnet, deren Eintritt die Erklärung bewirken soll.[9] Ob im Einzelfall ein Gefälligkeitsvertrag oder ein bloßes Gefälligkeitsverhältnis ohne rechtlich verbindliche Qualität vorliegt, beurteilt sich also danach, ob das Verhalten der Parteien auf einen Rechtsbindungswillen schließen lässt oder nicht.[10] Nach a. A. soll es sich beim Rechtsbindungswillen um eine reine Fiktion handeln. Gefälligkeiten des täglichen Lebens seien regelmäßig keine Rechtsgeschäfte. Letztlich gehe es um die Anerkennung von Sorgfaltspflichten i. S. von § 241 II BGB, deren Verletzung zum Schadensersatz verpflichte.[11] Gegen diese Auffassung spricht jedoch, dass die Abgrenzung zwischen Schuldverhältnis und Gefälligkeit ohne rechtlich verbindliche Qualität nicht nur Auswirkungen auf die Haftung haben kann. So kann ein vertragliches Schuldverhältnis grundsätzlich auch Erfüllungsansprüche begründen, selbst wenn diese beim Auftrag wegen der Möglichkeit der jederzeitigen Kündbarkeit gemäß § 671 I BGB wenig praktisch sind.[12] Weiterhin sind bei

---

[5] *Fritzsche*, Fall 2 Rn. 2; da der Sachverhalt nicht zeitlich differenziert, kann vorliegend offen bleiben, ob es sich bei der Erklärung des A um das Angebot oder die Annahme gehandelt hat.

[6] BGH, NJW 2001, 289, 290; Staudinger/*Singer* (2004), Vorbem. zu §§ 116-144 BGB, Rn. 1.

[7] Parallele bei den subjektiven Merkmalen der Willenserklärung: Handlungswille.

[8] Parallele bei den subjektiven Merkmalen der Willenserklärung: Erklärungsbewusstsein.

[9] Parallele bei den subjektiven Merkmalen der Willenserklärung: Geschäftswille oder Rechtsfolgenwille. Der Geschäftswille/Rechtsfolgenwille ist streng vom Rechtsbindungswillen zu unterscheiden. Während Ersterer subjektiv darauf gerichtet ist, bestimmte Rechtsfolgen in Geltung zu setzen, behandelt Letzterer objektiv die Abgrenzung von Rechtsgeschäften zu gesellschaftlichen Verpflichtungen, Gentlemen-Agreements etc., vgl. Staudinger/*Singer* (2004), Vorbem zu §§ 116 – 144 BGB, Rn. 29. Aus diesem Grunde ist es sprachlich klarer, im Hinblick auf den Rechtsbindungswillen von einem Verhalten zu sprechen, das nach §§ 133, 157 BGB objektiv den Schluss auf einen Rechtsbindungswillen zulässt.

[10] Vgl. BGHZ 21, 102 ff.; *Bork*, Rn. 676; *Braun*, S. 234; *Leipold*, § 10 Rn. 11.

[11] Vgl. *Flume*, § 7, 5 ff., insbesondere S. 91; *Plander*, AcP 176 (1976), 425, 440 ff. Allerdings kann nach *Flume* ein auf Sorgfaltspflichten beschränktes Schuldverhältnis vorliegen, in dessen Rahmen bei Privatpersonen – anders als bei Kaufleuten – der Haftungsmaßstab analog §§ 521, 599, 690 BGB auf grobe Fahrlässigkeit beschränkt sei. Siehe hierzu noch im Folgenden.

[12] Bamberger/Roth/*Czub*, § 662 BGB Rn. 4.

unwirksamen Schuldverhältnissen Kondiktionsansprüche denkbar.[13] Schließlich beruht die Argumentation, Gefälligkeiten des täglichen Lebens seien von vorneherein dem rechtlich nicht relevanten gesellschaftlichen Bereich zuzuweisen, ihrerseits auf einer nicht begründeten rechtlichen Wertung.[14] Aus diesem Grunde ist an dem Erfordernis eines „Rechtsbindungswillens" festzuhalten, auch wenn der Gegenansicht zuzugeben ist, dass die Abgrenzung zwischen rechtlich verbindlichem rechtsgeschäftlichem Verhalten und bloßer Gefälligkeit im Einzelfall mit Schwierigkeiten verbunden sein kann.[15]

Ob A mit Rechtsbindungswillen gehandelt hat, ist durch Auslegung seines Verhaltens zu ermitteln.[16] Bei einer empfangsbedürftigen Willenserklärung ist gemäß §§ 133, 157 BGB entscheidend, ob der Empfänger der Leistung aus dem Handeln des Leistenden unter Berücksichtigung der Umstände des Einzelfalls nach Treu und Glauben mit Rücksicht auf die Verkehrssitte auf einen Rechtsbindungswillen schließen durfte.

b) Ausdrückliche Willenserklärung

Eine ausdrückliche Willenserklärung des A ist nicht gegeben. Eine solche liegt vor, wenn der Erklärende seinen Geschäftswillen expressis verbis äußert, so dass ein Rückgriff auf die seine förmliche Erklärung begleitenden (konkludenten) Umstände zum Verständnis nicht erforderlich ist.[17] Vorliegend haben sich A und B nicht ausdrücklich darauf geeinigt, dass den A die Rechtspflicht treffen soll, den B pünktlich nach Hamburg zu bringen.[18] A hat den B vielmehr mit dem Pkw mitgenommen, weil er sowieso nach Hamburg fahren musste und eine gemeinsame Fahrt unterhaltsamer ist.[19]

c) Konkludente Willenserklärung

Wie § 164 I 2 BGB für den Spezialfall des Handelns eines Stellvertreters in fremdem Namen klarstellt, setzt der objektive Tatbestand der Willenserklärung nicht

---

[13] *Bork*, Rn. 676.

[14] *P. Schwerdtner*, NJW 1971, 1674.

[15] MünchKommBGB/*Kramer*, 5. Aufl. 2006, Einleitung Buch 2, Rn. 31.

[16] Die Auslegung klärt somit nicht nur den Inhalt des Rechtsgeschäfts, sondern auch die Vorfrage, ob ein solches vorliegt, vgl. Staudinger/*Singer* (2004), § 133 BGB Rn. 25. Im Hinblick auf die Interessenlage unterscheiden sich die Fälle nicht, da die vom Erklärungsempfänger geforderte Erforschung, welche konkreten Rechtsfolgen der Erklärende in Geltung setzen wollte, notwendig die Feststellung beinhaltet, ob der Erklärende überhaupt Rechtsfolgen herbeiführen wollte.

[17] MünchKommBGB/*Kramer*, 5. Aufl. 2006, Vor §§ 116 bis 144 BGB, Rn. 22; die eine Erklärung begleitenden Umstände sind jedoch nach § 133 BGB auch bei der Interpretation einer ausdrücklichen Willenserklärung beachtlich.

[18] *Medicus/Petersen*, Rn. 366.

[19] Bei Gefälligkeitsverhältnissen wird in der Praxis selten auf Erfüllung, sondern auf Schadensersatz geklagt, vgl. *Brehm*, Rn. 546.

notwendig voraus, dass der Rechtsfolgenwille ausdrücklich erklärt wird.[20] Ausreichend ist vielmehr jedes Verhalten, das auf einen Rechtsfolgenwillen schließen lässt. In einem solchen Fall spricht man von einem konkludenten/schlüssigen Verhalten bzw. von einer konkludenten/schlüssigen Willenserklärung.[21]

Ob in dem Verhalten des A eine konkludente Willenserklärung zu sehen ist, gerichtet auf den Abschluss eines Auftragsvertrages i. S. von § 662 BGB, beurteilt sich nach §§ 133, 157 BGB an Hand der Indizien des Einzelfalles. Die Abgrenzung zwischen Gefälligkeitsvertrag und rechtlich unverbindlicher Gefälligkeit erfolgt grundsätzlich an Hand der folgenden Umstände:[22] Art der Gefälligkeit; ihr Grund und Zweck; ihre wirtschaftliche und rechtliche Bedeutung; die Umstände, unter denen sie erwiesen wird; die dabei bestehende Interessenlage der Parteien. Für einen Rechtsbindungswillen sprechen insoweit etwaige Gefahren für den Begünstigten bei einer Nicht- oder Schlechtleistung, der wirtschaftliche Wert der anvertrauten Güter oder Interessen, der Umstand, dass sich der Begünstigte erkennbar auf die Leistung verlässt und der Leistende dies weiß oder erkennen kann, sowie ein eigenes wirtschaftliches oder rechtliches Interesse des Gefälligen.[23] Ein Bindungswille ist in der Regel zu verneinen beim sog. Gefälligkeitshandeln des täglichen Lebens, bei Zusagen im rein gesellschaftlichen Verkehr oder bei Vorgängen, die diesen ähnlich sind.[24] Die Annahme einer Rechtspflicht, verbunden mit dem sich daraus ergebenden Schadensersatzrisiko, darf für den Gefälligen außerdem nicht unzumutbar sein. Dies ist insbesondere bei unverhältnismäßigen Haftungsrisiken gegeben.[25] Gegen einen Rechtsbindungswillen lässt sich demgegenüber nicht bereits anführen, dass der Gefällige die Geschäftsbesorgung unentgeltlich im Interesse des Begünstigten erbringt; denn das Gesetz kennt mit dem Auftrag und der unentgeltlichen Verwahrung (§§ 680 ff. BGB) durchaus auch unentgeltliche Verträge, die Rechtspflichten begründen.[26]

---

[20]   Siehe hierzu Staudinger/*Schilken* (2003), § 164 BGB Rn. 1.

[21]   *Bork*, Rn. 571. Im Einzelfall fordert das Gesetz eine ausdrückliche Willenserklärung, vgl. §§ 244 I, 700 II BGB. Beachte: Formvorschriften können grundsätzlich nur durch ausdrückliche Erklärungen verwirklicht werden. Anders ist dies bei der Auflassung gemäß § 925 I 1 BGB, welche lediglich „bei gleichzeitiger Anwesenheit beider Teile vor einer zuständigen Stelle" erklärt werden muss; hier reicht ein Kopfnicken der Parteien (*Larenz/Wolf*, § 24 Rn. 18).

[22]   BGH, NJW 1956, 1313.

[23]   BGH, NJW 1992, 498; OLG Saarbrücken, NJW-RR 2002, 622, 623; *Köhler*, § 6 Rn. 2.

[24]   BGH, NJW 1984, 1533; siehe für die telefonische Auskunft eines Steuerberaters jüngst BGH, NJW 2009, 1141 ff. Beachte: der vom BGH verwandte Begriff der „stillschweigenden Willenserklärung" ist missverständlich, da es um keine Willenserklärung durch Schweigen, sondern um eine solche durch ein konkludentes Verhalten geht.

[25]   BGH, NJW 1974, 1705. Hiernach ist eine Verpflichtung aus § 662 BGB abzulehnen, wenn der wirtschaftliche Vorteil nur unter besonders günstigen Umständen eintreten kann und deshalb unter Berücksichtigung der Unentgeltlichkeit eine Haftung auf das Erfüllungsinteresse unzumutbar ist.

[26]   MünchKommBGB/*Seiler*, 5. Aufl. 2009, § 662 BGB Rn. 25; *Rüthers/Stadler*, § 17 Rn. 17.

In Anwendung der vorstehenden Grundsätze ist die Zusage des A, den B mit dem Pkw nach Hamburg mitzunehmen, aus der Sicht eines objektiven Erklärungsempfängers noch den Gefälligkeiten des täglichen Lebens zuzuordnen. So bestanden zwischen A und B nach dem Sachverhalt freundschaftliche Beziehungen; A trat gegenüber B insbesondere nicht als professionell agierender Dritter auf.[27] Bei längeren Fahrten mit dem PKW will der Fahrer regelmäßig auch nicht das Haftungsrisiko eines Zuspätkommens übernehmen, zumal dieses für einen objektiven Beobachter angesichts der Verkehrsverhältnisse und der Witterungsverhältnisse im Januar nicht unerheblich ist. Auch der Umstand, dass der Mitgenommene ggf. einen wichtigen geschäftlichen Termin wahrzunehmen hat, begründet nicht zwangsläufig eine Leistungspflicht des Fahrers. Zwar war für den A erkennbar, dass der B ein dringendes Interesse an der ordnungsgemäßen Leistungserbringung hat; es oblag jedoch gleichwohl dem alleinigen Verantwortungsbereich des B, eine pünktliche Ankunft in Hamburg sicherzustellen, z. B. durch Anreise am vorherigen Abend oder durch die an A gerichtete Bitte, früher loszufahren.[28] Etwas anderes ergibt sich nicht daraus, dass A es sorgfaltswidrig unterlassen hat, die Tankanzeige zu überprüfen; denn mangels eines rechtsgeschäftlichen Verpflichtungsgrundes kann ein Verschulden keine Pflicht zum Schadensersatz wegen Unmöglichkeit einer Leistungspflicht begründen.

Eine derartige Auslegung des Verhaltens von A lässt die berechtigten Interessen des B nicht unberücksichtigt. So werden Leben, Körper, Gesundheit und Eigentum des B über § 823 I BGB geschützt. Sofern der A den B nicht bis nach Hamburg befördert, sondern ihn etwa aufgrund eines Streits an einer Raststätte abgesetzt hätte, könnte dem B durch eine analoge Anwendung von § 671 II 2 BGB geholfen werden.[29] Bei einer vorsätzlich sittenwidrigen Schädigung des B gewährt § 826 BGB schließlich sogar Ersatz für primäre Vermögensschäden.

2. Zwischenergebnis

B konnte aus dem Verhalten des A nach den Umständen des Einzelfalls und unter Berücksichtigung von Treu und Glauben und der Verkehrssitte nicht auf einen Rechtsbindungswillen schließen, weshalb der objektive Tatbestand einer Willenserklärung des A nicht gegeben ist.

---

[27] Siehe bezüglich des Gewährens von Starthilfe für einen Pkw das AG Kaufbeuren, NJW-RR 2002, 382.

[28] A. A. BGH, NJW 1992, 498; *Hirte/Heber*, JuS 2002, 241, 244, für sog. Fahrgemeinschaften. Ein Bindungswille soll hier zu bejahen sein, da alle Beteiligten auf die Leistung angewiesen sind.

[29] *Medicus/Petersen*, Rn. 370. Der Anspruch folgt nicht direkt aus § 671 II 2 BGB, da die Vorschrift ein bestehendes Auftragsverhältnis voraussetzt, welches vorliegend gerade nicht gegeben ist.

II. Ergebnis

B hat gegen A keinen Anspruch nach den §§ 662 BGB i. V. mit §§ 280 I, III, 283 BGB wegen Nichterfüllung eines rechtsgeschäftlichen Auftrags.

B. Anspruch des B gegen A aus §§ 280 I, 241 II BGB i. V. mit einem Gefälligkeitsschuldverhältnis

B könnte gegen A wegen des entgangenen Geschäfts trotz des Nichtvorliegens eines Auftragsschuldverhältnisses i. S. von § 662 BGB einen Schadensersatzanspruch gemäß § 280 I BGB haben. Dann müsste A schuldhaft eine Pflicht aus einem sonstigen Schuldverhältnis verletzt haben. Ein solches könnte in einem auf vertragliche Sekundärpflichten beschränkten Gefälligkeitsschuldverhältnis zu sehen sein.

I. Abgrenzung zwischen sozialer Gefälligkeit und Gefälligkeitsschuldverhältnis

Ein Anspruch des B gegen A aus § 280 I BGB setzt ein Schuldverhältnis voraus, welches Schutz-und Sorgfaltspflichten begründet. Wie bereits geschildert, haben sich A und B nicht auf einen Auftrag i. S. von § 662 BGB geeinigt. Es ist deshalb zu klären, ob die Gefälligkeit des A wenigstens als vertragsähnliches Schuldverhältnis oder lediglich als soziale Gefälligkeit ohne Rechtsbindungswillen einzustufen ist.[30]

Nach h. A. begründet die Erbringung einer Gefälligkeit der vorliegenden Art einen „gesteigerten sozialen Kontakt" und dadurch ein gesetzliches Schuldverhältnis, bei dessen Verletzung der Gefällige nach den §§ 280 I, 241 II BGB auf Schadensersatz haften soll.[31] Im Zuge der Schuldrechtsreform hat der Gesetzgeber Gefälligkeitsverhältnisse mit rechtsgeschäftlichem Charakter bzw. mit „rechtsgeschäftlichen Nebenpflichten", aus denen sich Schutz- und Obhutspflichten ergeben, ausdrücklich anerkannt;[32] diese unterfallen nunmehr § 311 II Nr. 3 BGB.[33] § 311 II Nr. 3 BGB beinhaltet einen Auffangtatbestand für Rechtsverhältnisse, die keine primären Leistungspflichten, aber Sorgfaltspflichten

---

[30] Es ist also zu differenzieren zwischen Gefälligkeitsverträgen (Schenkung, Auftrag etc.), Gefälligkeitsverhältnissen mit rechtsgeschäftlichem Charakter (keine Primärleistungspflichten, aber Sorgfaltspflichten) und reinen (sozialen) Gefälligkeitsverhältnissen, vgl. *Fritzsche*, Fall 2 Rn. 12.

[31] *Bork*, Rn. 678.

[32] *Fikentscher/Heinemann*, Schuldrecht, 10. Aufl. 2006, Rn. 29.

[33] MünchKommBGB/*Kramer*, Einleitung vor § 241 BGB Rn. 35 ff.; *Armbrüster*, NJW 2009, 187, 190.

(Schutz- und Treuepflichten) begründen.[34] Nach dieser Vorschrift entsteht ein Schuldverhältnis mit Pflichten nach § 241 II BGB durch „ähnliche geschäftliche Kontakte", also durch vergleichbare Kontakte wie die Aufnahme von Vertragsverhandlungen i. S. von § 311 II Nr. 1 BGB und die Anbahnung eines Vertrages i. S. von § 311 II Nr. 2 BGB.

Von einem gewollten und gezielten „geschäftlichen Kontakt", der den Vertragspartner zur Rücksichtnahme auf die Rechtsgüter und Interessen des Gegenübers verpflichtet, ist grundsätzlich auszugehen, wenn Letzterer darauf vertrauen darf, sein Partner werde ihn und seine Rechtsgüter mit besonderer Sorgfalt behandeln. Rechtsgrund für die Zurechnung dieser Pflichten ist also ein normativ berechtigtes (nicht lediglich subjektiv empfundenes) und dem Gefälligen zurechenbares Vertrauen der die Gefälligkeit entgegennehmenden und dabei ihr Interesse in objektiv erheblichem Maß exponierenden Partei darauf, dass der (regelmäßig professionell agierende) Partner ihr und ihren Rechtsgütern mit besonderer Sorgfalt gegenübertritt, insofern also eine Art „Garantenstellung" übernimmt.[35] Eine solche Vertrauensstellung nebst entsprechender „rollenbedingter Verantwortlichkeit" ist insbesondere bei Vertretern qualifizierter Berufe (Rechtsanwälte, Steuerberater und Wirtschaftsprüfer) charakteristisch.[36] Von derartigen Gefälligkeitsschuldverhältnissen sind rein gesellschaftliche Gefälligkeiten abzugrenzen, wodurch sich die Beteiligten weder zur Erbringung einer Hauptleistung verpflichten noch Sorgfaltspflichten begründen wollen. Haftungsgrund für Schäden bei der „Ausführung" derartiger gesellschaftlicher Gefälligkeiten ist nicht das Vertrags-,

---

[34] Siehe dazu OLG Hamm, NJW-RR 1987, 1109. Die Bejahung eines vertragsähnlichen Vertrauensschuldverhältnisses ermöglicht es, dass der Schuldner anders als nach den §§ 823 ff. BGB generell für primäre Vermögensschäden haftet und sich Pflichtverletzungen von Gehilfen nach § 278 BGB ohne Exkulpationsmöglichkeit zurechnen lassen muss (anders § 831 BGB); vgl. MünchKommBGB/*Säcker*, 5. Aufl. 2006, Einleitung Rn. 44.

[35] MünchKommBGB/*Kramer*, Einleitung vor § 241 BGB Rn. 38.

[36] MünchKommBGB/*Kramer*, Einleitung vor § 241 BGB Rn. 38. Die h. A. nimmt rechtsgeschäftliche Gefälligkeitsschuldverhältnisse außerhalb einer bestehenden Geschäftsverbindung z. B. bei Banken/Anlageberatern (Beratung eines Nichtkunden) oder Rechtsanwälten/Steuerberatern/Wirtschaftsprüfern (Information einer dritten Person über die Kreditwürdigkeit des Mandanten) an, vgl. BGH, NJW 2001, 360. Zwar besteht gemäß § 675 II BGB keine Haftung für die Erteilung von Rat und Empfehlung. Die Vorschrift greift als durch Parteivereinbarung abdingbare Auslegungsregel jedoch nur dann ein, wenn der Ratende nicht aus einem Schuldverhältnis oder einer unerlaubten Handlung verantwortlich ist. Ein Vertrag auf sorgfältige Auskunft liegt danach vor, wenn der Befragte erkennt oder erkennen kann, dass der Fragende von der Auskunft wichtige Vermögensdispositionen abhängig macht (BGH, NJW 1953, 60; kritisch *Medicus/Petersen*, Rn. 371). Sofern die Gefälligkeit nach ihrem Inhalt darauf abzielt, Dritte vor Gefahren vor Leben, Körper und Gesundheit zu schützen, kann es sich ebenfalls um ein Gefälligkeitsverhältnis i. S. von § 311 II Nr. 2 bzw. 3 BGB handeln.

sondern das Deliktsrecht.[37] Ob ein Schutz- und Sorgfaltspflichten begründendes „Gefälligkeitsschuldverhältnis" oder ein „soziales Näheverhältnis" ohne schuldrechtliche Bindung vorliegt, bestimmt sich gemäß den §§ 133, 157 BGB danach, wie sich das Verhalten aus Sicht eines verständigen sorgfältigen Empfängers nach Treu und Glauben und der Verkehrssitte unter Berücksichtigung der Umstände des Einzelfalles darstellt.

Vorliegend sprechen die Umstände gegen ein rechtsgeschäftliches Gefälligkeitsverhältnis zwischen A und B. A wollte seinem Freund B lediglich einen im gesellschaftlichen Bereich anzusiedelnden Gefallen tun, ohne damit zugleich das Risiko eines Zuspätkommens zu übernehmen. Das gilt auch angesichts des Umstands, dass B in Hamburg einen wichtigen geschäftlichen Termin wahrzunehmen hatte. Es lag vornehmlich im Verantwortungsbereich des B, eine pünktliche Ankunft in Hamburg sicherzustellen. Selbst wenn man davon ausgehen würde, dass A eine vertragliche Schutz- und Obhutspflicht treffen würde, bestünde diese nur im Hinblick auf die anvertrauten Rechte und Rechtsgüter (Leben, Gesundheit, Eigentum), nicht jedoch für sonstige Vermögensinteressen, wie dies vorliegend der Fall ist.

II. Zwischenergebnis

B kann von A keinen Schadensersatz nach den §§ 280 I, 311 II Nr. 3, 241 II BGB aus einem Sorgfaltspflichten begründenden Gefälligkeitsschuldverhältnis verlangen.

C. Anspruch des B gegen A aus § 823 I BGB

Ein Anspruch des B gegen A aus § 823 I BGB – der grundsätzlich auch bei Gefälligkeitsfahrten anwendbar ist[38] – ist ebenfalls zu verneinen. § 823 I BGB setzt die Verletzung eines absoluten Rechtsguts oder Rechts voraus. Demgegenüber scheidet eine Haftung für Schäden, die wie vorliegend nicht über die Verletzung eines absoluten Rechts oder Rechtsguts vermittelt werden, aus.[39]

---

[37] Der allgemeine Schutz des Integritätsinteresses gemäß den §§ 823 ff. BGB greift auch bei Gefälligkeitsverhältnissen. Es ist streitig, ob der deliktische Haftungsmaßstab analog den §§ 521, 599, 690 BGB gemildert ist, siehe dazu noch unten. Wesentliche Unterschiede zwischen Gefälligkeitsschuldverhältnissen und deliktsrechtlicher Haftung: Über das Vertragsrecht werden nicht nur absolute Rechte und Rechtsgüter, sondern auch das Vermögen (z. B. durch eine Auskunft außerhalb einer bestehenden Geschäftsverbindung) geschützt; § 280 I 2 BGB normiert eine Beweislastumkehr für das Vertretenmüssen; im Vertragsrecht greift bei der Gehilfenhaftung § 278 BGB anstatt § 831 BGB (*Medicus/Petersen*, Rn. 371).

[38] BGH, NJW 1959, 1221.

[39] Zwischen dem Vermögen als solchem und absoluten Rechten besteht somit ein grundlegender Unterschied, weil nur Letztere umfassend vor deliktischen Eingriffen geschützt sind; vgl. zu den Gründen MünchKommBGB/*Wagner*, 5. Aufl. 2009, § 823 BGB Rn. 184.

D. Gesamtergebnis Fall 4

B kann von A keinen Schadensersatz verlangen.

Lösung Fall 4 Abwandlung 1

A. Anspruch des B gegen A gemäß § 662 BGB i. V. mit §§ 280 I, III, 283 BGB

Ein Schadensersatzanspruch des B gegen A aus § 662 BGB i. V. mit §§ 280 I, III, 283 BGB setzt ein Verhalten des A voraus, aus dem ein objektiver Beobachter in der konkreten Situation des B auf einen Rechtsbindungswillen des A schließen konnte. Das ist zu verneinen. Es standen keine wesentlichen wirtschaftlichen oder rechtlichen Interessen des B auf dem Spiel. A wollte dem B nur einen Gefallen tun und sich nicht vertraglich verpflichten, den B nach Hause zu bringen.

B. Anspruch des B gegen A aus §§ 280 I, 241 II i. V. mit einem Gefälligkeitsschuldverhältnis

Aus den unter A. aufgeführten Gründen scheitert auch ein Anspruch des B gegen A aus § 280 I BGB i. V. mit §§ 311 II Nr. 3, 241 II BGB.

C. Anspruch des B gegen A aus § 7 StVG

Ein Anspruch des B gegen A könnte sich aus einer Halterhaftung i. S. von § 7 I StVG ergeben.[40] Nach dieser Vorschrift ist der Halter verpflichtet, dem Verletzten den entsprechenden Schaden zu ersetzen, sofern beim Betrieb eines Kraftfahrzeugs ein Mensch getötet, der Körper oder die Gesundheit eines Menschen verletzt oder eine Sache beschädigt wird. Die Ersatzpflicht ist nach § 7 II StVG lediglich dann ausgeschlossen, wenn der Unfall durch höhere Gewalt verursacht wird. Im Zuge der jüngst erfolgten Änderung des § 8a I 1 StVG haben bei unentgeltlicher Beförderung auch Mitfahrer einen Anspruch gegen den Halter.[41]

---

[40]   Siehe zu § 7 StVG im Einzelnen *Medicus/Petersen*, Rn. 631 ff.

[41]   Nach der Rechtslage bis zum 31. 7. 2002 (§ 8a StVG a. F.) bestanden Ersatzansprüche von Insassen gegen den Halter und/oder Führer des Kfz, in dem er befördert worden ist, aus der Gefährdungshaftung des § 7 StVG nur bei entgeltlicher geschäftsmäßiger Personenbeförderung (z. B. im Bus oder Taxi), nicht jedoch bei der Mitnahme in einer Fahrgemeinschaft (grundlegend BGH, NJW 1981, 1842). Bei unentgeltlicher Personenbeförderung kamen deshalb nur Ersatzansprüche aus der Verschuldenshaftung in Betracht. Die hinter § 8a StVG a. F. stehende Erwägung, wer in ein Kfz einsteige und sich so selbst freiwillig der Betriebsgefahr aussetze, sei nicht schutzwürdig, ist nach

I. Tatbestand

A war Halter des Kfz, da er das Fahrzeug für eigene Rechnung gebrauchte und die entsprechende Verfügungsgewalt besaß.[42] Er hat den B auch beim Betrieb seines Kfz[43] zurechenbar am Körper verletzt, § 7 I StVG. Höhere Gewalt i. S. von § 7 II StVG lag nicht vor. Diese ist definiert als außergewöhnliches, betriebsfremdes, durch Naturkräfte oder Handlungen Dritter herbeigeführtes unvorhersehbares Ereignis, das vernünftigerweise nicht verhütet werden kann noch in Kauf genommen werden muss.[44] Vor diesem Hintergrund ist das Vorliegen höherer Gewalt bei einer Körperverletzung aufgrund einer Unachtsamkeit des Fahrers zu verneinen. Da es sich bei § 7 I StVG um einen Gefährdungshaftungstatbestand handelt, tritt die Schadensersatzpflicht unabhängig von Unrecht und Verschulden ein.[45]

II. Haftungsausschluss analog §§ 521, 599, 690 BGB

Nach dem Sachverhalt hat A den Unfall durch eine „kleine Unachtsamkeit" verursacht. Ihm ist also nur ein geringfügiger Sorgfaltsverstoß i. S. leichter Fahrlässigkeit vorzuwerfen.[46] Da die Haftung nach § 7 StVG nicht von einem Verschulden des Schädigers abhängt, würde A grundsätzlich in voller Höhe haften, obwohl er dem B lediglich einen Gefallen erweisen wollte.

Nach einer Ansicht besteht bei Gefälligkeiten insoweit eine planwidrige Gesetzeslücke, die analog den §§ 521, 599, 690 zu schließen sei.[47] So sehe das Gesetz

---

[42]   überzeugender Ansicht des Gesetzgebers nicht mehr zeitgemäß; bei der Gefährdungshaftung sind folglich nunmehr auch die Insassen den übrigen Geschädigten gleichgestellt (Jagow/Burmann/Heß/*Heß*,Straßenverkehrsrecht, 20. Aufl. 2008, § 8a StVG Rn. 2).

[42]   So BGHZ 13, 351, 354.

[43]   Hierzu gehört z. B. auch das Beladen und Entladen des Fahrzeugs, vgl. *Tschernitschek*, NJW 1980, 205 ff.

[44]   OLG Celle, SVR 2006, 69; LG Itzehoe, NJW-RR 2003, 1465; BGH, NJW 1988, 910. Der Gesetzgeber hat durch Verwendung des Begriffs der „höheren Gewalt" den Ausschlussgrund des „unabwendbaren Ereignisses" nach § 7 II StVG a. F. abgelöst. Damit soll das für Kinderunfälle als unbillig empfundene Ergebnis vermieden werden, dass Kindern im Falle eines „unabwendbaren Ereignisses" früher kein Ersatzanspruch zustand; vgl. Jagow/Burmann/Heß/*Burmann*, Straßenverkehrsrecht, 20. Aufl. 2008, § 7 StVG Rn. 17.

[45]   Beachte: Rechtswidrigkeit und Verschulden sind bei Gefährdungshaftungstatbeständen nicht zu prüfen!

[46]   Siehe zur Arbeitnehmerhaftung MünchKommBGB/*Grundmann*, 5. Aufl. 2007, § 276 BGB Rn. 108.

[47]   Siehe dazu *Hoffmann* AcP 167 (1967), 394 ff.; *Flume*, S. 89 f. Eine Parallelproblematik stellt sich, wenn im Einzelfall eine rechtsgeschäftliche Haftung angenommen wird; auch hier ist fragen, ob der Haftungsmaßstab nicht analog den §§ 521, 599 und 690 BGB reduziert werden muss. So statuiert beispielsweise das Auftragsrecht eine unbegrenzte Haftung auch für unentgeltliche Gefälligkeiten ohne Treuhandcharakter.

bei anderen unentgeltlichen Rechtsgeschäften wie bei der Schenkung, der Leihe und der regelmäßigen Verwahrung entsprechende Haftungsmilderungen vor, die auch für konkurrierende Deliktsansprüche gelten, weshalb es wertungsmäßig nicht gerechtfertigt erscheine, den Gefälligen strenger zu behandeln. Ausnahmsweise müsse der unentgeltlich Tätige jedoch nicht nur für grobe Fahrlässigkeit, sondern für die Sorgfalt in eigenen Angelegenheiten i. S. von § 277 BGB haften, wenn er (wie im Fall des § 690 BGB) die gleiche Tätigkeit auch im eigenen Interesse ausübe.[48] Eine andere Ansicht unterscheidet nach der Art der Gefälligkeit und gewährt eine gesetzliche Haftungserleichterung, wenn die Gefälligkeit nach ihrer Art einer Schenkung, Leihe oder unentgeltlichen Verwahrung entspreche.[49]

Gegen einen Haftungsausschluss für leichte Fahrlässigkeit spricht, dass die §§ 521, 599, 690 BGB gerade keinen allgemeinen Rechtsgedanken enthalten, sondern nicht verallgemeinerungsfähige Ausnahmen; die §§ 521, 590 BGB beschränken die Haftung auf grobe Fahrlässigkeit, § 690 BGB sieht eine Haftung für die Sorgfalt in eigenen Angelegenheiten vor.[50] Auch enthält das Gesetz für Beauftragte bewusst keine Haftungsmilderung. Selbst der Geschäftsführer ohne Auftrag haftet nach § 680 BGB nur dann milder, wenn er eine dringende Gefahr vom Geschäftsherren abwendet. Aus diesem Grunde können die benannten Haftungserleichterungen nicht analog auf Gefälligkeitsverhältnisse übertragen werden.[51] Gegen eine Unterscheidung nach der Art der Gefälligkeit ist außerdem anzuführen, dass Schädigungen im Rahmen einer Gefälligkeit hiernach ggf. verschieden zu behandeln wären, was nicht sachgerecht erscheint.

III. Individueller Haftungsverzicht

A und B könnten jedoch eine konkludente Haftungsverzichtsvereinbarung für leichte Fahrlässigkeit geschlossen haben. Hierfür muss aus dem Verhalten der Parteien nach den Umständen und der Interessenlage auf den Willen geschlossen werden können, die Haftung des A „stillschweigend" auszuschließen.[52] Dies ist nach der Rechtsprechung insbesondere dann anzunehmen, wenn der Geschädigte an der Gefälligkeit ein besonders großes Interesse hat, während der Gefällige aus ihr keinen Nutzen zieht, die Gefälligkeit für den Gefälligen jedoch ein so hohes Haftungsrisiko mit sich bringt, dass die Durchführung ohne Haftungsver-

---

[48] Vgl. *Medicus/Petersen*, Rn. 369 mit Hinweis auf BGH, NJW 1968, 1874.

[49] *Medicus*, Rn. 189.

[50] *Armbrüster*, Fall 151.

[51] Eine Beschränkung der Haftung auf die Sorgfalt in eigenen Angelegenheiten i. S. von §§ 708, 277 BGB scheidet hiernach auch bei einer Fahrgemeinschaft aus (entgegen der Ansicht des BGH handelt es sich nicht um ein Auftragsverhältnis, sondern um eine GbR i. S der §§ 705 ff. BGB; gemeinsamer Zweck ist das täglich pünktliche Ankommen, vgl. *Hirte/Heber*, JuS 2001, 241, 244).

[52] BGH, NJW 1959, 1221; BGH, VersR 1978, 625; OLG Frankfurt a. M., NJW 1998, 1232 f.; *Braun*, S. 235.

zicht des Mitfahrers schlicht unvernünftig wäre. In diesem Fall hätte sich der Geschädigte der Bitte des Schädigers nach einer Haftungsbeschränkung nicht verschließen dürfen.[53] Da es sich letztlich um eine aus Gründen der Billigkeit unterstellte Einigung handelt, ist jedenfalls bei einer – vorliegend nicht gegebenen – vertraglichen Anspruchsgrundlage eine ergänzende Vertragsauslegung vorzugswürdig.[54]

In Anwendung dieser Grundsätze ist bei der unentgeltlichen Mitnahme einer Person in einem Kfz grundsätzlich von einem konkludenten Haftungsverzicht auszugehen, wenn der Schädiger nicht hinreichend versichert ist, weshalb ihn eine vertragliche Haftung auf Schadensersatz für Vermögensschäden unbillig belasten würde. Der Geschädigte kann in diesem Fall vernünftigerweise nicht davon ausgehen, dass ihm der Fahrer selbst bei einer unentgeltlichen Gefälligkeitsfahrt für einfach fahrlässige Schädigungen haften wolle.[55] Etwas anderes gilt jedoch dann, wenn der Fahrer wie A gegen Personenschäden haftpflichtversichert ist. Hier ist regelmäßig davon auszugehen, dass die Parteien keine Haftungsverzichtsvereinbarung schließen wollten, da diese letztlich nicht dem A, sondern dessen Haftpflichtversicherer zu Gute kommen würde.[56] Ein stillschweigender individueller Haftungsverzicht scheidet folglich aus.[57]

IV. Ausschluss der Haftung nach § 242 BGB

Der Anspruch des B gegen A könnte schließlich nach § 242 BGB ausgeschlossen sein. Dies wäre der Fall, wenn B sich rechtsmissbräuchlich verhalten würde, wenn er sich auf der einen Seite von A einen Gefallen gewähren ließe, um den A auf der anderen Seite bereits bei leichter Fahrlässigkeit auf Schadensersatz in Anspruch zu nehmen. Sofern man – wie unter III. dargelegt – einen „stillschweigenden" (also konkludent vereinbarten) Haftungsverzichtsvertrag mit dem Argument verneint, dass A haftpflichtversichert ist, muss diese Erwägung auch für den Einwand des Rechtsmissbrauchs gelten; denn ein Berufen von A auf § 242 BGB würde auch hier letztlich vor allem seiner Versicherung zu Gute kommen.

---

[53] BGH, VersR 1980, 384.

[54] AG Kaufbeuren, NJW-RR 2002, 382.

[55] BGH, VersR 1980, 384, 385; OLG Frankfurt a. M., NJW 1998, 1232; OLG Hamm, NJW-RR 2007, 1517; dazu *Armbrüster*, NJW 2009, 187.

[56] BGH, NJW 1993, 3067; *Armbrüster*, NJW 2009, 187.

[57] Siehe zu den von einer Versicherung potenziell gedeckten Kfz-Schäden *Hirte/Herbert*, JuS 2002, 241 ff. Für nicht versicherte/ausgeschlossene Schadenspositionen kommt ein stillschweigender Haftungsverzicht in Betracht, wenn den Schädiger bloß leichte Fahrlässigkeit trifft und die Fahrt im überwiegenden Interesse des Geschädigten durchgeführt wurde.

V. Umfang der Ersatzpflicht

Gemäß § 11 StVG ist im Fall der Verletzung des Körpers oder der Gesundheit Schadensersatz durch Ersatz der Kosten der Heilung sowie des Vermögensnachteils zu leisten, den der Verletzte dadurch erleidet, dass seine Erwerbsfähigkeit infolge der Verletzung zeitweise oder dauernd aufgehoben oder gemindert oder eine Vermehrung seiner Bedürfnisse eingetreten ist. Wegen des Schadens, der nicht Vermögensschaden ist, kann nach § 11 Satz 2 StVG n. F. eine billige Entschädigung in Geld gefordert werden (gesetzliche Ausnahme zu § 253 I BGB). Da es sich bei einer Körperverletzung um einen unmittelbaren Verletzungsschaden handelt, ist eine haftungsausfüllende Zurechnung nicht zu prüfen.[58] Der Schaden ist grundsätzlich durch Wiederherstellung des ursprünglichen Zustands gemäß § 249 BGB zu beheben. Die Haftung kann jedoch nach § 254 I BGB gemildert sein.[59] Für ein derartiges Mitverschulden gibt der Sachverhalt nichts her; insbesondere ist es nicht als Mitverschulden zu werten, dass sich B bei schlechten Witterungsverhältnissen zu A in das Kfz gesetzt hat. [60]

D. Anspruch des B gegen A aus § 18 I StVG

Da A nicht nur Halter, sondern auch Fahrer des Pkw war und den B schuldhaft, weil leicht fahrlässig verletzt hat (§ 276 I 1 BGB), haftet er dem B neben § 7 I StVG auch aus § 18 I StVG. Eine Haftungsmilderung greift nicht (siehe oben C.).

E. Anspruch des B gegen A aus § 823 I BGB

A hat den B rechtswidrig und schuldhaft, da leicht fahrlässig am Körper verletzt. Eine Haftungsmilderung greift nicht (siehe oben C.). A haftet dem B deshalb aus § 823 I BGB.[61]

F. Gesamtergebnis Fall 4 Abwandlung 1

A haftet dem B wegen dessen Körperverletzung aus den §§ 7 I, 18 I StVG, 823 I BGB.

---

[58] *Mohr*, Jura 2010, 327, 331 ff.

[59] Siehe dazu *Medicus*, Rn. 194 aE.

[60] Beachte: Kennt der Verletzte gefahrerhöhende Umstände wie das Fehlen der Fahrerlaubnis oder eine Alkoholisierung des Fahrers, bedeutet dies regelmäßig keinen Haftungsverzicht oder eine haftungsausschließende Einwilligung in die deliktische Verletzung. Es kommt aber ein Mitverschulden gemäß § 254 I BGB in Betracht.

[61] Merke: Ggf. kommt auch ein Anspruch nach §§§ 823 II BGB i. V. mit § 229 StGB in Betracht.

Lösung Fall 4 Abwandlung 2

Ein Anspruch des A gegen B ergibt sich dem Grunde nach aus §§ 634 Nr. 4, 280 I, III, 283 BGB.

A. Haftungsbegründender Tatbestand

A und B haben einen Werkvertrag i. S. von § 631 BGB geschlossen.[62] Die Leistung des Taxifahrers A war an das pünktliche Erreichen des Flughafens gebunden; mit Zeitablauf liegt deshalb nicht nur ein vorübergehendes Leistungshindernis (dann grundsätzlich nur Schadensersatz aus Verzug), sondern nachträgliche Unmöglichkeit gemäß § 275 BGB vor. Ein derartig absolutes Fixgeschäft ist gegeben, wenn bei einem Vertrag die Leistungszeit für die Parteien so wichtig ist, dass die Leistung nur zu einer ganz bestimmten Zeit erbracht werden kann, weil sie danach eine völlig andere wäre, mit der der Leistungszweck des Gläubigers unter keinen Umständen mehr verwirklicht werden kann.[63] In einem solchen Fall führt der Ablauf des in der Regel ganz kurz bemessenen Erfüllungszeitraums nicht wie sonst zum Verzug, sondern zur Unmöglichkeit der Leistung.[64] Die Rechtswidrigkeit ist indiziert. A hat die Ursache der Pflichtverletzung gemäß §§ 280 I 2, 276 BGB zu vertreten, da er als Taxifahrer den Weg zum Flughafen kennen musste.

B. Haftungsausfüllender Tatbestand

Rechtsfolge eines Anspruchs aus §§ 634 Nr. 4, 280 I und III, 283 BGB ist die Verpflichtung des Schuldners zu Schadensersatz statt der Leistung. B hat einen Vermögensschaden erlitten, da ihm infolge der Pflichtverletzung des A Einnahmen entgangen sind.

Der Schaden ist äquivalent und adäquat auf die Pflichtverletzung zurückzuführen. Er liegt aber außerhalb des geschützten Interessenbereichs, da A nach dem Inhalt des Vertrages das Risiko, dass ein Fahrgast einen geschäftlichen Termin verpasst, nicht übernommen hat (keine Zurechnung des Schadens nach dem Schutzbereich der verletzten Vertragspflicht).[65] Dasselbe gilt für konkurrierende Deliktsansprüche.

C. Gesamtergebnis Fall 4 Abwandlung 2

B hat keinen Anspruch gegen A auf Schadensersatz.

---

[62] Siehe dazu OLG Nürnberg, NJW-RR 1993, 416.

[63] Vgl. hierzu *Schildt*, JURA 1995, 61.

[64] *Emmerich* JuS 2002, 82. Absolute Fixgeschäfte sind selten; ablehnend bezüglich eines Flugbeförderungsvertrages BGH, NJW 2009, 2743.

[65] Siehe dazu *Mohr*, Jura Heft 8/2010.

Merke

1. Ein Vertrag ist ein Rechtsgeschäft, das aus (mindestens) zwei aufeinander bezogenen Willenserklärungen besteht. Die Begriffe „Rechtsgeschäft" und „Willenserklärung" als maßgebliche Gestaltungselemente der Privatautonomie sind
also nicht deckungsgleich: Einseitige Rechtsgeschäfte wie z. B. die Kündigung
oder die Anfechtung bestehen lediglich aus einer Willenserklärung. Mehrseitige
Rechtsgeschäfte wie Verträge, Satzungen oder Beschlüsse (vgl. zu Letzteren
die Fälle 2 und 3)[66] erfordern mehrere Willenserklärungen. Spezifische Rechtsgeschäfte wie dingliche Einigungen gemäß §§ 873, 929 BGB stellen mehr-
gliedrige Rechtsakte dar, die zu ihrer Vollendung die Vornahme zusätzlicher
Maßnahmen (Besitzübergabe als Realakt oder die konstitutiv wirkende Eintragung in das Grundbuch) verlangen.

2. Bei einer ausdrücklichen Willenserklärung äußert der Erklärende seinen Geschäftswillen unmittelbar, so dass ein Rückgriff auf begleitende Umstände
(facta concludentia) zum Verständnis der Erklärung nicht erforderlich ist. Von
einer konkludenten oder schlüssigen Willenserklärung spricht man, wenn ein
Verhalten einen Rechtsfolgewillen zwar nicht unmittelbar zum Ausdruck
bringt, aber mittelbar auf einen solchen schließen lässt. Ausdrückliche und
konkludente Willenserklärungen sind gleichwertig.

3. Der objektive Tatbestand einer Willenserklärung besteht aus einer Erklärungshandlung als der Verlautbarung eines Willens nach außen, die aus der Sicht eines verständigen Erklärungsempfängers auf einen rechtlichen, durch die Erklärung eintretenden Erfolg gerichtet ist. Das Merkmal des „Rechtsfolgewillens"
(Rechtsbindungswillens) unterscheidet rechtsgeschäftliche Abreden von gesellschaftlichen Verpflichtungen, Gentlemen-Agreements oder der bloßen Aufforderung zur Abgabe von Willenserklärungen (invitatio ad offerendum[67]).

4. Ob ein Rechtsgeschäft oder eine gesellschaftliche Gefälligkeit vorliegt, für die
der Gefällige lediglich nach Deliktsrecht haftet, bestimmt sich danach, ob der
Empfänger der Leistung aus dem Handeln des Leistenden unter Berücksichtigung der Umstände des Einzelfalls auf einen Rechtsbindungswillen schließen
durfte (§§ 133, 157 BGB).

5. Ein Geschäftswille ist nicht bereits deshalb abzulehnen, weil der Gefällige ein
Geschäft unentgeltlich im Interesse des Begünstigten besorgt; denn das Gesetz
kennt auch unentgeltliche Verträge, die Rechtspflichten begründen. Ein Geschäftswille ist jedoch in der Regel bei Gefälligkeiten des täglichen Lebens
und bei Zusagen im rein gesellschaftlichen Verkehr zu verneinen. Für einen
Geschäftswillen sprechen demgegenüber hohe Risiken für den Begünstigen bei
einer Nicht- oder Schlechtleistung, der wirtschaftliche Wert der anvertrauten
Güter oder Interessen, der Umstand, dass sich der Begünstigte erkennbar auf

---

[66]   Vgl. *K. Schmidt*, AcP 206 (2006), 169, 171.
[67]   Siehe dazu noch Fall 7.

die Leistung verlässt und der Leistende dies weiß oder erkennen musste, sowie ein eigenes Interesse des Gefälligen.

6. Sofern die Auslegung ergibt, dass kein Primärleistungspflichten begründendes Schuldverhältnis vorliegt (z. B. ein Auftrag gemäß § 662 BGB), kann gleichwohl ein „Gefälligkeitsverhältnis mit rechtsgeschäftlichem Charakter" gegeben sein. Der Gesetzgeber hat derartige Schuldverhältnisse durch die §§ 311 II Nr. 3, 241 II BGB ausdrücklich anerkannt. Entscheidend ist, ob die Parteien nach den §§ 133, 157 BGB zumindest Schutz- und Sorgfaltspflichten des Gefälligen begründen wollen. Es ist daher zu differenzieren zwischen Gefälligkeitsverträgen (Schenkung, Auftrag etc.), Gefälligkeitsverhältnissen mit rechtsgeschäftlichem Charakter (keine Primärleistungspflichten, aber Sorgfaltspflichten) und reinen (sozialen) Gefälligkeitsverhältnissen.

7. Bei unentgeltlichen Gefälligkeiten stellt sich die Frage nach dem zutreffenden Haftungsmaßstab. Nach einer Ansicht haftet der Gefällige analog den §§ 521, 599 BGB lediglich für grobe Fahrlässigkeit. Nach anderer Ansicht kommt zwar keine derartige Begrenzung des Haftungsmaßstabs, aber ein konkludenter („stillschweigender") Haftungsbegrenzungs- bzw. Haftungsverzichtsvertrag in Betracht.

8. Es gibt folgende Obligierungsgründe

Sachverhalte	Rechtsfolge
Wille (voluntas) §§ 311 I, 241 I BGB	**Primäre Pflicht:** Erfüllungspflicht (pacta sunt servanda) **Sekundäre Pflicht:** Bei schuldhafter Nicht- oder Schlechterfüllung: Pflicht zum Ersatz des positiven Interesses (§ 280 BGB)
Vertrauenshaftung Verträge mit Schutzwirkung (zugunsten Dritter) gemäß §§ 241 II, 311 II und III BGB	Bei Pflichtverletzung Ersatz des negativen Interesses; **Hinweis:** In den ausländischen Rechtsordnungen, die eine deliktsrechtliche Generalklausel kennen, entfällt eine eigenständige Vertrauenshaftung als Obligierungsgrund
Schuld (culpa) §§ 823 ff. BGB	Bei schuldhaft-rechtswidriger Handlung Ersatz des negativen Interesses
Sonstige gesetzliche Verpflichtungsgründe §§ 677 ff., §§ 812 ff. BGB Gefährdungshaftung bei erhöhter Gefahr (Risikohaftung)	Herausgabe des Erlangten bzw. des Werts gegen Erstattung erforderlicher bzw. im Vertrauen auf die Rechtsbeständigkeit des Erwerbs gemachter Aufwendungen

9. Arten der Schuldverträge

(vollkommen-) zweiseitige = synallagmatische = gegenseitige Verträge („Do, ut des")	unvollkommen- zweiseitige Verträge	einseitig verpflichtende Verträge
Beispiele: §§ 433 ff. BGB §§ 535 ff. BGB §§ 611 ff. BGB §§ 631 ff. BGB	*Beispiele:* §§ 598 ff. BGB §§ 688 ff., 690 BGB	*a) mit Leistungspflichten* *Beispiele:* §§ 516 ff. BGB §§ 657 ff. BGB §§ 765 ff. BGB *b) mit reinen Schutz-pflichten:* rechtsgeschäftliche Schuldverhältnisse gemäß §§ 241 II, 311 II und III BGB

Die Parteien sind nicht an die im Besonderen Teil des Schuldrechts geregelten vertraglichen und gesetzlichen Schuldverhältnisse gebunden. In Ausübung ihrer Vertragsfreiheit können sie im Rahmen von Gesetz und guten Sitten (§§ 134, 138 BGB) Individualverträge mit beliebigem Inhalt vereinbaren (Verträge sui generis, z. B. Typenkombinationsverträge, Typenvermischungsverträge, vgl. dazu Fälle 8, 13 und 22).

10. a) Verpflichtungen und Verfügungen beim Kauf einer Sache (§ 90 BGB)

I. *Ein* Verpflichtungsgeschäft, durch das ein Schuldverhältnis (Sachkaufvertrag) begründet wird:

Verkäufer   **Käufer**

a) als Schuldner der ——— § 433 I BGB[68] ———▶ a) als Gläubiger der
   Kaufsache   Kaufsache

b) als Gläubiger des ◀——— § 433 II BGB ——— b) als Schuldner des
   Kaufpreises   Kaufpreises

Sind die gegenseitigen (synallagmatischen) Leistungen bewirkt, erlischt das Schuldverhältnis durch Erfüllung (§ 362 BGB).

---

[68]   Bei Grundstückskaufverträgen ist die Form des § 311b BGB zu beachten.

II. *Zwei* Verfügungsgeschäfte, durch die der Kaufvertrag erfüllt wird:

1. Geschäft

Verkäufer als bisheriger Eigentümer und Besitzer der Sache	§ 929 S. 1 BGB bzw. §§ 873, 925 BGB ◄─────► Rechtsgeschäftliche Einigung + Realakt der Besitzübergabe (§ 854 BGB) bzw. bei Grundstücken der Eintragung im Grundbuch → Käufer als Erwerber der Sache

2. Geschäft

Verkäufer als Erwerber des Geldes	§ 929 S. 1 BGB ◄─────► Käufer als bisheriger Eigentümer und Besitzer des Geldes

b) Verpflichtungen und Verfügungen beim Kauf einer Forderung oder eines sonstigen Rechts

I. *Ein* Verpflichtungsgeschäft, durch das das Schuldverhältnis (Rechtskaufvertrag) begründet wird:

Verkäufer **Käufer**

a) als Schuldner der Zession (Abtretung) des Rechts — §§ 453, 433 I BGB → a) als Gläubiger der Zession des Rechts

b) als Gläubiger des Kaufpreises ← §§ 453, 433 II BGB — b) als Schuldner des Kaufpreises

Sind die gegenseitigen (synallagmatischen) Leistungen bewirkt, erlischt das Schuldverhältnis durch Erfüllung (§ 362 BGB).

II. *Zwei* Verfügungsgeschäfte, durch die der Kaufvertrag erfüllt wird:

1. Geschäft

Verkäufer als bisheriger Inhaber des Rechts und Zedent	§§ 398, 413 BGB ◄─────► (Zession als schlichte rechtsgeschäftliche Einigung) → Käufer als Zessionar

2. Geschäft

Verkäufer als Erwerber des Geldes	§ 929 S. 1 BGB ◄─────► Käufer als bisheriger Eigentümer und Besitzer des Geldes

c) *Merke:* Die für das deutsche Recht charakteristische, mit Verkehrschutzargumenten gerechtfertigte systematische Aufteilung des Vermögensrechts in das Recht der Schuldverhältnisse (Zweites Buch) und das Sachenrecht (Drittes Buch) hat die *Abstraktion* der im Sachenrecht geregelten Verfügungsrechtsgeschäfte über Sachen von den schuldrechtlichen Verpflichtungsrechtsgeschäften zur Folge.[69] Verfügungsrechtsgeschäfte über Forderungen und sonstige Rechte (da keine Sachen) sind in den §§ 398 ff. BGB geregelt. (Unsystematische, aber pragmatisch vernünftige Ausnahme: das Pfandrecht an Forderungen und sonstigen Rechten ist im Sachenrecht – §§ 1273 ff. BGB – geregelt).

---

[69] *Säcker,* Vom deutschen Sachrecht zu einem europäischen Vermögensrecht, in: Festschrift für Georgiades, 2006, S. 359 ff.

Fall 5

Auslegung von Willenserklärungen; Verzicht auf Zugang; Erlassfalle

B hat dem A ein Darlehen in Höhe von 100.000,- EUR gewährt, welches nunmehr zur Rückzahlung fällig ist. A hat Zahlungsschwierigkeiten, weshalb er dem B einen Brief mit folgendem Inhalt schickt: „Ich möchte Ihnen von mir aus Folgendes anbieten: Ich zahle Ihnen zum Ausgleich aller Ansprüche insgesamt 1.000,- EUR. Ich nehme an, dass Sie mit dieser Regelung einverstanden sind und füge Ihnen aus diesem Grunde für den Fall ihres Einverständnisses einen Verrechnungsscheck über 1.000,- EUR bei. Mit der Zahlung sind dann alle weiteren Verbindlichkeiten meinerseits abgegolten. Das Wichtigste: Bitte haben Sie Verständnis für meine Situation und dafür, dass ich mit dieser Angelegenheit nicht mehr behelligt werden möchte. Für mich soll die Sache endgültig erledigt sein. Ich verzichte deshalb auch darauf, dass Sie mir gegenüber eine Stellungnahme abgeben". B löst den Scheck ein; der Betrag wird seinem Konto gutgeschrieben. Einen Tag nach der Gutschrift verfasst B einen Brief an A, in welchem er den Vorschlag als Zumutung bezeichnet und ihn deshalb nicht annimmt. Er, der B, sehe die 1.000,- EUR als erste Rate an, weshalb der A ihm noch weitere 99.000,- EUR schulde. Kann B von A die Zahlung weiterer 99.000,- EUR verlangen?

Abwandlung Fall 5

A, der mit B bereits umfangreiche Vergleichsverhandlungen geführt hat, gibt das Schreiben nebst Verrechnungsscheck persönlich beim Empfangsmitarbeiter C des B ab. Der Scheck trägt neben dem Ausstellungsdatum 28.10.2008 einen handschriftlichen Hinweis: „Verwendungszweck: Siehe Schreiben vom 28.10.2008". Im Schreiben bietet A dem B an, auf die Forderung von 100.000,- EUR mit dem beigefügten Scheck eine einmalige Zahlung von 25.000,- EUR zu leisten. C öffnet den Brief, versieht ihn mit einem Eingangsstempel sowie – da er den Scheck übersehen hat – mit dem handschriftlichen Vermerk „keine Anlage", und gibt ihn in die Hauspost. Am 30.10.2008 findet der für den Zahlungsverkehr zuständige Mitarbeiter D des B den Scheck des A und löst ihn ein, weil er von einer Teilzahlung des A ausgeht. Am 31.10.2008 geht das Schreiben des A bei dem für A zuständigen Sachbearbeiter E des B ein. Dieser weiß nicht, dass D den Scheck bereits am Tag zuvor eingelöst hat und schreibt dem A, dass B keinen Erlassvertrag abschließen wird, sondern auf Zahlung der vollen 100.000,- EUR beharrt. A hält E entgegen, dass B (in Person des D) den Scheck zuvor bereits eingelöst habe. Kann B von A Zahlung der restlichen 75.000,- EUR verlangen?

Lösung Fall 5[1]

Anspruch des B gegen A auf Rückzahlung der 99.000,- EUR aus einem Darlehensvertrag

A. Entstehen des Rückzahlungsanspruchs gemäß § 488 I 2 BGB

Ein Rückzahlungsanspruch des B gegen A aus § 488 I 2 BGB in Höhe von 99.000,- EUR ist ausweislich des Sachverhalts entstanden. A und B haben einen Gelddarlehensvertrag i. S. von § 488 BGB geschlossen. B hat seine aus § 488 I 1 BGB resultierende Pflicht zur Darlehensgewährung erfüllt (§ 362 I BGB), indem die 100.000,- EUR endgültig aus seinem Vermögen ausgeschieden und in der vereinbarten Form dem Vermögen des A zugeführt worden sind.[2] Der Anspruch des B auf Rückzahlung der Darlehensvaluta ist nach dem Sachverhalt auch fällig i. S. von § 488 III BGB.

B. Erlöschen des Rückzahlungsanspruchs gemäß § 397 I BGB

Der Rückzahlungsanspruch des A könnte dadurch erloschen sein, dass A und B einen wirksamen Erlassvertrag i. S. von § 397 I BGB geschlossen haben. Der Erlassvertrag ist ein abstraktes Rechtsgeschäft, durch das die an einem Schuldverhältnis beteiligten Personen über dessen Inhalt, konkret über einen Anspruch i. S. von § 194 BGB verfügen.[3] Es gelten die §§ 145 ff. BGB, so dass ein Antrag und eine Annahme erforderlich sind.[4] Aus den Erklärungen muss sich der nach §§ 133, 157 BGB zu ermittelnde Wille der Parteien ergeben, den Anspruch zum Erlöschen zu bringen.[5] Besondere Formerfordernisse gelten vorbehaltlich spezieller Vorschriften nicht.[6]

---

[1]   Nach BGH, NJW 1990, 1655.

[2]   MünchKommBGB/*Berger*, 5. Aufl. 2008, § 488 BGB Rn. 26.

[3]   Der Erlassvertrag wird regelmäßig aufgrund eines anderen, für den Erlass kausalen Rechtsgeschäfts – häufig ein Vergleich i. S. von § 779 BGB oder eine Schenkung gemäß § 516 BGB – abgeschlossen, vgl. BGH, NJW 2002, 429; BGH, NJW-RR 1998, 590. Beachte: Der Erlass ist nach § 397 I BGB kein einseitiges Rechtsgeschäft, sondern setzt einen Vertrag zwischen Gläubiger und Schuldner voraus. Grund: Die Rechtsfolge des Erlöschens einer Forderung soll keiner der Parteien aufgedrängt werden.

[4]   BGH, NJW-RR 2002, 1613; grundsätzlich kann ein Rechtsträger auf eine Recht einseitig verzichten, z. B. nach § 959 BGB hinsichtlich des Eigentums. Demgegenüber setzt der Verzicht auf eine Forderung einen Erlassvertrag i. S. des § 397 I BGB voraus, vgl. *Köhler*, § 17 Rn. 29.

[5]   Prütting/Wegen/Weinreich/*Pfeiffer*, § 397 BGB Rn. 1.

[6]   BGH, NJW 2002, 429.

I. Angebot des A

1. Tatbestand

In dem Schreiben des A an den B könnte ein Antrag auf Abschluss eines Erlassvertrages i. S. von § 397 I BGB liegen. Ein solcher Antrag muss nicht vom Gläubiger ausgehen; vielmehr kann auch der Schuldner – vorliegend der A – dem Gläubiger den Abschluss eines Erlassvertrages antragen.[7] Der Tatbestand einer Willenserklärung besteht aus objektiven und subjektiven Merkmalen. Der objektive Tatbestand setzt eine Erklärungshandlung durch ein dem Erklärenden zurechenbares äußeres Verhalten voraus, das seinen Willen zum Ausdruck bringt, eine bestimmte – konkrete – Rechtsfolge herbeizuführen. A hat in dem Schreiben an B erklärt, dass mit der Zahlung der 1.000,- EUR in Folge der Einreichung des dem Schreiben beigefügten Schecks durch B alle weiteren Verbindlichkeiten des A abgegolten sind. Aus Sicht des B war diese Erklärung nur so zu interpretieren, dass A ihm den Abschluss eines Erlassvertrages bezüglich der restlichen 99.000,- EUR anträgt. A hatte auch den Willen, einen entsprechenden Erlassvertrag mit B zu schließen. Die subjektiven Merkmale einer Willenserklärung sind deshalb ebenfalls erfüllt.[8]

2. Wirksamkeit der Willenserklärung des A

Die Willenserklärung des A muss wirksam geworden sein. Bei einem Erlassvertrag handelt es sich um ein mehrseitiges Rechtsgeschäft. Da eine auf Vornahme eines mehrseitigen Rechtsgeschäfts zielende Willenserklärung mit derjenigen des anderen Teils übereinstimmen muss, ist sie gegenüber diesem abzugeben, d. h. sie bedarf zu ihrer Wirksamkeit der Abgabe (vgl. § 130 II BGB) und des Zugangs (§ 130 I 1 BGB) beim jeweils anderen Teil (empfangsbedürftige Willenserklärung).[9] Vorliegend hat A den Brief an B abgesandt; B hat nach Erhalt des Schreibens Kenntnis von dessen Inhalt erlangt. Ein rechtswirksamer Zugang liegt deshalb vor.

II. Annahme des B

1. Ausdrückliche Annahmeerklärung des B

Eine ausdrückliche Annahmeerklärung des B gegenüber A liegt nicht vor.

---

[7] Staudinger/*Rieble*, § 397 BGB Rn. 115.

[8] Da dem Sachverhalt keine Hinweise auf ein Auseinanderfallen von objektivem Tatbestand und subjektiven Merkmalen der Willenserklärung des A zu entnehmen sind, können die Ausführungen zu Letzteren kurz bleiben.

[9] Siehe hierzu Fälle 2 und 10.

2.   Konkludente Annahmeerklärung des B

B könnte das Angebot des A jedoch konkludent angenommen haben, indem er den Scheck des A bei seiner Bank eingereicht hat. Unter einer konkludenten Willens-erklärung ist ein Verhalten zu verstehen, das zwar für sich allein keinen unmittel-baren Erklärungsgehalt hat, jedoch unter Berücksichtigung der Begleitumstände hinreichend deutlich einen bestimmten Geschäftswillen zum Ausdruck bringt. Entscheidend ist, ob ein Erklärungsempfänger aus dem Verhalten des B bei ver-ständiger Würdigung eindeutig auf einen Annahmewillen schließen kann (§§ 133, 157 BGB).

a)   Auslegungsmaßstab

Das Einreichen des Schecks muss zunächst den objektiven Tatbestand einer kon-kludenten Willenserklärung verwirklichen. Ob der objektive Tatbestand einer empfangsbedürftigen Willenserklärung vorliegt und welchen Inhalt die Erklärung hat, richtet sich grundsätzlich nach dem verobjektivierten Empfängerhorizont. Anders als es § 133 BGB suggeriert, ist bei empfangsbedürftigen Willenserklärun-gen also nicht allein der wirkliche Wille des Erklärenden entscheidend; es ist vielmehr zusätzlich zum Schutz des Rechtsverkehrs darauf abzustellen, wie der Erklärungsempfänger die Erklärung nach Treu und Glauben mit Rücksicht und auf die Verkehrssitte verstehen musste.[10] Die Auslegung anhand des normativen Maß-stabs des Empfängerhorizonts gibt den Verständnismöglichkeiten des Empfängers Vorrang vor dem wirklichen Willen des Erklärenden. Sofern die Parteien eine Erklärung übereinstimmend verstehen, gibt es freilich keinen Grund, den Schutz des Rechtsverkehrs in den Vordergrund zu rücken.[11] Erst wenn die tatsächliche Verständigung gescheitert ist, weil der Erklärungsempfänger den Geschäftswillen des Erklärenden nicht erkannt hat, gilt dasjenige als Inhalt der Willenserklärung, was eine in der konkreten Situation des Erklärungsempfängers befindliche „reaso-nable person" bei Anwendung der von ihr im Verkehr nach Treu und Glauben einzuhaltenden Sorgfalt (§ 157 BGB) als Geschäftswille erkannt hätte (sog. objek-tiv-normative Auslegung).[12]

---

[10]   MünchKommBGB/*Busche*, 5. Aufl. 2006, § 133 BGB Rn 12.

[11]   *Larenz/Wolf*, § 28 Rn. 29.

[12]   § 133 BGB enthält für die Rechtsgeschäftsauslegung eine Interpretationsmaxime, wo-nach der wirkliche Wille zu erforschen und nicht am buchstäblichen Sinn des Aus-drucks zu haften ist. Hinsichtlich des Maßes der Sorgfalt im Hinblick auf die anzustel-lenden Bemühungen wird § 133 BGB durch § 157 BGB ergänzt: hiernach ist der Maß-stab der dem Adressaten obliegenden Sorgfalt nach Treu und Glauben mit Rücksicht auf die Verkehrssitte zu bestimmen. Der Umfang der Sorgfaltsobliegenheiten ist bei den einzelnen Typen von Rechtsakten unterschiedlich, weshalb der bei Ermittlung des Willenserklärungsinhalts anzuwendende Sorgfaltsmaßstab nicht einheitlich für alle rechtsgeschäftlichen Erklärungen, sondern nur unter wertender Anpassung an die ein-zelne Willenserklärung festgelegt werden kann, MünchKommBGB/*Säcker*, 5. Aufl. 2006, Band 1/1 Einleitung Rn. 151 ff.

Vorliegend besteht bei der Auslegung des Verhaltens des B die Problematik, dass A keine Kenntnis von der Einreichung des Schecks durch B hatte, weshalb das Verhalten des B auch nicht nach dem objektivierten Empfängerhorizont des A ausgelegt werden kann.[13] Denn A hat in seinem Schreiben an B auf die Erklärung der Annahme durch B gegenüber ihm verzichtet. Die Willenserklärung des B war hiernach, obwohl auf den Abschluss eines Vertrages gerichtet, gemäß § 151 Satz 1 BGB nicht empfangsbedürftig. Nach dieser Vorschrift wird eine empfangsbedürftige Willenserklärung ausnahmsweise bereits durch ihre Annahme wirksam, d. h. durch ein als Willenserklärung zu wertendes, nach außen hervortretendes Verhalten des Angebotsempfängers, aus dem sich sein Annahmewillen unzweideutig ergibt; der ansonsten notwendige Zugang der Annahmeerklärung ist also entbehrlich.[14] Ein Verzicht auf den Zugang der Annahmeerklärung hat dabei nicht nur Auswirkungen auf deren Wirksamkeit, sondern auch auf den Tatbestand der Willenserklärung, namentlich auf den Maßstab zur Auslegung ihres Inhalts.[15] Mangels Erklärungsbedürftigkeit ist insoweit nämlich nicht auf den Empfängerhorizont i. S. von § 157 BGB abzustellen; es kommt vielmehr darauf an, ob aus dem Verhalten des Erklärenden vom Standpunkt eines unbeteiligten objektiven Dritten aufgrund aller äußeren Indizien auf einen wirklichen Annahmewillen (§ 133 BGB) geschlossen werden kann.[16]

b)   *Objektiver Tatbestand einer nicht empfangsbedürftigen Willenserklärung*

Vom Standpunkt eines unbeteiligten Dritten könnte eine objektive Erklärung des Annahmewillens nach außen (unabhängig von der Richtung auf den Antragenden und den Zugang bei ihm) in der Einreichung des Schecks des A durch B liegen.

---

[13]   BGH, NJW 1990, 1655; a. A. *Medicus,* Rn 393a: A erfuhr von der schlüssigen Willenserklärung des B durch die Lastschrift auf seinem Konto.

[14]   BGH, NJW-RR 1986, 415.

[15]   *Armbrüster,* Fall 478.

[16]   BGH, NJW 1990, 1655. Beachte: Für den anzulegenden Auslegungsmaßstab (objektiver Tatbestand) kommt es darauf an, ob eine Willenserklärung empfangsbedürftig ist oder ausnahmsweise gemäß § 151 Satz 1 BGB nicht. Nach § 151 Satz 1 BGB kann also im Rahmen der Fallprüfung nicht trennscharf zwischen Tatbestand und Wirksamkeit der Willenserklärung unterschieden werden. Vorliegend ist das Eingreifen von § 151 Satz 1 BGB nach dem Sachverhalt unproblematisch. Ansonsten ist in der Fallprüfung zunächst darzustellen, dass eine empfangsbedürftige Willenserklärung an den Erfordernissen der Abgabe in Richtung auf den Erklärungsempfänger und des Zugangs scheitern würde (§ 130 I 1 BGB). Danach ist auszuführen, dass etwas anderes gelten könnte, wenn die Voraussetzungen des § 151 Satz 1 BGB eingreifen (Verzicht auf Zugang oder Entbehrlichkeit nach der Verkehrssitte) und der Erklärende seinen Annahmewillen für einen unbeteiligten objektiven Beobachter erkennbar betätigt hat.

aa) Manifestation des Annahmewillens durch Einreichung des Schecks

Nach einer Ansicht kann gemäß § 133 BGB jedenfalls dann auf einen Annahmewillen des Angebotsempfängers (vorliegend des B) geschlossen werden, wenn der
Anbietende (vorliegend der A) eine mit der Erfüllung des angestrebten Vertrages
zusammenhängende, ihn beeinträchtigende Handlung (die Einreichung des
Schecks) lediglich für den Fall der Annahme des Angebots, also des Vertragsschlusses gestattet, und der andere Teil die Handlung vornimmt, ohne das Angebot durch eine nach außen erkennbare Willensäußerung abzulehnen.[17] Dieser
Sichtweise liegt letztlich der im Rahmen der teleologischen Auslegung von Willenserklärungen an Hand der Interessenlage der Parteien[18] anerkannte Erfahrungssatz zugrunde, dass die Parteien im Zweifel eine vernünftige Regelung treffen
wollen, die den beiderseitigen Interessen entspricht und zu dem erstrebten Erfolg
führt.[19] Hieraus wird abgeleitet, dass die Parteien sich im Zweifel redlich und folgerichtig verhalten wollen.[20] Aus diesem Grunde soll auch bei der Beurteilung
einer „Erlassfalle" grundsätzlich von der Redlichkeit des Angebotsempfängers
auszugehen sein, der den Scheck nur dann einlöse, wenn er auch einen entsprechenden Annahmewillen im Hinblick auf das Angebot zum Abschluss eines Erlassvertrages habe. Etwas anderes gelte lediglich dann, wenn der Annehmende vor
der Scheckeinreichung nach außen dokumentiert habe, dass er den Scheckbetrag
nur als Anzahlung und nicht als Abfindungsbetrag verstanden haben wolle.[21]

Legt man diese Sichtweise zugrunde, hat B das Angebot des A auf Abschluss
eines Erlassvertrages in Höhe von 99.000,- EUR dadurch angenommen, dass er
den Scheck eingereicht hat, ohne dem A vorher mitgeteilt zu haben, dass er einen
Vertragsschluss ablehnt.

bb) Mehrdeutigkeit des Verhaltens

Nach einer anderen Ansicht bieten sich einem objektiven Dritten vorliegend mehrere Deutungen des Verhaltens des B: Dieses kann entweder als Einverständnis
mit dem Angebot des A oder aber als dessen Ablehnung verstanden werden, ver-

---

[17] BGH, NJW 1990, 1655.

[18] Siehe zum Grundsatz der interessengerechten Auslegung von Willenserklärungen
BGH, NJW 2003, 2235; BGH, NJW-RR 2005, 34. Anders als bei der teleologischen
Auslegung von Gesetzen ist der Zweck der Regelung bei Verträgen nur eingeschränkt
relevant, da die Parteien oft unterschiedliche Zwecke verfolgen, vgl. *Medicus*, Rn. 308.

[19] Staudinger/*Singer* (2004), § 133 BGB Rn. 52.

[20] Staudinger/*Singer* (2004), § 133 BGB Rn. 55. Die redliche Denk- und Handlungsweise
als Auslegungsmaxime kommt mittelbar in § 157 BGB durch die Bezugnahme auf Treu
und Glauben zum Ausdruck, *Larenz/Wolf*, § 28 Rn. 45.

[21] *Frings*, BB 2001, 1793. Schulbeispiel einer solchen protestatio facto contraria ist der
Hamburger Parkplatzfall (BGHZ 21, 319; dazu *Medicus/Petersen*, Rn. 188 ff.); vgl. zur
vorliegenden Problematik einer Erlassfalle Staudinger/*Singer* (2004), § 133 BGB
Rn. 56 und 58 ff. Siehe zur Auslegung einer Willenserklärung an Hand der facta concludentia den Anhang zu Fall 13.

bunden mit der Einlösung des Schecks als erste Teilzahlung.[22] Letzteres liege für einen objektiven Dritten nicht nur dann nahe, wenn er die Säumigkeit oder die Zahlungsschwierigkeiten des Schuldners kenne, sondern auch, weil bei der im Rahmen von rechtsvernichtenden Erklärungen (Verzicht, Erlass etc.) vorzunehmenden interessengerechten Auslegung im Zweifel gerade nicht vom Erlass bestehender Forderungen auszugehen sei.[23] Ein unredlicher Schuldner, der seinem Gläubiger eine „Erlassfalle" stelle, sei in geringerem Maße schutzwürdig als ein rechtstreuer. Folgt man dieser Sichtweise, hat B das Angebot des A nicht angenommen.

c) *Keine Vermutung eines Annahmewillens bei einem Überraschungseffekt des Angebots*

Nach vorzugswürdiger Ansicht ist das Zustandekommen eines Erlassvertrages nicht nur dann zu verneinen, wenn sich der Empfänger eines Schecks bei dessen Einlösung ausdrücklich gegen eine entsprechende Deutung seines Verhaltens verwahrt, sondern bereits bei einem krassen Missverhältnis zwischen der angebotenen Abfindung und der nicht bestrittenen Schuld.[24] Zwar ist an dem Grundsatz festzuhalten, dass sich die Parteien eines Vertrages grundsätzlich redlich und folgerichtig verhalten wollen (siehe oben). Hierbei handelt es sich jedoch lediglich um einen Erfahrungssatz, der nicht starr und schematisch gehandhabt werden kann, sondern nach den Umständen des Einzelfalles widerlegbar ist.[25] Die Vermutung, dass sich der Gläubiger als Angebotsempfänger redlich verhält, hat nur dann eine solide Grundlage, wenn der ihm angebotene Teilerlass das Ergebnis einvernehmlicher und alle wesentlichen Punkte umfassender Vergleichsverhandlungen ist.[26] Demgegenüber ist die Vermutung des Annahmewillens durch das Einlösen des Schecks widerlegt, wenn das Angebot für den Gläubiger überraschend ist, weil zwischen der Gesamtforderung und dem angebotenen Teilbetrag ein krasses Missverhältnis besteht. Dabei fällt das in dem Missverhältnis liegende Indiz gegen eine bewusste Betätigung des Annahmewillens um so stärker ins Gewicht, je krasser dieses Missverhältnis ist; in gleichem Maße können die Anforderungen an die Redlichkeit, die der Rechtsverkehr vom Angebotsempfänger im Hinblick auf die bestimmungsgemäße Verwendung des Schecks erwarten darf, bis hin zur Unbeachtlichkeit dieser Verwendungsbestimmung relativiert werden, insbesondere vor dem Hintergrund, dass es zunächst der säumige Schuldner selber ist, der sich nicht vertragstreu verhält.[27]

---

[22] *Kleinschmidt*, NJW 2002, 346.
[23] BGH, NJW 2001, 2325; *Brox/Walker*, Rn. 181.
[24] BGH, NJW 2001, 2324.
[25] Staudinger/*Singer* (2004), § 133 BGB Rn. 55.
[26] Staudinger/*Singer* (2004), § 133 BGB Rn. 56; BGH, NJW 1995, 1281 f.
[27] So der BGH, NJW 2001, 2324: 0,68 Prozent sind „objektiv indiskutabel".

Folgt man dieser Meinung, bestimmt sich die Annahme im Falle der Verknüpfung einer (Scheck-) Teilzahlung mit einem umfassenden Angebot zum Abschluss eines Erlassangebots wie nach der erstgenannten Ansicht grundsätzlich nach der Redlichkeit des Erklärungsempfängers; zusätzlich sind jedoch weitere Umstände zu berücksichtigen, um dem Schuldner nicht gleichsam eine „Anleitung zur Erlassfalle" zu geben.[28] Ein krasses Missverhältnis, welches die Vermutung eines Annahmewillens widerlegt, ist dabei ab einer Relation von 1 zu 50 unzweifelhaft zu bejahen, ohne dass es weiterer Indizien bedarf. Hiernach liegt keine Annahmeerklärung des B vor, da zwischen dem angebotenen Teilbetrag und der Gesamtforderung sogar ein krasses Missverhältnis von 1 zu 100 besteht.

C.   Gesamtergebnis Fall 5

Der Anspruch des B auf Rückzahlung des restlichen Darlehens in Höhe von 99.000,- EUR ist nicht erloschen.

Lösung Fall 5 Abwandlung[29]

Anspruch des B gegen A auf Rückzahlung der 75.000,- EUR aus Darlehen gemäß § 488 I 2 BGB

A.   Objektiver Tatbestand einer Willenserklärung des D

Indem D den Scheck des A eingelöst hat, hat er aus Sicht eines objektiven neutralen Dritten das Angebot des A auf Abschluss eines Erlassvertrages im Namen des B angenommen (§ 164 I BGB: Handeln für den Inhaber eines Gewerbebetriebs[30]). Bei einem Verhältnis zwischen Hauptschuld und Teilzahlung von 4 zu 1 ist ein krasses Missverhältnis zu verneinen. Auch die äußeren Indizien wie die vorangegangenen Vergleichsverhandlungen zwischen A und B sprechen aus Sicht des objektiven Dritten für das Vorliegen einer Willenserklärung des B.

B.   Subjektiver Tatbestand einer Willenserklärung des D

Darüber hinaus müssen die subjektiven Erfordernisse einer Willenserklärung vorliegen. Grundsätzlich kommt es bei einer empfangsbedürftigen Willenserklärung nicht auf das wirkliche, sondern auf das potenzielle Erklärungsbewusstsein an,

---

[28] *Lange*, WM 1999, 3101.
[29] In Anlehnung an OLG Dresden, WM 1999, 949 ff.
[30] Siehe dazu noch Fall 19.

sofern die Willenserklärung dem Erklärenden objektiv „zurechenbar" ist, er also bei gehöriger Sorgfalt die mögliche Deutung seines Verhaltens als Willenserklärung erkennen und eine solche Deutung durch Vermeidung des Verhaltens hätte verhindern können.[31] Dies folgt u. a. aus dem Umstand, dass das Gesetz nach den §§ 119 ff. BGB i. V. mit § 157 BGB nicht nur auf die Selbstbestimmung des Erklärenden, sondern auch auf den Verkehrsschutz des Erklärungsempfängers abstellt.[32]

Nach einer Ansicht gilt dies auch im Fall des § 151 Satz 1 BGB. Stelle sich das Verhalten aus Sicht eines objektiven Beobachters als Willenserklärung dar, so sei es Sache des vermeintlich Annehmenden, sein fehlendes Erklärungsbewusstsein bzw. den fehlenden Geschäftswillen nachzuweisen und die Erklärung ggf. nach § 119 I BGB anzufechten.[33] Dem steht nach anderer, vorzugswürdiger Ansicht entgegen, dass der Inhalt der Willenserklärung im Fall des § 151 Satz 1 BGB nicht aus Sicht eines schutzwürdigen Erklärungsempfängers, sondern eines objektiven Dritten bestimmt wird. Dann besteht aber kein sachlicher Grund, eine Willenserklärung schon bei einem potenziellen Erklärungsbewusstsein zu bejahen und den Erklärenden auf die Anfechtung zu verweisen; vielmehr ist hier das tatsächliche Bewusstsein, dass ein Verhalten als Erklärung eines Annahmewillens gedeutet werden kann, konstitutives Merkmal der Willenserklärung.[34]

D als Vertreter des B (§ 166 I BGB) war sich nicht bewusst, dass er durch Einlösung des Schecks aus Sicht eines unbeteiligten objektiven Beobachters eine rechtsgeschäftliche Erklärung abgibt. Er hatte somit kein tatsächliches Erklärungsbewusstsein (vgl. bezüglich der Entgegennahme eines Schecks auch die Wertung des § 364 II BGB). Damit ist in der Abwandlung kein Erlassvertrag zwischen A und B zustande gekommen.

C. Gesamtergebnis Fall 5 Abwandlung

Der Anspruch des B gegen A auf Zahlung von 75.000,- EUR besteht fort.

Merke

1. Bei der Auslegung einer empfangsbedürftigen Willenserklärung sind nach den §§ 133, 157 BGB sowohl die Interessen des Erklärenden als auch diejenigen des Erklärungsempfängers in den Blick zu nehmen. Das Selbstbestimmungsrecht des Erklärenden wird von § 133 BGB geschützt, wonach bei der Auslegung einer Willenserklärung der wirkliche Wille zu erforschen und nicht an dem buchstäblichen Sinne des Ausdrucks zu haften ist. Der Erklä-

---

[31] MünchKommBGB/*Kramer*, § 119 BGB Rn. 99; siehe dazu noch Fall 11.
[32] *Bydlinski*, JZ 1975, 4 f.
[33] *Bork*, Rn. 758.
[34] BGH, NJW-RR 1986, 415.

rungsempfänger möchte in seinem Vertrauen darauf geschützt werden, dass eine an ihn gerichtete Willenserklärung auch so gemeint war, wie er sie verstanden hat. Das Gesetz sucht in diesem Interessenkonflikt zu schlichten, indem es eine Objektivierung nach beiden Seiten vornimmt. Es gilt die empfangsbedürftige Willenserklärung bei Streit über ihre Bedeutung in dem Sinne, wie eine vernünftige Person (reasonable person) sie in der konkreten Situation des Erklärungsempfängers nach den Gesamtumständen nach Treu und Glauben unter Berücksichtigung der Verkehrsanschauung verstehen durfte (§ 157 BGB). Dieser Grundsatz greift entgegen der missverständlichen Formulierung des Gesetzes nicht nur für Verträge, sondern auch für empfangsbedürftige Willenserklärungen sowie für die Vorfrage, ob überhaupt eine Willenserklärung vorliegt.[35]

2. Ausnahmsweise ist eine Willenserklärung nicht empfangsbedürftig, wenn es nach der Natur des Rechtsgeschäfts keinen Empfänger gibt. Demgemäß wird z. B. ein Testament bereits mit formwirksamer Abgabe wirksam, da der Bedachte bei der Errichtung weder mitwirken noch überhaupt etwas von der Existenz des Testaments wissen muss.[36] Die Auslegung einer nicht empfangsbedürftigen Willenserklärung richtet sich nach § 133 BGB[37]; es ist primär das Interesse des Erklärenden relevant, da neben ihm keine weiteren schutzwürdigen Personen vorhanden sind. Dies gilt auch für die in einem Testament benannten Erben oder Vermächtnisnehmer, da diese Personen in ihrem Vertrauen wegen der Möglichkeit des Widerrufs durch ein späteres Testament gemäß § 2254 BGB nicht schutzwürdig sind.[38]

3. Der wirkliche Wille der Parteien ist auch bei einem Vertrag relevant, wenn die Parteien das Erklärte übereinstimmend verstehen (vgl. Fall 6). Dem liegt die Erkenntnis zugrunde, dass die Parteien eines Vertrages nicht an der üblichen Bedeutung ihrer Erklärungen festgehalten werden müssen, wenn sie diese übereinstimmend in anderer Weise verstanden haben. Zur Ermittlung des wirklichen Willens der Parteien kann auch eine einvernehmliche Praxis nach Vertragsschluss herangezogen werden.

---

[35] Siehe zur Ermittlung des Rechtsbindungswillens an Hand der §§ 133, 157 BGB bereits Fall 4.

[36] *Bork*, Rn. 428.

[37] Beim Testament wird die Auslegung freilich durch die Formbedürftigkeit überlagert. So muss ein Testament vom Erblasser nach § 2247 BGB durch eine eigenhändig geschriebene und unterschriebene Erklärung errichtet werden. Es genügt somit nicht, dass der Erblasser etwas als Gewollt erklärt; dieses muss auch formwirksam erklärt werden, da die Erklärung ansonsten nach § 125 BGB nichtig ist. Nach überzeugender Sichtweise ist die Auslegung der Erklärung von der Frage zu trennen, ob das Erklärte formgemäß ist. Siehe dazu noch Fall 6.

[38] *Medicus*, Rn. 322.

4. Besonderheiten gelten für Allgemeine Geschäftsbedingungen i. S. von § 305 ff. BGB: Da diese eine einheitliche Abwicklung von Massengeschäften bezwecken, ist für die Auslegung das Verständnis des typischerweise bei Verträgen der geregelten Art zu erwartenden sog. Durchschnittskunden entscheidend.[39] Für den Fall, dass zwei Auslegungsergebnisse möglich sind, bestimmt § 305c II BGB, dass die für den Kunden günstigere Variante gilt.

5. Die Auslegung einer Willenserklärung orientiert sich bei sprachlichen Äußerungen zunächst am Wortlaut der Erklärung. Wie sich aus § 133 BGB ergibt, ist der Wortlaut jedoch nicht der einzige Anhaltspunkt der Auslegung. Es sind vielmehr auch außerhalb der Erklärung liegende Umstände heranzuziehen, die beiden Parteien bekannt sind, z. B. der Sinnzusammenhang der Erklärung und etwaige Gebräuche der Parteien. Hiernach ist auf normative Umstände wie den allgemeinen Wortsinn und auf etwaige Geschäftsbräuche und Verkehrssitten (bei Kaufleuten: Handelsbräuche gemäß § 354 HGB) abzustellen. Demgegenüber sind individuelle Umstände in der Person eines Vertragspartners wie der abweichende Gebrauch eines bestimmten Begriffs, die dem anderen Teil bei Anwendung der gehörigen Auslegungssorgfalt nicht bekannt ist, nicht im Rahmen der Auslegung zu berücksichtigen.

6. Eine konkludente Willenserklärung liegt vor, wenn ein Verhalten einen Rechtsfolgewillen zwar nicht unmittelbar zum Ausdruck bringt, aber mittelbar auf einen solchen schließen lässt. Bei konkludenten Willenserklärungen sind die Umstände der Erklärung somit der primäre Anknüpfungspunkt der Auslegung gemäß den §§ 133, 157 BGB.[40] Zusätzlich können die erklärungsrelevanten Umstände – insoweit ebenso wie bei ausdrücklichen Willenserklärungen – die Funktion ergänzender Hilfsmittel haben. Eine protestatio facto contraria ist entgegen verbreiteter Ansicht beachtlich, da die verbale Erklärung typischerweise ein sichereres Erkenntnismittel für den Willen darstellt. Sofern sich der Erklärende durch eine protestatio facto contraria rechtzeitig gegen die Zurechnung angeblich schlüssiger Verhaltensumstände verwahrt, gilt seine Erklärung. Dasselbe gilt auch in Fällen der tatsächlichen Inanspruchnahme von Leistungen (z. B. bei einer Schwarzfahrt in einer Straßenbahn), wenn sich der Benutzer als Straftäter (§ 265a StGB) zu erkennen gibt und erkennbar das Risiko rechtswidrigen Handelns auf sich nimmt.[41] Der Sozialstaat sollte aus dem Dieb und Räuber keinen (Zwangs-) Käufer machen.

7. Grundsätzlich kommt es nach der Rechtsprechung bei einer empfangsbedürftigen Willenserklärung auf das wirkliche, nicht auf das potenzielle Erklärungsbewusstsein an (vgl. auch Fall 11). Bei § 151 Satz 1 BGB richtet sich der Inhalt der Willenserklärung allein nach der Sicht eines objektiven Dritten. In diesem

[39] BGH, NJW 1989, 222.
[40] *Larenz/Wolf*, § 28 Rn. 39.
[41] *Medicus/Petersen*, Rn. 191, a. A. *Bork*, Rn. 744.

Fall besteht dann jedoch keine Veranlassung, eine Willenserklärung bereits bei einem potenziellen Erklärungsbewusstsein zu bejahen und den Erklärenden auf die Anfechtung zu verweisen. Vielmehr ist hier das tatsächliche Bewusstsein, dass ein Verhalten als Erklärung eines Annahmewillens gedeutet werden kann, konstitutives Merkmal der Willenserklärung.

Fall 6

Vertragsschluss durch Angebot und Annahme; Vorrang der tatsächlichen Verständigung vor der juristischen Auslegung; materiell-rechtliche Bestimmtheit und Beurkundungsbestimmtheit; Scheingeschäft; Form von Willenserklärungen

A ist Eigentümer eines mit einem Bürogebäude bebauten Grundstücks, das mit einer parkähnlichen Gartenanlage umgeben ist. Etwa 1000 qm eines dem A gehörenden Nachbargrundstücks wurden bei der Anlage des Gartens ebenfalls bepflanzt, was A jedoch nicht auffiel. Im Jahre 2008 suchte A einen Käufer für das Bürogebäude nebst Gartenanlage und fand in der B eine Interessentin. Diese besichtigte am 6. 7. 2008 das Anwesen, welches dem äußeren Eindruck nach durch die Gartenanlage zu dem Nachbargrundstück, einem naturbelassenen Wiesengelände, abgegrenzt wurde. Am 22. 7. 2008 verkaufte A das mit dem Bürogebäude bebaute Grundstück unter Angabe seiner ungefähren Größe durch notariellen Vertrag für 8.000.000,- EUR an B; der darüber hinausgehende Teil der Gartenanlage auf dem Nachbargrundstück wurde im Vertragstext nicht als Kaufgegenstand benannt. Als dieser Umstand dem A einige Tage später auffiel, teilte er der B mit, dass er ihr nur das mit dem Bürogebäude bebaute Grundstück, nicht aber die auf dem Nachbargrundstück befindliche Gartenteilfläche übereignen werde. Kann B auch die Auflassung dieses Grundstücksteils von A verlangen?

Lösung Fall 6

A.   Anspruch aus Kaufvertrag i. V. mit § 433 I BGB

Ein Anspruch der B gegen A auf Auflassung des Grundstücksteils kann sich aus dem Kaufvertrag i. V. mit § 433 I BGB ergeben.

I.   Zustandekommen eines Kaufvertrags

1.   Normativer Wille der Parteien

Ein Kaufvertrag kommt nach den §§ 145 ff. BGB durch zwei auf einander bezogene empfangsbedürftige Willenserklärungen zustande.[1] Nach dem Inhalt des notariellen Vertrages hat A aus Sicht eines verständigen Dritten in der Situation der B nur das bebaute Grundstück und nicht auch noch einen Teil des unbebauten Nachbargrundstücks verkauft (§§ 133, 157 BGB). Objektiv erklärt wurde nämlich lediglich, dass A der B das in der notariellen Urkunde bezeichnete, in seinem Eigentum stehende Grundstück veräußert.

2.   Wirklicher empirisch-realer Wille der Parteien

Allerdings sollte nach dem Willen von A und B nicht nur das dem A gehörende Grundstück, sondern auch die zum Nachbargrundstück gehörende Gartenanlage verkauft werden; denn die Parteien gingen anlässlich der Besichtigung am 6. 7. 2008 davon aus, dass das A gehörende Grundstück durch die Gartenanlage zu dem Nachbar-Wiesengrundstück abgegrenzt wird. Bei der Grundstücksbezeichnung im Vertragstext handelt es sich somit um eine übereinstimmende versehentliche Falschbezeichnung.[2] In diesem Fall hat der wirkliche Wille der Parteien gemäß § 133 BGB Vorrang vor dem nach § 157 BGB zu ermittelnden normativen Willen (falsa demonstratio non nocet). Der (jeweilige) Erklärungsempfänger ist hier nicht schutzwürdig, da er trotz der vom Willen abweichenden Erklärung richtig erkannt, was der Erklärende gewollt hat.[3]

---

[1] Da der Sachverhalt zeitlich nicht zwischen Antrag und Annahme differenziert, ist es zulässig, in der Falllösung lediglich von den Willenserklärungen der Parteien zu sprechen.

[2] *Fritzsche*, Fall 25 Rn. 2.

[3] *Larenz*, Die Methode der Auslegung des Rechtsgeschäfts, 1930, S. 78 ff.; *Flume*, § 16 Rn. 2a; *Brox/Walker*, Rn. 133; *Rüthers/Stadler*, § 18 Rn. 13; *Brehm*, Rn. 409; *Pawlowski*, Rn. 431. Beachte: Der Vorrang des übereinstimmenden Verständnisses gilt nur, soweit es um den Rechtsfolgewillen geht; betrifft die gemeinsame Vorstellung demgegenüber die der Erklärung vorgelagerten Motive, haben diese keinen direkten Einfluss auf den Inhalt der Willenserklärung, können aber als Geschäftsgrundlage berücksichtigt werden, vgl. *Larenz/Wolf*, Rn. 29 f.

3. Bestimmtheit der Vereinbarung

Der wesentliche Inhalt eines Vertragsangebots (die sog. essentialia negotii) sowie alle anderen Punkte, die der Anbietende zum Gegenstand der vertraglichen Einigung machen will, müssen so bestimmt sein, dass der Vertrag durch eine einfache Zustimmungserklärung des Vertragspartners ohne inhaltliche Zusätze zustande kommen kann.[4] Zu den essentialia negotii eines Kaufvertrages gehören neben den Parteien des Vertrages auch der Kaufgegenstand und – da es sich um einen gegenseitigen Vertrag handelt – der Kaufpreis.[5]

Vorliegend könnte der Kaufgegenstand unbestimmt sein, da die Teilfläche des Nachbargrundstücks noch nicht vermessen war.[6] Es lag somit noch gar kein Grundstück im Rechtssinne vor, da dies erfordert, dass eine Fläche vermessen und katastermäßig erfasst wird (Vermerk der Fläche im Liegenschaftskataster als sog. Flurstück), und das Flurstück sodann im Grundbuch gebucht wird.[7] Zwar kann grundsätzlich auch ein neu entstehendes Grundstück Gegenstand eines Grundstückskaufvertrages sein. Es stellt sich jedoch die Frage der hinreichenden Bestimmtheit, da auf eine katastermäßige Bezeichnung des Grundstücks (vgl. auch § 2 Abs. 2 GBO) gerade nicht zurückgegriffen werden kann. Insoweit ist nach dem Willen der Parteien zu differenzieren[8]:

Wollen die Vertragsparteien die noch zu vermessende Teilfläche im Kaufvertrag abschließend festlegen, ohne dass ein Entscheidungs- und Änderungsspielraum besteht, muss die Fläche exakt bezeichnet werden; ansonsten liegt ein Einigungsmangel vor, der den Vertrag unwirksam macht („logischer Dissens").[9] Wird die Teilfläche – wie regelmäßig – durch eine bestimmte Grenzziehung in einer der

---

[4] *Bork*, Rn. 711; *Larenz/Wolf*, § 29 Rn. 16; sofern sich die Parteien nicht über eine Nebenbestimmung einig sind, kann die Lücke durch das dispositive Gesetzesrecht oder durch ergänzende Vertragsauslegung geschlossen werden.

[5] Vgl. *Jung*, JuS 1999, 28. Vgl. dazu und zu den Ausnahmen (z. B. Antrag ad incertas personas bezüglich des Vertragspartners) noch Fall 7.

[6] Es ist zwischen der materiell-rechtlichen Bestimmtheit der Willenserklärungen und der sog. Beurkundungsbestimmtheit gemäß § 311b I BGB zu unterscheiden, vgl. BGH, NJW 2002, 2247, 2248.

[7] Siehe im Einzelnen juris-PK-BGB/*Ludwig*, § 311b BGB Rn. 4 ff., insb. Rn. 12. Beachte: Grundstücke im Rechtssinne sind abgrenzbare Teile der Erdoberfläche, für die im Grundbuch eine besondere Stelle (Grundbuchblatt) vorgesehen ist, § 3 I GBO (Bamberger/Roth/*Fritzsche*, § 90 BGB Rn. 12). Ein räumlich abgegrenzter Teil der Erdoberfläche wird hiernach in 2 Schritten zu einem Grundstück im Rechtssinne: 1. Vermessung mit katastermäßiger Erfassung und 2. Buchung im Grundbuch. Die Verbindung zwischen dem im Grundbuch vermerkten Grundstück im Rechtssinne und dem im Liegenschaftskataster vermerkten Flurstück wird über § 2 II GBO hergestellt: Die Grundstücke werden im Grundbuch nach den in den Ländern eingerichteten amtlichen Verzeichnissen benannt (Liegenschaftskataster). Das Katasteramt führt über die Veränderungen einen Veränderungsnachweis, dem ein Ausschnitt aus der Flurkarte hinzugefügt wird.

[8] BGH, NJW 2002, 2247; juris-PK-BGB/*Ludwig*, § 311b BGB Rn. 12 und 15 f.

[9] BGH, NJW-RR 1999, 1030.

Kaufvertragsurkunde beigefügten zeichnerischen Darstellung gekennzeichnet, muss der Plan oder die Skizze – sofern die Parteien die Teilfläche abschließend festlegen wollen – folglich maßstabsgerecht sein; denn nur dann lässt sich der Gestaltungswille der Parteien dem Vertrag entnehmen.[10] Haben sich die Parteien demgegenüber willentlich mit einem geringeren Grad an Bestimmtheit zufrieden gegeben und die verbindliche Festlegung der Durchführung des Vertrages überlassen, ist im Zweifel davon auszugehen, dass einer der Parteien ein Leistungsbestimmungsrecht i. S. von § 315 BGB zukommen soll.[11] Eine der Kaufvertragsurkunde beigefügte Skizze bzw. ein Plan muss in diesem Fall nicht maßstabsgerecht sein.[12] Die Leistungspflicht des Verkäufers kann somit auch unter Zuhilfenahme einer nicht maßstabsgerechten Skizze hinreichend bestimmt sein. Die Parteien können – sofern nach ihrer Ansicht eindeutig feststeht, welche Fläche verkauft werden soll – nach dem Grundsatz der Privatautonomie sogar ganz davon absehen, die Vorgaben in den Vertrag aufzunehmen, an Hand derer die Teilfläche bei der Durchführung exakt festgelegt werden soll.[13]

Vorliegend haben A und B das „Grundstück des A" besichtigt und sich darüber geeinigt, es mit den Ausmaßen zu verkaufen, die bei der gemeinsamen Besichtigung zu Tage getreten sind. Dazu gehörte auch der Teil der Gartenanlage, der sich auf dem Nachbargrundstück befand und sich optisch durch seinen Bewuchs von der Wiesenfläche abhob. Damit war die Eigentumsverschaffungspflicht des A zwar nicht mit der gleichen Präzision bestimmt wie bei einer Vermessung oder der Beifügung einer maßstabsgerechten Skizze. Dies macht den Vertrag jedoch nach den geschilderten Grundsätzen nicht mangels Bestimmtheit unwirksam, da sich die Parteien mit einem geringeren Grad an Bestimmtheit zufrieden gegeben haben. Ein „logischer Dissens" des Kaufvertrages wegen Nichteinigung über einen vertragswesentlichen Bestandteil liegt somit nicht vor.

II. Anfechtung der Willenserklärung des A

Sofern der Inhalt einer Willenserklärung – wie vorliegend – nach den Grundsätzen der falsa demonstratio bestimmt wird, ist eine Irrtumsanfechtung ausgeschlossen.[14]

---

[10] BGH, NJW 2008, 1658, 1659.

[11] Das ist nach § 316 BGB grundsätzlich der Erwerber als Gläubiger, sofern die Umstände des Vertrages kein anderes Ergebnis nahe legen (z. B. ein Bestimmungsrecht des Vermessers); siehe auch *Larenz/Wolf*, § 29 Rn. 18.

[12] Das gilt jedenfalls, sofern die zeichnerische Darstellung nicht – ausnahmsweise – das einzige Bestimmungskriterium für die Teilfläche ist.

[13] BGH, NJW 2008, 1658, 1660. Beachte: Eine noch nicht vermessene Teilfläche kann somit Gegenstand des schuldrechtlichen Kaufvertrages und der Auflassung (§ 873 I BGB i. V. m. § 925 BGB) sein.

[14] MünchKommBGB/*Kramer*, 5. Aufl. 2006, § 119 BGB Rn. 60.

III. Wirksamkeit des Kaufvertrags

Der Anspruch der B gegen den A auf Auflassung des Grundstücksteils setzt darüber hinaus voraus, dass der Kaufvertrag wirksam ist.[15]

1. Formnichtigkeit wegen Verstoßes gegen §§ 311b I 1, 125 BGB

A und B haben den Kaufvertrag notariell beurkunden lassen, d. h. sie haben ihre Willenserklärungen vor einem Notar abgegeben, der diese protokolliert hat (vgl. § 128 BGB).[16] Allerdings ist in der notariellen Urkunde die Grundstücksfläche unrichtig bezeichnet. Nach dem übereinstimmenden Parteiwillen sollte das gesamte besichtigte Hausgrundstück veräußert werden; im beurkundeten Text des Kaufvertrages wird demgegenüber nur das mit dem Haus bebaute Grundstück und nicht auch der Teil der Gartenanlage auf dem Nachbargrundstück aufgeführt. Hierdurch könnte der Vertrag nach §§ 311b I 1, 125 Satz 1 BGB insgesamt formunwirksam sein.[17]

Bei formbedürftigen Willenserklärungen ist es nicht ausreichend, dass der Wille überhaupt erklärt wird. Der Wille muss vielmehr zur Vermeidung der Nichtigkeitsfolge des § 125 Satz 1 BGB förmlich erklärt werden.[18] Dabei ist strikt zwischen der Auslegung der Willenserklärung und der nachfolgenden Frage zu trennen, ob das Erklärte formgerecht ist. Gemäß § 311b I 1 BGB bedarf ein Vertrag, durch den sich der eine Teil verpflichtet, das Eigentum an einem Grundstück zu übertragen oder zu erwerben, der notariellen Beurkundung, da Verkehrsgeschäfte über Grundbesitz für Veräußerer, Erwerber oder für beide Vertragsteile regelmäßig zu den wichtigsten vermögensrechtlichen Geschäften gehören. Als öffentliche Urkunde erbringt eine ordnungsgemäß errichtete notarielle Urkunde nach § 415 I ZPO den vollen Beweis darüber, dass die Erklärungen so wie beurkundet vor dem Notar abgegeben worden sind. Die notarielle Beurkundung hat – wie sich auch aus § 17 BeurkG ergibt – grundsätzlich drei Funktionen[19]: Schutz vor Übereilung durch Hinweis auf die besondere Bedeutung des Rechtsgeschäfts (Warnfunktion),

---

[15] Es ist zu unterscheiden zwischen der Wirksamkeit der jeweiligen Willenserklärung und derjenigen des Kaufvertrages.

[16] *Bork*, Rn. 1067. Beachte: Der Regelungsgehalt von § 128 BGB erschöpft sich darin, für notariell beurkundete Verträge (nicht von sonstigen Willenserklärungen) die sukzessive Beurkundung von Angebot und Annahme zu erlauben. Das Verfahren der Beurkundung richtet sich nach dem BeurkG.

[17] Vgl. *Leipold*, § 15 Rn. 31.

[18] *Medicus*, Rn. 328.

[19] *Bork*, Rn. 1046 und 1069; MünchKommBGB/*Kanzleiter/Krüger*, 5. Aufl. 2006, § 311b BGB Rn. 1. Die Einteilung der Formzwecke differiert im Schrifttum erheblich, vgl. nur *Heldrich*, AcP 147 (1947), 89, 91 ff.: Abschlussklarheit, Inhaltsklarheit, Beweissicherung, Übereilungsschutz, Erkennbarkeit für Dritte, Beratung durch einen Fachmann sowie Überwachung und Erschwerung des Vertragsschlusses im Interesse der Gemeinschaft.

sachkundige Beratung der Parteien nebst Belehrung über die Konsequenzen der Vereinbarung (Beratungsfunktion) sowie Beweis von Abgabe und Inhalt der jeweiligen Willenserklärungen (Beweisfunktion).

a)   Absichtliche Falschbezeichnung

Für eine Nichtigkeit wegen Formmangels könnte ein Vergleich mit der Rechtsprechung zu sog. Schwarzkäufen sprechen. Hierbei wird bei einem Grundstückskauf ein höherer Kaufpreis vereinbart, in der notariellen Urkunde jedoch – aus steuerlichen Gründen und um Gebühren zu sparen – absichtlich ein niedrigerer Preis angegeben (sog. Unterverbriefung).[20] Wird eine beurkundete Erklärung nur zum Schein abgegeben (sog. simulierte Erklärung), so ist sie nach § 117 I BGB unwirksam[21], während das wirklich Gewollte (die dissimulierte Erklärung) mangels Beurkundung nach den §§ 117 II, 311b I 1, 125 Satz 1 BGB – also nicht nach § 117 I BGB, was wegen der Möglichkeit der Heilung des Formmangels nach § 311b I 2 BGB bedeutsam sein kann – nichtig ist.[22] Anders als bei einem Schwarzkauf haben die Parteien vorliegend jedoch nicht absichtlich eine Scheinvereinbarung getroffen; sie haben vielmehr dasjenige, was sie vereinbaren wollten, auch vereinbart, dieses jedoch irrtümlich falsch bezeichnet.[23]

b)   Versehentliche Falschbezeichnung

Allerdings wurde der Inhalt des zwischen A und B geschlossenen Grundstückskaufvertrages nicht auf der Grundlage einer objektiven Auslegung aus der Sicht eines verständigen Empfängers in der konkreten Situation des Rezipienten (§§ 133, 157 BGB), sondern gemäß § 133 BGB nach dem wahren Willen der Parteien ermittelt (falsa demonstratio non nocet). Hiernach haben sich A und B darauf geeinigt, dass Gegenstand des Vertrages auch der unbebaute Teil der Gartenanlage des Nachbargrundstücks ist (siehe oben). Da A und B für das einvernehmlich Gewollte jedoch anders lautende Erklärungen gewählt haben (benannt ist im Vertragstext lediglich das bebaute Hausgrundstück), könnte der rechtsgeschäftliche Wille nicht ausreichend in der notariellen Urkunde fixiert sein.

---

[20]   *Medicus*, Rn. 595; *Bork*, Rn. 810.

[21]   Da der Erklärungsempfänger die Divergenz zwischen Wille und Erklärung kennt, ist er nicht schutzwürdig, vgl. *Bork*, Rn. 808. Nach h. A. wirkt die Nichtigkeitsfolge auch gegenüber gutgläubigen Dritten (*Bork*, a. a. O.; MünchKommBGB/*Kramer*, 5. Aufl. 2006, § 117 BGB Rn. 22). Nach a. A. liegt in einer zum Schein abgegebenen Willenserklärung zugleich die Ermächtigung an den Partner des Scheingeschäfts, über die zum Schein bestellte oder übertragene Rechtsposition in eigenem Namen, aber mit Wirkung für den Vertragspartner zu verfügen (*Flume*, § 20, 2c). Hierin liegt nach h. A eine unzulässige Fiktion (*Canaris*, Die Vertrauenshaftung im deutschen Privatrecht, 1971, S. 85 ff.). Siehe zur Abgrenzung der Ermächtigung von der Stellvertretung MünchKommBGB/*Schramm*, 5. Aufl. 2006, Vorbem vor §§ 164 – 181 BGB Rn. 38 ff.

[22]   MünchKommBGB/*Kanzleiter/Krüger*, 5. Aufl. 2006, § 311b BGB Rn. 68.

[23]   Vgl. auch *Medicus*, Rn. 330.

aa) Andeutungstheorie

Nach h. A. sind die einander widerstrebenden Prinzipien einerseits der rechtlichen Anerkennung des einverständlich Gewollten im Wege der empirisch-realen Auslegung und andererseits der Formbedürftigkeit des Rechtsgeschäfts mit Hilfe der sog. Andeutungstheorie in einen angemessenen Ausgleich zu bringen.[24] Da weder auf das Formerfordernis noch auf die Auslegung formgebundener Erklärungen verzichtet werden könne, müsse es ausreichen, wenn der durch Auslegung ermittelte Wille in der Urkunde angedeutet sei.[25] Der rechtsgeschäftliche Wille müsse aber in der Urkunde – wenn auch unvollkommen – einen Ausdruck gefunden haben.[26] Dies gelte auch für notarielle Grundstückskaufverträge i. S. des § 311b I 1 BGB.[27] Zur Begründung wird angeführt:[28] Die Warnfunktion der Beurkundung ließe sich umgehen, wenn die Parteien im Nachhinein einfach behaupten könnten, den Vertrag mit einem anderen Inhalt gewollt zu haben. Auch die Schutzfunktion sei nicht erfüllt, da der Notar die Parteien nur dann zureichend belehren könne, wenn er den Inhalt des Vertrages kenne. Schließlich erforderten der Schutz Dritter und die Notwendigkeit einer Kontrolle durch Behörden, dass sich der Vertragsinhalt aus der Urkunde jedenfalls andeutungsweise entnehmen lasse.

Bei konsequenter Anwendung bedeutete diese Sichtweise für den vorliegenden Fall einer versehentlichen Falschbezeichnung des Kaufgegenstandes in der notariellen Urkunde, dass kein formwirksamer Vertrag gegeben ist; denn das, was die Parteien eigentlich gewollt haben (Übertragung auch der Gartenfläche des Nachbargrundstücks) kommt in der Urkunde noch nicht einmal andeutungsweise zum Ausdruck.[29]

bb) Einschränkung der Andeutungstheorie bei einer versehentlichen Falschbezeichnung

Die vorstehend geschilderte Andeutungstheorie würde bei Geltung des übereinstimmend Gewollten nach dem falsa-demonstratio-Grundsatz zu nicht sachgerechten Ergebnissen führen. Sie bedarf in diesen Fällen deshalb jedenfalls einer Einschränkung in Abhängigkeit von den Zwecken der jeweils in Rede stehenden Formvorschrift.[30] Werden trotz der Falschbezeichnung die Zwecke der Formvorschrift im Wesentlichen erreicht, ist eine Falschbezeichnung für die Einhaltung

---

[24] Vgl. allgemein MünchKommBGB/*Säcker*, 5. Aufl. 2006, Bd. 1 Einl. Rn. 108 ff.

[25] *Larenz/Wolf*, Rn. 88.

[26] Siehe zur Auslegung von Testamenten (als nicht empfangsbedürftige Willenserklärungen gemäß § 133 BGB) BGH, NJW 1981, 1737.

[27] BGH, NJW 1996, 2792, 2793.

[28] Siehe auch *Fritzsche*, Fall 25 Rn. 5.

[29] Vgl. dazu BGH, NJW 1979, 1350 m. w. N.

[30] BGH, NJW 2008, 1658; *Larenz/Wolf*, Rn. 90; *Medicus*, Rn. 331; MünchKommBGB/ *Kanzleiter/Krüger*, 5. Aufl. 2006, § 311b BGB Rn. 6 und 67; juris-PK-BGB/*Ludwig*, § 311b BGB Rn. 213 f.

der Form nämlich unerheblich. Das Erfordernis der notariellen Beurkundung von Grundstückskaufverträgen dient dem Schutz der Beteiligten vor übereilten Verträgen, der rechtskundigen Belehrung und Beratung durch einen Notar sowie dem Beweis von Abgabe und Inhalt der Willenserklärungen (siehe oben). Sofern das einvernehmlich gewollte Grundstück in der notariellen Urkunde falsch bezeichnet wird, ist die Warnfunktion grundsätzlich erfüllt. Der Notar kann die Parteien trotz der Falschbezeichnung auch sachgerecht beraten, sofern sich die übrigen Vertragsbedingungen nicht erheblich verändern. Dass dem Notar in diesem Fall der Vertragsgegenstand nicht bekannt ist, ist unerheblich, da auch von der Andeutungstheorie nicht gefordert wird, dass der Notar die Andeutung verstanden hat. Außerdem verzichtet das Gesetz bei der Heilung des Mangels der notariellen Beurkundung nach §§ 311b I 2 BGB sogar ganz auf eine notarielle Beratung und Belehrung.

Nicht erfüllt ist demgegenüber die Beweisfunktion, da das „richtige" Grundstück in der Urkunde gerade nicht bezeichnet ist. Aufgrund des übereinstimmenden Parteiwillens kann auf das Beweiserfordernis bezüglich der Grundstücksbezeichnung jedoch verzichtet werden.[31] Darüber hinaus darf nicht überschätzt werden, was die Beurkundung wirklich zu leisten vermag.[32] Entsteht zwischen den Vertragspartnern Streit über den Inhalt des beurkundeten Vertrages, so kann er, da auch ausdrückliche Formulierungen unklar, missverständlich und mehrdeutig sein können, regelmäßig nicht aus der Urkunde allein entschieden werden; es müssen vielmehr auch außerhalb der Urkunde liegende, zur Erforschung des Vertragsinhalts geeignete Umstände herangezogen werden. Hiermit kommt der ausdrücklichen Urkundenerklärung nur eine Indizwirkung zu, weshalb der Beweiszweck der Urkunde der Anerkennung der Unschädlichkeit der irrtümlichen Falschbezeichnung nicht entscheidend entgegengehalten werden kann.

Vorliegend haben A und B das zu verkaufende Grundstück versehentlich falsch bezeichnet. Das im Eigentum von A stehende, objektiv den Gegenstand der Vereinbarung bildende Grundstück ist in der Urkunde jedoch ausreichend bestimmt. Aus diesem Grunde liegt trotz Falschbezeichnung des zu übertragenden Grundstücks eine formwirksame Vereinbarung zwischen A und B über das übereinstimmend gewollte Grundstück vor.

2.   Zwischenergebnis

Der Kaufvertrag ist formwirksam.

---

[31]   Demgegenüber ist Formunwirksamkeit anzunehmen, wenn die Kontrollfunktion oder die Klarheits- und Beweisfunktion einer Formvorschrift im Vordergrund stehen, vgl. MünchKommBGB/*Einsele*, 5. Aufl. 2006, § 125 BGB Rn. 38.

[32]   So – auch zum Folgenden – BGH, NJW 1983, 1610.

B.   Gesamtergebnis Fall 6

B hat gegen A aus dem zwischen ihnen geschlossenen Kaufvertrag i. V. mit § 433 I BGB einen Anspruch auf Übertragung des Eigentums an der Teilfläche, die sich auf dem Nachbargrundstück befindet.

Merke

1. Ein Angebot muss nach der Konzeption der §§ 145 ff. BGB alle wesentlichen Punkte enthalten, die vertraglich geregelt werden sollen. Der wesentliche Inhalt eines Vertragsangebots (die essentialia negotii) sowie alle anderen Punkte, die der Anbietende zum Gegenstand der vertraglichen Einigung machen will, müssen dabei grundsätzlich so bestimmt sein, dass der Vertrag durch eine einfache Zustimmungserklärung des Vertragspartners ohne inhaltliche Zusätze zustande kommen kann (Annahme). Etwas anderes gilt, wenn die Parteien einen vertraglichen Leistungsaustausch wollen, auch wenn sie sich nicht vollständig geeinigt haben. Dann hat im Zweifel die Partei, die die Sachleistung erbringt, gemäß § 315 BGB die offenen Punkte festzulegen.

2. Zu unterscheiden ist das rechtsgeschäftliche Bestimmtheitserfordernis von der sog. Beurkundungsbestimmtheit gemäß § 311b I 1 BGB. Ersteres ist eine Frage der allgemeinen Vertragslehre, während Letztere festlegt, in welchem Maße die Willensübereinstimmung in der notariellen Urkunde zum Ausdruck kommen muss. Ist eine Willenserklärung materiell-rechtlich unbestimmt, so ist der Vertrag wegen Dissenses nichtig. Bei einem Verstoß gegen die Beurkundungsbestimmtheit ist der Vertrag demgegenüber nach § 125 Satz 1 BGB nichtig, sofern der Formmangel nicht nach § 311b I 2 BGB geheilt wird.

3. Die notarielle Beurkundung von Grundstückskaufverträgen gemäß § 311b I 1 BGB erfüllt die drei wesentlichen Formfunktionen von Willenserklärungen: Schutz vor Übereilung durch Hinweis auf die besondere Bedeutung des Rechtsgeschäfts (Warnfunktion), sachkundige Beratung der Parteien nebst Belehrung über die Konsequenzen der Vereinbarung (Beratungsfunktion) sowie Beweis von Abgabe und Inhalt der jeweiligen Willenserklärungen (Beweisfunktion). Nach der von der Rechtsprechung vertretenen sog. Andeutungstheorie muss der rechtsgeschäftliche Wille in der Urkunde wenn auch unvollkommen einen Ausdruck gefunden haben. Demgegenüber lehnt die überwiegende Literatur die Andeutungstheorie bei § 311b I 1 BGB ab, weshalb für die Ermittlung des Parteiwillens auch bei formbedürftigen Erklärungen alle außerhalb der Urkunde liegenden Umstände berücksichtigt werden können.[33]

---

[33]   *Larenz/Wolf,* § 28 Rn. 80; *Medicus,* Rn. 330.

4. Ein sog. Schwarzkauf liegt vor, wenn bei einem Grundstückskauf in der notariellen Urkunde – aus steuerlichen Gründen und/oder um Gebühren zu sparen – absichtlich ein niedrigerer Preis als vereinbart angegeben wird. Wird eine beurkundete Erklärung nur zum Schein abgegeben, so ist sie nach § 117 I BGB unwirksam, während die dissimulierte Erklärung mangels Beurkundung grundsätzlich nach den §§ 117 II, 311b I 1, 125 Satz 1 BGB nichtig ist.

5. Die Andeutungstheorie führt bei strikter Anwendung zu unbilligen Ergebnissen, weil der Vertragsgegenstand anhand des objektiv Erklärten, aber nicht gemäß dem übereinstimmenden Parteiwillen bestimmt wird; sie ist deshalb einzuschränken. Ob eine Vereinbarung formwirksam ist, bestimmt sich nach den Zwecken der jeweils in Rede stehenden Formvorschrift. Wird in einem Grundstückskaufvertrag das Grundstück in der notariellen Urkunde versehentlich falsch bezeichnet, so werden trotz der Falschbezeichnung die Warn- und die Beratungsfunktion der notariellen Beurkundung erfüllt. Da der übereinstimmende Wille der Parteien auf das zutreffende Grundstück gerichtet ist, kann die Beweisfunktion zurücktreten. Der Vertrag ist somit hinsichtlich des übereinstimmend gewollten Grundstücks zustandegekommen und formwirksam.

Fall 7

Invitatio ad offerendum; Angebot ad incertas personas; Schweigen als Willenserklärung; kaufmännisches Bestätigungsschreiben

A ist durstig, weshalb er in einen Warenverkaufsautomat 1,- EUR einwirft und hiernach die Wahltaste mit der Aufschrift „Getränk X – 1,- EUR drückt". Der Automat ist jedoch leer. A wendet sich deshalb an den zufällig vorbeikommenden Eigentümer des Automats B, der diesen gerade befüllen will, und verlangt eine Dose des Getränkes der Marke X. B hat das Getränk X jedoch nicht in seinem Wagen, weshalb er den A auf eine andere Marke verweist. Kann A von B das Getränk X verlangen?

Abwandlung 1

Wie ist die Rechtslage, wenn A ein ungültiges Geldstück in den Automat einwirft, worauf der Automat die Ware ausgibt?

Abwandlung 2

A liest in einem Zeitungsinserat des B, dass B als Eröffnungsangebot hochwertige Fernseher in „Haushaltsmengen" sehr günstig anbietet. Da A eine Sports-Bar eröffnen will, geht er in das Geschäft des B, um 10 Fernseher zu erwerben. Als A mit den Geräten an die Kasse kommt, erklärt ihm B, dass jeder Kunde nur einen Fernseher erwerben könne. Kann A Zug um Zug gegen Kaufpreiszahlung die Übereignung von weiteren neun Fernsehern verlangen?

Abwandlung 3

Das Werbeunternehmen A benötigt im Rahmen der Abwicklung eines Auftrags diverse Drucke. Die B, welche davon Kenntnis erlangt hat, übersendet A eigeninitiativ ein „freibleibendes Angebot", wonach sie die Druckarbeiten unter den näher aufgeführten Konditionen (Preis: 300,- EUR/1000 Stück) durchführen will. Nach mehreren Telefongesprächen zwischen den Parteien, in denen es vornehmlich um den möglichen Liefertermin ging, übersendet A der B ein mit „Auftrag" betiteltes Schreiben, in dem abweichend vom „freibleibenden Angebot" der B u. a. ein Preis von 190,- EUR/1000 Stück sowie eine Vertragsstrafe für den Fall der Nichteinhaltung des vereinbarten Liefertermins aufgeführt ist. Erst 14 Tage später teilt die B dem A telefonisch mit, dass sie den Auftrag nicht übernehmen könne, weil sich ihr Subunternehmer in der Kalkulation geirrt habe. Kann A von B die Lieferung der Drucke verlangen?

Lösung Fall 7

A.   Anspruch aus Kaufvertrag i. V. mit § 433 I 1 BGB

A hat gegen B einen Anspruch auf Übereignung und Übergabe einer Dose des Getränkes der Marke X nach § 433 I 1 BGB, wenn zwischen beiden ein wirksamer Kaufvertrag zustande gekommen ist.

I.   Ausdrückliche Willenserklärung des B

Ein Vertrag kommt nach §§ 145 ff. BGB durch zwei aufeinander bezogene Willenserklärungen, Antrag und Annahme, zustande. B hat sich nicht der Sprache bedient, um einen bestimmten Rechtsfolgewillen zu äußern[1]; eine ausdrückliche Willenserklärung des B ist somit nicht gegeben.

II.   Konkludente Willenserklärung des B

In dem Aufstellen des Automaten könnte eine konkludente Willenserklärung des B liegen. Dann muss es dem bekundeten Willen des B entsprechen, dass hierin ein Angebot auf Abschluss von Kaufverträgen über die auf dem Display des Automats bezeichneten Waren liegt, welches durch Einwurf von Geldmünzen und Bedienen der Auswahltasten angenommen werden kann. Ob aus dem Verhalten des B auf einen Rechtsbindungswillen geschlossen werden kann, ist durch Auslegung gemäß den §§ 133, 157 BGB zu ermitteln.[2]

a)   Invitatio ad offerendum

Nach einer Ansicht liegt in dem Verhalten des B aus Sicht eines verständigen Erklärungsempfängers in der Person des A nach Treu und Glauben und der Verkehrssitte (§§ 133, 157 BGB) eine invitatio ad offerendum ohne Rechtsbindungswillen, also eine Äußerung im vorvertraglichen Stadium, die eine unverbindliche Mitteilung der Bereitschaft zum Vertragsschluss an die Allgemeinheit enthält. Entscheidend sei, ob B aus Sicht eines verobjektivierten Erklärungsempfängers in der Situation des A bereits durch dessen Willenserklärung verpflichtet werden solle. Dies sei bei Waren- und Dienstleistungsangeboten eines Kaufmanns wegen der beschränkten Leistungsfähigkeit grundsätzlich zu verneinen.[3] Ein Kaufmann habe regelmäßig ein berechtigtes Interesse daran, keine vertragliche Bindung einzugehen, da er nicht wissen könne, ob sein Gegenüber ausreichend zahlungskräf-

---

[1]   *Larenz/Wolf*, § 24 Rn. 14; *Bork*, Rn. 567; a. A. *Hübner*, Rn. 669: Entscheidend für die Annahme einer ausdrücklichen Willenserklärung sei, ob die Erklärung unzweideutig ist.

[2]   Erman/*Armbrüster*, 12. Aufl. 2008, § 145 BGB Rn. 3.

[3]   *Flume*, § 35 I, 1, S. 637; *Medicus*, Rn. 359.

tig ist.[4] Folgt man dieser Ansicht, besteht eine vergleichbare Situation im Fall des Bereitstellens eines Automaten; hier stehen lediglich die möglichen Kaufgegenstände und Kaufpreise fest, nicht aber die konkrete Ware als Vertragsgegenstand und der Vertragspartner. Zwar spiele für den Automatenaufsteller anders als bei sonstigen Erklärungen an die Allgemeinheit keine Rolle, dass er Kunden wegen ihrer fehlenden finanziellen Leistungsfähigkeit ablehne. Auch der Automatenaufsteller wolle jedoch nicht schon durch den Einwurf der Münze gebunden sein.

Aus diesen Gründen soll erst (und aus technischen Gründen auch nur[5]) im Einwurf der Münze durch den Käufer A ein Kaufantrag liegen, der vom Automatenaufsteller B durch die Ausgabe der Ware konkludent angenommen werde.[6] Den notwendigen Annahmewillen habe B antizipiert durch das Aufstellen des Automaten gebildet.[7] Da der Automat entsprechend seiner Konstruktionsweise funktioniere, sei die Erklärung durch die Konstruktion in allgemeiner Form festgelegt; sie gehe auf den Willen desjenigen zurück, der den Automaten konstruiert habe. Es sei unerheblich, dass niemand wisse, wann der Wille durch Bedienung des Automaten aktualisiert werde.

Folgt man dieser Sichtweise, ist kein Vertrag zwischen A und B zustande gekommen, da der Automat keine Ware ausgegeben hat.[8]

b)   Antrag ad incertas personas

Nach einer weiteren Ansicht bedeutet das Bereitstellen eines Automaten durch B bei normativer Auslegung nach §§ 133, 157 BGB ein Vertragsangebot an jede Person, die eine Münze einwirft, jedoch unter dem Vorbehalt, dass der Automat technisch funktioniert und der Vorrat ausreicht.[9] Es handelt sich hiernach also um ein echtes Vertragsangebot, mit den sich aus den Umständen ergebenen Vorbehalten und Einschränkungen.[10] Nach dieser Sichtweise bedeutet das Bereitstellen des Automaten eine Vielzahl von Vertragsangeboten über die entsprechenden Waren, die von den Kunden – vorliegend durch A – mittels Geldeinwurf und Warenauswahl angenommen werden. Der Automatenbetreiber verzichtet dabei nach § 151 Satz 1 BGB auf den Zugang der Annahmeerklärung.

Das Angebot des B enthält hiernach aus Sicht eines verständigen Empfängers in der Person des A die essentialia negotii eines Kaufvertrages mit Kaufgegen-

---

[4]   Staudinger/*Bork* (2003), § 145 BGB Rn. 4; MünchKommBGB/*Kramer*, 5. Aufl. 2006, § 145 BGB Rn. 7 und 10; *Brox/Walker*, Rn. 165a.

[5]   *Bork*, Rn. 717.

[6]   *Köndgen*, Selbstbindung ohne Vertrag, 1981, S. 284 ff.; Erman/*Armbrüster*, 12. Aufl. 2008, § 145 BGB Rn. 8; *Faust*, § 3 Rn. 4.

[7]   *Faust*, § 2 Rn. 8.

[8]   Anders ist ggf. zu entscheiden, wenn der Automat nach dem Sachverhalt schriftlich (Display) oder mündlich erklären sollte, dass die Ware ausgegeben wird.

[9]   *Flume*, § 35 I, 1, S. 636; MünchKommBGB/*Kramer*, 5. Aufl. 2006, § 145 BGB Rn. 12; *Medicus*, Rn. 362.

[10]   Erman/*Armbrüster*, 12. Aufl. 2008, § 145 BGB Rn. 4; *Armbrüster*, Fall 465.

stand und Kaufpreis. Dass die Person des Erklärungsempfängers bei Abgabe der Willenserklärung noch nicht konkret bestimmt ist, soll unerheblich sein; es reiche aus, dass die Erklärung hinreichend bestimmbar sei, weil und sofern die Auslegung des Antrags ergebe, dass der Antragende mit jedem kontrahieren will, der die Annahme erklärt, was vor allem bei Alltagsgeschäften zutreffe.[11] Der Antrag ad incertas personas kann sich demnach an einen begrenzten Personenkreis, ebenso wie die invitatio ad offerendum aber auch an die Allgemeinheit richten; entscheidend ist, ob der Erklärende aus Sicht eines verständigen Empfängers mit jedem abschließen will, der die Annahme erklärt, oder nicht.[12]

B will sich vorliegend seine Vertragspartner nicht aussuchen; es ist ihm gleichgültig, mit welcher Person er kontrahiert und ob diese kreditwürdig ist. Außerdem ist ein individueller Antrag an einzelne Vertragspartner beim Vertragsschluss unter Einbeziehung eines Warenautomaten tatsächlich unmöglich.[13] Aus diesem Grunde ist nach der zweiten Ansicht im Bereitstellen des Automaten ein Antrag zu sehen. Dem berechtigten Interesse des Automatenaufstellers, bei fehlender Ware oder Funktionsstörungen nicht gebunden zu werden, wird aus Sicht eines verständigen Erklärungsempfängers durch eine dreifache „Einschränkung" des Antrages Rechnung getragen. So soll der Antrag auf den Vorrat beschränkt und durch das Funktionieren und die ordnungsgemäße Bedienung „bedingt" sein; denn wenn es § 145 BGB erlaube, eine Bindung an den Antrag ganz auszuschließen, müsse erst recht eine Einschränkung des Antrags bzw. seine Verknüpfung mit Vorbehalten möglich sein.[14]

Folgt man dieser Sichtweise, hat A den funktionsfähigen Automaten zwar ordnungsgemäß durch Geldeinwurf bedient; er war jedoch nicht gefüllt. Ein Antrag des B auf Abschluss eines Kaufvertrages mit A scheidet somit ebenfalls aus.

B. Gesamtergebnis Fall 7

A hat keinen Anspruch gegen B auf Übereignung und Übergabe des Getränkes der Marke X.

---

[11] *Bork*, Rn. 717.

[12] MünchKommBGB/*Säcker*, 5. Aufl. 2006, Bd. 1, Einl. Rn. 187; MünchKommBGB/ *Kramer*, 5. Aufl. 2006, § 145 BGB Rn. 12.

[13] *Brox/Walker*, Rn. 167.

[14] Beachte: Das Bereitstellen eines Automaten enthält nach h. A. zusätzlich das aufschiebend bedingte Angebot zur Übereignung der Ware, die aus dem Automaten durch Betätigung in der vorgesehenen Weise entnommen wird (MünchKommBGB/*Kramer*, 5. Aufl. 2006, § 145 BGB Rn. 12). Der Einwurf des Geldbetrages ist somit eine doppelte Annahme sowohl des Angebots auf Abschluss eines Kaufvertrages als auch des Angebots auf Übereignung der Ware (Jauernig/*Jauernig*, 13. Aufl. 2009, § 929 BGB Rn. 4). Siehe zum Streit, ob sich das Angebot zur Übereignung von Geldscheinen bei Geldautomaten nur an den Berechtigten richtet, Erman/*Armbrüster*, 12. Aufl. 2008, § 145 BGB Rn. 8, im Ergebnis ablehnend.

Lösung Fall 7 Abwandlung 1

A hat kein gültiges Geldstück eingeworfen. Nach der ersten Ansicht (Aufstellen des Automaten ist invitatio ad offerendum) liegt gleichwohl ein Vertragsschluss vor, da A den Automat bedient (Angebot von A) und dieser die Ware ausgegeben hat (Annahme durch B). Hiernach kann B nach § 433 II BGB den Kaufpreis und ggf. auch Schadensersatz nach § 280 I BGB verlangen. Nach der zweiten Ansicht (Aufstellen des Automaten ist Angebot ad incertas personas) liegt kein Angebot des B vor, da der Automat nicht ordnungsgemäß bedient worden ist; ein Vertragsschluss scheidet hiernach aus. B hat gegen A einen Anspruch auf Wertersatz gemäß §§ 812, 818 II BGB und ggf. auf Schadensersatz gemäß § 823 BGB.[15]

Lösung Fall 7 Abwandlung 2

A.   Kaufvertrag gemäß § 433 I 1 BGB

A hat gegen B einen Anspruch auf Übereignung und Übergabe von 9 Fernsehern nach § 433 I 1 BGB, wenn ein entsprechender Kaufvertrag zustande gekommen sind.

I.   Antrag des B durch das Zeitungsinserat

Im Zeitungsinserat des B liegt aus Sicht eines verständigen Erklärungsempfängers in der Person des A trotz der Preisauszeichnung der Waren noch kein Angebot auf Abschluss von Kaufverträgen über die Fernseher, sondern lediglich eine invitatio ad offerendum, da sich der B aufgrund des beschränkten Warenvorrats nicht schon durch Zustimmung des jeweiligen Erklärungsempfängers verpflichten wollte (siehe dazu schon oben); ansonsten würde er bei Angeboten an die Allgemeinheit riskieren, dass er durch die Annahmeerklärungen rechtlich gebunden wird, mit der Folge von etwaigen Schadensersatzansprüchen der Kunden, wenn keine ausreichende Anzahl von Fernsehern vorrätig ist.[16]

II.   Antrag des B durch Auslegen der Fernseher im Laden

Ob in der Auslage der Ware durch B in dessen Selbstbedienungsgeschäft Angebote auf Abschluss von Kaufverträgen liegen, ist streitig.

Nach einer Ansicht bedeutet das Auslegen der Ware lediglich eine invitatio ad offerendum. Die Bereitstellung der Ware solle dem A nur die Auswahl und die Entscheidung über sein Angebot erleichtern. Das Angebot werde erst an der Kasse

---

[15]   Siehe zur Haftung von Herstellern von Einkaufswagenchips, die dieselbe Größe wie Geldmünzen haben, BGH, NJW 2004, 1949.

[16]   *Fritzsche*, Fall 10 Rn. 2.

durch das Vorzeigen der Ware abgegeben. B könne sodann entscheiden, ob er mit dem A kontrahieren wolle; es brächte dem B keinen Vorteil, wenn er schon durch das Vorzeigen der Ware gebunden werde.[17]

Nach einer weiteren Ansicht ist im Auslegen der Ware durch B ein Angebot ad incertas personas und nicht bloß eine invitatio ad offerendum zu sehen.[18] Aus Sicht eines verständigen Erklärungsempfängers in der Situation des A handele es sich lediglich dann um eine invitatio ad offerendum, wenn der Vorrat des Kaufmanns nicht ausreiche und somit ein Haftungsrisiko gemäß § 280 I BGB i. V. mit den §§ 283, 276, 278, 326 BGB bestünde, oder gegen einzelne Kunden Bedenken im Hinblick auf die Zahlungsfähigkeit (Liquiditätsrisiko) bestehen könnten. Diese Risiken seien beim Auslegen von Waren in Selbstbedienungsgeschäften jedoch regelmäßig nicht gegeben. Die Annahmeerklärung liege jedoch nicht schon darin, dass der Kunde die Ware in den Einkaufswagen legt, sondern erst im Vorzeigen an der Kasse, da er sich bis zu diesem Zeitpunkt noch umentscheiden können solle.

Gegen diese Ansicht spricht, dass auch bei SB-Warenhäusern Fallgestaltungen denkbar sind, in denen durch die Annahme eines Angebots im Wege des Vorzeigens der Ware an der Kasse ein Haftungsrisiko besteht, z. B. bei Vorreservierungen.[19] Auch will sich der Verkäufer aus Sicht eines verständigen Rezipienten gemäß §§ 133, 157 BGB die Möglichkeit vorbehalten, eine versehentlich erfolgte falsche Preisauszeichnung zu korrigieren.[20] Der Verkäufer ist deshalb entgegen einer im Schrifttum vertretenen Ansicht nicht etwa nur dann schutzwürdig, wenn er ausdrücklich oder konkludent deutlich gemacht habe, dass er sich die Entscheidung über den Vertragsschluss vorbehalten wolle.[21] Dieser Streit kann vorliegend allerdings dahinstehen: Ein Vorbehalt, der das Auslegen der Ware im Supermarkt zu einer invitatio ad offerendum macht, liegt nämlich auch darin, dass die Ware im Rahmen eines Sonderangebots in „Haushaltsmengen" abgegeben werden soll. Als Haushaltsmenge ist dabei bei Fernsehern grundsätzlich nur ein Exemplar anzusehen. Hiernach liegt wegen der Formulierung der Zeitungsannonce kein Antrag des B, sondern nur eine invitatio ad offerendum vor.

III. Antrag des A durch Legen der Ware auf das Laufband der Kasse

Folgt man der überzeugenden letztgenannten Ansicht, hat A dem B einen Antrag auf Abschluss eines Kaufvertrages gemacht, indem er die 10 Fernseher an der Kasse vorgezeigt hat.

---

[17] Erman/*Armbrüster*, 12. Aufl. 2008, § 145 BGB Rn. 10; *Faust*, § 3 Rn. 4; *Dietrich*, DB 1972, 957 ff.; *Kassing*, JA 2004, 615, 616.

[18] Soergel/*Wolf* (1999), § 145 BGB Rn. 7; Bamberger/Roth/*Eckert*, § 145 BGB Rn. 43; Staudinger/*Bork* (2003), § 145 BGB Rn. 7; offen gelassen von BGH, NJW 1976, 712 f.

[19] Erman/*Armbrüster*, 12. Aufl. 2008, § 145 BGB Rn. 10; *Dietrich*, DB 1972, 957 ff.

[20] *Fritzsche*, Fall 10 Rn. 4.

[21] *Medicus*, Rn. 363.

IV. Annahme des B durch Eintippen des Preises in die Kasse

B hat das Angebot des A nur hinsichtlich eines Fernsehers, nicht jedoch hinsichtlich der restlichen neun Fernseher angenommen.

B. Gesamtergebnis Fall 7 Abwandlung 2

A hat keinen Anspruch auf Übereignung und Übergabe der restlichen neun Fernseher Zug um Zug gegen Kaufpreiszahlung.

Lösung Fall 7 Abwandlung 3

A hat gegen B einen Anspruch auf Lieferung der Drucke, wenn zwischen beiden ein Werklieferungsvertrag i. S. von § 651 BGB wirksam zustande gekommen ist. Nach dieser Vorschrift finden auf einen Vertrag, der die Lieferung herzustellender oder zu erzeugender beweglicher Sachen zum Gegenstand hat, die Vorschriften über den Kauf Anwendung. Ein Vertrag zwischen A und B setzt nach § 145 ff. BGB zwei aufeinander bezogene Willenserklärungen voraus.

A. Angebot durch das „freibleibende Angebot" der B

Das „freibleibende Angebot" der B könnte als Antrag auf Abschluss eines Werklieferungsvertrages zu interpretieren sein. Dann musste A aus dem Verhalten der B auf einen Rechtsbindungswillen schließen können. Dies ist zweifelhaft, weil das Angebot der B freibleibend sein sollte.

Nach § 130 I 1 BGB wird ein Angebot als empfangsbedürftige Willenserklärung mit Zugang wirksam. Hiernach ist der Antragende gemäß § 130 I 2 BGB an seine Willenserklärung gebunden, es sei denn, er hat die Bindung an den Antrag gemäß § 145 Hs. 2 BGB ausgeschlossen oder der angebotene Vertrag ist einseitig widerruflich.[22] Welche Bedeutung einem erklärten Bindungsausschluss zukommt, ist durch Auslegung gemäß § 133, 157 BGB nach den Umständen des Einzelfalles zu ermitteln.[23] Die Klausel „freibleibend" hat im Handelsverkehr (ebenso wie „unverbindlich" und „ohne obligo") keine feste Bedeutung; es kann Verschiedenes gemeint sein[24]: eine unverbindliche invitatio ad offerendum[25], ein mit Rechts-

---

[22] *Flume*, S. 641 f.

[23] Staudinger/*Bork* (2003), § 145 BGB Rn. 31; *Fritzsche*, Fall 9 Rn. 9 ff.

[24] MünchKommBGB/*Kramer*, 5. Aufl. 2006, § 145 BGB Rn. 7 m. w. N.

[25] So BGH, NJW 1996, 919; RGZ 102, 227, 229 f.; RGZ 103, 312, 313; RGZ 105, 8, 12. Hiernach bringt der Erklärende mit der Klausel „freibleibend" zum Ausdruck, dass er eine Bindung ablehne und sich die Entscheidung über den Vertragsschluss bis zum Eintreffen der Antwort des Erklärungsempfängers vorbehalte. Er müsse deshalb den Erklärungsempfänger unverzüglich davon in Kenntnis setzen, ob er von dem Vorbehalt, den Vertragsschluss abzulehnen, Gebrauch mache; ansonsten werde das Angebot durch Schweigen angenommen (RGZ 102, 227, 228 ff.); ebenso *Enneccerus/Nipperdey*, S. 991 f.

bindungswillen erklärtes Angebot, verbunden mit einem Widerrufsrecht des Anbietenden bis zum Zugang der Annahmeerklärung (nicht bloß des Angebots, vgl.
dazu § 130 I 2 BGB)[26], oder ein mit Rechtsbindungswillen erklärtes Angebot verbunden mit dem Recht, dieses noch unverzüglich nach Zugang der Annahmeerklärung widerrufen zu können[27] bzw. vom Vertrag zurückzutreten.[28]

Vorliegend hat sich B eigeninitiativ an A gewandt, und ein freibleibendes Angebot abgegeben, ohne dass A und B zuvor Verhandlungen geführt hatten oder A
die B seinerseits zur Abgabe eines Angebots aufgefordert hatte. Aus Sicht eines
verständigen Erklärungsempfängers in der Situation des A (§§ 133, 157 BGB) hat
B deshalb durch ihr „freibleibendes Angebot" zum Ausdruck gebracht, dass B nur
gebunden sein will, wenn sie die Ware auch tatsächlich liefern kann. Es handelt
sich deshalb bei dem Schreiben der B an A um eine invitatio ad offerendum.

B. Angebot durch den „Auftrag" des A

Ein Angebot auf Abschluss eines Werklieferungsvertrages ist deshalb erst im
Schreiben des A an B zu sehen, in dem abweichend vom „freibleibenden Angebot" der B u. a. ein Preis von 190,- EUR/1000 Stück sowie eine Vertragsstrafe für
den Fall der Nichteinhaltung des vereinbarten Liefertermins aufgeführt ist.

C. Annahme des Angebots des A durch die B

I. Keine ausdrückliche oder konkludente Annahmerklärung

Fraglich ist, ob B dieses Angebot angenommen hat. Eine ausdrückliche Annahmeerklärung liegt nicht vor. Auch ein sonstiges Verhalten, welches aus Sicht eines
verständigen Empfängers in der Situation der B auf einen Rechtsbindungswillen
schließen lässt, liegt nicht vor. B hat vielmehr, nachdem sie 14 Tage „geschwiegen" hat, den Antrag des A ausdrücklich abgelehnt. Das Nicht-Reagieren auf ein
Vertragsangebot beinhaltet keine ausdrückliche Annahmeerklärung, da B sich
nicht der Sprache bedient hat, um ihren Rechtsfolgewillen kundzutun. Auch eine
konkludente Willenserklärung liegt aus der Sicht eines verständigen Empfängers
in der Situation des A (§§ 133, 157 BGB) nicht vor (sog. stillschweigende Willens-

---

[26] Dies wird insbesondere bei der Klausel „Zwischenverkauf vorbehalten" anzunehmen
sein, wodurch der eigene Vorrat mehreren Interessenten angeboten werden kann.

[27] So *Flume*, S. 642; Soergel/*Wolf* (1999), § 145 BGB Rn. 10; vgl. auch BGH, NJW 1984,
1885, 1886 und *Bork*, Rn. 725, für den Fall, dass der freibleibend Anbietende seinerseits zur Abgabe eines Angebots aufgefordert worden ist. Dann könne nämlich das freibleibende Angebot nicht seinerseits wieder eine invitatio ad offerendum bedeuten.

[28] *Bork*, Rn. 725.

erklärung).[29] Aus dem Schweigen der B kann weder geschlossen, dass sie mit den angebotenen Rechtsfolgen einverstanden war, noch, dass sie diese ablehnte.[30]

II. Annahme durch Schweigen

B hat in den 14 Tagen bis zur Ablehnung des Angebots keinerlei Erklärungszeichen gesetzt. Ein derartiges Schweigen hat regelmäßig keine rechtliche Bedeutung; dies gilt selbst dann, wenn der Schweigende einen irgend gearteten rechtlichen Willen hat, da er diesen erklären muss, um ihn in Geltung zu setzen.[31] Auch im kaufmännischen Verkehr bedeutet Schweigen, wie u. a. die Ausnahmebestimmung des § 362 HGB zeigt, grundsätzlich keine Zustimmung.[32] Etwas anderes gilt, wenn dem Schweigen nach der Parteivereinbarung, kraft gesetzlicher Anordnung oder nach der Verkehrssitte eine bestimmte Erklärungsbedeutung zukommt.[33]

1. Beredtes Schweigen

Dem Schweigen einer Partei kommt dann eine positive Bedeutung als Willenserklärung zu, wenn dies ausdrücklich oder nach den Umständen vereinbart worden ist (sog. beredtes Schweigen).[34] Eine konkludente Vereinbarung kann u. a. in einem Schweigen auf die inhaltlich unveränderte „Annahme" einer invitatio ad offerendum gesehen werden (vorliegend das „freibleibende Angebot")[35], bei der Einigkeit in den wesentlichen Punkten (abschlussreifer Vertrag[36]), im Rahmen laufender Geschäftsbeziehungen[37] sowie beim Schweigen auf Angebote an ein Unternehmen, für das ein Kontrahierungszwang besteht.[38] Will der Schweigende in solchen Fällen vermeiden, dass seinem Verhalten ein Erklärungswert beigemessen wird, muss er seine Ablehnung ausdrücklich erklären.

Nach diesen Grundsätzen kann dem Schweigen der B kein Erklärungswert zugemessen werden: weder bestand ein Kontrahierungszwang für die B, noch standen die Parteien in laufenden Geschäftsbeziehungen, noch bestand aufgrund der vorangegangenen Verhandlungen Einigkeit in den wesentlichen Vertragspunkten.

---

[29] *Larenz/Wolf*, Rn. 63.

[30] BGH, NJW-RR 1999, 818, 819; *Bork*, Rn. 574; a. A. *Larenz/Wolf*, § 39 Rn. 62: Schweigen auf eine Angebot bedeutet Ablehnung.

[31] *Medicus*, Rn. 345; *Boemke/Ulrici*, § 5 Rn. 20.

[32] BGH, NJW 1973, 2106.

[33] Siehe hierzu auch noch Fall 22.

[34] *Larenz/Wolf*, § 28 Rn. 70.

[35] RGZ 102, 227, 229 f.; RGZ 103, 312, 313; RGZ 105, 8, 12 f.; Bamberger/Roth/*Eckert*, § 145 BGB Rn. 38.

[36] Vgl. BGH, NJW 1996, 919 ff.

[37] BGH, NJW 1951, 711; Soergel/*Wolf* (1999), § 147 BGB Rn. 20.

[38] Bamberger/Roth/*Eckert*, § 146 BGB Rn. 13.

Der Preis in dem „Auftragsschreiben" des A wich vielmehr um 110,- EUR vom „freibleibenden Angebot" der B ab; darüber hinaus wollte A sogar noch eine Vertragsstrafe vereinbaren.

2. Vertragsschluss im Handels- und Berufsverkehr

Das Schweigen der B könnte jedoch nach § 362 HGB kraft gesetzlicher Anordnung rechtserheblich sein: hiernach gilt das Schweigen eines Kaufmanns, dessen Gewerbebetrieb die Besorgung von Geschäften für andere mit sich bringt, als Annahme, wenn ihm ein Antrag über die Besorgung solcher Geschäfte von jemandem zugeht, mit dem er in Geschäftsverbindung steht, und der Kaufmann nicht unverzüglich antwortet.[39] § 362 HGB setzt einen Antrag des A über die Besorgung von Geschäften voraus. Unter den Begriff der „Geschäfte" fallen grundsätzlich alle selbständigen Tätigkeiten wirtschaftlicher Art.[40] Ein Geschäftsbesorgungsverhältnis liegt demgegenüber nicht vor, wenn der Geschäftsbetrieb auf den Austausch von Leistungen gerichtet ist, wie z. B. bei Warenlieferungen. Da solche Verträge von einem Kaufmann regelmäßig nicht unbegrenzt abgeschlossen werden können, kann das Schweigen des Kaufmanns nach Treu und Glauben und der Verkehrssitte (§§ 133, 157 BGB) auch nicht als Annahme eines dahingehenden Antrags gewertet werden.[41] Aus diesem Grunde unterfallen Kaufverträge nicht § 362 I 1 HGB, so dass z. B. der Adressat unbestellt zugesandter Waren[42] nicht über § 362 HGB durch bloßes Schweigen Partei eines Kaufvertrages wird. Dasselbe muss dann aber auch für einen Antrag auf Lieferung von Drucken i. S. von § 651 BGB gelten, so dass dieser nicht nach § 362 HGB durch bloßes Schweigen angenommen werden kann.

III. Kaufmännisches Bestätigungsschreiben

Bei dem Schreiben des A könnte es sich um ein kaufmännisches Bestätigungsschreiben handeln, welches bei einem Schweigen des B nach handelsrechtlichem Gewohnheitsrecht zu einem Vertragsschluss führen könnte.[43] Durch ein kaufmännisches Bestätigungsschreiben sollen Streitigkeiten darüber vermieden werden, ob und wenn ja, mit welchem Inhalt ein Vertrag geschlossen worden ist.[44] Dem

---

[39] Anders als nach § 663 BGB (gesetzlich geregelter Fall von §§ 311 II, 241 II BGB) kommt unter den Voraussetzungen des § 362 HGB also ein Vertrag zustande, vgl. Baumbach/Hopt/*Hopt*, HGB, 33. Aufl. 2008, § 362 HGB Rn. 2 f.

[40] Ebenroth/Boujong/Joost/Strohn/*Eckert*, § 362 HGB Rn. 12 f.

[41] *Medicus*, Rn. 388; zur Verkehrssitte lesenswert Bachmann, Private Ordnung, 2006, S. 341.

[42] Dazu Fall 9.

[43] *Rüthers/Stadler*, § 17 Rn. 31; der Geltungsgrund des kaufmännischen Bestätigungsschreibens ist streitig, vgl. MünchKommBGB/*Kramer*, 5. Aufl. 2006, § 151 BGB Rn. 15 ff.: Berufung auf Handelsbrauch gemäß § 346 HGB, auf Gewohnheitsrecht, auf Vertrauens- und Verkehrsschutzgedanken.

[44] *Medicus*, Rn. 391.

Schweigen auf ein kaufmännisches Bestätigungsschreiben kommt nicht nur kon-stitutive Bedeutung im Hinblick auf den Vertragsinhalt zu[45]; dem Schweigenden wird auch regelmäßig der Einwand versagt, er habe die rechtliche Bedeutung des Schweigens verkannt.[46]

Ausgehend von dieser Zwecksetzung hat ein kaufmännisches Bestätigungs-schreiben grundsätzlich folgende Voraussetzungen[47]: Der Empfänger des Schrei-bens ist Kaufmann oder nimmt – ebenso wie der Bestätigende – in größerem Um-fang am Geschäftsleben teil[48]; die Parteien stehen zumindest in Vertragsverhand-lungen, da der Absender ansonsten nicht damit rechnen kann, dass der Bestätigen-de durch sein Schweigen einverstanden ist[49]; das Bestätigungsschreiben wird un-mittelbar nach den Verhandlungen abgesandt, so dass es den Empfänger nicht unerwartet trifft[50]; das Betätigungsschreiben bestätigt den früheren Vertrags-schluss unter Wiedergabe des wesentlichen Inhalts; der Absender darf nicht unred-lich sein[51]; das Bestätigungsschreiben darf sich inhaltlich nicht so weit vom Ver-einbarten entfernen, dass der Bestätigende vernünftigerweise nach Treu und Glau-ben selbst nicht mit einem Einverständnis rechnen kann[52]; der Empfänger darf dem Schreiben schließlich nach sorgfältiger Lektüre desselben[53] nicht unverzüg-lich widersprochen haben (nur dann ist der Absender schutzbedürftig).[54]

---

[45] *K. Schmidt*, Handelsrecht, 5. Aufl. 1999, S. 586.

[46] *Canaris*, Die Vertrauenshaftung im deutschen Privatrecht, 1971, S. 206 ff.; Staudin-ger/*Singer* (2004), Vorbem. zu §§ 116 – 144 BGB Rn. 73.

[47] Vgl. *Brox/Walker*, Rn. 196; *Lindacher/Hau*, Fall 12.

[48] Ein maßgeblicher Hintergrund dieser Ausdehnung der Grundsätze über das kaufmänni-sche Bestätigungsschreiben über reine Kaufleute hinaus ist die Forderung, das Sonder-privatrecht des HGB an den Unternehmensbegriff anzuknüpfen, vgl. *K. Schmidt*, Han-delsrecht, 5. Aufl. 1999, S. 567 ff., insb. 568.

[49] BGH, NJW 1974, 991; MünchKommBGB/*Kramer*, 5. Aufl. 2006, § 151 BGB Rn. 27.

[50] BGH, NJW 1964, 1223.

[51] *K. Schmidt*, Handelsrecht, 5. Aufl. 1999, S. 579.

[52] BGH, NJW 1952, 1369; BGH, NJW 1963, 1922, BGH, NJW-RR 2001, 680 f.; MünchKommBGB/*Kramer*, 5. Aufl. 2006, § 151 BGB Rn. 35. Vgl. zum Problem sich kreuzender Bestätigungsschreiben, womit beide Parteien nachträglich ihre AGB zum Gegenstand des Vertrages machen wollen, *K. Schmidt*, Handelsrecht, 5. Aufl. 1999, S. 583 ff. Die Rechtslage wird dadurch verkompliziert, dass die AGB nicht selten sog. Abwehrklauseln enthalten, wonach im Kollisionsfall die eigenen Bedingungen gelten sollen. Nach einer Ansicht gelten die AGB desjenigen, der zuletzt auf sie verwiesen hat, nach vorzugswürdiger anderer Ansicht gelten die AGB nach Sinn und Zweck des Be-stätigungsschreibens nicht, soweit sie sich widersprechen, insbesondere, wenn die AGB auch noch Abwehrklauseln enthalten.

[53] Siehe *Lindacher/Hau*, Fall 12, zur Folgefrage, ob der Empfänger des Bestätigungs-schreibens wegen eines Irrtums anfechten kann.

[54] *K. Schmidt*, Handelsrecht, 5. Aufl. 1999, S. 578 f.: „Praktisch bedeutet dies, dass binnen einer kurz bemessenen angemessenen Frist widersprochen werden muss".

Nach dem Vorstehenden scheidet auch ein Vertragsschluss gemäß den Grundsätzen des Schweigens auf ein kaufmännisches Bestätigungsschreiben aus: Zwar handelt es sich bei A und B um Unternehmen, welche Vertragsverhandlungen geführt haben. Auch hat A das mit „Auftrag" titulierte Schreiben unverzüglich im Anschluss an die Verhandlungen an B gesandt; dass das Schreiben nicht ausdrücklich als Bestätigungsschreiben benannt ist, ist nach §§ 133, 157 BGB unerheblich. Allerdings bestätigte A aus Sicht eines verständigen Empfängers in der Person des B nach dem Inhalt seines Schreibens überhaupt keinen vorangegangenen Vertragsschluss, sondern wollte einen Vertrag erst dadurch zustande bringen, dass er dem B einen solchen anträgt. Auf eine derartige „Auftragsbestätigung" finden die Grundsätze des kaufmännischen Bestätigungsschreibens jedoch nach überzeugender Ansicht keine Anwendung.[55] Allein in der widerspruchslosen Hinnahme einer modifizierten Auftragsbestätigung liegt noch keine Annahmeerklärung.[56]

Etwas anderes könnte allenfalls dann gelten, wenn man dem Schreiben des A nach §§ 133, 157 BGB nicht nur den Zweck zusprechen würde, einen Vertrag zustande zu bringen, sondern darüber hinaus auch den Inhalt vorangegangener Verhandlungen zu bestätigen.[57] Dies kann vorliegend letztlich dahinstehen; denn das Schreiben des A wich nach seinem Inhalt – 190,- EUR statt 300,- EUR; Vereinbarung einer Vertragsstrafe – derart erheblich von den vorangegangenen Verhandlungen ab, dass A nach Treu und Glauben und der Verkehrssitte nicht mit einem Einverständnis des B rechnen konnte.

IV. Zwischenergebnis

Ein Vertrag zwischen A und der B ist nicht wirksam zustande gekommen.

D. Gesamtergebnis Fall 7 Abwandlung 3

A hat keinen Anspruch gegen die B auf Lieferung der Drucke zu den in seinem Auftragsschreiben benannten Konditionen.

---

[55] *Köhler*, § 8 Rn. 30. Soll durch das „Bestätigungsschreiben" nach seinem Inhalt überhaupt erst ein Vertrag zustande kommen, handelt es sich um eine Annahme, bei Abweichungen vom Angebot um ein modifiziertes Vertragsangebot i. S. von § 150 II BGB; dabei ist die Bezeichnung des Schreibens unerheblich, so dass auch eine „Auftragsbestätigung" nach den §§ 133, 157 BGB als Annahme anzusehen sein kann, vgl. BGH, NJW 1955, 1794; BGH, NJW 1973, 2106; Staudinger/*Singer* (2004), Vorbem zu §§ 116 – 144 BGB, Rn. 75; allein das Schweigen auf eine modifizierte Annahme i. S. von § 150 II BGB, die als erneutes Angebot gilt, bedeutet ebenfalls keine stillschweigende Annahmeerklärung; etwas anderes kann für die widerspruchslose Entgegennahme der erbrachten Leistung gelten, vgl. BGH, NJW 1973, 2106.

[56] *Köhler*, PdW BGB-AT, Fall 101.

[57] MünchKommBGB/*Kramer*, 5. Aufl. 2006, § 151 BGB Rn. 30.

Merke

1. Ob ein Vertragsangebot oder eine unverbindliche invitatio ad offerendum vorliegt, beurteilt sich danach, ob aus dem Verhalten des Erklärenden nach den §§ 133, 157 BGB auf einen Rechtsbindungswillen geschlossen werden kann. Bei Waren- oder Dienstleistungsangeboten hat ein Kaufmann häufig ein berechtigtes Interesse daran, nicht bereits durch die Willenserklärung seiner Kunden vertraglich gebunden zu werden, sondern die eigene Leistungsfähigkeit und/oder die Liquidität des Vertragspartners prüfen zu können. Aus diesem Grunde handelt es sich bei einer Präsentation von Waren oder Dienstleistungen grundsätzlich nur um eine Aufforderung an die Gegenseite, ihrerseits einen Vertragsantrag zu formulieren.

2. Eine Willenserklärung muss grundsätzlich die essentialia negotii enthalten; dazu gehören regelmäßig auch die Parteien des Vertrages. Dem Bestimmtheitserfordernis wird jedoch nach h. A. bereits dann genügt, wenn sich der Antrag an einen nicht näher bestimmten Personenkreis richtet, sofern die Auslegung ergibt, dass der Erklärende mit jeder Person kontrahieren will, die den Antrag annimmt (Antrag ad incertas personas).

3. Schweigen bedeutet regelmäßig keine Willenserklärung. Ausnahmsweise gilt Schweigen als Willenserklärung, wenn die Parteien dies vereinbart haben (beredtes Schweigen) oder das Gesetz dem Schweigen Erklärungswert zumisst (etwa im Fall des § 362 HGB). Ein Vertrag kann im Handelsverkehr auch nach den Grundsätzen des Schweigens auf ein kaufmännisches Bestätigungsschreiben zustande kommen.

4. Wiederholung und Vertiefung

Rückblick:	**Vertrag als zweiseitig-eigennützige Selbstbestimmungsordnung**
Grundsatz:	Ein Vertrag gilt im Rahmen von Gesetz und guten Sitten (§ 134, 138 BGB), weil er von beiden Parteien gewollt ist. Pro ratione statt voluntas! Es herrscht Vertragsfreiheit, und in diesem Rahmen ist es allein Sache der Parteien, einen ihren subjektiven Präferenzen entsprechenden Interessenausgleich herbeizuführen. Eine staatliche Richtigkeitskontrolle unter dem Aspekt des gemeinen Nutzens („Gemeinwohl") findet nicht statt.
Voraussetzung:	Vertragsfreiheit setzt Vertragsparität, d. h. annähernd gleiche Verhandlungschancen beim Vertragsschluss voraus. Aus diesem Grunde gewährleistet die Privatrechtsordnung den Wettbewerb als institutionelle Bedingung für die Funktionstüchtigkeit der Privatautonomie. Da, wo die unsichtbare Hand des Wettbewerbs den überragenden Verhaltensspielraum des wirtschaftlich überlegenen Ver-

tragspartners (Unternehmens) nicht domestiziert, tritt die sichtbare Hand des Staates durch Missbrauchskontrolle (Art. 102 AEUV, § 19 GWB) und Regulierungsaufsicht (EnWG, TKG, AEG) an die Stelle des nicht funktionierenden Wettbewerbs. Bei einseitig vorformulierten Vertragsbestimmungen (AGB) findet eine Angemessenheitskontrolle statt (§§ 307 ff. BGB).

Instrumentarium: Die Willenserklärung ist das Hilfsmittel zur Verwirklichung der Privatautonomie als Selbstbestimmung gemäß dem eigenen Willen. Eine Erklärung, die den Willen des Handelnden nicht zum Ausdruck bringt, kann daher keine volle Gültigkeit haben.

Rechtsgeschichte: **Positionen vor Inkrafttreten des BGB**

a) Savigny: Eine Erklärung ohne entsprechenden Geschäftswillen ist unwirksam (Willensdogma)

b) von Ihering: Die nicht vom Geschäftswillen getragene Erklärung ist unwirksam, verpflichtet aber aus culpa in contrahendo zum Ersatz des negativen Interesses

c) Bähr u. a.: Aus Gründen des Vertrauensschutzes und der Erklärungsverantwortung gilt die Erklärung (Erklärungstheorie)

Kompromiss-position des BGB: Es gilt die Erklärung, so wie sie eine reasonable person in der Person des Rezipienten gemäß §§ 133, 157 BGB verstehen durfte. Der Erklärende kann aber wegen eines Irrtums im Stadium der Erklärungsbildung seine vom Geschäftswillen nicht voll gedeckte Erklärung unverzüglich anfechten (§ 119 I BGB) mit der Rechtsfolge des § 122 BGB. Er muss sich aber am Gewollten festhalten lassen (Anfechtungsrecht ist kein Reurecht).

Ein Vertrag kommt nur durch Angebot und Annahme zustande. Die Annahme muss aber nicht in jedem Falle dem Offerenten zugehen (§ 151 BGB). Eine Vertragspartei kann der gegnerischen Partei gemäß § 315 I BGB die Festlegung bzw. die Änderung einzelner Vertragsbestimmungen einseitig überlassen. Die Ausübung dieses leistungsausfüllenden Gestaltungsrechts muss aber nach billigem Ermessen erfolgen; andernfalls ist die Bestimmung unwirksam (§ 315 III BGB).

Auslegungsziel: Die Auslegung des Vertrages sucht nach der *voluntas partium;* die Auslegung des Gesetzes nach der *ratio legis*

Ziel der Gesetzesauslegung:

1. der subjektive Wille des Gesetzgebers (so die subjektive Auslegung)

2. der „objektivierte" Wille des Gesetzgebers (objektive Auslegung). Näher dazu Einleitung, unter III.

5. Methoden des Gesetzesauslegung[58]

   a) Gesetzeswortlaut (die „mögliche Wortbedeutung" als semantisches Potential des Normtextes)

   b) Entstehungsgeschichte (Intention) zur Ermittlung der Regelungsentscheidung des historischen Gesetzgebers

   c) Kontext der Norm:

      aa) systematische Auslegung zur Sicherung der inneren Kohärenz („Harmonie") der auf den betreffenden Wirklichkeitsausschnitt bezogenen Normen

      bb) verfassungskonforme Auslegung

      cc) EG-rechtskonforme Auslegung (Beispiel: EuGH v. 3.4.2008, Rs. C-306/06, Rn. 23 ff. – 01051 Telecom/DTAG.)

   d) Teleologische Auslegung nach dem Zweck der Norm („Höher als der Wortlaut stehen Sinn und Zweck der Norm.") mit der Folge extensiver oder restriktiver Interpretation

   e) Folgenorientierte Argumentation („Wert des Ergebnisses") als Gerechtigkeitskontrolle im Einzelfall bei einem abstrakt-generellen, kognitiv offenen System?

6. Ergänzende richterliche Rechtsfortbildung als Konsequenz aus dem Rechtsverweigerungsverbot (Art. 20 III GG)

   a) bei offener Regelungslücke: Analogie (argumentum e simile) als Schluss von der partiellen Strukturgleichheit des im Gesetz nicht geregelten und des im Gesetz geregelten Tatbestandes auf die Gleichheit der Rechtsfolgen; Interessenlage und Normzweck gebieten axiologisch die sinngemäße Anwendung der Gesetzesvorschrift auf den nicht geregelten Fall (Beispiel: analoge Anwendung des § 119 II BGB auf unkörperliche Gegenstände)

   b) bei verdeckter Regelungslücke: teleologische Reduktion des gemessen am Sinn und Zweck zu weit geratenen Wortlauts

7. Bedeutung traditioneller Auslegungs- und Rechtsfortbildungsargumente

   a) Argumentum e contrario (Umkehrschluss)

   b) Argumentum a fortiori (Erst-recht-Schluss)
   (Beispiel: Keine Anwendung des § 181 BGB auf Insichgeschäfte, die dem

---

[58] *Savigny* kannte nur die Auslegungsstufen a) bis c), *Ihring* erweiterte diese um die Kriterien d) und e).

Vertretenen lediglich einen rechtlichen Vorteil bringen (BGHZ 59, 236) oder Einschränkung des § 167 II BGB bei formbedürftigen Geschäften (BGH, NJW 1979, 2306))

    aa) Argumentum a minore ad maius (Wenn nur die Befugnis x eingeräumt ist, steht nicht die Befugnis x + 1 zu).

    bb) Argumentum a maiore ad minus (Wenn die Befugnis y eingeräumt ist, steht auch die Befugnis y − 1 zu).

8. Gewohnheitsrecht („consuetudo et opinio iuris") und gesetzesabänderndes Richterrecht („Auslegung contra legem") als freirechtliche Rechtsquellen (Art. 2 EGBGB)?

Die Gesetzesbindung des Richters ist „ein im Interesse der Rechtssicherheit notwendiges Gegenstück zur richterlichen Unabhängigkeit" (BVerfGE 49, 304, 318). Eine Auslegung contra legem bedeutet daher „einen verfassungsrechtlich unhaltbaren Eingriff in die Kompetenz des Gesetzgebers (BVerfGE 35, 263, 280).

9. Rang- und Zeitkollisionsregeln der Rechtsquellentheorie

    a) „Lex superior derogat legi inferiori" und „Lex specialis derogat legi generali" als Rangkollisionsregeln

    b) „Lex posterior derogat legi priori" und „Lex posterior generalis non derogat legi speciali priori" als Zeitkollisionsregeln

Fall 8

Auslegung von verfälschten Willenserklärungen

A bestellt in einem Restaurant das Menü I, dessen Preis auf der Speisekarte, die ihm R überreicht, mit 38,- EUR angegeben ist. R hatte als Preis für das Menü I eigentlich 88,- EUR auf die Karte geschrieben; ein Gast, dem R die Karte zuvor überreicht hatte, hatte indes – von R unbemerkt – in unauffälliger Weise den Preis in 38,- EUR verändert. Bei seiner Bestellung verwendet A die Worte: „Bringen Sie mir bitte das Menü I". Als A nach dem Essen eine Rechnung über 88,- EUR erhält, ist er empört. Er will nur 38,- EUR bezahlen, da er das Menü I bei einem höheren Preis nicht bestellt hätte. Ist ein Vertrag zwischen A und R zustandegekommen; wenn ja, zu welchem Inhalt?[1]

---

[1] Fall nach *Ihering*, Zivilrechtsfälle ohne Entscheidungen, 1888, Nr. 49 II; siehe auch *Medicus*, Rn. 324 ff.

Lösung Fall 8

A. Anspruch des R gegen A auf Zahlung von 88,- EUR

R hat gegen A einen Anspruch auf Zahlung von 88,- EUR, wenn ein entsprechender Bewirtungsvertrag wirksam zustande gekommen ist.[2]

I.   Zustandekommen des Vertrages durch Angebot und Annahme

Nach den §§ 145 ff. BGB kommt ein Vertrag durch Angebot und Annahme zustande.[3]

1.   Angebot des R durch Auslegen der Speisekarte

Ein Angebot könnte in dem Auslegen der Speisekarte durch R gesehen werden. Ein Vertragsangebot ist eine empfangsbedürftige Willenserklärung, durch die ein Vertragsschluss dem anderen Teil in der Art angetragen wird, dass das Zustandekommen des Vertrages grundsätzlich nur noch von dessen Einverständnis abhängt. Demgegenüber liegt eine bloße invitatio ad offerendum vor, wenn die Erklärung als Aufforderung an andere Personen zu verstehen ist, Angebote abzugeben. Die rechtliche Einordnung des Verhaltens bestimmt sich nach den §§ 133, 157 BGB. Entscheidend ist die Sicht eines verobjektivierten Erklärungsempfängers, also weder der tatsächliche Wille des Erklärenden noch das tatsächliche Verständnis

---

[2] Bei einem Bewirtungsvertrag (oder Gastaufnahmevertrag) handelt es sich um einen gemischten Vertrag, bei dem sich die von einer Partei geschuldete Hauptleistung (vorliegend vom Gastwirt) aus mehreren Bestandteilen zusammensetzt. Der Bewirtungsvertrag enthält Elemente des Werklieferungsvertrags (§ 651 BGB, bezüglich des zubereiteten Essens), des Kaufvertrags (§ 433 BGB, z. B. bezüglich der Getränke), des Mietvertrags (§ 535 BGB, bzgl. des benutzten Tisches), des Dienstvertrags (§ 611 BGB, bezüglich der Bedienung) und u. U. auch des Verwahrungsvertrags (§ 688 BGB, bezüglich der Garderobe); vgl. *Ramrath*, AcP 189 (1989), 559, 562. Da keiner der Vertragsbestandteile den Schwerpunkt ausmacht, ist der Bewirtungsvertrag grundsätzlich als Typenkombinationsvertrag einzustufen. Der Gast will die Speisen und Getränke in der Gaststätte verzehren und sich des Services des Personals bedienen (etwas anders gilt ggf. für Fast-Food-Restaurants). In diesem Fall sind i. S. der Kombinationstheorie auf jede der Hauptleistungen die Vorschriften des spezifischen Vertragstyps anwendbar. Liegt der Schwerpunkt des Vertrages demgegenüber auf einer Leistung, werden die anderen Vertragsbestandteile durch den die Hauptleistung betreffenden Vertragstyp absorbiert (Absorptionstheorie). Siehe zur rechtlichen Behandlung *Ramrath*, AcP 189 (1989), 560 ff.; Staudinger/*Werner* (2006), Vor §§ 701 ff. BGB Rn. 12; MünchKomm-BGB/*Emmerich*, 5. Aufl. 2007, § 311 BGB Rn. 46 ff.; vgl. auch noch Fall 22.

[3] Aufbauhinweis: Der Schwerpunkt des vorliegenden Falles liegt in der Auslegung der Willenserklärung des Gastes A. Da insoweit die unterschiedlichsten Ansichten vertreten werden, ist es in der Klausur empfehlenswert, den Inhalt der Willenserklärungen erst im Anschluss an die Bestimmung von Angebot und Annahme zu ermitteln.

des Erklärungsempfängers, sondern das Verständnis des Erklärungsempfängers unter Berücksichtigung aller Verständnismöglichkeiten und der für die Auslegung relevanten Umstände.[4]

Ein objektiver Erklärungsempfänger in der Person des A muss das Verhalten des R hiernach nicht als Willenserklärung, sondern als invitatio ad offerendum ohne Rechtsbindungswillen werten. R wendet sich mit der Speisekarte an ein breiteres Publikum. Er muss sich deshalb vorbehalten, vor Vertragsschluss die eigene Leistungsfähigkeit sowie die Solvenz zu überprüfen.[5] Im Auslegen der Speisekarte liegt also kein Angebot des Wirtes.

2.   Angebot des A durch Aufgabe der Bestellung

A hat bei R das Menü I bestellt. Hierin liegt aus Sicht eines objektiven Erklärungsempfängers in der Situation des R ein Antrag auf Abschluss eines entsprechenden Bewirtungsvertrages. Zum Inhalt des Antrages siehe noch im Folgenden.

3.   Annahme des Angebots des A durch R

R könnte das Angebot des A durch schlüssiges Verhalten angenommen haben, indem er A das Menü I geliefert hat. Dann müssen sich A und R über die wesentlichen Vertragsbestandteile geeinigt haben. Das Gesetz enthält keine ausdrückliche Regelung über den Konsens; aus § 150 II BGB ergibt sich jedoch, dass nur eine solche Willenserklärung als Annahme gilt, die gegenüber dem Antrag keine Erweiterungen, Einschränkungen oder sonstige Änderungen enthält.[6] Die Parteien eines Vertrages müssen sich also zumindest über die essentialia negotii einig sein, für die das Gesetz keine dispositiven Regelungen bereit hält, die im Falle der Nichteinigung greifen sollen. Hierzu gehören im vorliegenden Fall – neben den Vertragsparteien – der Gegenstand der von R zu erbringenden Leistungen und die Höhe des von A zu zahlenden Entgelts.

II.   Inhalt der Willenserklärungen

Der tatsächliche Wille von A und R stimmte nicht überein: A wollte das Menü I für 38,- EUR bestellen, wohingegen der Geschäftswille des R eine Annahme zu 88,- EUR beinhaltete. Die Willenserklärungen von A und R sind deshalb gemäß den §§ 133, 157 BGB aus dem objektiven Verständnishorizont des jeweiligen Erklärungsempfängers auszulegen: hiernach bezog sich die Annahmeerklärung des R nach dem Empfängerhorizont des A auf den niedrigen Preis von 38,- EUR, da A davon ausgehen musste, dass sich die Annahmeerklärung des R auf den Inhalt von dessen Speisekarte bezog. Bei der Bestimmung des Inhalts des Angebots von A sind demgegenüber verschiedene Deutungen möglich:

---

[4] *Bork*, Rn. 527.

[5] *Larenz/Wolf*, § 29 Rn. 20.

[6] *Medicus*, Rn. 430.

1.   Dissens im Hinblick auf die Gegenleistung des A

Nach einer Ansicht ergibt eine Auslegung des Angebots des A aus Sicht eines verständigen Erklärungsempfängers in der Situation des R, dass sich A und R nicht über die essentialia negotii eines Bewirtungsvertrages geeinigt haben, weshalb das Vertragsverhältnis nach Bereicherungsrecht (§§ 812 I 1 Fall 1, 818 II, III BGB) rückabgewickelt werden muss.[7] Während sich die Annahmeerklärung des R nach dem verobjektivierten Empfängerhorizont des A auf 38,- EUR bezogen habe, sei das Angebot des A aus Sicht eines verobjektivierten Empfängers in der Situation des R dahingehend auszulegen, dass A das Menü I für 88,- EUR bestellte. A habe das Menü I unter Bezugnahme auf die Speisekarte geordert; dieses war in der Speisekarte jedoch regulär für 88,- EUR ausgepreist. R habe weder Kenntnis von der verfälschten Speisekarte gehabt, noch sei ihm ein Verstoß gegen die gebotene Auslegungssorgfalt[8] vorzuwerfen, da er die Verfälschung nach den ihm zumutbaren Erkenntnis- und Verständigungsmöglichkeiten nicht erkennen konnte. Einen Wirt treffe keine Organisationspflicht, Speisekarten vor Gebrauch daraufhin zu überprüfen, ob diese von Gästen verfälscht worden sind.[9] Da weder der wirkliche noch der normative Wille von A und R übereinstimmten, sei die vertragliche Einigung gescheitert.[10]

Diese Auffassung ist nicht überzeugend. Die verfälschte Speisekarte des R enthält aus Sicht eines verobjektivierten Erklärungsempfängers eine Aufforderung zur Abgabe von Angeboten für das Menü I zu einer Gegenleistung von 38,- EUR. Die Einigung scheitert nach der vorstehend geschilderten Sichtweise lediglich daran, dass die Willenserklärung des A aus Sicht eines verobjektivierten Empfängers in der Person des R nicht auf 38,- EUR, sondern auf 88,- EUR lautet. Eine derartige Auslegung des Angebots des A wird jedoch dem Umstand nicht ausreichend gerecht, dass der Inhalt der Willenserklärung des A – was dem R eindeutig war – durch die ihm konkret vorliegende Speisekarte bestimmt wird. Auch war die Willenserklärung des R auf die Zustimmung zum Angebot des A beschränkt; in einem solchen Fall übernimmt die Annahme jedoch nach allgemeinen Auslegungsgrundsätzen den Sinn des Angebots.[11] Siehe hierzu noch unter 3.

---

[7]   Vgl. MünchKommBGB/*Kramer*, 5. Aufl. 2006, § 155 BGB Rn. 11; *Lobinger*, Rechtsgeschäftliche Verpflichtung und autonome Bindung, 1999, S. 213 ff.

[8]   *Larenz/Wolf*, § 28 Rn. 16.

[9]   *Medicus*, Rn. 325.

[10]   Beachte: Da sich die Nichteinigung auf einen wesentlichen Vertragsbestandteil bezieht, greift die Auslegungsregel des § 155 BGB nicht ein, da diese voraussetzt, dass der Vertrag ohne die nämliche Regelung gelten kann.

[11]   *Flume*, S. 620: „Hat der Antragsempfänger jedoch die Erklärung in einem anderen Sinne verstanden, als der Offerent sie gemeint hat, so ist nach den Grundsätzen der normativen Auslegung festzustellen, welchen Sinn die Offerte hatte. Die Zustimmungserklärung, die keinen eigenen Inhalt hat, sondern sich auf die bloße Zustimmung beschränkt, übernimmt in diesem Fall den Sinn der Offerte"; ebenso *Wieser*, AcP 184 (1984), 40, 44.

2. Einschränkung der Ausdruckssorgfalt des A durch Zurechnungs- und Vertrauensschutzaspekte

Nach einer zweiten Ansicht stammt die verfälschte Speisekarte aus der Sphäre des R, weshalb die Verfälschung bei der Bestimmung des Inhalts der Willenserklärungen dem R und nicht dem A zuzurechnen sein soll.[12] Zwar müsse sich R das Fehlverhalten des Gastes, der den Inhalt der Speisekarte verfälscht hat, nicht gemäß § 278 BGB zurechnen lassen. Auch könne man den Sachverhalt nicht über die Grundsätze des Verschuldens bei Vertragsverhandlungen gemäß §§ 280 I, 311 II und III, 241 II BGB lösen, da einen Wirt keine vorvertragliche Organisationspflicht treffe, seine Speisekarten nach verfälschten Exemplaren durchzusehen. Bei der Auslegung der Willenserklärung des A müssten jedoch zu seinen Gunsten solche Umstände außer Betracht bleiben, die A nicht erkennen konnte und die eher in die Sphäre des R gehörten, auch wenn der R sie nicht nach den §§ 276 ff. BGB zu vertreten habe. Zu demselben Ergebnis gelangt eine dritte Ansicht, die die Verantwortlichkeit des R aufgrund des Vertrauens des Rechtsverkehrs in den Inhalt seiner Speisekarten herleitet.[13]

Bejaht man mit den vorstehend geschilderten Begründungsansätzen eine Zurechnung des Inhalts der verfälschten Speisekarte zu R, ist ein Vertrag zwischen A und R über das Menü I zu 38,- EUR zustandegekommen. Die Willenserklärung des A ist aus Sicht des R mit dem Inhalt 38,- EUR zu verstehen; diese Erklärung hat R aus der Sicht eines objektiven Erklärungsempfängers in der Person des A angenommen, wobei auf Seiten des A nur diejenigen Umstände zu berücksichtigen sind, die A auch erkennen konnte. Im Ergebnis geht es also um eine Art Gleichbehandlung des Erklärenden mit dem Erklärungsempfänger[14]: auch dem Erklärenden soll eine Auslegung nur insoweit als eigene zugerechnet werden, als er ihre objektive Bedeutung bei gehöriger Sorgfalt erkennen konnte.

Gegen diese Sichtweise lässt sich anführen, dass das Merkmal der besonderen Zurechenbarkeit der Willenserklärung der in den §§ 119, 122 BGB getroffenen gesetzlichen Wertentscheidung widerspricht.[15] Die Verantwortung für die objektive Bedeutung der eigenen Erklärung ist nämlich inhaltlich gleichbedeutend mit der Verantwortung für Willensmängel; diese unterscheidet sich jedoch von der Verantwortung des Erklärungsempfängers für die zutreffende Auslegung einer fremden Willenserklärung. Anders als der Erklärungsempfänger braucht der Erklärende die erkennbare Bedeutung seiner Erklärung nicht gegen sich gelten zu lassen, sondern kann nach § 119 I BGB wegen Inhaltsirrtums anfechten.[16] Insofern

---

[12]   *Medicus*, Rn. 325 f., unter Berufung auf *Flume*, S. 311 f.
[13]   So allgemein *Canaris*, Die Vertrauenshaftung im deutschen Privatrecht, 1971, S. 343 ff. (auch Fn. 43): Lösung über die Grundsätze der Rechtsgeschäftslehre führen zu keinem befriedigenden Ergebnis, deshalb Heranziehung der Grundsätze der Vertrauenshaftung mit der entscheidenden Frage, ob ein Vertrauenstatbestand zurechenbar ist.
[14]   *Larenz*, Die Methode der Auslegung des Rechtsgeschäfts, 1966, S. 72 ff.
[15]   *Singer*, AcP 201 (2001), 93, 97.
[16]   Siehe auch *Larenz/Wolf*, § 28 Rn. 28.

trifft ihn allerdings eine Haftung auf Schadensersatz nach § 122 BGB, die zum Ausgleich der widerstreitenden Interessen sachgerecht ist. Es entspricht deshalb nicht der Systematik des Gesetzes, dem Erklärenden – ebenso wie dem Erklärungsempfänger – nur diejenige objektive Bedeutung der Erklärung zuzurechnen, die er bei gehöriger Sorgfalt erkennen konnte. Im vorliegenden Fall ist ein derartiges Zurechnungserfordernis auch entbehrlich, weil sich eine sachgerechte Lösung über die anerkannten Grundsätze der Auslegung von Willenserklärungen an Hand der erklärungsbezogenen Gesamtumstände erzielen lässt.

3. Auslegung der Willenserklärung des A anhand ihres objektiven Bezugsrahmens

Nach vorzugswürdiger Ansicht ist der Inhalt der Willenserklärung des A unter Berücksichtigung der ihm konkret vorliegenden Speisekarte zu bestimmen.[17] Zur Auslegung einer Willenserklärung können grundsätzlich alle erklärungsrelevanten Umstände herangezogen werden.[18] Als derartig sinngebende Umstände kommen z. B. Vorverhandlungen zwischen den Parteien in Betracht.[19] Als erklärungsrelevanter Umstand ist auch die verfälschte Speisekarte anzusehen; der Sinn der Willenserklärung des A („Ich hätte gern das Menü I") ergibt sich nämlich erst unter Heranziehung der vor ihm liegenden Speisekarte. Dass es sich bei der Speisekarte nicht um ein Vertragsangebot, sondern um eine invitatio ad offerendum des R handelt, ist im Hinblick auf die Auslegung der Willenserklärung des A unerheblich. Ebenso wie im Fall der Annahme eines Vertragsangebots durch ein einfaches „Ja", wo hinsichtlich des Inhalts des Vertrages allein auf den normativen Inhalt des Angebots abzustellen ist, bestimmt sich der Inhalt eines Angebots, welches auf eine vorangegangene invitatio ad offerendum Bezug nimmt, nach dem normativen Inhalt der invitatio ad offerendum, sofern es dem Empfänger des Angebots – wie vorliegend – eindeutig ist, dass der Antragende seinen Willen auf dieser Grundlage gebildet hat.[20]

---

[17] *Wieser*, AcP 184 (1984), 40, 43 f.; *Singer*, AcP 201 (2001), 93, 97; Staudinger/*Singer* (2004), § 133 BGB Rn. 20 ff.

[18] *Larenz/Wolf*, § 28 Rn. 42.

[19] BAG, AP BGB § 620 Hochschule Nr. 6.

[20] So zutreffend Staudinger/*Singer* (2004), § 133 BGB Rn. 20. Ist dem Erklärungsempfänger nicht ersichtlich, auf welcher Grundlage der Willen des Antragenden gebildet wurde, bestimmt sich der Inhalt des Vertrages gleichwohl nach dem Inhalt der invitatio ad offerendum, wenn ihr fehlerhafter Inhalt dem Erklärungsempfänger im Einzelfall zuzurechnen ist. So wird der Inhalt eines Vertrages im elektronischen Geschäftsverkehr von dem Text der invitatio des Bestellers auf seiner Homepage geprägt, wenn diese einen Fehler enthält (z. B. der Preis zu niedrig ist), welcher dem Besteller aufgrund eines Softwarefehlers zuzurechnen ist, sofern ein Kunde die Waren unter Bezugnahme auf die invitatio bestellt und der Betreiber eine automatisierte Eingangsbestätigung übersendet, vgl. BGH, NJW 2005, 976. Siehe auch OLG Frankfurt/Main, MMR 2003, 405 ff. mit krit. Anm. *Lorenz* (im Internet unter www.lrz-muenchen.de).

Für diese Sichtweise spricht des weiteren, dass R das Angebot des A – welches sich für ihn ersichtlich auf die dem A konkret vorliegende Speisekarte bezogen hat – nicht ausdrücklich, sondern konkludent durch Erbringung der von ihm geschuldeten Leistungen (Gebrauchsüberlassung der Räumlichkeiten, des Mobiliars und Besteckes, Kochen und Servieren der Speisen, Verwahren etwaiger Kleidungsstücke des A) angenommen hat. In diesem Fall übernimmt seine Annahmeerklärung regelmäßig den Sinn des Angebots. Es gilt insoweit nichts anderes als in sonstigen Fällen, in denen sich der Erklärende auf eine Erklärung des anderen Teils bezieht, sei es, dass er einen Vertragsantrag des anderen Teils annimmt, sei es, dass er eine Aufforderung des anderen Teils mit einem Vertragsantrag beantwortet.[21] R würde sich ansonsten nicht nur seiner Verantwortung für seine eigene Erklärung auf einer anderen Ebene – der Auslegung der fremden Erklärung des A – entziehen, sondern auch derjenigen für den objektiven Bezugsrahmen, in dem die Willenserklärung des A steht, vorliegend also für den Inhalt der (verfälschten) Speisekarte.[22]

Das hier vertretene Ergebnis ist auch sachgerecht, da R das Risiko einer Verfälschung eher beherrschen kann als A, z. B. durch die Anweisung an das Verkaufspersonal, aufwendig gestaltete Karten unmittelbar nach der Bestellung durch den Gast wieder einzusammeln, um dadurch das Entwendungs- und Verfälschungsrisiko zu minimieren.[23] Im Unterschied zur unter 2. geschilderten Auffassung kommt es nach dieser Lösung lediglich für die Schadensersatzhaftung des R nach den §§ 119, 122 BGB darauf an, ob die Speisekarte aus seiner Sphäre stammt.[24]

B.   Gesamtergebnis Fall 8

Zwischen R und A kam – vorbehaltlich einer Anfechtung des R gemäß § 119 I BGB, über die dem Sachverhalt keine Aussage zu entnehmen ist[25] – ein Vertrag über das Menü I für 38,- EUR zustande.

---

[21]   *Wieser*, AcP 184 (1984), 40, 44.

[22]   So überzeugend *Singer*, AcP 201 (2001), 93, 97.

[23]   Staudinger/*Singer* (2004), § 133 BGB Rn. 22.

[24]   Staudinger/*Singer* (2004), § 133 BGB Rn. 22.

[25]   Ein Recht zur Anfechtung des R bestünde nach § 119 I BGB, da der Preis des Essens vorliegend zum Inhalt der (durch Berücksichtigung der Erklärungsumstände ausgelegten) Willenserklärung des R gehört (Irrtum in der Erklärungshandlung) und die normative Erklärungsbedeutung vom Erklärungswillen abweicht [Staudinger/*Singer*, (2004), § 119 BGB Rn. 38]. Im Falle einer Rückabwicklung ist u. a. die Höhe der Bereicherung problematisch: Da A das Essen nicht mehr herausgeben kann, schuldet er Wertersatz nach § 818 II BGB. Mit der h. A. bestimmt sich dieser nach dem objektiven Verkehrswert, vorliegend nach dem Wert des Essens in Höhe von 88,- EUR, also weder nach dem Preis, den A zahlen wollte, noch nach den Kosten des R für die Erstellung des Essens (vgl. MünchKommBGB/*Schwab*, 5. Aufl. 2009, § 818 BGB Rn. 75 f.). Darüber hinaus ist zu klären, ob die Bereicherung des A weggefallen ist. Nach dem Sachverhalt ist davon auszugehen, dass A ein Menü zu 88,- EUR nicht bestellt hätte. Die Bereicherung wurde ihm deshalb „aufgedrängt"; hier erscheint es überzeugend, die Höhe des Kondiktionsanspruchs im Rahmen des § 818 III BGB nach dem subjektiven Nutzen des Empfängers zu bestimmen (MünchKommBGB/*Schwab*, a. a. O. Rn. 202; sehr streitig).

Merke

Zur Auslegung einer Willenserklärung können grundsätzlich alle erklärungsrelevanten Umstände herangezogen werden. Bestellt ein Gast in einem Restaurant ein
Menü unter Bezugnahme auf die vor ihm liegende Speisekarte als invitatio ad
offerendum, ist diese zur näheren Konkretisierung des Inhalts der Bestellung heranzuziehen. Ebenso wie bei einer Annahmeerklärung durch ein einfaches „Ja",
wo hinsichtlich des Inhalts des Vertrages auf den normativen Inhalt des Angebots
abzustellen ist, bestimmt sich der Inhalt eines Angebots, welches auf eine vorangegangene invitatio ad offerendum Bezug nimmt, nach dem Inhalt der invitatio ad
offerendum, sofern dem Empfänger des Angebots eindeutig ist, dass der Antragende seinen Willen auf der Grundlage der invitatio ad offerendum gebildet hat.
Ein Gastwirt hat daher das Risiko einer Verfälschung der Speisekarte im Rahmen
der Auslegung der Willenserklärung zu tragen.

Fall 9

Zusendung unbestellter Waren

Buchhändler A übersendet dem B ohne Bestellung an dessen Privatanschrift ein Kochbuch im Wert von 50,- EUR. In dem beigefügten Schreiben heißt es, das Angebot sei so günstig, dass A davon ausgehe, B werde das Buch behalten und bezahlen, wenn B es nicht innerhalb von 3 Wochen an A zurückschicke. B empfindet die Kontaktaufnahme des A als unseriös; nachdem er das Buch 4 Wochen aufbewahrt hat, wirft er es deshalb weg. Kurz darauf verlangt A von B die Bezahlung des Buches, jedenfalls Schadensersatz. Zu Recht?

Lösung Fall 9

A.   Anspruch des A gegen B auf Zahlung des Kaufpreises

A könnte gegen B einen Anspruch auf Zahlung des Kaufpreises für das Buch aus einem Kaufvertrag i. V. mit § 433 II BGB haben.

I.   Antrag des A

Ein Antrag des A gemäß § 145 BGB liegt in der Zusendung des Buches an B. Das Schreiben ist hinreichend bestimmt, da es – zusätzlich zu den Parteien des Vertrages – mit Kaufgegenstand und Kaufpreis die essentialia negotii eines Kaufvertrages enthält.[1] B kann den Antrag somit nur noch mit „Ja" annehmen. Die subjektiven Merkmale einer Willenserklärung liegen vor; A handelte mit Geschäftswillen. Die Willenserklärung des A ist dem B zugegangen und deshalb nach § 130 I 1 BGB wirksam geworden.[2]

II.   Annahme des B

1.   Konkludente Annahmeerklärung

a)   Allgemeine Rechtsgeschäftslehre

Ein Vertragsschluss zwischen A und B setzt eine Annahme des B voraus.[3] B hat das Angebot des A nicht ausdrücklich durch eine schriftliche oder mündliche Willenserklärung angenommen. B könnte das Angebot des A jedoch durch schlüssiges (konkludentes) Verhalten angenommen haben. Unter einer konkludenten Willenserklärung ist ein Verhalten zu verstehen, das zwar für sich allein keinen unmittelbaren Erklärungsgehalt hat, jedoch unter Berücksichtigung der Begleitumstände einen bestimmten Geschäftswillen zum Ausdruck bringt.[4] Das Verhalten des B müsste hiernach aus Sicht eines verständigen Erklärungsempfängers[5] nach §§ 133, 157 BGB den Erklärungsinhalt haben, dass B den Antrag des A annehmen will. B hat das Buch weder geöffnet noch in Gebrauch genommen, z. B. durch das

---

[1]   *Medicus*, Rn. 431.

[2]   Nach h. A. ändert die Wettbewerbswidrigkeit eines Verhaltens nichts an seiner zivilrechtlichen Bewertung als Angebot (Bamberger/Roth/*Eckert*, § 145 BGB Rn. 44), da es dem Adressaten auch dann offen steht, den Antrag anzunehmen.

[3]   Beachte: § 241a BGB gilt nur für Vertragsschlüsse zwischen zusendendem Unternehmer und empfangendem Verbraucher; für alle anderen Konstellationen greifen die allgemeinen Grundsätze der Rechtsgeschäftslehre.

[4]   *Medicus*, Rn 333 ff.

[5]   Die Annahmeerklärung ist empfangsbedürftig i. S. von § 130 I BGB, d. h. sie muss dem Unternehmer zugehen. Es ist insoweit streitig, ob hierfür § 151 BGB gilt.

Schreiben seines Namens in den Buchdeckel.[6] Eine konkludente Annahmeerklärung könnte deshalb lediglich im Aufbewahren des Buches bzw. im Unterlassen der Rücksendung oder in dem Wegwerfen gesehen werden. Dann müsste hierin für einen verständigen Erklärungsempfänger eine Aneignungshandlung zu sehen sein. Nach überzeugender Ansicht liegt im Aufbewahren von unbestellten Waren ohne Rücksendung noch keine Aneignungshandlung.[7] Etwas anderes könnte allenfalls für das Wegwerfen des Buches gelten, sofern man hierin in extensiver Auslegung ein „Verbrauchen" sehen wollte; ein Wegwerfen ist jedoch nur dann eine Aneignung, wenn der Handelnde sich vorher den wirtschaftlichen Wert der Sache angeeignet hat. Der Handelnde verletzt ansonsten – sofern er nicht durch § 241a BGB geschützt wird, dazu sogleich unter b) – allenfalls eine vorvertragliche Nebenpflicht[8]; sein Vermögen wird durch das Wegwerfen nicht vermehrt.[9] B hat das Angebot des A somit weder ausdrücklich noch konkludent angenommen.

b) Bestätigung des Ergebnisses durch § 241a BGB

Bei einem Verbrauchervertrag wird das vorstehend erzielte Ergebnis durch § 241a BGB bestätigt. Nach § 241a I BGB wird durch die Lieferung unbestellter Sachen durch einen Unternehmer an einen Verbraucher kein Anspruch gegen den Verbraucher begründet. Die Vorschrift will Verbraucher vor belästigenden und unlauteren Marketingmethoden, insbesondere vor „anreißerischer Werbung" schützen.[10] Darüber hinaus dient § 241a BGB wettbewerbspolitischen Zwecken, indem das wettbewerbsrechtliche Verbot der Zusendung unbestellter Ware gemäß § 3 III i. V. mit Anhang Nr. 29 UWG durch privatrechtliche Sanktionen unterstützt wird.[11]

A ist Unternehmer i. S. von § 14 BGB, B bei der gebotenen fiktiven Betrachtung[12] Verbraucher gemäß § 13 BGB (Zusendung an die Privatadresse), weshalb

---

[6] Vgl. *Armbrüster*, Fall 480.

[7] *Larenz/Wolf*, § 29 Rn. 66.

[8] So trifft den Warenempfänger außerhalb des Anwendungsbereichs von § 241a BGB nach h. A. zwar keine Pflicht zur Rücksendung, aber zur Aufbewahrung der Sache, vgl. MünchKommBGB/*Kramer*, 5. Aufl. 2006, § 241a BGB Rn. 23. Nach a. A. dürfen unbestellt übersandte Waren weggeworfen werden, da es sich um einen rechtswidrigen Eingriff in die geschützte Individualsphäre des Eigentümers handele (Jauernig/*Jauernig*, 13. Aufl. 2009, § 145 BGB Rn. 6).

[9] So zur Absicht rechtswidriger Aneignung BGH, NJW 1977, 1460, 1461; von Heintschel-Heinegg/*Wittig*, § 242 BGB Rn. 35.1.

[10] *Lorenz*, JuS 2000, 833, 840.

[11] Erman/*Saenger*, 12. Aufl. 2008, § 241a BGB Rn. 1a.

[12] Verbraucher i. S. von § 13 BGB ist nach allgemeinen Grundsätzen nur, wer 1. als natürliche Person 2. ein Rechtsgeschäft zu einem Zwecke abschließt, der weder seiner gewerblichen noch seiner selbständigen beruflichen Tätigkeit zugerechnet werden kann. Letzteres ist im Fall von § 241a BGB regelmäßig nicht gegeben, da die Leistung an einen lediglich passiven Empfänger erbracht wird, der sich über diese keinerlei Vorstellungen macht. Aus diesem Grunde ist bei § 241a BGB nach h. A. eine fiktive Verbrauchereigenschaft

der persönliche Anwendungsbereich des § 241a I BGB eröffnet ist. A hat dem B das Buch auch „geliefert", da er ihm – als Spezialfall der Leistungserbringung[13] – den Besitz an dem Buch verschafft hat.[14] Dies erfolgte ohne vorherige Bestellung des B.[15]

Die Rechtsfolgen eines Verstoßes gegen § 241a I BGB sind streitig: Nach h. A. kommt § 241a I BGB über die allgemeinen Grundsätze der Rechtsgeschäftslehre hinaus konstitutive Bedeutung zu. Da die Vorschrift nach ihrem Zweck alle vertraglichen Ansprüche des Unternehmers gegen den Verbraucher ausschließe, könne ein konkludentes Verhalten des Verbrauchers – vorliegend des B – regelmäßig nicht als Annahme gewertet werden.[16] Im Rahmen von § 241a BGB könne ein Vertrag vielmehr nur durch eine ausdrückliche Annahmeerklärung oder durch Zahlung des Entgelts zustande kommen.[17] Nach vorzugswürdiger Ansicht weicht § 241a I BGB im Ausgangspunkt nicht von den Grundsätzen der Rechtsgeschäftslehre ab.[18] Trotz § 241a I BGB ist deshalb eine Annahme des Vertragsangebots durch ausdrückliche Willenserklärung oder durch Bezahlung des Kaufpreises möglich.[19]

---

entscheidend: Welchem Zweck würde das Rechtsgeschäft dienen, wenn der Verbraucher einen entsprechenden Vertrag abgeschlossen hätte? Siehe dazu MünchKommBGB/*Kramer*, 5. Aufl. 2006, § 241a BGB Rn. 4; Erman/*Saenger*, 12. Aufl. 2008, § 241a BGB Rn. 4. Standardbeispiel für das Nichtvorliegen eines Verbrauchervertrages: Fachbuchsendung an einen Rechtsanwalt.

[13] Das Merkmal der Erbringung von Dienstleistungen ist bei § 241a BGB grundsätzlich weit auszulegen, weshalb theoretisch auch Leistungen umfasst sein könnten, die mit keinem Angebot auf Abschluss eines Vertrages verbunden sind. Dies führt zu Abgrenzungsschwierigkeiten bei den sog. Nothelferfällen (Erman/*Saenger*, 12. Aufl. 2008, § 241a BGB Rn. 25). Siehe zur Abgrenzung von § 241a BGB zur uneigennützigen GoA durch professionelle Helfer *Hau*, NJW 2001, 2863 (unter Verweis auf die gewerbliche Erbensuche). Hiernach setzt § 241a BGB in der Fallgestaltung der „Erbringung unbestellter sonstiger Leistungen" voraus, dass der Unternehmer zum Zwecke der Anbahnung eines Vertrages tätig wird (teleologische Reduktion).

[14] *Casper*, ZIP 2000, 1602, 1604; siehe zum Besitz des Verbrauchers noch unten.

[15] Eine Bestellung setzt ein aktives Verhalten des Verbrauchers voraus, mit dem die konkrete Leistung veranlasst worden ist (Bamberger/Roth/*Sutschet*, § 241a BGB Rn. 5). Unbestellt sind Waren auch dann, wenn andere als die bestellten Waren geliefert werden (vgl. § 241a III BGB), da auch diese dem Verbraucher ohne eine ihm zurechenbare Aufforderung zugehen (MünchKommBGB/*Kramer*, 5. Aufl. 2006, § 241a BGB Rn. 27 ff.).

[16] MünchKommBGB/*Kramer*, 5. Aufl. 2006, § 241a BGB Rn. 3. Auch ein Bezahlen der Ware soll nach einer Ansicht nur dann als Annahmeerklärung zu werten sein, wenn der Verbraucher dies in Kenntnis seiner Rechte aus § 241a BGB vornimmt, vgl. Bamberger/Roth/*Sutschet*, § 241a BGB Rn. 9.

[17] *Leipold*, § 14 Rn. 25.

[18] Dies folgt nicht nur aus der systematischen Stellung der Norm im allgemeinen Schuldrecht, sondern auch aus ihrem Wortlaut, wonach lediglich Ansprüche „durch die Lieferung", nicht jedoch solche ausgeschlossen sein sollen, die erst nach der Lieferung durch Annahme des Angebots begründet werden, vgl. *Riehm*, Jura 2000, 505, 512 f.

[19] *Larenz/Wolf*, § 29 Rn. 68.

§ 241a I BGB führt lediglich insoweit zu einer Modifikation der allgemeinen Grundsätze der Rechtsgeschäftslehre, als in einem bloßen Benutzen der Ware keine konkludente Annahmehandlung zu sehen ist; der Wille zum Vertragsschluss muss vielmehr anhand weiterer Handlungen deutlich werden.[20] Vorliegend muss der Streit nicht entschieden werden, da in dem Verhalten des B auch nach den Grundsätzen der Rechtsgeschäftslehre keine konkludente Willenserklärung zu sehen ist.

c)   Zwischenergebnis

B hat den Antrag des A auf Abschluss eines Kaufvertrages über das zugesandte Buch weder durch das Aufbewahren, noch durch das Unterlassen der Rücksendung, noch durch das Wegwerfen des Buches angenommen.

2.   Annahme ohne Erklärung gegenüber dem Antragenden gemäß § 151 Satz 1 BGB

A hat dem B das Buch unter Verzicht auf eine (ausdrückliche) Annahmeerklärung gesandt. Die Annahmeerklärung des B könnte deshalb durch bloße Betätigung des Annahmewillens erfolgt sein. Unter den Voraussetzungen des § 151 Satz 1 BGB kommt ein Vertrag bereits durch die Annahme als solche zustande, d. h. durch ein als Willenserklärung zu wertendes, nach außen hervortretendes Verhalten des Angebotsempfängers, aus dem sich sein Annahmewillen unzweideutig ergibt. Mangels Erklärungsbedürftigkeit der Willenserklärung ist zur Auslegung nicht auf den Empfängerhorizont des § 157 BGB abzustellen; es kommt nach § 133 BGB vielmehr darauf an, ob aus dem Verhalten des Erklärenden vom Standpunkt eines unbeteiligten objektiven Dritten aufgrund aller äußeren Indizien auf einen wirklichen Annahmewillen geschlossen werden kann.[21]

Es ist streitig, ob § 151 BGB auf die Zusendung unbestellter Ware i. S. des § 241a BGB anwendbar ist. Während die h. A. dies verneint, da § 241a BGB den Verbraucher umfassend vor vertraglichen Ansprüchen des Unternehmers schützen wolle[22], gibt es nach einer a. A. keinen Grund, von den allgemeinen Grundsätzen der Rechtsgeschäftslehre abzuweichen.[23] Der Streit braucht vorliegend nicht entschieden zu werden; denn in dem Verhalten des A ist auch aus Sicht eines objektiven unbeteiligten Dritten keine Kundgabe des Annahmewillens zu sehen. Zwar gilt als Willensbetätigung i. S. von § 151 Satz 1 BGB grundsätzlich auch eine Aneignungs- oder Gebrauchshandlung.[24] Weder aus dem unbeachteten Liegenlassen des Buches noch aus dem Wegwerfen jedoch kann darauf geschlossen werden, dass B das Vertragsangebot des A annehmen wollte.

---

[20]   Erman/*Saenger*, 12. Aufl. 2008, § 241a BGB Rn. 15a.

[21]   BGH, NJW 1990, 1655; vgl. bereits Fall 5.

[22]   MünchKommBGB/*Kramer*, 5. Aufl. 2006, § 241a BGB Rn. 3.

[23]   *Larenz/Wolf*, § 19 Rn. 68.

[24]   MünchKommBGB/*Kramer*, 5. Aufl. 2006, § 151 BGB Rn. 55.

3.   Annahme durch Schweigen

B hat dem A nicht innerhalb der von A gesetzten 3-Wochen-Frist mitgeteilt, dass er dessen Antrag nicht annimmt. Hierin könnte eine Annahme des Angebots durch Schweigen gesehen werden. Nach dem Grundsatz der Privatautonomie hat ein bloßes Nichthandeln im Rechtsverkehr grundsätzlich keinen Erklärungswert.[25] Ausnahmsweise fingiert das Gesetz ein Schweigen als Annahmeerklärung[26]; ein derartiger Tatbestand ist vorliegend jedoch nicht gegeben. A und B haben auch nicht verabredet, dass ein Schweigen ausnahmsweise rechtsgeschäftliche Bedeutung haben soll.[27] Allerdings hat A in seinem Schreiben an B erklärt, dass er ein Schweigen des B als Annahme werten werde. Diese einseitige Erklärung macht das Schweigen des B jedoch noch nicht zu einem rechtserheblichen Tatbestand, da A nicht darauf vertrauen durfte, dass B durch das Schweigen seinen Geschäftswillen zum Ausdruck bringt, das Buch von A kaufen zu wollen.[28] Es ist mit dem Wesen der Privatautonomie nicht zu vereinbaren, wenn der Antragende über die Bedeutung eines Schweigens seines Gegenübers einseitig bestimmt.[29] Für dieses Ergebnis spricht auch die Vorschrift des § 241a I BGB, welche die Rechtsstellung des Verbrauchers bei Zusendung unbestellter Ware verbessern will, damit dieser nicht Gefahr läuft, dass ein Schweigen auf ein Angebot mit entsprechender Bestimmung doch als Annahme gedeutet wird.

III. Ergebnis

A hat keinen Anspruch gegen B auf Bezahlung des Buches aus einem Kaufvertrag.

---

[25]   *Larenz/Wolf,* § 28 Rn. 67: Entweder kann man das Schweigen als fehlende Zustimmung verstehen, oder es liegt (jedenfalls) kein Erklärungsbewusstsein vor.

[26]   *Medicus,* Rn. 387 ff.; *Bork,* Rn. 575. So bestimmt § 516 II BGB für den Fall, dass der Schenker dem Beschenkten eine Frist zur Erklärung über die Annahme gesetzt hat, dass ein Schweigen des Beschenkten mit Fristablauf als Annahme gilt. Gemäß § 362 I HGB gilt es unter bestimmten Umständen als Annahme, wenn ein Kaufmann einen Antrag nicht ausdrücklich ablehnt (oder jedenfalls sofort eine hinhaltende Antwort sendet, vgl. BGH, NJW 1984, 866). Nach den Grundsätzen des Schweigens auf ein kaufmännisches Bestätigungsschreiben können kraft Handelsbrauchs (§ 346 HGB) nicht nur Zweifel am Inhalt eines Vertrages behoben werden; vielmehr kann ein entsprechendes Schreiben ausnahmsweise auch zu einem Vertragsschluss führen, wenn der zu bestätigende Vertrag tatsächlich noch gar nicht zustande gekommen war. Hierdurch wird das Vertrauen des Absenders geschützt, mit dem unter Kaufleuten üblichen Bestätigungsschreiben das Bestehen und den Inhalt des Vertrages zutreffend wiedergegeben zu haben (*Bork,* a. a. O, Rn. 760). Siehe zum Schweigen als Willenserklärung bereits Fall 7.

[27]   Staudinger/*Singer* (2004), Vorbem zu §§ 116 – 144 BGB Rn. 61.

[28]   *Larenz/Wolf,* § 28 Rn. 71.

[29]   Staudinger/*Singer* (2004), Vorbem zu §§ 116 – 144 BGB Rn. 61.

B. Anspruch des A gegen B nach §§ 280 I, 311 II, 241 II BGB

A könnte gegen B – obwohl dessen Verhalten nach den §§ 133, 157 BGB nicht als Willenserklärung, gerichtet auf den Abschluss eines Kaufvertrages mit A, auszulegen ist – einen Schadensersatzanspruch gemäß den §§ 280 I, 311 II, 241 II BGB haben, nach § 249 I BGB gerichtet auf Ersatz des von B weggeworfenen Buches. Dann müsste ein (vorvertragliches) Schuldverhältnis zwischen A und B bestanden haben, wonach B das Buch hätte aufbewahren bzw. dem A hätte mitteilen müssen, dass er das Buch nicht behalten will. Eine derartige Erklärungspflicht wird von einer Ansicht schon deshalb verneint, weil A dem B den geschäftlichen Kontakt aufgedrängt hat.[30] Jedenfalls schließt § 241a I BGB nach seinem Schutzzweck nicht nur die primären Erfüllungsansprüche des Unternehmers gegen den Verbraucher, sondern erst recht auch Ansprüche auf Erfüllung von (vorvertraglichen) Nebenpflichten aus.[31]

C. Anspruch des A gegen B nach den §§ 990, 989 BGB

Ein Anspruch des A gegen B auf Schadensersatz wegen des Wegwerfens des Buches nach den §§ 990, 989 BGB setzt eine Vindikationslage voraus. A müsste also im Zeitpunkt des Wegwerfens Eigentümer und B unrechtmäßiger Besitzer gewesen sein. Darüber hinaus muss B die Unmöglichkeit der Herausgabe verschuldet haben und bösgläubig gewesen sein.[32]

I.   Eigentum des A

Ursprünglich war A Eigentümer des Buches. Er könnte sein Eigentum gemäß § 929 Satz 1 BGB an B verloren haben. Nach einer Ansicht ist § 241a II BGB nicht nur als Ausschluss gesetzlicher Ansprüche des Eigentümers, sondern auch als Anordnung eines gesetzlichen Eigentumsübergangs auf den Verbraucher auszulegen, da ansonsten Eigentum und Besitz dauerhaft auseinanderfielen.[33] Dagegen spricht jedoch, dass § 241a I BGB nur einen Anspruchsausschluss zwischen Eigentümer und Besitzer bewirken will; hierfür ist eine gesetzliche Eigentumsfiktion weder notwendig noch verhältnismäßig (Art. 14 GG).[34] Entscheidend ist deshalb, ob sich A und B nach allgemeinen Grundsätzen über den Eigentumsübergang geeinigt haben. A hat dem B das Buch übersandt, verbunden mit einem An-

---

[30] So zum alten Schuldrecht *Löhnig*, JA 2001, 33, 35.

[31] Erman/*Saenger*, 12. Aufl. 2008, § 241a BGB Rn. 23.

[32] Aufbauhinweis: Im Ergebnis sind sich die meisten Autoren darüber einig, dass vorliegend ein Anspruch aus EBV ausscheidet. Die Begründungen differenzieren erheblich. Im Folgenden werden nur einige der Ansichten wiedergegeben.

[33] *Riehm*, Jura 2000, 505, 512.

[34] *Deutsch*, JuS 2005, 997.

trag auf Abschluss eines Kaufvertrages. Zugleich hat A dem B ein Angebot auf Übereignung des Buches gemacht; dieses war aufschiebend bedingt durch das Zustandekommen des Kaufvertrages bzw. durch die Zahlung des Kaufpreises (§ 158 I BGB).[35] Da A und B mangels Annahmeerklärung des B keinen wirksamen Kaufvertrag geschlossen haben (siehe oben), ist die Bedingung nicht eingetreten. A ist deshalb noch Eigentümer des Buches.

II. Besitz des B

B muss des Weiteren Besitzer gewesen sein. Vorliegend könnte B den unmittelbaren Besitz an dem Buch i. S. von § 854 I BGB innegehabt haben. Nach dieser Vorschrift ist grundsätzlich derjenige Besitzer, der die tatsächliche Sachherrschaft ausübt, welche von einem Besitzwillen getragen ist. Ob jemand die tatsächliche Sachherrschaft ausübt, beurteilt sich nach der Verkehrsanschauung; entscheidend ist neben der Dauer der Beziehung zur Sache die räumliche Einwirkungsmöglichkeit. Nach einer Ansicht fehlt es an einem Besitzwillen des B, da Besitz nicht durch die ungewollte Innehabung einer Sache begründet werde[36]; verwirklicht sei deshalb kein Anspruch nach den §§ 985 ff. BGB, sondern lediglich ein Abholungsanspruch nach den §§ 867, 1005 BGB.[37] Dies kann nicht überzeugen. B übte die tatsächliche Sachherrschaft über das Buch aus, da sich dieses in seiner Wohnung befand. Darüber hinaus war die tatsächliche Sachherrschaft von einem Besitzwillen getragen; auch bei Zusendung unbestellter Waren sind Besitzwille und Besitz des Empfängers gegeben, da die Sachen entweder von ihm entgegengenommen werden oder in von ihm dafür vorgesehene Einrichtungen gelangen.[38] § 241a BGB hat keine dingliche Wirkung.[39]

III. Kein Recht zum Besitz

Ein Anspruch des A gegen B setzt weiterhin voraus, dass B im Zeitpunkt der Weggabe des Buches keine Besitzberechtigung i. S. von § 986 BGB hatte. Nach einer Ansicht hat der Verbraucher ein Recht zum Besitz analog § 986 BGB.[40] Gegen diese Sichtweise spricht jedoch, dass § 241a I BGB keine dinglichen Wirkungen entfaltet; den berechtigten Interessen des Verbrauchers kann über einen relati-

---

[35] Erman/*Saenger*, 12. Aufl. 2008, § 241a BGB Rn. 26.

[36] Bamberger/Roth/*Sutschet*, § 241a BGB Rn. 2.

[37] Zum Teil werden die §§ 987 ff. BGB auch nach § 242 BGB durch die Lehre vom „aufgedrängten Besitz" eingeschränkt; hiernach soll eine Haftung erst bei einer Herausgabeverweigerung bei einem Abholversuch greifen.

[38] Vgl. MünchKommBGB/*Joost*, 5. Aufl. 2009, § 854 BGB Rn. 10.

[39] Erman/*Saenger*, 12. Aufl. 2008, § 241a BGB Rn. 26.

[40] MünchKommBGB/*Baldus*, 5. Aufl. 2009, § 986 BGB Rn. 30.

ven Anspruchsausschluss im Verhältnis Unternehmer zum Verbraucher angemessen Rechnung getragen werden (siehe dazu sogleich unter IV.).[41]

Grundsätzlich entsteht mit Ablauf der Prüfungszeit hinsichtlich der übersandten Ware eine Vindikationslage, die erst durch einen Vertragsschluss oder durch die Herausgabe der Ware behoben wird.[42] Hieran ändert auch die Zusendung unbestellter Ware i. S. von § 241a BGB nichts; ansonsten könnte der Eigentümer selbst dann keinen Herausgabeanspruch aus § 985 BGB geltend machen, wenn der Besitzer die Sache an einen (ggf. nicht einmal in den personalen Anwendungsbereich des § 241a BGB fallenden) Dritten weitergeben würde.[43] § 241a BGB will jedoch nur den Empfänger der unbestellten Leistung schützen; nicht erfasst ist demgegenüber eine Fremdnutzung der Sache (bei Vermietung sogar noch gegen Entgelt). Die Vermietung/Verleihung einer Sache dient nicht mehr dem von § 241a BGB intendierten Schutz des Empfängers vor einer Einschränkung seiner Willensfreiheit. Folgerichtig kann der Eigentümer in einem solchen Fall nicht lediglich Herausgabe an den Verbraucher, sondern an sich verlangen.[44]

IV. Ausschluss eines Vindikationsanspruchs nach § 241a I BGB

Der Vindikationsanspruch des A könnte nach § 241a I BGB ausgeschlossen sein. Nach dieser Vorschrift werden Ansprüche des Versenders gegen den Verbraucher „nicht begründet"; im Umkehrschluss zu § 241 II BGB wird hieraus deutlich, dass der Gesetzgeber einen Anspruchsausschluss im Hinblick auf vertragliche und gesetzliche Ansprüche bezweckt.[45] Vor diesem Hintergrund ist nach h. A. auch der Vindikationsanspruch aus § 985 BGB ausgeschlossen.[46] Ein umfassender Schutz des Verbrauchers wird nach h. A. nur dadurch bewirkt, dass der Unternehmer die unverlangte Sendung nicht nach § 985 BGB herausverlangen kann. Aus diesem

---

[41] Vgl. auch *Deutsch*, JuS 2005, 997, 998.

[42] Dass der Empfänger die Ware nicht haben will, rechtfertigt keinen Ausschluss der §§ 987 ff. BGB, sondern ist im Rahmen des haftungsausfüllenden Tatbestands durch eine Haftungsmilderung zu berücksichtigen, vgl. MünchKommBGB/*Baldus*, 5. Aufl. 2009, Vor §§ 987 – 1003 BGB Rn. 17. Die dogmatische Begründung der Haftungsmilderung ist streitig: Während einige den Besitzer als redlich ansehen wollen (zweifelhaft, da er weiß, dass er die Sache herausgeben muss), wollen andere § 300 I BGB analog anwenden, wonach nur für Vorsatz und grobe Fahrlässigkeit gehaftet wird (MünchKommBGB/*Baldus*, Vor §§ 987 – 1003 BGB Rn. 17). Eine weitere Ansicht wendet im Rahmen des haftungsausfüllenden Tatbestands § 254 BGB an (*Fezer*, S. 27).

[43] Erman/*Saenger*, 12. Aufl. 2008, § 241a BGB Rn. 26.

[44] Erman/*Saenger*, 12. Aufl. 2008, § 241a BGB Rn. 32; MünchKommBGB/*Baldus*, 5. Aufl. 2009, § 986 BGB Rn. 31; a. A. Bamberger/Roth/*Sutschet*, § 241a BGB Rn. 9.

[45] *Deutsch*, JuS 2005, 987, 988. Dies lässt sich damit begründen, dass der Verbraucher den Kaufpreis nicht über den Umweg eines Schadensersatzanspruchs zahlen muss. Im Ergebnis kann sich der Verbraucher die Sache hiernach kostenlos aneignen (*Lorenz*, JuS 2000, 833, 841).

[46] Erman/*Saenger*, 12. Aufl. 2008, § 241a BGB Rn. 27.

Grunde wurde mit § 241a BGB ein Rückgabeanspruch des Unternehmers ausgeschlossen.[47] Art. 14 GG sei hierdurch nicht verletzt, da der Ausschluss des dinglichen Herausgabeanspruchs nicht direkt durch ein Gesetz, sondern durch das willentliche Zusenden der Ware ohne vorherige Bestellung bewirkt werde.[48] § 241a I BGB erscheine deshalb als Inhalts- und Schrankenbestimmung i. S. des Art. 14 I 2 GG noch als verhältnismäßig (zweifelhaft!).[49] Der Versender habe die Ware nicht nur willentlich an den Verbraucher gesandt und sich damit bewusst des Risikos ihres Verlustes ausgesetzt; der Gesetzgeber habe seine Interessen durch § 241 II BGB, wonach „Irrläufer" herausverlangt werden können, auch angemessen berücksichtigt.[50] Gegen diese Lösung könne nicht angeführt werden, dass Eigentum und Besitz dauerhaft auseinanderfielen; denn dies sei auch bei der Verjährung von Ansprüchen der Fall.[51] Schließlich führe selbst ein gegebener Anspruch aus § 985 BGB nicht zwingend zu sachgerechten Ergebnissen, da der Verbraucher – wie vorliegend der B – sich der Sache jedenfalls sanktionslos entledigen könne (siehe zum Deliktsrecht noch unter D.), weil ihn wegen § 241a BGB keine Nebenpflichten zur Aufbewahrung und Bereitstellung zur Abholung träfen.[52] Folgt man der h. A., ist der Vindikationsanspruch des A nach § 241a I BGB ausgeschlossen. Nach anderer Ansicht bedeutet ein Ausschluss von § 985 BGB eine faktische Enteignung i. S. von Art. 14 III GG, da der Unternehmer seine Eigentumsrechte dauerhaft nicht mehr geltend machen kann.

D.   Anspruch des A gegen B aus § 823 I BGB

A hat gegen B wegen der Weggabe des Buches keinen Anspruch aus § 823 I BGB, da der Anspruchsausschluss des § 241a I, II BGB auch das Deliktsrecht erfasst.[53]

E.   Anspruch des A gegen B aus §§ 812 ff. BGB

Nach einer Ansicht erfasst § 241a BGB das Bereicherungsrecht nicht; A hätte hiernach einen Anspruch gegen B auf Wertersatz gemäß §§ 812 I 1 Alt. 1, 818 II BGB.[54] Nach einer anderer Ansicht ist nur der bereicherungsrechtliche Anspruch auf Herausgabe, nicht jedoch derjenige auf Nutzungsersatz gesperrt.[55] Beide Sicht-

---

[47]   BT-Drucks 14/2658, S. 46.
[48]   Siehe dazu *Riehm*, Jura 2000, 505, 512; *Deutsch*, JuS 2005, 987, 988.
[49]   *Riehm*, Jura 2000, 505, 512; *Deckers*, NJW 2001, 1474, 1475.
[50]   Erman/*Saenger*, 12. Aufl. 2008, § 241a BGB Rn. 3.
[51]   *Lorenz*, in: Festschrift W. Lorenz, 2001, 193, 200.
[52]   *Schwarz*, NJW 2001, 1449, 1450; Erman/*Saenger*, 12. Aufl. 2008, § 241a BGB Rn. 27.
[53]   *Berger*, JuS 2001, 649, 653.
[54]   *Flume*, ZIP 2000, 1427, 1429.
[55]   *Berger*, JuS 2001, 649, 653.

weisen können auf der Grundlage der h. A. nicht überzeugen. Nach dem Schutzzweck des § 241 a BGB sind bereicherungsrechtliche Ansprüche auf Herausgabe des Besitzes ebenso wie solche auf Nutzungs- bzw. Wertersatz ausgeschlossen.[56] Eine andere Sichtweise führte vor dem Hintergrund des Ausschlusses von § 985 BGB (siehe dazu oben C.) zu sachwidrigen Ergebnissen, da der Verbraucher die Sache gleichwohl herausgeben müsste. Darüber hinaus kann ein Empfänger von Dienstleistungen nur durch einen Ausschluss von Bereicherungsansprüchen ausreichend geschützt werden.[57]

F. Gesamtergebnis Fall 9

A hat keinen Anspruch gegen B auf Zahlung des Kaufpreises für das Buch oder auf Schadens- bzw. Wertersatz, weil B das Buch weggeworfen hat.

Merke

Gemäß § 241 a BGB darf der Verbraucher unbestellt zugesandte Waren und sonstige erbrachte Leistungen eines Unternehmers unentgeltlich behalten, muss diese also weder vergüten noch zurückgeben. Der Anspruchsausschluss betrifft nicht nur vertragliche, sondern auch gesetzliche Ansprüche. Aus diesem Grunde ist nach h. A. selbst der Anspruch auf Herausgabe des Eigentums aus § 985 BGB ausgeschlossen (im Hinblick auf Art. 14 GG sehr problematisch). Nicht anwendbar ist § 241 a BGB demgegenüber auf die irrtümliche Zusendung eines aliud an den Käufer.[58]

---

[56] Erman/*Saenger*, 12. Aufl. 2008, § 241a BGB Rn. 31.
[57] Vgl. auch *Lorenz*, JuS 2000, 833, 841.
[58] Vgl. *Medicus/Petersen*, Rn. 327.

Fall 10

Abgabe und Zugang von Willenserklärungen; Schriftform; Umdeutung; Sprachbarrieren beim Empfänger als Zugangs- oder Auslegungsproblem

Arbeitgeber A aus Berlin will seinem 30 Jahre alten Arbeitnehmer B, der bei ihm seit etwas mehr als einem Jahr unbefristet beschäftigt ist, aufgrund eines – unstreitig verwirklichten – Kündigungsgrundes i. S. des KSchG zum 30. 9. 2009 ordentlich kündigen. Aus diesem Grunde wirft er am Mittwoch, den 2. 9. 2009, um 22.00 Uhr ein Kündigungsschreiben in den Briefkasten des B, wonach er diesem zum Mittwoch, den 30. 9. 2009, hilfsweise zum nächst zulässigen Zeitpunkt kündigt. Das Schreiben ist von einem Mitarbeiter des A vorgefertigt und von A eigenhändig unterschrieben. B ist zum Zeitpunkt des Einwurfs des Briefes in seinen Briefkasten bereits zu Bett gegangen, weshalb er den Brief erst am nächsten Morgen aus dem Briefkasten nimmt und liest. Ist das Arbeitsverhältnis wirksam beendet worden, und wenn ja, zu welchem Zeitpunkt?

Abwandlung 1

B versteht das in deutsch abgefasste Kündigungsschreiben des A nicht, da er trotz seines über einjährigen Aufenthalts in Deutschland nur spanisch spricht. Der Arbeitsvertrag zwischen den Parteien ist ebenso wie die sonstige Korrespondenz von A in deutscher Sprache verfasst. Geht dem B die Erklärung zu, und wenn ja, zu welchem Zeitpunkt? Rechtsfragen in Zusammenhang mit dem AGG sind nicht zu prüfen.[1]

Abwandlung 2

A gibt das Kündigungsschreiben zur Post. Es wird vom Postboten am 1. 9. 2009 in den Briefkasten des B eingeworfen. B ist – wovon A nichts weiß – einige Tage bei seinen Eltern in Bayern und nimmt deshalb vom Schreiben erst am Freitag, den 4. 9. 2009 Kenntnis. Zu welchem Zeitpunkt endet das Arbeitsverhältnis?

---

[1] Siehe zur personenbedingten Kündigung eines in Spanien geborenen und zur Schule gegangenen Arbeitnehmers, der die deutsche Sprache zwar spricht, aber nicht lesen kann, BAG, NZA 2010, 625.

Abwandlung 3

Wie ist zu entscheiden, wenn A weiß, dass B bis zum 25. 9. 2009 verreist ist, und dem B deshalb am 1. 9. 2009 kündigt, um so einen Kündigungsschutzprozess zu vermeiden?

§ 4 KSchG Anrufung des Arbeitsgerichtes

Will ein Arbeitnehmer geltend machen, dass eine Kündigung sozial ungerechtfertigt oder aus anderen Gründen rechtsunwirksam ist, so muss er innerhalb von drei Wochen nach Zugang der schriftlichen Kündigung Klage beim Arbeitsgericht auf Feststellung erheben, dass das Arbeitsverhältnis durch die Kündigung nicht aufgelöst ist. (...)

§ 7 KSchG Wirksamkeit der Kündigung

Wird die Rechtsunwirksamkeit einer Kündigung nicht rechtzeitig geltend gemacht (§ 4 Satz 1 ...), so gilt die Kündigung als von Anfang an rechtswirksam (...).

Abwandlung 4

Wie ist zu entscheiden, wenn A dem B durch Übergabeeinschreiben kündigt, der Postbote den B am Morgen des 1. 9. 2009 jedoch nicht persönlich antrifft, weshalb er ihm einen Benachrichtigungszettel in den Briefkasten wirft, B das Schreiben aber bewusst nicht abholt, weil er mit einer Kündigung rechnet? Ändert sich an der Beurteilung etwas, wenn B das Kündigungsschreiben versehentlich mit der Werbepost wegwirft?

Abwandlung 5

Wie ist zu entscheiden, wenn A und B in dem von A vorformulierten Arbeitsvertrag vereinbart haben, dass eine Kündigung mit ihrer Abgabe durch A als bei B zugegangen gilt?

Zusatzfrage

Wann ist ein Faxschreiben zugegangen?

Lösung Fall 10

A. Beendigung des Arbeitsverhältnisses zum 30. 9. 2009

Der Arbeitsvertrag zwischen A und B (§ 611 BGB) endet zum 30. 9. 2009, wenn A dem B zu diesem Zeitpunkt wirksam gekündigt hat.[2]

I. Wirksamkeit der Kündigungserklärung

1. Schriftform, vgl. §§ 623, 126 BGB

Die Willenserklärung des A[3] muss formgerecht erfolgt sein. Dies könnte zweifelhaft sein, weil die Erklärung von einem Mitarbeiter des A vorformuliert wurde und A sie lediglich unterschrieben hat. Gemäß § 623 BGB bedarf die Beendigung eines Arbeitsverhältnisses durch Kündigung der Schriftform.[4] Nach § 126 I BGB bedeutet dies, dass die Urkunde von dem Aussteller eigenhändig durch Namensunterschrift unterzeichnet werden muss; nicht erforderlich ist hiernach also, dass auch der Text vom Aussteller stammt.[5] Da A die Erklärung eigenhändig unterschrieben hat, ist dem Formerfordernis des § 623 BGB genügt.

2. Zugang der Kündigungserklärung

Die Kündigung des A ist eine einseitige rechtsgestaltende Willenserklärung. Sie wird als empfangsbedürftige Willenserklärung unter Abwesenden gemäß § 130 I 1 BGB im Zeitpunkt ihres Zugangs bei B wirksam. Der Erklärungsempfänger soll sich auf die durch die Erklärung geschaffene neue Rechtslage einstellen können.[6] Die Unterscheidung zwischen empfangsbedürftigen Willenserklärungen unter

---

[2] Das Arbeitsverhältnis ist ein Dauerschuldverhältnis; aus diesem Grunde wird es für die Zukunft durch Kündigung beendet, vgl. ErfK/*Müller-Glöge*, 10. Aufl. 2010, § 620 BGB Rn. 16.

[3] Nach dem Sachverhalt besteht kein Anlass, den Tatbestand der Kündigungserklärung des A näher zu prüfen. Die Kündigungserklärung muss ausreichend bestimmt, deutlich und zweifelsfrei sein. Sie ist vom Arbeitgeber oder von einem zur Kündigung bevollmächtigten Vertreter zu erklären. Handelt ein Vertreter ohne Vertretungsmacht, so ist die Kündigung als einseitiges Rechtsgeschäft nach § 180 Satz 1 BGB grundsätzlich unwirksam und nicht genehmigungsfähig (MünchHandbArbR/*Wank*, § 122 Rn. 48). Siehe zur Möglichkeit einer Zurückweisung der Kündigung wegen fehlendem Nachweis der Originalvollmacht § 174 BGB.

[4] Siehe zur Textform gemäß § 126b BGB noch Fall 16.

[5] *Medicus*, Rn. 616. Aussteller i. S. von § 126 BGB ist also der Urheber der in der Urkunde verkörperten Erklärung, nicht zwangsläufig derjenige, der die Urkunde – etwa nach Diktat – fertigt (Bamberger/Roth/*Wendtland*, § 126 BGB Rn. 9). Dadurch gewährt die Schriftform nur einen relativ geringen Übereilungsschutz.

[6] *Bork*, Rn. 603.

Abwesenden und unter Anwesenden richtet sich nach überzeugender Ansicht danach, ob die Erklärung durch „Speicherung" verkörpert ist oder nicht.[7] Entscheidend ist also nicht die gleichzeitige räumliche Anwesenheit der Parteien, sondern ob sie unmittelbar (in der Regel mündlich) kommunizieren.[8] Vor diesem Hintergrund ist eine schriftliche Kündigungserklärung, welche dem Empfänger postalisch übermittelt wird, als Willenserklärung unter Abwesenden einzustufen.[9]

Bei einer empfangsbedürftigen Willenserklärung unter Abwesenden fehlt es an einem unmittelbaren Kontakt zwischen den Parteien; vor diesem Hintergrund ist zu entscheiden, wann die Erklärung durch Zugang i. S. des § 130 I 1 BGB wirksam wird. Dies bestimmt sich auf der Grundlage einer Abwägung der beiderseitigen Risikobereiche. Die Voraussetzungen des Zugangs sind im Einzelnen streitig. Nach einer Ansicht ist eine Willenserklärung bereits dann zugegangen, wenn sie in den Machtbereich des Empfängers gelangt. Bereits ab diesem Zeitpunkt soll die Willenserklärung also nicht mehr nach § 130 I 2 BGB widerrufen werden können; die Möglichkeit der Kenntnisnahme durch den Empfänger soll jedoch für die Rechtzeitigkeit der Erklärung relevant sein (bei Verträgen: §§ 146 ff. BGB).[10] Gegen diese Sichtweise spricht, dass das Gesetz nicht zwischen Zugang und Rechtzeitigkeit unterscheidet. Darüber hinaus bedeutet sie eine nicht sachgerechte Einschränkung des Widerrufsrechts des Absenders.[11]

Eine weitere Ansicht bejaht den Zugang einer empfangsbedürftigen Willenserklärung unter Abwesenden, wenn mit der Kenntnisnahme der Erklärung durch den Empfänger zu rechnen ist.[12] Diese Sichtweise wird insbesondere in Fällen der Zugangsvereitelung relevant (Übergabeeinschreiben wird trotz Benachrichtigungszettel im Briefkasten nicht abgeholt; die Erklärung gelangt dann nicht in den Machtbereich des Empfängers); hier soll bereits dann ein Zugang zu bejahen sein, wenn der Empfänger das Schreiben bei normalem Geschehensablauf abgeholt hätte. Gegen einen Zugang bereits bei der Möglichkeit der Kenntnisnahme spricht jedoch, dass dieser begrifflich voraussetzt, dass die Erklärung den Empfänger auch tatsächlich erreicht. Außerdem ist es nicht sachgerecht, dass der Empfänger schon nach Abgabe der Willenserklärung das Risiko aller vom normalen Geschehensablauf abweichenden Fallgestaltungen tragen soll.

Nach überzeugender Sichtweise ist eine Willenserklärung deshalb dann gemäß § 130 I 1 BGB zugegangen, wenn sie 1. den Machtbereich des Empfängers erreicht hat, so dass 2. damit zu rechnen ist, dass der Empfänger von der Erklärung unter gewöhnlichen Umständen Kenntnis nimmt.[13] Hiernach trifft den Erklärenden

---

[7] *John*, AcP 184 (1984), 385, 403 ff.; *Faust*, § 2 Rn. 22; *Medicus/Petersen*, Rn. 48; a. A. Staudinger/*Singer/Benedict* (2004), § 130 BGB Rn. 44.

[8] *Köhler*, § 6 Rn. 13; *Bork*, Rn. 605; *Larenz/Wolf*, § 26 Rn. 16 und Rn. 31.

[9] *Larenz/Wolf*, § 26 Rn. 17.

[10] *Flume*, S. 231 ff.

[11] MünchKommBGB/*Einsele*, 5. Aufl. 2006, § 130 BGB Rn. 16; *Medicus/Petersen*, Rn. 46.

[12] *Richardi*, Anm. zu BAG AP § 130 BGB Nr. 4.

[13] Vgl. *Pawlowski*, Rn. 372; *Musielak*, Rn. 74.

– vorliegend also den A – grundsätzlich das Risiko, dass die Erklärung den Empfänger – vorliegend den B – nicht oder nicht zutreffend erreicht (Transportrisiko); der Empfänger soll sich auf die Änderung der Rechtslage einstellen können. Demgegenüber trifft den Empfänger – also den B – das Risiko, dass er die Erklärung aus Gründen in seinem Herrschaftsbereich nicht, nicht zutreffend oder nicht rechtzeitig zur Kenntnis nimmt; hierdurch wird der Erklärende des Risikos enthoben, subjektive Tatbestandsmerkmale wie die Kenntnisnahme durch den Empfänger nachweisen zu müssen (Kenntnisnahmerisiko).[14]

Auf der Grundlage der vorstehenden Zugangsdefinition gelangte das Kündigungsschreiben des A durch Einwurf in den Briefkasten des B am 2. 9. 2009 in den räumlichen Machtbereich des B. Zusätzlich war erforderlich, dass B unter gewöhnlichen Umständen nach der Verkehrssitte von der Erklärung Kenntnis erlangen konnte. Bei Privatpersonen ist regelmäßig davon auszugehen, dass der Briefkasten einmal werktäglich geleert wird; demgegenüber ist nicht zu erwarten, dass eine Privatperson spät am Abend oder an Sonntagen und Feiertagen in den Briefkasten schaut („zur Unzeit") und von einer darin befindlichen Erklärung Kenntnis erlangt.[15] Da die Kündigung erst am späten Abend des 2. 9. 2009 in den Briefkasten eingeworfen wurde, ist sie nach der überzeugenden h. A. erst am 3. 9. 2009 zugegangen.

II. Wirkung der Kündigung

Damit das Arbeitsverhältnis zwischen A und B am 30. 9. 2009 endete, muss die Kündigungserklärung dem B im Hinblick auf die geltende Kündigungsfrist rechtzeitig zugegangen sein.[16] Gemäß § 622 I BGB kann das Arbeitsverhältnis eines Arbeitnehmers mit einer Frist von vier Wochen – also von 28 Tagen – zum Fünf-

---

[14]   *Larenz/Wolf*, § 26 Rn. 18 ff.; *Bork*, Rn. 619. Innerhalb des Machtbereichs des Empfängers wird also ein gewöhnlicher – nicht der tatsächliche – Geschehensablauf unterstellt, weshalb das Übermittlungsrisiko ab diesem Zeitpunkt vom Erklärenden auf den Empfänger übergeht. Ausnahme: Der Erklärungsempfänger nimmt von der Erklärung vor dem Ablauf der „gewöhnlichen Umstände" Kenntnis; in diesem Fall ist er in seinem Vertrauen auf die Geltung der Willenserklärung zu schützen, weshalb die Erklärung schon ab diesem Zeitpunkt wirksam wird; vgl. *Bork*, Rn. 621; *Faust*, § 2 Rn. 18.

[15]   BGH, NJW 2004, 1320, 1321; *Brox/Walker*, Rn. 150.

[16]   Aufbauhinweis: Die Rechtzeitigkeit der Kündigung wird vorliegend nicht als Unterpunkt der Wirksamkeit der Kündigungserklärung geprüft. Streng genommen betrifft die Wirksamkeit der Willenserklärung hiernach lediglich das „Ob" des Zugangs, nicht jedoch die Rechtzeitigkeit, also die Wirkungen des Rechtsgeschäfts: Die Wirksamkeit der Erklärung ist zu bejahen, wenn diese in den Machtbereich des Empfängers gelangt und zu erwarten ist, dass der Empfänger von der Erklärung Kenntnis erlangt. Danach ist in einem eigenen Punkt (Wirkung der Kündigung) zu prüfen, zu welchem Zeitpunkt die Kündigung wirkt. Für einen derart gestreckten Aufbau spricht, dass – wie noch unten ausgeführt wird – die h. A. bei einer nicht rechtzeitigen Kündigung eine ergänzende Vertragsauslegung zulässt und nicht bloß eine Umdeutung wegen Nichtigkeit der Kündigungserklärung vornimmt.

zehnten oder zum Ende eines Kalendermonats gekündigt werden. Nach § 187 I
BGB ist bei der Berechnung der Frist der Tag, an dem B das Schreiben zugeht,
nicht mitzuzählen. Gemäß § 187 II BGB endet eine nach Wochen bemessene Frist
mit Ablauf des Tages der letzten Woche, welcher durch seine Benennung oder
Zahl dem Tage entspricht, in den das Ereignis oder der Zeitpunkt fällt.[17] Die Erklärung des A ist am Abend des 2. 9. 2009 (einem Mittwoch) in den Machtbereich
des B gelangt; sie ist dem B somit erst am 3. 9. 2009 zugegangen. Dies war nicht
rechtzeitig i. S. von § 622 I BGB, um das Arbeitsverhältnis zum 30. 9. 2009 (ebenfalls ein Mittwoch) zu beenden; denn nach § 187 II BGB endete die Frist erst mit
Ablauf des Tages, der durch seine Benennung dem Tag entspricht, in den das Ereignis – vorliegend der Zugang – fällt. Zugegangen ist das Schreiben jedoch erst
am Donnerstag, den 3. 9. 2009.[18]

III. Zwischenergebnis

Durch die Kündigungserklärung des A wurde das Arbeitsverhältnis mit B nicht
zum 30. 9. 2009 beendet.

B. Beendigung zum 15. 10. 2009

A hat dem B zum 30. 9. 2009, hilfsweise zum nächst möglichen Zeitpunkt gekündigt. Die Kündigungserklärung könnte deshalb auch noch am 15. 10. 2009 wirken.

Gemäß § 140 BGB kann ein nichtiges Rechtsgeschäft in ein wirksames umgedeutet werden, sofern dies dem (hypothetischen) Parteiwillen entspricht.[19] Bei der
Kündigung als einseitigem Rechtsgeschäft ist eine Umdeutung möglich, wenn sie
unwirksam ist, ein wirksames Ersatzgeschäft enthält, und dieses nicht selbst an
einem Nichtigkeitsgrund leidet.[20] Hiernach könnte die Kündigungserklärung des B
zum 30. 9. 2009 in eine solche zum 15. 10. 2009 umgedeutet werden, da es dem
Willen des A entspricht, das Arbeitsverhältnis mit B auf jeden Fall zu beenden.

Eine Umdeutung ist freilich nur dann notwendig, wenn der Kündigungserklärung des A nicht bereits durch Auslegung nach den §§ 133, 157 BGB entnommen
werden kann, dass das Arbeitsverhältnis zum nächsten rechtlich zulässigen Termin

---

[17] Beachte: In Monaten mit 30 Kalendertagen muss die Kündigung also am 17. des Vor-
monats oder am 2. des laufenden Monats zugehen. Hat der Monat 31 Kalendertage, hat
die Kündigung am 18. oder am 3. zuzugehen, vgl. Ascheid/Preis/Schmidt/*Linck*, Kün-
digungsrecht, 3. Aufl. 2007, § 622 BGB Rn. 49.

[18] Siehe zur Unwirksamkeit von § 622 II 2 BGB das Urteil des EuGH, NJW 2010, 427 –
Kücükdeveci.

[19] *Bork*, Rn. 1227.

[20] *Brox/Walker*, Rn. 367. Beispiel: Umdeutung einer nach § 626 BGB unwirksamen au-
ßerordentlichen Kündigung in eine ordentliche Kündigung, sofern dies dem mutmaßlichen Willen des Kündigenden entspricht und dieser Wille für den Kündigungsempfän-
ger bei Zugang der Kündigung erkennbar war, vgl. BAG, NJW 1985, 1854.

aufgelöst werden soll; das gilt auch dann, wenn sie ihrem Wortlaut nach zu einem früheren Termin wirkt. Die Auslegung geht nämlich der Umdeutung vor.[21] Vorliegend enthält das Kündigungsschreiben des A die Formulierung, dass hilfsweise zum nächst zulässigen Termin gekündigt wird. Vor diesem Hintergrund ist die Erklärung nach den §§ 133, 157 BGB dahingehend auszulegen, dass die Kündigung zum 15. 10. 2009 wirken sollte. Im Ausspruch einer Kündigung hilfsweise zum nächst möglichen Termin liegt auch keine unzulässige Bedingung. Zwar ist die Kündigung als einseitig gestaltendes Rechtsgeschäft aus Gründen der Rechtssicherheit grundsätzlich bedingungsfeindlich; etwas anderes gilt jedoch für Rechtsbedingungen (Wirkung nicht bereits zum 30. 9. 2009).[22]

C. Gesamtergebnis Fall 10

Das Arbeitsverhältnis endet aufgrund der Kündigungserklärung des A vom 2. 9. 2009 mit Ablauf des 15. 10. 2009.[23]

Lösung Fall 10 Abwandlung 1

Sprachrisiko

Der Zugang einer empfangsbedürftigen Willenserklärung unter Abwesenden setzt nach § 130 I 1 BGB voraus, dass diese so in den Machtbereich des Empfängers gelangt, dass mit einer Kenntnisnahme unter gewöhnlichen Umständen zu rechnen ist (siehe oben).

A. Machtbereich des B

Das Kündigungsschreiben ist in den Machtbereich des B gelangt (siehe oben).

B. Möglichkeit der Kenntnisnahme

Fraglich ist jedoch, ob und wenn ja, zu welchem Zeitpunkt mit einer Kenntnisnahme durch B zu rechnen war, da dieser nur spanisch spricht. Bei Rechtsgeschäften, die gegenüber fremdsprachigen Personen vorgenommen werden, ist streitig,

---

[21] Vgl. BAG, NZA 2006, 791.

[22] Vgl. ErfK/*Müller-Glöge*, 10. Aufl. 2010, § 620 BGB Rn. 22; siehe zur Bedingungsfeindlichkeit von Gestaltungsrechten auch schon Fall 2.

[23] Beachte: Sofern B nach Ablauf des 30. 9. 2009 nicht mehr gearbeitet und A ihn auch nicht zur Arbeit aufgefordert hat, hat B grundsätzlich einen Anspruch auf Annahmeverzugslohn gemäß § 615 Satz 1 BGB; vgl. ArbG Frankfurt 19. 1. 2001 – 18 Ca 6128/01.

welche Person das sog. Sprachrisiko tragen soll.[24] Im Grundsatz gilt, dass das
deutsche Recht keine bestimmte Sprache vorschreibt, sondern den Gebrauch jeder
Sprache erlaubt; in Deutschland lebende Personen können deshalb selbstverständ-
lich auch in einer anderen Sprache kontrahieren.[25]

Nach einer Ansicht ist der Zugang einer Kündigungserklärung gegenüber einem Sprachunkundigen regelmäßig erst nach Ablauf einer angemessenen Zeit-
spanne vollzogen, die nach Treu und Glauben zur Erlangung einer Übersetzung
erforderlich ist.[26] Eine Erklärung gehe nach § 130 I 1 BGB zu, wenn bei Annahme
gewöhnlicher Verhältnisse mit einem Zugang zu rechnen sei. Als beachtliche Zu-
gangshindernisse seien insoweit nicht nur solche normativer Art wie z. B. die sog.
Kündigung zur Unzeit[27], sondern auch subjektive Verständnisbarrieren in der Person des Empfängers anzusehen. Ein Zugang könne deshalb nur bejaht werden bei
einer „Machterlangung über die Erklärung selbst, über ihren Gedankeninhalt".
Hiernach wird man einen Zugang des Schreibens jedenfalls zum 10. 9. 2009 bejahen können. Gegen diese Ansicht spricht jedoch, dass es für die Wirksamkeit einer
empfangsbedürftigen Willenserklärung nach § 130 I 1 BGB gerade nicht auf die
tatsächliche Kenntnisnahme ankommt, sondern nur auf den Zugang.[28]

Nach einer zweiten Ansicht handelt es sich bei Sprachproblemen um keine Frage des Zugangs, sondern der Auslegung von Willenserklärungen nach den §§ 133,
157 BGB[29]: § 130 BGB regle nur das Übermittlungs- und Verlustrisiko, nicht aber
das Risiko eines fehlenden oder mangelhaften inhaltlichen Verständnisses. Ansonsten müssten die Grundsätze zur Verteilung des Sprachrisikos auch dann anzuwenden sein, wenn es für die Wirksamkeit der Willenserklärung auf den Zugang überhaupt nicht ankomme, so etwa, wenn die Parteien privatautonom die
Abgabe der Erklärung als den für die Wirksamkeit maßgeblichen Zeitpunkt bestimmt haben.[30] Nach dieser Ansicht ist vorliegend also gemäß §§ 133, 157 BGB
zu fragen, ob und wie die Erklärung des A aus Sicht eines verständigen Empfängers in der Situation des B nach Treu und Glauben und der Verkehrssitte zu verstehen war. Der Erklärende kann grundsätzlich erwarten, dass der Adressat die
Sprache des Gebiets beherrscht, in dem er sich aufhält. Jedenfalls kann dem Adressaten auf Grund der Umstände und der zwischen den Parteien bestehenden
Rechtsbeziehungen zuzumuten sein, sich um das richtige Verständnis der Erklärung zu bemühen, insbesondere Rückfrage zu nehmen.[31] Folgt man dieser An-

---

[24] Vgl. dazu Staudinger/*Singer* (2004), § 119 BGB Rn. 17 f.; Staudinger/*Singer/Benedict*
     (2004), § 130 BGB Rn. 29.
[25] MünchKommBGB/*Spellenberg*, 4. Aufl. 2006, Vorbem vor Art. 11 EGBGB Rn. 106;
     vgl. auch *Brehm*, Rn. 174.
[26] LAG Hamm, NJW 1979, 2488.
[27] Siehe dazu BAG, NJW 2001, 2994.
[28] Staudinger/*Singer/Benedict* (2004), § 130 BGB Rn. 72.
[29] MünchKommBGB/*Einsele*, 5. Aufl. 2006, § 130 BGB Rn. 32.
[30] Siehe dazu noch unten Abwandlung 5.
[31] OLG Hamm, NJW-RR 1996, 1271.

sicht, konnte A aufgrund des in Deutsch verfassten Arbeitsvertrages und des Umstandes, dass B bereits ein Jahr in Deutschland arbeitet, erwarten, dass B der deutschen Sprache ausreichend mächtig ist, um den maßgeblichen Inhalt eines Kündigungsschreibens zu verstehen.[32] Nach dieser Ansicht ist das Schreiben bereits am 3. 9. 2009 zugegangen.[33]

Nach h. A. ist zu differenzieren: Eine Willenserklärung unter Abwesenden geht einem Sprachunkundigen im Regelfall gemäß § 130 I 1 BGB zu, wenn sich der Absender der Verhandlungs- und Vertragssprache bedient.[34] Wenn sich eine Person auf eine für sie fremde Verhandlungs- und Vertragssprache einlässt, trägt sie auch das Risiko einer gelungenen Verständigung; in diesem Fall ist es dem Adressaten zuzumuten, dass er sich die erforderliche Übersetzung besorgt.[35] Bei einer fristgebundenen Willenserklärung wie z. B. einer Kündigung kann die Beschaffung einer Übersetzung zwar einige Zeit in Anspruch nehmen; die gesetzlichen Kündigungs- und Klagefristen sind jedoch regelmäßig so ausreichend bemessen, dass sie auch den Interessen des Erklärungsempfängers Rechnung tragen. Außerdem wäre die Rechtssicherheit erheblich beeinträchtigt, wenn man den Zugang um unbestimmte Zeit verschieben würde. Demgegenüber geht eine Willenserklärungen, die nicht in der Verhandlungs- und Vertragssprache verfasst ist, und die der Empfänger auch nicht tatsächlich versteht[36], nicht zu; es besteht hier auch keine Obliegenheit des Empfängers, sich eine Übersetzung zu besorgen.

Vorliegend hat sich A der Vertragssprache bedient, da der Arbeitsvertrag in Deutsch verfasst war. Folgt man der h. A., ist dem B das Kündigungsschreiben am 3. 9. 2009 zugegangen.

C. Gesamtergebnis Fall 10 Abwandlung 1

Das Kündigungsschreiben ist dem B am 3. 9. 2009 zugegangen.

---

[32] Siehe allerdings auch den Sachverhalt von BAG, NZA 2010, 625: Keine Kenntnis der deutschen Schriftsprache trotz Aufenthalts in Deutschland über mehrere Jahrzehnte.

[33] Beachte: Nach h. A. ist das Sprachrisiko beim Verstehen einer Willenserklärung im Rahmen des Zugangs zu erläutern; demgegenüber geht es bei der Frage, ob eine sprachunkundige Person aktiv eine eigene Willenserklärung abgeben kann, auch nach der h. A. primär um die Auslegung der Willenserklärung nach § 133, 157 BGB. Hiernach liegt keine gültige Willenserklärung vor, wenn ein verständiger Empfänger in der konkreten Situation des Rezipienten nach Treu und Glauben und der Verkehrssitte erkennen muss, dass der Erklärende den Inhalt seiner Erklärung wegen fehlender Sprachkenntnisse nicht ausreichend durchschaut; vgl. Staudinger/*Singer* (2004), § 119 BGB Rn. 21 ff.

[34] BGH, NJW 1983, 1489.

[35] Staudinger/*Singer* (2004), § 119 BGB Rn. 18.

[36] Hat der Empfänger die Erklärung tatsächlich zur Kenntnis genommen und ihren Inhalt verstanden, kommt es nicht mehr darauf an, wann mit einer Kenntnisnahme unter den gewöhnlichen Umständen zu rechnen ist, vgl. *Bork*, Rn. 621.

Lösung Fall 10 Abwandlung 2

Zugang bei Abwesenheit des Empfängers

Das Arbeitsverhältnis endet gemäß § 622 I BGB mit Ablauf des 30. 9. 2009, wenn B die Kündigung am 2. 9. 2009 zugegangen ist.

A. Allgemeine Grundsätze

Das Kündigungsschreiben ist am 1. 9. 2009 in den Machtbereich des B gelangt; es ist davon auszugehen, dass B den Briefkasten nach der Postzustellung, d. h. an Werktagen spätestens am Abend (nochmals) leert.[37]

B. Kenntnisnahme unter „gewöhnlichen Umständen"

Für einen Zugang muss zusätzlich damit zu rechnen sein, dass B unter „gewöhnlichen Umständen" von der Erklärung Kenntnis nimmt (siehe oben). Gegen einen Zugang am 1. 9. 2009 spricht insoweit, dass B verreist war und deshalb von der Erklärung nicht mit zumutbarem Aufwand Kenntnis nehmen konnte. Auch war es B nicht zuzumuten, Vorkehrungen für die Weiterleitung der Erklärung oder sogar einen Empfangsboten einzusetzen. Für einen rechtzeitigen Zugang trotz Urlaubsabwesenheit des B ist demgegenüber anzuführen, dass Dritte wie Arbeitgeber, Vermieter und Banken, mit denen der Empfänger in einer Geschäftsbeziehung steht, ein berechtigtes Interesse daran haben, dass ihre Erklärung auch während des Urlaubs zugeht; ansonsten müssten Kündigungen quasi immer mit erheblichem Zeitvorlauf erklärt werden. Darüber hinaus kann nur der Empfänger der Erklärung Vorkehrungen für eine Kenntnisnahme trotz Abwesenheit treffen.[38] Spezifika aus der Sphäre des Empfängers bleiben deshalb bei der Bestimmung der „gewöhnlichen Umstände" außer Ansatz.

C. Ergebnis Abwandlung 2

Die Erklärung des A ist trotz Urlaubsabwesenheit des B am 1. 9. 2009 zugegangen; das Arbeitsverhältnis endete zum 30. 9. 2009.

---

[37] So im Beispiel von *Faust*, § 2 Rn. 17.
[38] *Bork*, Rn. 626.

Lösung Fall 10 Abwandlung 3

Zugang bei Kenntnis des Erklärenden von der Abwesenheit des Empfängers

B hat urlaubsbedingt die durch den Zugang der Kündigung am 1. 9. 2009 ausgelöste Klagefrist des § 4 Satz 1 KSchG versäumt; denn am 1. 9. 2009 ist das Kündigungsschreiben so in den Machtbereich des B gelangt, dass er unter gewöhnlichen Umständen von dessen Inhalt Kenntnis nehmen konnte (vgl. die Abwandlung 2). Aus diesem Grunde könnte die Kündigung nach § 7 KSchG als von Anfang an rechtswirksam gelten. Allerdings ist streitig, ob ein Kündigungsschreiben auch dann als zugegangen gilt, wenn der Arbeitgeber weiß, dass der Arbeitnehmer im Urlaub ist, und gleichwohl kündigt.

Nach einer Ansicht liegt es zwar grundsätzlich im Verantwortungsbereich des Erklärungsempfängers, Vorkehrungen für die Kenntnisnahme zu treffen (siehe Abwandlung 2). Kenne der Absender jedoch das Zugangshindernis, müsse er darauf Rücksicht nehmen.[39] Ansonsten bestehe die Gefahr, dass der Arbeitnehmer die Kündigungsfrist des § 4 KSchG versäume; auch sei eine Verkürzung seiner Überlegungsfrist nicht zumutbar. Danach gilt der Zugang als aufgeschoben, bis der Arbeitnehmer tatsächlich vom Inhalt des Schreibens Kenntnis erlangt.

Nach anderer, überzeugender Ansicht ändert die Kenntnis des Erklärenden von der Abwesenheit des Empfängers nichts am Beherrschbarkeitsvorsprung des Empfängers. Dieser darf den fristgerechten Zugang nicht einfach dadurch verhindern, dass er den Empfänger darüber informiert, er sei verreist.[40] Außerdem würde es die Rechtssicherheit erheblich beeinträchtigen, wenn man für den Zugang auch subjektive Hindernisse wie die Urlaubsabwesenheit berücksichtigen würde.[41] Allerdings besteht ein erhebliches Missbrauchsrisiko, da ein Arbeitgeber einem Arbeitnehmer bewusst während dessen Urlaub kündigen könnte, um die Klagefrist des § 4 Satz 1 KSchG zu „umgehen". Hierbei handelt es sich jedoch um kein materiell-rechtliches (Zugangs-) Problem, sondern um eine prozessuale Frage. Eine Kündigungsschutzklage ist deshalb unter den Voraussetzungen des § 5 I KSchG auch noch nachträglich zuzulassen; der Gesetzgeber hat mit dieser Vorschrift gerade dem Umstand Rechnung getragen, dass der Arbeitnehmer trotz des Zugangs einer Kündigungserklärung unverschuldet daran gehindert war, rechtzeitig eine Kündigungsschutzklage zu erheben. Folgt man dieser Ansicht, endet das Arbeitsverhältnis – bei unterstellter sozialer Rechtfertigung der Kündigung gemäß § 1 KSchG – mit Ablauf des 30. 9. 2009.

---

[39] BAG, NJW 1981, 1470; Soergel/*Hefermehl* (1999), § 130 BGB Rn. 26; *Medicus*, Rn. 283; *Medicus/Petersen*, Rn. 51.

[40] *Faust*, § 2 Rn. 27.

[41] BAG, NJW 1989, 606; Staudinger/*Singer/Benedict* (2004), § 130 BGB Rn. 71; *Bork*, Rn. 626.

Lösung Fall 10 Abwandlung 4

Zugangsverhinderung

A.   Zugang bei Zugangsverhinderung

In Abwandlung 4 ist das Kündigungsschreiben des A anders als in den Fallgestaltungen zuvor nicht in den Machtbereich des B gelangt; allerdings bestand aufgrund der Zugangsverhinderung die Möglichkeit der Kenntnisnahme durch B. Es ist streitig, zu welchem Zeitpunkt eine empfangsbedürftige Willenserklärung in einem solchen Fall zugeht.[42]

Stellte man für einen Zugang allein auf die Möglichkeit der Kenntnisnahme durch den Empfänger ab, ist ein Zugang bei B zu bejahen, wenn unter gewöhnlichen Umständen mit einer Abholung des Schreibens zu rechnen ist; dies wäre vorliegend am 2. 9. 2009 als dem folgendem Werktag der Fall.

Nach einer weiteren Ansicht setzt ein Zugang zwingend voraus, dass das Kündigungsschreiben in den Machtbereich des Empfängers gelangt. Das ist nicht gegeben, wenn nur der Benachrichtigungsschein zugeht, da sich aus diesem nicht entnehmen lässt, von wem das Schreiben stammt und welchen Inhalt es hat.[43] Allerdings müsse B aufgrund seiner bestehenden Vertragsbeziehung zu A mit dem Zugang einer Willenserklärung rechnen und deshalb Vorkehrungen treffen, dass ihn eine Erklärung durch ein zulässiges, weil vertragsgemäßes Kommunikationsmittel erreicht. Unterlasse er dies, müsse er sich nach § 242 BGB so behandeln lassen, als habe das Zugangshindernis nicht bestanden, also als habe er das niedergelegte Schreiben sobald wie möglich abgeholt. Folgt man dieser Ansicht, ist das Kündigungsschreiben ebenfalls am 2. 9. 2009 zugegangen.

Nach einer dritten Ansicht bewirkt § 242 BGB keine Zugangs-, sondern lediglich eine Rechtzeitigkeitsfiktion; hiernach muss der Erklärende einen gescheiterten Zugangsversuch grundsätzlich wiederholen. Erst wenn ihm das gelingt (ggf. mit Hilfe des Gerichtsvollziehers gemäß § 132 II BGB), wird die Erklärung nach § 242 BGB als wirksam behandelt. Dieser Ansicht ist zuzustimmen[44]: Zwar muss derjenige, der aufgrund bestehender oder angebahnter vertraglicher Beziehungen mit dem Zugang rechtserheblicher Erklärungen zu rechnen hat, geeignete Vorkehrungen treffen, dass ihn derartige Erklärungen auch erreichen; andernfalls verstößt er regelmäßig gegen die durch die Aufnahme von Vertragsverhandlungen oder den Abschluss eines Vertrages begründeten Sorgfaltspflichten gegenüber seinem Partner. Damit ist aber noch nicht entschieden, ob dieser Sorgfaltsverstoß immer derart schwer wiegt, dass der Adressat nach Treu und Glauben so zu behandeln ist, als habe ihn die infolge seiner Sorgfaltsverletzung nicht zugegangene Willenser-

---

[42]   BGH, NJW 1998, 967; zu Einwurf- und Übergabeeinschreiben vgl. *Faust*, § 2 Rn. 29.

[43]   *Bork*, Rn. 627.

[44]   Grundlegend BGH, NJW 1998, 976.

klärung doch erreicht. Vielmehr kann der Erklärende günstige Rechtsfolgen aus einer nicht zugegangenen Willenserklärung grundsätzlich nur dann ableiten, wenn er alles Erforderliche und ihm Zumutbare getan hat, damit seine Erklärung den Adressaten erreichen konnte. Dies erfordert in der Regel, dass der Erklärende nach Kenntnis von dem nicht erfolgten Zugang unverzüglich einen erneuten Versuch unternimmt, seine Erklärung derart in den Machtbereich des Empfängers zu bringen, dass diesem ohne weiteres eine Kenntnisnahme ihres Inhalts möglich ist. Etwas anderes gilt, wenn es offensichtlich ist, dass auch ein erneuter Zustellungsversuch erfolglos sein wird, etwa weil der Empfänger die Annahme des Schreibens grundlos verweigert (anders, wenn ein Brief nicht ausreichend frankiert ist) oder der Zugang arglistig verhindert worden ist (Rechtsgedanke aus § 162 BGB).[45] Zu dem selben Ergebnis kommt man innerhalb einer vertraglichen oder vertragsähnlichen Sonderrechtsbeziehung durch einen auf Naturalrestitution gerichteten Schadensersatzanspruch gemäß §§ 280 I, 311 II, 241 II, 249 BGB.[46] Folgt man dieser Sichtweise, muss A keinen zweiten Zustellungsversuch unternehmen, da B den Zugang arglistig verhindert hat; die Erklärung gilt vielmehr am 2. 9. 2009 als zugegangen.

B. Ergebnis Abwandlung 3

Zugang ist nach allen Ansichten am 2. 9. 2009 zu bejahen.

Lösung Fall 10 Abwandlung 5

Disponibilität

Die Zugangsvorschriften des § 130 I BGB sind grundsätzlich dispositiv; aus diesem Grunde sind Abreden über die Fiktion des Zugangs grundsätzlich zulässig.[47] Für AGB ist jedoch die Sondervorschrift des § 308 Nr. 6 BGB zu beachten.[48] Hiernach ist in AGB eine Bestimmung unwirksam, die vorsieht, dass eine Erklärung des Verwenders von besonderer Bedeutung dem anderen Vertragsteil als zugegangen gilt. Die Abrede zwischen A und B über den Zugang ist deshalb nach § 306 I BGB unwirksam.

---

[45] Siehe *Larenz/Wolf*, § 26 Rn. 45 f.
[46] So *Bork*, § 26 Rn. 638.
[47] Staudinger/*Singer/Benedict* (2004), § 130 BGB Rn. 22.
[48] ErfK/*Müller-Glöge*, 10. Aufl. 2010, § 620 BGB Rn. 53; *Armbrüster*, Fall 195.

Lösung Fall 10 Zusatzfrage

Zugang von Faxschreiben

Bei Faxschreiben handelt es sich um „gespeicherte" (elektronische) Willenserklärungen unter Abwesenden (siehe dazu oben), weshalb sich der Zugang nach § 130 I 1 BGB bestimmt.[49]

Nach einer Ansicht gelangt ein Fax erst dann in den Machtbereich des Empfängers, wenn die Erklärung vollständig ausgedruckt ist.[50] Eine Ausnahme gilt nach dieser Sichtweise lediglich dann, wenn der Ausdruck an einem Bedienfehler, einem technischem Defekt oder an einer entsprechenden Programmierung (Sphäre des Empfängers) scheitert; hier sind die Grundsätze der Zugangsvereitelung (siehe oben) anzuwenden. Nach einer zweiten Ansicht erreicht die Erklärung den Machtbereich des Empfängers, wenn die Daten die Schnittstelle zwischen allgemeinem Telefonnetz und Hausleitung des Empfängers passiert haben; auf eine Speicherung oder gar den Ausdruck kommt es hiernach nicht an.[51] Dies ist nicht überzeugend, da die Datenleitung eines Telefonnetzbetreibers nicht zum Machtbereich des jeweiligen Anschlussinhabers zu zählen ist.

Nach einer dritten Ansicht kommt es darauf an, zu welchem Zeitpunkt die Daten vom Faxgerät vollständig empfangen, d. h. gespeichert worden sind; dies gilt auch bei nicht durch eine technische Störungen oder einen Bedienfehler verzögertem Ausdruck.[52] Hierfür spricht, dass eine elektronische Willenserklärung per Telefax nach allgemeinen Grundsätzen bereits dann in den Machtbereich des Empfängers gelangt, wenn sie von einem Empfangsgerät zwischengespeichert wird; auf die Sichtbarmachung der Erklärung kann es nicht ankommen. Etwas anders gilt allenfalls für ältere Faxgeräte, die keine Zwischenspeicherungsfunktion haben; hier ist – sofern der Absender damit rechnen musste, dass der Empfänger ein altes Gerät hat – ein Ausdruck erforderlich, weil die Erklärung ansonsten nicht in den Machtbereich des Empfängers gelangt ist.[53]

Wann mit einer Kenntnisnahme zu rechnen ist, bestimmt sich bei elektronischen Willenserklärungen nach allgemeinen Grundsätzen.[54] Entscheidend ist, ob der Empfänger durch Mitteilung der entsprechenden Kontaktinformationen damit rechnen muss, dass er per Fax oder E-Mail kontaktiert wird.[55] Ist dies der Fall, bestimmt sich der Zugang danach, wann die Erklärung nach der Verkehrsanschauung üblicher Weise abgerufen wird. Hier ist nach allgemeinen Grundsätzen

---

[49]   Vgl. MünchKommBGB/*Säcker*, 5. Aufl. 2006, Bd. 1 Einl. Rn. 177; *Köhler*, § 8 Rn. 13; siehe ausführlich *Armbrüster*, Fall 190, m. w. N. zu E-Mail und SMS.
[50]   BGH, NJW 2004, 1320.
[51]   *Faust*, § 2 Rn. 24.
[52]   BGH, NJW 2006, 2263; *Köhler*, § 6 Rn. 18.
[53]   *Bork*, Rn. 628.
[54]   *Pawlowski*, Rn. 372a.
[55]   *Larenz/Wolf*, § 26 Rn. 28; *Brox/Walker*, Rn. 150.

zwischen privater und geschäftlicher Nutzung zu differenzieren.[56] Bei privater Nutzung wird man regelmäßig von einer Kenntnisnahme einmal täglich (abends) ausgehen müssen.[57] Bei geschäftlicher Nutzung ist ein Zugang nur an Werktagen üblich; dafür geht ein Schreiben bereits während der üblichen Geschäftszeit zu.[58]

Merke

1. Das BGB regelt das Wirksamwerden von Willenserklärungen in den §§ 130 bis 132. Nach § 130 I 1 BGB wird eine empfangsbedürftige Willenserklärung unter Abwesenden in dem Zeitpunkt wirksam, in dem sie dem Empfänger zugeht. Nicht ausdrücklich normiert sind nicht-empfangsbedürftige Willenserklärungen sowie Willenserklärungen, die unter Anwesenden abgegeben werden. Der Zugang bestimmt sich hier an Hand der in § 130 BGB normierten Wertungen.[59]

2. § 130 I 1 BGB verlangt einen Zugang ausdrücklich nur bei empfangsbedürftigen Willenserklärungen unter Abwesenden. Da der Zugang erforderlich ist, um den Empfänger über die Willenserklärung zu informieren, muss jedoch auch eine empfangsbedürftige Willenserklärung unter Anwesenden zugehen. Allerdings sind die Voraussetzungen des Zugangs verschieden.[60]

3. Die Unterscheidung zwischen empfangsbedürftigen Willenserklärungen unter Abwesenden und unter Anwesenden richtet sich danach, ob eine Willenserklärung durch „Speicherung" verkörpert ist. Demgemäß liegt nur dann eine Erklärung „unter Anwesenden" vor, wenn die Parteien unmittelbar (i. d. R. mündlich) kommunizieren. Erklärungen unter Anwesenden sind hiernach: mündliche Erklärungen und solche am Telefon (§ 147 I 2 BGB). Als Erklärungen unter Abwesenden sind einzustufen: die durch einen Boten überbrachte mündliche Erklärung; ein Schriftstück, das an den persönlich anwesenden Adressaten übergeben wird, da er dieses erst noch lesen muss[61]; eine elektronische Willenserklärung (dazu Fall 16). Nicht ausschlaggebend ist, ob eine Erklärung verkörpert ist oder nicht; so sind mündliche Erklärungen durch einen Boten als Erklärungen unter Abwesenden einzustufen, obwohl es sich um eine nicht verkörperte Willenserklärung handelt.

4. Für die Frage, in welchem Zeitpunkt eine empfangsbedürftige Willenserklärung vollendet ist, kommen theoretisch vier Zeitpunkte in Betracht[62]: Die Äu-

---

[56] Siehe dazu *Bork*, Rn. 628.

[57] *Brehm*, Rn. 168; siehe für E-Mails auch *Musielak*, Rn. 76: Art Faustregel.

[58] *Leipold*, § 12 Rn. 21; *Armbrüster*, Fall 190.

[59] *Bork*, Rn. 602.

[60] *Larenz/Wolf*, § 26 Rn. 11.

[61] RGZ 61, 414 ff.

[62] Vgl. Staudinger/*Singer/Benedict* (2004), § 130 BGB Rn. 1 ff.; *Köhler*, § 6 Rn. 13.

ßerung durch den Erklärenden (sog. Äußerungstheorie), die Absendung der Äußerung in Richtung auf den Empfänger (sog. Entäußerungstheorie), der Empfang der Willenserklärung durch den Empfänger (sog. Empfangstheorie) und der Moment, in dem der Empfänger die Erklärung inhaltlich richtig zur Kenntnis nimmt (sog. Vernehmungstheorie).

5. Der Zugang einer empfangsbedürftigen Willenserklärung „unter Abwesenden" setzt nach § 130 I 1 BGB voraus, dass die Erklärung so in den Machtbereich des Empfängers gelangt, dass dieser unter gewöhnlichen Umständen von ihr Kenntnis nehmen kann. Hiernach unterfällt es dem Risikobereich des Erklärenden, wenn die Erklärung bereits verfälscht in den Einfluss- und Machtbereich des Empfängers gelangt (Übermittlungsrisiko). Ab diesem Zeitpunkt trifft den Empfänger das Risiko, dass er eine Erklärung überhaupt nicht, verfälscht oder erst später zur Kenntnis nimmt, als dies unter gewöhnlichen Umständen zu erwarten ist (Kenntnisnahmerisiko). Sobald der Empfänger die Erklärung tatsächlich zur Kenntnis nimmt, ist sie zugegangen.

6. Bei empfangsbedürftigen mündlichen Erklärungen – also im Rechtssinne solchen „unter Anwesenden" – gilt ein strengerer Maßstab als nach § 130 I 1 BGB, da die Erklärung hier anders als bei einem Schriftstück nicht nochmals nachgelesen werden kann.[63] Nach einer Ansicht setzt ein Zugang voraus, dass der Empfänger die Erklärung lautlich zutreffend aufgenommen hat (strenge Vernehmungstheorie). Nach anderer, vorzugswürdiger Ansicht bestimmt sich der Zugang nach der in § 130 I 1 BGB zum Ausdruck gekommenen Risikoverteilung. Hiernach muss der Erklärende dafür sorgen, dass der Empfänger die Erklärung richtig vernimmt; darüber hinaus muss der Erklärende auf das zutreffende Verständnis vertrauen dürfen. Wenn der Empfänger die Erklärung unter diesen Voraussetzungen aus Gründen, die in seinem Machtbereich liegen, nicht richtig zur Kenntnis nimmt (er hört nicht richtig hin), liegt dies in seinem Risikobereich; ein Zugang liegt also gleichwohl vor (eingeschränkte Vernehmungstheorie).[64]

7. Beim Empfang von Willenserklärungen durch Dritte ist zu unterscheiden, ob die zwischengeschaltete Person dem Herrschafts- und Risikobereich des Absenders oder des Empfängers zuzurechnen ist.[65] Ist eine Person zwar nicht zur Entgegennahme von Erklärungen bevollmächtigt (Empfangsvertreter gemäß

---

[63] Siehe dazu *Boemke/Ulrici*, § 6 Rn. 29; *Schack*, Rn. 187.

[64] *Larenz/Wolf*, § 26 Rn. 36; *Medicus/Petersen*, Rn. 48; *Faust*, § 2 Rn. 31; siehe zu den weiteren Ansichten Staudinger/*Singer/Benedict* (2004), § 130 BGB Rn. 109. Gegen die eingeschränkte Vernehmungstheorie wird u. a. vorgebracht, dass sie bei einseitigen Erklärungen zu unbilligen Ergebnissen führe, vgl. *Hübner*, Rn. 735; *Schack*, Rn. 187; aus diesem Grunde soll der Erklärende in einem solchen Fall auf die Geltendmachung eines Schadensersatzanspruchs aus §§ 280 I, 311 II, 241 II BGB beschränkt sein.

[65] Vgl. *Larenz/Wolf*, § 26 Rn. 38 ff.

§ 164 III BGB; Verkäufer bei Erklärungen in seinem Tätigkeitsbereich gemäß § 56 HGB), aber ausdrücklich oder konkludent als vom Empfänger bestellt oder nach der Verkehrsanschauung als ermächtigt anzusehen (analog § 167 BGB), und ist sie außerdem dazu bereit und geeignet, handelt es sich um einen Empfangsboten (Ehegatte, ältere Kinder). In diesem Fall geht die Erklärung dem Empfänger anders als beim Empfangsvertreter zwar nicht schon mit Zugang beim Vertreter, aber dann zu, wenn mit einer Kenntnisnahme durch den Empfänger zu rechnen ist. Ansonsten sind zwischengeschaltete Personen als Erklärungsboten anzusehen; hier ist ein Zugang erst dann zu bejahen, wenn die Erklärung dem Empfänger tatsächlich übermittelt wird.

Fall 11

Subjektive Merkmale einer Willenserklärung; Rechtsfolgen fehlenden Erklärungsbewusstseins; Mangel der Ernstlichkeit

A verlangt von seinem Kunden B, dem er ein Darlehen in Höhe von 150.000,- EUR gewährt, zur Sicherheit eine selbstschuldnerische Bürgschaft. Daraufhin sendet die C-Bank-AG (im Folgenden C) als Hausbank des B dem A per Telefax einen Brief mit dem Inhalt, sie habe zugunsten des B eine Bürgschaft bis zur Höhe von 150.000,- EUR übernommen. A nimmt das Schreiben zu seinen Unterlagen und bedankt sich bei C schriftlich für die Gestellung der von ihm gewünschten Bürgschaft. Nachdem B zahlungsunfähig geworden ist und das Darlehen deshalb nicht zurückzahlen kann, nimmt A die C aus der vermeintlichen Bürgschaft in Anspruch. C entgegnet dem A sofort, dass sie überhaupt keine Bürgschaft zugunsten des B übernommen habe. Zwar sei eine solche Bürgschaft im Gespräch gewesen, jedoch letztlich nicht zustande gekommen. Aus diesem Grunde werde sie an A keine Zahlungen leisten. Ist zwischen A und C ein wirksamer Bürgschaftsvertrag zustande gekommen? Ansprüche auf Schadensersatz sind nicht zu prüfen.

Lösung Fall 11

Anspruch des A gegen C auf Zahlung von 150.000,- EUR aus einem Bürgschaftsvertrag gemäß § 765 I BGB i. V. m. einem Gelddarlehensvertrag i. S. von § 488 I 2 BGB

A.   Wirksamer Darlehensvertrag

Zwischen A und B ist nach dem Sachverhalt ein wirksamer Darlehensvertrag zustande gekommen, dem keine Einreden entgegenstehen (vgl. § 768 BGB).

B.   Wirksamer Bürgschaftsvertrag

A könnte gegen C einen Anspruch aus § 765 I BGB auf Zahlung von 150.000,- EUR haben, wenn zwischen beiden ein wirksamer Bürgschaftsvertrag zustande gekommen ist.

I.   Zustandekommen des Bürgschaftsvertrages

Ein Bürgschaftsvertrag kommt gemäß §§ 145 ff. BGB durch zwei korrespondierende Willenserklärungen des Gläubigers der zu sichernden Hauptforderung und des Bürgen zustande; einer Mitwirkung des Schuldners bedarf es nicht.[1]

1.   Antrag des C

C könnte dem A durch ihr Schreiben, wonach sie zugunsten des B eine Bürgschaft übernommen habe, einen Antrag auf Abschluss eines Bürgschaftsvertrages gemacht haben.

a)   Objektive Voraussetzungen einer Willenserklärung

Der objektive Tatbestand einer Willenserklärung erfordert ein Verhalten, das für einen verständigen Erklärungsempfänger in der konkreten Situation des Rezipienten auf einen bestimmten Rechtsfolgewillen schließen lässt (§§ 133, 157 BGB). Die Erklärung des Bürgen muss den Willen, für die Erfüllung der Verbindlichkeit eines Dritten einstehen zu wollen, erkennen lassen.[2] Dies ist vorliegend zweifelhaft, weil C dem A nicht geschrieben hat, dass sie sich (hiermit) gegenüber A verbürgen will, sondern dem A mitgeteilt hat, dass sie (bereits) eine Bürgschaft zugunsten des B übernommen habe.

---

[1]   Vgl. MünchKommBGB/*Habersack*, 5. Aufl. 2009, § 765 BGB Rn. 9.

[2]   Vgl. MünchKommBGB/*Habersack*, 5. Aufl. 2009, § 765 BGB Rn. 9.

Nach einer Ansicht kann ein verständiger Erklärungsempfänger eine solche Formulierung nicht als Angebot auf Abschluss eines Bürgschaftsvertrages deuten, weil es um einen hohen Betrag ging und Banken sich bei Bürgschaftsverträgen regelmäßig genau ausdrückten.[3] Nach anderer Ansicht durfte ein verständiger Empfänger in der Situation des A die Erklärung nach den Umständen dahingehend deuten, dass die C ihm den Abschluss eines selbstschuldnerischen Bürgschaftsvertrages bis zur Höhe von 150.000,- EUR anträgt.[4] A hat von B die Stellung einer Bürgschaft verlangt. Wenn daraufhin die C dem A als Hausbank des B ein Schreiben übersendet, in dem von einer „übernommenen Bürgschaft" die Rede ist, kann A nach den konkreten Umständen davon ausgehen, dass C mit ihm einen entsprechenden Bürgschaftsvertrag abschließen will. Es kann von einem juristischen Laien nicht erwartet werden, dass ihm der Unterschied zwischen einer Willens- und einer Wissenserklärung bekannt ist.[5] Aus Sicht eines verständigen Empfängers in der Situation des A handelte C somit mit Rechtsbindungswillen.[6]

b)   Subjektive Merkmale der Willenserklärung

Hinter einem Verhalten, das äußerlich als Willenserklärung erscheint, steht regelmäßig ein entsprechender Wille. Erklärung und Wille können jedoch auseinanderfallen. Die h. A. unterscheidet drei verschiedene Willensschichten einer (idealtypischen) Willenserklärung: Den Handlungswillen, das Erklärungsbewusstsein und den Geschäftswillen.[7] Bei der Abgabe einer Willenserklärung muss der Erklärende zunächst überhaupt handeln wollen; C wollte dem A das in Rede stehende Schreiben übersenden.[8] Darüber hinaus muss der Erklärende mit seiner Äußerung rechtliche Folgen herbeiführen wollen, sog. Erklärungsbewusstsein als subjektive Entsprechung zum objektiven Erfordernis eines Verhaltens, das auf einen Rechtsbindungswillen schließen lässt.[9] Das Erklärungsbewusstsein soll ein willentliches Verhalten zu einer rechtlich relevanten Erklärung machen.[10] Vorliegend wollte die

---

[3]   *Medicus*, Rn. 608; *Canaris* NJW 1984, 2281: Tatsachenmitteilung, jedoch ggf. Rechtsscheintatbestand, wenn A im Vertrauen auf das Scheiben eine Disposition vorgenommen hat.

[4]   BGH, NJW 1984, 2279; *Bork*, Rn. 599.

[5]   Das Problem des fehlenden Erklärungsbewusstseins – siehe unten – stellt sich nur, wenn der Erklärungsempfänger dessen Fehlen nicht nach §§ 133, 157 BGB erkennen muss, da es ansonsten bereits am objektiven Tatbestand einer Willenserklärung fehlt, vgl. *Faust*, § 21 Rn. 24; *Leenen*, JuS 2008, 577, 580.

[6]   Vgl. MünchKommBGB/*Kramer*, 5. Aufl. 2006, § 119 BGB Rn. 95.

[7]   Vgl. *Boemke/Ulrici*, § 5 Rn. 3 ff.; *Armbrüster*, Fall 157; *Grigoleit/Herresthal*, Rn. 123 ff.

[8]   Anders wäre es etwa, wenn C mit vis absoluta zur Abgabe der Willenserklärung gezwungen worden wäre, vgl. *Flume*, § 4, 2a, S. 46. Davon zu unterscheiden ist die Drohung (vis compulsiva); hier handelt der Bedrohte mit Handlungswillen, kann seine Willenserklärung jedoch nach § 123 I Alt. 2 BGB anfechten, vgl. *Larenz/Wolf*, § 24 Rn. 5.

[9]   Objektiver und subjektiver Tatbestand sind strikt zu trennen, vgl. *Bork*, Rn. 595.

[10]   Soergel/*Hefermehl* (1999), Vor § 116 BGB Rn. 12.

C dem A lediglich mitteilen, dass sie nach ihrer – wie sich im Nachhinein heraus-
stellte irrtümlichen – Ansicht bereits eine Bürgschaft zugunsten B übernommen
habe. Sie wollte durch das Schreiben mit anderen Worten keine Rechtswirkungen
auslösen, sondern den A lediglich über die Sachlage informieren. C handelte somit
ohne Erklärungsbewusstsein.

Es ist umstritten, welche Rechtsfolgen das Fehlen des Erklärungsbewusstseins
auslöst.[11]

aa) Nichtigkeit

Eine Ansicht hält die ohne Erklärungsbewusstsein abgegebene Willenserklärung
für nichtig (sog. Willenstheorie: die Willenserklärung gilt, wenn und weil sie gewollt ist).[12] Begründet wird diese Sichtweise mit einem Erst-Recht-Schluss zu
§ 118 BGB: Ist schon gemäß § 118 BGB eine Erklärung nichtig, wenn der Erklärende die Nichtigkeit gekannt und lediglich gehofft hat, dass der Erklärungsempfänger den Mangel der Ernstlichkeit bemerkt, muss umso mehr eine Erklärung
nichtig sein, bei der dem Erklärenden noch nicht einmal bewusst ist, dass er eine
rechtlich erhebliche Erklärung abgibt.[13] Folgt man dieser Ansicht, ist das Erklärungsbewusstsein konstitutives Merkmal der Willenserklärung. Den Erklärenden
soll jedoch analog § 122 BGB eine Haftung auf das negative Interesse treffen,
wenn er zurechenbar den Anschein einer Willenserklärung gesetzt und damit das
Vertrauen seines Vertragspartners geweckt hat.[14] Hierdurch sei ein ausreichender
Schutz des Erklärungsempfängers gewährleistet.

Die h. A. hält dieser Argumentation entgegen, dass aus § 118 BGB nicht geschlossen werden kann, ein fehlendes Erklärungsbewusstsein führe zwangsläufig
zur Nichtigkeit einer Erklärung.[15] Bei § 118 BGB will der Erklärende bewusst
keine Bindung eingehen; die Nichtigkeit der Erklärung entspricht somit seinem
Willen, weshalb ihm die Wahl, die Erklärung gelten zu lassen oder diese nach
§ 119 BGB anzufechten, nicht eröffnet werden braucht. Damit nicht zu vergle-
chen ist eine Erklärung ohne das Bewusstsein, dass sie rechtsgeschäftlich verstanden wird. Diese steht nach h. A. der irrtümlichen, als rechtserheblich gewollten
Erklärung näher als der Scherzerklärung.[16]

---

[11] *Pawlowski*, Rn. 444 ff.; *Leipold*, § 17 Rn. 14 ff.; *Armbrüster*, Fall 160; *Rüthers/Stadler*,
     § 17 Rn. 8 ff; *Schwab*, Iurratio 2009, 86 ff.

[12] Grundlegend *v. Savigny*, System des heutigen Römischen Rechts, Bd. III, 1848, S. 258;
     siehe auch *Windscheid*, AcP 63 (1880), S. 72 ff.; *Zitelmann*, Irrtum und Rechtsgeschäft,
     1879, S. 238 ff.

[13] *Canaris* NJW 1984, 2281; ausführlich Staudinger/*Singer* (2004), Vorbem zu §§ 116 –
     144 BGB Rn. 37 ff.

[14] *Canaris*, Die Vertrauenshaftung im Deutschen Privatrecht, 1971, S. 537, 550; Staudin-
     ger/*Singer* (2004), § 122 BGB Rn. 8.

[15] BGH, NJW 1984, 2279; *Flume*, S. 414 f.; *Medicus*, Rn. 607.

[16] Dagegen *Canaris*, NJW 1984, 2279: entscheidend sei, dass eine Anfechtung aufgrund
     des Unverzüglichkeitserfordernisses in der Praxis oft nicht mehr möglich sei.

bb) Wirksamkeit

Nach einer weiteren Ansicht ist eine ohne Erklärungsbewusstsein abgegebene Willenserklärung wirksam (sog. Erklärungstheorie: es gilt das Erklärte).[17] Begründet wird dies mit der vermeintlich identischen Interessenlage zum Erklärungsirrtum i. S. von § 119 I Alt. 2 BGB: Dort fallen Wille und Erklärung aufgrund eines Fehlers bei der Erklärungshandlung auseinander; der Erklärende ist sich nicht bewusst, welche konkreten Rechtsfolgen er mit seiner Erklärung auslöst. Hiermit sei es vergleichbar, wenn sich der Erklärende darüber irre, dass er irgendwelche Rechtsfolgen auslöse. Aus diesem Grunde soll der Erklärende analog § 119 I Alt. 2 BGB die Wahl haben, ob er die Erklärung gelten lässt oder anficht. Im letzten Fall hafte er nach § 122 BGB verschuldensunabhängig auf das Vertrauensinteresse.[18]

cc) Wirksamkeit bei potenziellem Erklärungsbewusstsein

Das Problem des fehlenden Erklärungsbewusstseins ist nach h. A. durch eine Interessenabwägung zu lösen[19]: Auf der einen Seite kann der Erklärungsempfänger, der den Mangel der Willenserklärung nicht erkannt hat – ansonsten liegt bereits nach dem objektiven Tatbestand keine Willenserklärung vor –, darauf vertrauen, dass der Erklärende die erklärten Rechtsfolgen auch will. Es ist für den Empfänger einer Willenserklärung grundsätzlich ohne Bedeutung, ob der Erklärende keinen Geschäftswillen oder bereits kein Erklärungsbewusstsein hat. Der Rechtsverkehr muss sich vielmehr darauf verlassen können, dass der Erklärende an das gebunden ist, was er objektiv zum Ausdruck bringt. Auf der anderen Seite weiß der Erklärende gar nicht, dass er sich rechtsgeschäftlich verhält, weshalb er ein berechtigtes Interesse daran hat, dass er nicht an seiner Erklärung festgehalten wird.

Keines dieser Interessen ist nach der Konzeption des BGB vorrangig.[20] Das Prinzip der Selbstbestimmung ist vielmehr mit demjenigen der Selbstverantwortung verbunden. Die Willenserklärung ist hiernach zwar funktional das Instrument der rechtsgeschäftlichen Privatautonomie; der Erklärende muss sich jedoch einen von ihm fahrlässig gesetzten Vertrauenstatbestand für das Vorliegen einer Willenserklärung zurechnen lassen.[21] Hiernach liegt bei fehlendem Erklärungsbewusstsein eine Willenserklärung vor, wenn die Erklärung als solche dem Erklärenden zugerechnet werden kann. Der Erklärende hat es grundsätzlich selbst in der Hand, dafür zu sorgen, dass seine Erklärung in dem von ihm gemeinten Sinne verstanden wird. Kommt der Erklärende dieser Erklärungssorgfalt nicht nach, ist er zum Schutze des rechtsgeschäftlichen Verkehrs an den äußeren Erklärungstatbestand zu binden, wenn er bei Anwendung der im Verkehr erforderlichen Sorgfalt hätte erkennen und vermeiden können, dass seine Äußerung nach Treu und

---

[17] *Bähr*, JherJb. 14 (1875), S. 393 ff.; vgl. auch *Schwab*, Iurratio 2009, 142 ff.

[18] *Bydlinski*, JZ 1975, 1, 5.

[19] *Larenz/Wolf*, § 24 Rn. 6 ff. und § 36 Rn. 25 f.; *Bork*, Rn. 596.

[20] *Larenz/Wolf*, § 24 Rn. 25 ff.

[21] BGH, NJW 1984, 2279.

Glauben und der Verkehrssitte als Willenserklärung aufgefasst werden durfte, und wenn der Empfänger sie auch tatsächlich so verstanden hat.[22] Ausreichend, aber auch erforderlich ist hiernach ein „potenzielles Erklärungsbewusstsein".[23]

Der gleichfalls schützenswerten Selbstbestimmung des Erklärenden kann bei Erklärungsfahrlässigkeit ausreichend dadurch Rechnung getragen werden, dass er seine Erklärung (jedenfalls) analog § 119 I Alt. 2 BGB anfechten kann. Allerdings ist der Erklärende dann zum Schadensersatz verpflichtet.[24] Streitig ist freilich die Anspruchsgrundlage für dieses Schadensersatzbegehren: eine Ansicht stellt auf den verschuldensunabhängigen § 122 BGB ab[25], eine andere zieht § 122 BGB analog heran[26], eine dritte Ansicht bevorzugt eine verschuldensabhängige Haftung nach den Regeln der gesetzlichen Vertrauenshaftung gemäß § 311 II BGB.[27]

Folgt man dieser h. A., ist vorliegend entscheidend, ob C bei Anwendung der erforderlichen Sorgfalt – ggf. nach Rücksprache mit A – hätte erkennen können, dass A die Erklärung in dem Sinne auffasst, dass C zu seinen Gunsten eine Bürgschaft übernehmen wolle. Das ist der Fall, da das Schreiben für den Empfänger objektiv wie die Übernahme einer Bürgschaft aussah. Damit muss sich C den äußeren Erklärungstatbestand zurechnen lassen.

c)   Zwischenergebnis

C hat dem A durch das Schreiben ein Angebot auf Abschluss eines Bürgschaftsvertrages gemacht.

2.   Annahme des A

A hat sich gegenüber C schriftlich für die Übernahme der Bürgschaft bedankt. Hierin lag für einen verständigen Erklärungsempfänger in der konkreten Situation der C die Erklärung, dass er das Angebot der C auf Abschluss eines Bürgschaftsvertrages annimmt:

A hat von B die Stellung einer Bankbürgschaft gefordert. B wandte sich insoweit an die C, die dem A aus der Sicht eines verobjektivierten Erklärungsempfän-

---

22   BGH, NJW 1984, 2279; bestätigt durch BGH, NJW 1990, 454; BGH, NJW 2002, 363 f. – ricardo.de. Im Fall NJW 1990, 454 hat der BGH die Grundsätze der Wirksamkeit einer Willenserklärung ohne Erklärungsbewusstsein auf Willenserklärungen durch konkludentes Verhalten übertragen. Schulfall ist die Trierer Weinversteigerung, vgl. dazu *Larenz/Wolf*, § 24 Rn. 7.

23   Beachte: Das Merkmal der „Erklärungsfahrlässigkeit" widerspricht eigentlich dem gesetzlichen System der Irrtumsanfechtung, vgl. Staudinger/*Singer* (2004), § 122 BGB Rn. 8.

24   Merke: Etwas anderes gilt bei nicht-empfangsbedürftigen Willenserklärungen, da der Erklärungsempfänger hier nicht schutzwürdig ist; vgl. dazu Fall 5.

25   So MünchKommBGB/*Kramer*, 5. Aufl. 2006, § 119 BGB Rn. 87.

26   So Erman/*Palm*, 12. Aufl. 2008, § 122 BGB Rn. 3.

27   So *Medicus*, Rn. 608.

gers ein Angebot auf Abschluss eines Bürgschaftsvertrages unterbreitete. Vor diesem Hintergrund musste ein objektiver Erklärungsempfänger in der Situation der C das Schreiben des A als Einverständnis mit dem Angebot und somit als Annahme werten. Das Schreiben des A ist der C auch zugegangen (§ 130 I 1 BGB). Eine wirksame Annahmeerklärung des A liegt somit vor.[28]

II. Wirksamkeit des Bürgschaftsvertrages

Der Bürgschaftsvertrag zwischen A und C muss des Weiteren wirksam sein.

1. Schriftform des Bürgschaftsversprechens

a) § 766 BGB

Gemäß § 766 Satz 1 BGB ist zur Gültigkeit eines Bürgschaftsvertrages grundsätzlich (nur) die schriftliche Erteilung des Bürgschaftsversprechens notwendig.[29] Aus diesem Grunde gilt § 126 I BGB und nicht die auf formbedürtige Verträge zugeschnittene Regelung des § 126 II BGB. § 766 Satz 1 BGB hat eine Warnfunktion; die Vorschrift soll zugleich das Risiko des Bürgen begrenzen. Aus diesem Grunde ist die Schriftform nur gewahrt, wenn die Urkunde außer dem durch Unterschrift bestätigten Willen, für eine fremde Schuld einzustehen, Gläubiger und Hauptschuldner sowie die verbürgte Forderung bezeichnet.[30]

Vorliegend hat C das Schreiben an A per Telefax gesandt. Eine Bürgschaftserklärung per Telefax genügt grundsätzlich nicht dem Formerfordernis des § 766 Satz 1 BGB, da die schriftliche Erklärung dem Gläubiger bei der Faxübermittlung nicht im Original zur Verfügung gestellt wird.[31] Es entspricht auch nicht dem Sinn und Zweck des § 766 Satz 1 BGB, in der Übermittlung der Telekopie einer Bürgschaftserklärung bereits deren schriftliche Erteilung zu sehen. Die Formbedürftigkeit der Bürgschaftserklärung hat ihren Grund im Schutzbedürfnis des Bürgen, der zu größerer Vorsicht angehalten und vor nicht ausreichend überlegten Erklärungen gesichert werden soll. Dieser Schutzzweck verbietet eine Übertragung der Rechtsprechung zur Wahrung von Rechtsmittel- und Rechtsmittelbegründungsfristen

---

[28] Wenn A die Erklärung der C lediglich zu seinen Akten genommen hätte, ohne der Bürgschaftserklärung zu widersprechen, läge kein Zugang bei C vor. Eine wirksame Willenserklärung könnte gleichwohl wegen § 151 Satz 1 BGB gegeben sein. Nach h. A. ist für die Annahme eines selbständigen Garantieversprechens, eines Schuldbeitritts oder einer Bürgschaft keine ausdrückliche oder konkludente Erklärung gegenüber dem Antragenden erforderlich (BGH, NJW 1997, 2233; BGH, NJW 2000, 276). Auch bei nicht lediglich vorteilhaften Rechtsgeschäften kann eine Verkehrssitte bestehen, wonach ein Zugang der Annahme entbehrlich ist: Bestellung von Waren im Versandhandel oder kurzfristige Reservierungswünsche für Hotelzimmer mit kurzer Aufenthaltsdauer, vgl. Bamberger/Roth/*Eckert*, § 151 BGB Rn 7 ff.

[29] Das Schriftformerfordernis gilt also nicht für den ganzen Vertrag!

[30] BGH, NJW 1996, 1467.

[31] BGH, NJW 1993, 1126.

durch Einsatz fernmeldetechnischer Übertragungsmittel[32] auf die Bürgschaft. Die Willenserklärung des C wäre hiernach unwirksam.

b)   § 350 HGB

Allerdings gilt die Vorschrift des § 766 Satz 1 BGB nach § 350 HGB nicht für das Bürgschaftsversprechen eines Kaufmanns, sofern die Abgabe des Versprechens für ihn ein Handelsgeschäft i. S. von §§ 343 f. HGB ist. Die Vorschrift befreit den Kaufmann im Interesse der Leichtigkeit des Verkehrs von Formvorschriften des BGB-Schuldrechts, da Vollkaufleute auf Grund ihrer Geschäftserfahrenheit des hierdurch gewährleisteten besonderen Schutzes nicht bedürfen.[33] Die Eigenschaft als Kaufmann richtet sich nach den § 1 ff. HGB. Die C-Bank ist eine Aktiengesellschaft. Zu den Strukturmerkmalen einer Aktiengesellschaft gehört ihr Charakter als Handelsgesellschaft (§ 3 I AktG). Aus § 3 I AktG i. V. mit § 6 HGB folgt wiederum, dass die Aktiengesellschaft notwendig den Bestimmungen des Handelsrechts unterliegt.[34] Die Stellung von Bürgschaften gehört schließlich zum Betrieb des Handelsgeschäfts einer Bank i. S. von § 343 HGB. Aus diesem Grunde war die Verpflichtungserklärung der C per Telefax (Textform gemäß § 126b BGB) auch ohne Einhaltung der Schriftform wirksam.[35]

c)   Zwischenergebnis

Der Bürgschaftsvertrag ist formwirksam.

2.   Anfechtung des Willenserklärung der C

Der Bürgschaftsvertrag könnte gemäß § 142 I BGB unwirksam sein. Dies setzt voraus, dass C einen Anfechtungsgrund und das Rechtsgeschäft gegenüber dem zutreffenden Anspruchsgegner fristgerecht angefochten hat.[36]

---

[32]   BGH, NJW 1990, 188; vgl. auch BVerfG, NJW 1987, 2067; BGH, NJW 1993, 1126: prozessrechtliche Rechtsprechung sei gerechtfertigt zur bestmöglichen Wahrung der Rechte der Rechtssuchenden.

[33]   MünchKommHGB/*Karsten Schmidt*, 2. Aufl. 2009, § 350 HGB Rn. 1.

[34]   *Hüffer*, AktG, 8. Aufl. 2008, § 1 AktG Rn. 14.

[35]   Ebenroth/Boujong/Joost/Strohn/*Hakenberg*, 2. Aufl. 2007, § 350 HGB Rn. 21.

[36]   Es ist umstritten, ob ein angefochtenes Rechtsgeschäft nicht entstanden (Anfechtung als rechtshindernde Einwendung: Grund ex-tunc-Wirkung) oder nachträglich untergegangen ist (Anfechtung als rechtsvernichtende Einwendung, da § 142 I BGB eine gesetzliche Fiktion enthalte). Entsprechend ist der Obersatz zu wählen. Wenn wie vorliegend der ersten Ansicht gefolgt wird, erfolgt die Rückabwicklung erbrachter Leistungen nach § 812 I 1 Alt. 1 BGB und nicht nach § 812 I 2 Alt. 1 BGB.

a) Anfechtungsgrund

C müsste zunächst einen Anfechtungsgrund haben.[37] Ein Erklärungsirrtum gemäß § 119 I Alt. 2 BGB kommt nicht in Betracht, da C äußerlich erklärt hat, was sie erklären wollte. Auch ein Inhaltsirrtum nach § 119 I Alt. 1 BGB (Erklärender will erklären, was er äußerlich erklärt, verbindet damit aber einen anderen Erklärungsinhalt) scheidet aus, da die Vorschrift ebenso wie § 119 I Alt. 2 BGB davon ausgeht, dass der Erklärende tatsächlich eine Willenserklärung abgeben wollte. In Betracht kommt jedoch eine analoge Anwendung von § 119 I Alt. 2 BGB. Folgt man der h. A. wonach eine Willenserklärung auch ohne Erklärungsbewusstsein wirksam ist, sofern sie dem Erklärenden zugerechnet werden kann (siehe oben), hat der Erklärende analog § 119 I Alt. 2 BGB die Wahl, ob er die Erklärung gegen sich gelten lässt oder unverzüglich (§ 121 I BGB) anficht, da er in beiden Fällen einer Fehlvorstellung unterliegt und beim Fehlen des Erklärungsbewusstseins nicht schlechter stehen darf als ohne Geschäftswillen (planwidrige Regelungslücke als Voraussetzung einer Analogie). C stand somit ein Anfechtungsgrund zur Seite.

b) Anfechtungserklärung

In der Ablehnung der Zahlung liegt eine Anfechtungserklärung des C gegenüber ihrem Vertragspartner A (§ 143 I BGB). Es bedarf nicht des ausdrücklichen Gebrauchs des Wortes „Anfechtung"; vielmehr genügt es, wenn eine nach dem objektiven Erklärungswert bestehende Verpflichtung bestritten wird, sofern sich aus der „Anfechtungserklärung" unzweideutig ergibt, dass das Geschäft wegen eines Irrtums nicht bestehen bleiben soll.[38]

C hat dem A schriftlich erläutert, dass die Übernahme einer Bürgschaft für B auf einem internen Versehen beruhe, weshalb sie die Erklärung nicht gegen sich gelten lassen wolle. Hierin liegt eine zureichende Anfechtungserklärung.

c) Anfechtungsfrist

Eine Anfechtung muss nach § 121 I BGB unverzüglich, d. h. ohne schuldhaftes Zögern erfolgen. C hat sich nach Kenntnis von dem Irrtum „sofort" an A gewandt, um das Versehen zu offenbaren und die Zahlung zu verweigern. Hierin liegt eine unverzügliche Anfechtungserklärung.

3. Zwischenergebnis

Da C ihre Bürgschaftserklärung wirksam angefochten hat, ist der gesamte Bürgschaftsvertrag von Anfang an unwirksam.

---

[37] Da C als juristische Person nicht selbst gehandelt hat, ist nach § 166 I BGB grundsätzlich die Person des Vertreters relevant; da der Sachverhalt nicht differenziert, muss dieser Aspekt aber nicht problematisiert werden.

[38] BGH, NJW 1984, 2279.

C. Gesamtergebnis

A hat gegen C keinen Anspruch auf Zahlung von 150.000,- EUR aus einem Bürgschaftsvertrag.[39]

Merke

1. Eine nicht ernstlich gemeinte Willenserklärung, die in der Erwartung abgegeben wird, der Mangel der Ernstlichkeit werde nicht verkannt werden, ist gemäß § 118 BGB nichtig. Die nicht ernst gemeinte Willenserklärung steht systematisch zwischen dem geheimen Vorbehalt und dem Scheingeschäft.[40] § 118 BGB setzt den objektiven Tatbestand einer Willenserklärung voraus (nicht gegeben bei objektiv nicht ernst gemeinten Äußerungen, wie z. B. „Ein Königreich für ein Pferd" oder „Ich würde alles geben für ein Glas Wasser"). Subjektiv muss die Erklärung nicht ernst gemeint sein. Außerdem muss der Erklärende erwartet haben, dass die mangelnde Ernstlichkeit erkannt wird („guter Scherz" im Gegensatz zum „bösen Scherz", der unter § 116 BGB fällt); ihm fehlt damit das Erklärungsbewusstsein. Unerheblich ist, ob der Gegenüber den Mangel der Ernstlichkeit und damit den Grund der Nichtigkeit erkennen konnte oder nicht (in diesem Fall Schadensersatz gemäß § 122 I BGB). Ansonsten hätte es der ausdrücklichen Benennung in § 122 I BGB wegen § 122 II BGB nicht bedurft.

2. § 118 BGB erfasst nach h. A. auch das misslungene Scheingeschäft (zum gelungenen Scheingeschäft siehe § 117 BGB). Hierbei nimmt der Erklärende an, der Empfänger werde die fehlende Ernstlichkeit der Erklärung erkennen und zum Schein darauf eingehen, während dieser die Erklärung ernst nimmt.[41] Nach a. A. ist dem Erklärenden beim misslungenen Scheingeschäft jedenfalls bei einem formbedürftigen Vertrag verwehrt, sich auf die Nichtigkeit der Erklärung zu berufen:[42] Während § 118 BGB – für das BGB eher untypisch, vgl. §§ 119 ff., 157 BGB – den Schutz des Erklärenden für vorrangig erklärt, soll sich hier der Schutz des redlichen Geschäftsverkehrs durchsetzen (§ 242 BGB).

3. Sofern eine Person – außerhalb des Anwendungsbereichs von § 118 BGB – ohne Erklärungsbewusstsein handelt, liegt nach h. A. grundsätzlich gleichwohl eine wirksame Willenserklärung vor. Der Erklärende habe es selbst in der

---

[39] Beachte: Ansprüche aus § 122 BGB und aus Verschulden bei Vertragsverhandlungen zielen regelmäßig nur auf den Ersatz des negativen Interesses; ausnahmsweise sind sie auf das positive Erfüllungsinteresse gerichtet, wenn der Schadensersatzgläubiger ohne die Pflichtverletzung einen wirksamen Vertrag geschlossen hätte; vgl. dazu *Mohr*, Jura 2010, 327 ff. sowie Fall 14.

[40] Vgl. Prütting/Wegen/Weinreich/*Medicus*, § 118 Rn. 1 ff.

[41] Vgl. BGH, NJW 2000, 3128; BGH, NJW 2006, 2843.

[42] OLG München, NJW-RR 1993, 1168.

Hand, dafür zu sorgen, dass seine Erklärung in dem von ihm gemeinten Sinn verstanden wird. Komme er dieser Erklärungssorgfalt nicht nach, sei er zum Schutze des rechtsgeschäftlichen Verkehrs an den äußeren Erklärungstatbestand zu binden, wenn er bei Anwendung der im Verkehr erforderlichen Sorgfalt hätte erkennen und vermeiden können, dass seine Äußerung als Willenserklärung aufgefasst werden durfte („potenzielles Erklärungsbewusstsein"), und der Empfänger sie auch tatsächlich so verstanden hat. Der Selbstbestimmung des Erklärenden wird durch die Möglichkeit einer Anfechtung seiner Erklärung analog § 119 I Alt. 2 BGB Rechnung getragen; allerdings ist er dann zum Schadensersatz analog § 122 BGB bzw. aus einem gesetzlichen Vertrauensschuldverhältnis nach den §§ 311 II, 241 II BGB verpflichtet. Nach a. A. ist eine Erklärung ohne Erklärungsbewusstsein analog § 118 BGB nichtig; der Erklärende ist aber analog § 122 BGB zum Ersatz des Vertrauensschadens verpflichtet.

.

Fall 12

Abgrenzung Inhalts- und Eigenschaftsirrtum; Ausschluss von § 119 II BGB durch die §§ 434 ff. BGB; Umdeutung einer Anfechtungs- in eine Rücktrittserklärung

A verkauft dem B einen im Schaufenster für 950,- EUR ausgezeichneten Siegelring; es handelt sich um ein Einzelstück. B geht wegen des hohen Preises davon aus, dass es sich bei dem Ring um einen solchen aus echtem Gold handelt, weshalb er beim Kauf nicht nochmals nach dieser Eigenschaft fragt. Da sich A und B seit langem kennen, kann B den Ring sofort mitnehmen, obwohl er kein Geld dabei hat. Muss B den Kaufpreis zahlen, nachdem er erkannt hat, dass der Ring nicht aus Gold, sondern nur vergoldet ist, und er dem A deshalb sofort mitteilt, er fechte den Vertrag an?

Lösung Fall 12

A.   Anspruch des A gegen B aus § 433 II BGB

A könnte gegen B einen Anspruch auf Übereignung der 950,- EUR aus § 433 II BGB haben. Dies setzt voraus, dass zwischen A und B ein wirksamer Kaufvertrag durch zwei aufeinander bezogene Willenserklärungen zustande gekommen ist (§§ 145 ff. BGB).

I.   Zustandekommen des Kaufvertrages

1.   Auslegen des Ringes im Schaufenster

Im Auslegen des Ringes könnte ein Angebot des A liegen. Ein Angebot ist eine empfangsbedürftige Willenserklärung, die inhaltlich so genau bestimmt ist, dass die Annahme grundsätzlich durch bloße Zustimmung erfolgen kann. Fraglich ist, ob das Auslegen des Ringes im Schaufenster schon ein verbindliches Angebot darstellt oder ob es sich um eine invitatio ad offerendum handelt. Dies bestimmt sich durch Auslegung gemäß §§ 133, 157 BGB. Das Auslegen des Ringes im Schaufenster durch A stellt aus der Sicht eines verständigen Erklärungsempfängers in der Situation des B kein Angebot, sondern lediglich eine invitatio ad offerendum ohne Rechtsbindungswillen dar; denn A wollte sich die Entscheidung vorbehalten, mit wem er kontrahiert.[1]

2.   Angebot des B

Als Angebot kommt die Aussage des B in Betracht, er wolle den im Schaufenster ausgelegten Ring für 950,- EUR kaufen. Zu klären ist jedoch, welchen Inhalt das Angebot des B hatte. B hat bei der Abgabe des Angebots nicht ausdrücklich betont, dass er den Ring als einen solchen aus echtem Gold betrachte. Entscheidend ist somit, wie ein verständiger Erklärungsempfänger in der Situation des A das Verhalten des B interpretieren musste (§§ 133, 157 BGB). Nach den Gesamtumständen ist das Angebot des B so zu verstehen, dass er den im Schaufenster ausgestellten Ring erwerben wollte, weil er aus seiner Sicht aus massivem Gold war.[2] Hierfür spricht insbesondere der hohe Kaufpreis sowie die optischen Gleichheit eines goldenen und eines nur vergoldeten Schmuckstücks. Nach geltendem Recht können Eigenschaften zum Inhalt einer Willenserklärung gemacht werden (vgl. § 434 I 3 BGB).[3] Das Angebot des B hat somit zum Gegenstand, von A einen Ring aus echtem Gold für 950,- EUR kaufen zu wollen.

---

[1]   Siehe dazu ausführlich Fall 7.

[2]   Soergel/*Hefermehl* (1999), § 119 BGB Rn. 26 und 35; streitig.

[3]   *Flume*, § 23 Rn. 2b; Soergel/*Hefermehl* (1999), § 119 BGB Rn. 25. Siehe dazu ausführlich den Anhang zu Fall 13.

3. Annahme des A

A hat aus Sicht eines verständigen Empfängers in der Situation des B (§§ 133, 157 BGB) dessen Angebot auf Abschluss eines Kaufvertrages über einen massiv goldenen Ring für 950,- EUR angenommen.[4]

4. Zwischenergebnis

Zwischen A und B ist ein Kaufvertrag über einen goldenen Ring für 950,- EUR zustande gekommen.

II. Wirksamkeit des Kaufvertrages

1. Anfechtung des B

Der Kaufvertrag ist mit ex-tunc-Wirkung unwirksam, wenn B seine Willenserklärung wirksam angefochten hat (§ 142 I BGB).

a) Anfechtungserklärung; Anfechtungsgegner; Anfechtungsfrist

B hat die Anfechtung sofort, d. h. unverzüglich i. S. von § 121 I BGB gegenüber A als dem richtigen Anfechtungsgegner erklärt (§ 143 I, II 1 BGB).

b) Anfechtungsgrund

aa) Inhaltsirrtum gemäß § 119 I Alt. 1 BGB

Eine wirksame Anfechtung setzt des Weiteren voraus, dass B sich auf einen anerkannten Anfechtungsgrund berufen kann. Vorliegend könnte er sich bei der Abgabe seiner Willenserklärung in einem Inhaltsirrtum gemäß § 119 I Alt. 1 BGB befunden haben. Dann muss er sich über den Inhalt seiner Willenserklärung geirrt haben.

§ 119 I BGB behandelt fehlerhafte Willenserklärungen, bei denen der durch Auslegung nach den §§ 133, 157 BGB ermittelte objektive Erklärungsgehalt (sog. Vorrang der Auslegung[5]) irrtumsbedingt vom wirklichen Willen des Erklärenden abweicht; Wille und Erklärung stimmen nicht überein. Ein Inhaltsirrtum nach § 119 I Alt. 1 BGB liegt vor, wenn sich der Erklärende zwar bewusst ist, welche Worte und Zeichen er benutzt, jedoch sein Wille und seine Vorstellung über das Erklärte und dessen rechtlich maßgebliche Bedeutung auseinanderfallen.[6] Im Unterschied zum Irrtum im Erklärungsakt nach § 119 I Alt. 2 BGB entspricht das

---

[4]   Der Erklärung des A sind keine Anhaltspunkte zu entnehmen, die auf einen versteckten Dissens schließen ließen; insbesondere war das Angebot des C nicht objektiv mehrdeutig, sondern so ausreichend bestimmt, dass es „ja" angenommen werden konnte.

[5]   RGZ 85, 322, 324; *Medicus*, Rn. 317; grundlegend *Brox*, Die Einschränkung der Irrtumsanfechtung, 1960.

[6]   Staudinger/*Singer* (2004), § 119 BGB Rn. 38.

äußere Bild der Willenserklärung beim Inhaltsirrtum nach § 119 I Alt. 1 BGB also der Intention des Erklärenden, die Interpretation, die dieser Erklärung vom Empfängerhorizont aus objektiv zuzumessen ist, weicht jedoch vom Willen des Erklärenden ab.[7]

B hat sich nicht versprochen oder verschrieben; ein klassischer Erklärungsirrtum i. S. von § 119 I Alt. 2 BGB scheidet somit aus. B könnte sich aber nach § 119 I Alt. 1 BGB über den Inhalt seiner Willenserklärung geirrt haben, weil die Eigenschaft des Ringes als „aus echtem Gold" nach §§ 133, 157 BGB zum Geschäftsinhalt geworden ist (siehe oben). Nicht jede Vorstellung von einem bestimmten Umstand gehört jedoch nach der Konzeption des Gesetzes zum Inhalt der Willenserklärung.[8] Ausschlaggebend für einen Inhaltsirrtum i. S. von § 119 I Alt. 1 BGB ist, ob das nach §§ 133, 157 BGB *objektiv Erklärte* mit demjenigen übereinstimmt, was der Erklärende erklären wollte.[9]

Hiernach hat sich B nicht über die objektive Bedeutung des Erklärten geirrt. Er wollte einen goldenen Ring erwerben und hat dies aus Sicht eines verständigen Erklärungsempfängers in der Situation des A auch so erklärt. B irrte sich nicht über die nach §§ 133, 157 BGB zu ermittelnde Soll-Beschaffenheit des Ringes, sondern über dessen Ist-Beschaffenheit. Ein solcher Realitätsirrtum ist kein Inhalts-, sondern ein Motivirrtum, da die Willenserklärung auf einer Fehlvorstellung über die Wirklichkeit beruht. Objektiv erklärt war nach §§ 133, 157 BGB „echt Gold"; subjektiv gewollt war ebenfalls „echt Gold"; der Ring war in Wirklichkeit jedoch nur vergoldet.[10]

bb) Eigenschaftsirrtum gemäß § 119 II BGB

B könnte sich über eine verkehrswesentliche Eigenschaft des Ringes i. S. von § 119 II BGB geirrt haben, da er davon ausging, dieser sei massiv aus Gold, obwohl

---

[7] MünchKommBGB/*Kramer*, 5. Aufl. 2006, § 119 BGB Rn. 57.

[8] *Brox/Walker*, Rn. 425. Ein Inhaltsirrtum könnte vorliegend allenfalls in der Person des A vorgelegen haben, wenn sich der objektive Inhalt der Annahmeerklärung des A nach §§ 133, 157 BGB – wie es der Fall war – auf einen goldenen Ring bezog, der A jedoch nur einen vergoldeten Ring veräußern wollte. A hätte dann den Inhalt des Antrags des B „falsch verstanden" und ihn gleichwohl angenommen, ohne zu erklären, wie er den Antrag eigentlich verstanden hat (Soergel/*Hefermehl* [1999], § 119 BGB Rn. 26). In diesem Fall kommt hinsichtlich einer Eigenschaft ein „einfacher Inhaltsirrtum" in Betracht, da sich der Vertrag nach den §§ 133, 157 BGB nicht auf einen Gegenstand mit der gewollten Sollbeschaffenheit bezieht (vgl. *Medicus*, Rn. 766). Weiteres Beispiel für einen solchen „Doppelirrtum", bei dem ein Irrtum über eine Eigenschaft einen Inhaltsirrtum bedeutet: Jemand kauft Haakjöringsköd in der (einseitig irrigen Annahme, es handele sich um Walfischfleisch (Staudinger/*Singer* [2004]§ 119 BGB Rn. 49). In diesem Fall irrt der Erklärende über *die Bedeutung* der zur Beschreibung der Eigenschaften verwendeten Worte und Zeichen; vgl. ausführlich den Anhang zu Fall 13.

[9] Staudinger/*Singer* (2004), § 119 BGB Rn. 48 m. w. N. zur Gegenansicht.

[10] Instruktiv Staudinger/*Singer* (2004), § 119 BGB Rn. 47.

er in Wirklichkeit nur vergoldet war.[11] Zwar hat B aus Sicht eines verständigen Erklärungsempfängers in der Situation des A genau das erklärt, was er erklären wollte, nämlich, den im Schaufenster ausgestellten Ring aus Gold für 950,- EUR kaufen zu wollen. B hat sich jedoch bei der Bildung seines Willens von falschen Vorstellungen leiten lassen, da der Ring in Wirklichkeit nur vergoldet war (Motivirrtum). Ein solcher Irrtum berechtigt nach § 119 II BGB ausnahmsweise dann zur Anfechtung, wenn es sich um eine Eigenschaft des Ringes handelt, die im Verkehr als wesentlich angesehen wird.[12]

(1) Sache

Bei dem Ring handelt es sich um eine Sache i. S. von § 119 II BGB, die auch Gegenstand des Rechtsgeschäfts zwischen A und B war (Eigenschaften „der" Sache).[13]

(2) Eigenschaft

Eigenschaften sind – außer den körperlichen Eigenarten einer Sache – alle tatsächlichen und rechtlichen Merkmale und Verhältnisse, die in der Sache selbst begründet sind und infolge ihrer Beschaffenheit und Dauer deren Brauchbarkeit und Wert beeinflussen (wertbildende Faktoren). Unerheblich sind demgegenüber solche Umstände, die nur mittelbar für die Bewertung relevant sind, wie z. B. der Wert oder Kaufpreis einer Sache selbst.[14] C hat sich nicht über den Preis des Ringes geirrt, sondern über dessen Beschaffenheit aus Gold als dauerhaft wertbildendem Faktor.[15]

---

[11]   Die Unterscheidung zwischen Inhaltsirrtum gemäß § 119 I Alt. 1 BGB und Eigenschaftsirrtum gemäß § 119 II BGB (als ausnahmsweise anzuerkennendem Motivirrtum) spielt mit Blick auf die Rechtsfolgen eigentlich keine Rolle, wird jedoch relevant, wenn eine Anfechtung nach § 119 II BGB am Vorrang des Sachmängelgewährleistungsrechts scheitert, vgl. Staudinger/*Singer* (2004), § 119 BGB Rn. 47.

[12]   Staudinger/*Singer* (2004), § 119 BGB Rn. 48; siehe zu diesem Problem aus rechtshistorischer Sicht den Anhang zu Fall 13, unter D. III.

[13]   Sachen i. S. von § 119 II BGB sind nicht im engen Sinne von § 90 BGB zu verstehen; vielmehr fallen hierunter auch Rechte und Gesamtheiten von Sachen, Rechten und Schulden, vgl. *Medicus/Petersen*, Rn. 136.

[14]   Vgl. *Larenz/Wolf*, § 36 Rn. 38 ff.; siehe zum Kaufpreis Fall 14.

[15]   Die Einschätzung eines Umstandes als unmittelbar oder mittelbar wertbildend ist streitig *(Medicus/Petersen*, Rn. 138 f.). So ist beim Erwerb einer durch eine Hypothek gesicherten Forderung (da die Hypothek akzessorisch ist, wird sie nach § 1153 I BGB durch Abtretung der gesicherten Forderung übertragen) die Ertragsfähigkeit des gekauften Rechts eigentlich keine Eigenschaft des Rechts selbst. Aus diesem Grunde hat das RG (RGZ 149, 235 ff.) eine Anfechtungsmöglichkeit nach § 119 II BGB versagt, jedoch eine solche wegen eines „Kalkulationsirrtums" zugelassen, da der Ertrag des Grundstücks dem Käufer als Grundlage der Berechnung des Verkäufers kenntlich gemacht worden sei (sehr streitig). Aus Sicht des Käufers stellt die Hypothek demgegenüber das wesentliche Sicherungsmittel bezüglich der erworbenen Forderung dar; dessen Bewertung hängt maßgeblich von der Ertragsfähigkeit des Grundstücks ab. Aus diesem Grunde hält *Flume* (S. 477) einen beachtlichen Eigenschaftsirrtum „über die Sollbeschaffen-

(3)   Verkehrswesentlichkeit

Die Eigenschaft des Ringes aus massivem Gold muss schließlich verkehrswesentlich gewesen sein. Die Auslegung dieses Merkmals ist streitig.[16] Die h. A. stuft den
Eigenschaftsirrtum i. S. von § 119 II BGB als ausnahmsweise beachtlichen Motivirrtum ein.[17] Das Merkmal der Verkehrswesentlichkeit hat hiernach die Funktion, eine
missbräuchliche Anwendung des Anfechtungsrechts durch vorgeschobene Anfechtungsgründe zu vermeiden. Maßstab für die Erheblichkeit eines Irrtums ist deshalb
die Verkehrsauffassung, nicht die subjektive Anschauung des Erklärenden.[18] Verkehrswesentlich sind hiernach alle konkret-objektiven Eigenschaften, auf die im
Rechtsverkehr bei Geschäften dieser Art unter den konkreten Umständen typischerweise entscheidender Wert gelegt wird.[19] Der Erklärungsempfänger muss – soweit
sich aus der konkreten Erklärung nichts anderes ergibt – davon ausgehen, dass der
Erklärende seiner Erklärung alle Eigenschaften zugrunde legt, deren Erheblichkeit
sich in Bezug auf das konkrete Rechtsgeschäft „von selbst verstehen".[20] Zusätzlich
sind diejenigen Eigenschaften objektiv „verkehrswesentlich", die dem Rechtsgeschäft erkennbar zugrunde gelegt worden sind.[21] Diese Sichtweise deckt sich weitgehend mit der in der Rechtsprechung vorherrschenden Ansicht, wonach eine Eigenschaft dann verkehrswesentlich ist, wenn der Erklärende sie in irgendeiner Art
und Weise erkennbar dem Vertrag zugrunde gelegt hat, ohne dass er sie zum Inhalt
der Erklärung gemacht haben muss.[22]

Demgegenüber handelt es sich beim Eigenschaftsirrtum nach der Lehre vom
„geschäftlichen Eigenschaftsirrtum" nicht um einen ausnahmsweise beachtlichen
Motivirrtum, sondern um eine Abweichung der Eigenschaften eines Gegenstandes
oder einer Person vom konkreten Geschäftsinhalt.[23] Entscheidend soll hiernach
also nicht die „Verkehrswesentlichkeit", sondern die „Vertrags- bzw. Geschäftswesentlichkeit" sein.[24]

---

heit" für möglich; entscheidend sei, welches Maß an Sicherheit nach dem Kaufvertrag
vorausgesetzt war (*Medicus/Petersen*, Rn. 139).

[16]   Vgl. *Medicus*, Rn. 767.

[17]   *Larenz/Wolf*, § 36 Rn. 35 ff.

[18]   Staudinger/*Singer* (2004), § 119 BGB Rn. 81.

[19]   *Bork*, Rn. 846.

[20]   Siehe auch BGH, NJW 1979, 160, 161, bezüglich des Alters eines Kfz.

[21]   Staudinger/*Singer* (2004), § 119 BGB Rn. 81.

[22]   BGH, NJW 1984, 230. Etwas anderes gilt bei atypischen Eigenschaften, wenn etwa
Sanitärarbeiten durch einen in der Handwerksrolle eingetragenen Meister durchgeführt
werden sollen; hier muss der Anfechtungswillige deutlich machen, dass es auf das Vorhandensein bestimmter Merkmale ankommen soll, vgl. Staudinger/*Singer* (2004), § 119
BGB Rn. 80.

[23]   *Flume*, S. 474 ff.

[24]   Berücksichtigt werden können hiernach nur solche Eigenschaften, die Vertragsinhalt
geworden sind. Im Ergebnis stuft diese Ansicht den Eigenschaftsirrtum also als Sonder-
fall des Leistungsstörungsrechts und gar nicht als einen Irrtumsfall ein; vgl. *Bork*,
Rn. 862, mit weiteren Argumenten.

Der Streit kann vorliegend dahinstehen, da es sich bei der Beschaffenheit des Ringes aus Gold nach beiden Ansichten um eine verkehrswesentliche Eigenschaft handelt: Die Eigenschaft eines Ringes aus massivem Gold wird, auch wenn hierüber bei Vertragsschluss nicht gesprochen worden ist, vom Rechtsverkehr als wesentlich angesehen (ebenso wie die Größe und das Alter einer Sache oder die Echtheit eines Kunstwerks). Darüber hinaus haben A und B diese Eigenschaft bei Auslegung ihrer Erklärungen nach den §§ 133, 157 BGB zum Geschäftsinhalt gemacht (siehe oben).

(4) Erheblichkeit

Da der Eigenschaftsirrtum als Irrtum über den Inhalt einer Erklärung gilt, muss er subjektiv und objektiv erheblich geworden sein.[25] B hätte die Erklärung nicht abgegeben, wenn er gewusst hätte, dass der Ring nur vergoldet ist; der Irrtum war somit subjektiv erheblich. Angesichts des hohen Kaufpreises ist der Irrtum „bei verständiger und lebensnaher Würdigung des Falles" auch objektiv erheblich.

c) Zwischenergebnis

B hat einen Anfechtungsgrund nach § 119 II BGB. Die Anfechtung seines Angebots macht dieses nach § 142 I BGB ex tunc unwirksam, mit der Folge, dass der Vertrag zwischen A und B entfällt.

2. Ausschluss der Anfechtung nach §§ 434 ff. BGB

Eine Anfechtung nach § 119 II BGB könnte jedoch wegen des Vorrangs der Sachmängelhaftung nach § 434 ff. BGB ausgeschlossen sein, wenn dem Ring zugleich eine „vereinbarte Beschaffenheit" i.S. von § 434 I BGB fehlt. Nach h.A. enthält das Kaufmängelgewährleistungsrecht für diesen Fall eine spezielle Regelung, die nicht durch ein Recht zur Anfechtung des Vertrages unterlaufen werden darf; § 119 II BGB ist hiernach gegenüber den §§ 434 ff. BGB subsidiär.[26] Allerdings greift das Sachmängelgewährleistungsrecht erst ab Gefahrübergang, weshalb es nach h.A. auch erst ab diesem Zeitpunkt das Anfechtungsrecht aus § 119 II BGB verdrängen soll.[27]

---

[25] *Faust*, § 21 Rn. 14.

[26] *Bork*, Rn. 856; MünchKommBGB/*Kramer*, 5. Aufl. 2006, § 119 BGB Rn. 33. Die Haftung des Verkäufers nach den §§ 434 ff. BGB ist nach Voraussetzungen und Folgen gegenüber der Beachtlichkeit des Eigenschaftsirrtums nach § 119 II BGB eingeschränkt.

[27] *Bork*, Rn. 856. Ob das Anfechtungsrecht des § 119 II BGB auch schon vor Gefahrübergang ausgeschlossen ist, ist sehr streitig (MünchKommBGB/*H. P. Westermann*, 5. Aufl. 2008, § 437 BGB Rn. 53). Nach einer im Vordringen befindlichen Ansicht tritt § 119 II BGB gegenüber den §§ 434 ff. BGB schon vor Gefahrübergang zurück: Die Gewährleistungsrechte des Käufers beruhten auf der Erwägung, dass dem Verkäufer, der eine mangelhafte, aber nachbesserungsfähige Sache liefere, Gelegenheit zur Nacherfüllung gegeben werde (§ 434 I 2 BGB). Dieses Recht zur „zweiten Andienung" dürfe der Käufer nicht dadurch zunichtemachen, dass er vor Gefahrübergang nach § 119 II BGB anfechte (Bamberger/Roth/*Faust*, § 437 BGB Rn. 178).

Nach a. A. wird die Anfechtung nach § 119 II BGB nicht durch das Gewährleistungsrecht verdrängt, weil dieses dem Käufer gar nicht dieselbe Rechtsstellung wie das Anfechtungsrecht sichern kann.[28] Das Kaufrecht sei für den Käufer insbesondere deshalb günstiger, weil er nicht wie bei § 122 BGB auf Schadensersatz hafte. Gegen diese Sichtweise spricht jedoch, dass der Vorrang des Gewährleistungsrechts auch den Zweck verfolgt, den Tatbestand des Anfechtungsrechts gemäß § 119 II BGB sachgerecht zu begrenzen, da eine Begrenzung der Anfechtung wegen eines Eigenschaftsirrtums allein über das Merkmal der „Verkehrswesentlichkeit" mit einer nicht unerheblichen Rechtsunsicherheit verbunden wäre.[29]

Für den Sachverhalt bedeutet dies: Nach dem Inhalt des Kaufvertrages sollte der Ring aus massivem Gold sein; in Wirklichkeit war er nur vergoldet (siehe oben). Es liegt somit eine Abweichung der Ist- von der Sollbeschaffenheit vor. Hiernach ist eine Anfechtung nach § 119 II BGB grundsätzlich ausgeschlossen.

3.   Zwischenergebnis

B hat seine auf den Abschluss des Kaufvertrages gerichtete Willenserklärung nicht wirksam angefochten.

III. Rücktritt des B gemäß § 346 I BGB i. V. mit §§ 434 I, 437 Nr. 2, 441 BGB

Aus Sicht eines verständigen Erklärungsempfängers in der Situation des A will sich B auf jede denkbare Art und Weise vom Vertrag lösen.[30] Es ist deshalb davon auszugehen, dass B gegenüber A einen Rücktritt vom Vertrag erklärt hätte, wenn er sich des Ausschlusses der Anfechtung bewusst gewesen wäre.

1.   Auslegung der Anfechtungs- als Rücktrittserklärung?

Eine Auslegung der Anfechtungserklärung nach § 143 I BGB als eine Erklärung des Rücktritts nach §§ 434 I, 437 Nr. 2, 326 V, 323 BGB scheitert daran, dass die Anfechtung wegen des Vorrangs der Sachmängelgewährleistung unwirksam ist; ein nichtiges Rechtsgeschäft ist keiner Auslegung zugänglich.

2.   Umdeutung der Anfechtungs- in eine Rücktrittserklärung gemäß § 140 BGB

a)   Rücktrittserklärung

Die nichtige Anfechtungserklärung kann jedoch nach § 140 BGB in eine Rücktrittserklärung i. S. von § 349 BGB umgedeutet werden. Eine Umdeutung (Kon-

---

[28] Bamberger/Roth/*Faust*, § 437 BGB Rn. 182.

[29] Staudinger/*Singer* (2004), § 119 BGB Rn. 80.

[30] Demgegenüber kommt für B eine Minderung nach §§ 434 I, 437 Nr. 2, 441 BGB nicht in Betracht, da er einen nur vergoldeten Ring nicht behalten möchte.

version) setzt zunächst ein nichtiges Rechtsgeschäft voraus, welches als Minus ein gültiges Ersatzgeschäft enthält, durch welches der bezweckte Erfolg ganz oder teilweise erreicht werden kann. Außerdem muss die Umdeutung vom (hypothetischen) Parteiwillen gedeckt sein.[31] Dies ist vorliegend der Fall.

b)   Rücktrittsgrund

Der von B gekaufte Ring war mangelhaft (siehe oben). Eine Nachfristsetzung war nach § 326 V 2 BGB entbehrlich. Zwar kommt nach § 439 I BGB grundsätzlich sowohl ein Anspruch auf Nachbesserung (Mangelbeseitigung) als auch ein solcher auf Lieferung einer mangelfreien Sache in Betracht (Ersatzlieferung). Vorliegend handelte es sich freilich um einen Stückkauf.[32] Hier scheidet ein Anspruch auf Nachlieferung nach § 275 I BGB aus, wenn es keine andere erfüllungstaugliche Sache gibt.[33] Auch der Nachbesserungsanspruch ist unmöglich i. S. von § 275 I BGB, da der Ring durch technische Maßnahmen nicht zu einem solchen aus massivem Gold umgestaltet werden kann.[34] Eine Neuherstellung ist ebenfalls nicht denkbar, da es sich um ein Unikat handelt.[35] Aus diesem Grunde ist ein Rücktritt nach §§ 326 V, 323 BGB ohne Fristsetzung möglich.

c)   Rechtsfolge

Die Wirkungen des Rücktritts richten sich nach den §§ 346 ff. BGB. Hiernach wandelt sich das Rechtsverhältnis in ein Rückgewährschuldverhältnis um; die noch bestehenden Leistungspflichten der Parteien erlöschen mit ex-nunc-Wirkung.

3.   Zwischenergebnis

B ist wirksam vom Kaufvertrag mit A zurückgetreten.

B.   Gesamtergebnis Fall 12

A hat gegen B keinen Anspruch auf den Kaufpreis in Höhe von 950,- EUR nach § 433 II BGB.

---

[31]   *Bork*, Rn. 1228 ff.; vgl. bereits Fall 10.

[32]   *Huber*, NJW 2002, 1004, 1006.

[33]   Vgl. BGH, NJW 2006, 2839. Möglich ist die Ersatzlieferung einer anderen mangelfreien Sache beim Stückkauf nur dann, wenn die Kaufsache im Falle ihrer Mangelhaftigkeit nach der Vorstellung der Parteien durch eine gleichartige und gleichwertige ersetzt werden kann. Dies ist beim Kauf eines Gebrauchtwagens in der Regel zu verneinen, wenn dem Kaufentschluss eine persönliche Besichtigung des Fahrzeugs vorangegangen ist. Diese Wertung lässt sich auf den vorliegenden Fall übertragen.

[34]   Bamberger/Roth/*Faust*, § 439 BGB Rn. 37.

[35]   Vgl. dazu Bamberger/Roth/*Faust*, § 439 BGB Rn. 26.

Merke

1. Gemäß § 119 I BGB ist eine Willenserklärung anfechtbar, wenn die nach §§ 133, 157 BGB ermittelte Erklärungsbedeutung nicht mit der vom Erklärenden gewollten Erklärungsbedeutung übereinstimmt. Ein Inhaltsirrtum nach § 119 I Alt. 1 BGB liegt vor, wenn sich der Erklärende zwar bewusst ist, welche Worte und Zeichen er benutzt, jedoch seine Vorstellung über das Erklärte und dessen rechtlich maßgebliche Bedeutung auseinanderfallen (sog. Divergenzdogma). Im Unterschied zum Irrtum im Erklärungsakt nach § 119 I Alt. 2 BGB (Beispiele: Versprechen, Verschreiben) entspricht das äußere Bild der Willenserklärung beim Inhaltsirrtum der Intention des Erklärenden, die Interpretation, die dieser Erklärung vom Horizont eines verständigen Erklärungsempfängers in der konkreten Situation des Rezipienten nach Treu und Glauben und der Verkehrssitte zuzumessen ist, weicht jedoch, ohne dass dem Erklärenden dies bewusst ist, von seinem Willen ab.

2. Kriterien für die ausnahmsweise Beachtlichkeit eines Motivirrtums nach § 119 II BGB sind:

   a) Eigenschaften einer Sache i. S. von § 119 II BGB sind rechtliche oder tatsächliche Umstände, die der Sache unmittelbar anhaften und infolge ihrer Beschaffenheit und Dauer nach der Verkehrsanschauung für die Wertschätzung oder Verwendbarkeit der Sache von Bedeutung sind. Der Marktpreis ist daher keine Eigenschaft, wohl aber die wert- und preisbildenden Faktoren.

   b) Auch nichtkörperliche Gegenstände (z. B. Grundschulden) sind im Rahmen des § 119 II BGB (anders als § 90 BGB) als Sachen i. S. dieser Vorschrift zu behandeln.

   c) Verkehrswesentlich ist eine Eigenschaft, wenn sie bei den Vertragsverhandlungen als wichtig angeklungen ist und von den Beteiligten für das konkrete Geschäft ausdrücklich oder konkludent als wesentlich vereinbart worden ist. Objektive Wesentlichkeit einer Eigenschaft nach der Verkehrsanschauung genügt allein nicht, weil die Parteien im Rahmen der Privatautonomie selber bestimmen können, was für sie konkret wesentlich ist.

   d) Für den Fall, dass die Ist-Beschaffenheit einer verkauften Sache von der Beschaffenheit abweicht, die diese nach dem Kaufvertrag haben soll (Soll-Beschaffenheit), enthält das Kaufmängelgewährleistungsrecht in § 433 I 2 i. V. mit § 434 BGB eine spezielle Regelung. § 119 II BGB wird daher durch die speziellere Regelung verdrängt. Dies gilt jedenfalls nach Gefahrübergang, da ab diesem Zeitpunkt gemäß § 434 I 1 BGB das Gewährleistungsrecht eingreift (streitig).

3. Schematische Darstellung

WE „Angebot"   WE „Annahme"

Phase der Willensbildung (Motive)	W I L L E	Phase der Erklärungs-bildung	E R K L Ä R U N G	E R K L Ä R U N G	Phase der Erklärungs-bildung	W I L L E	Phase der Willensbildung (Motive)
möglich: Motivirrtum		möglich: Erklärungsirrtum			möglich: Erklärungsirrtum		möglich: Motivirrtum

Dissens: Bei Nichtübereinstimmung der ausgelegten Angebots- und Annahmeerklärungen und nicht nachweisbarer tatsächlicher Willenseinigung liegt ein *Dissens* vor (§§ 154, 155 BGB).

Motivirrtum: Irrtum über die Istbeschaffenheit. Diese stimmt nicht mit der Sollbeschaffenheit (Beschaffenheit der Sache nach dem Inhalt der WE) überein. Der Irrtum bezieht sich also auf die Realität und nicht (trotz der „gilt"-Fiktion in § 119 II BGB) auf die Erklärung. *Rechtsfolge:* Anfechtbarkeit bei Irrtum über verkehrswesentliche Eigenschaften der Sache (§ 119 II BGB) oder bei arglistiger Täuschung (§ 123 BGB).

Erklärungsirrtum: Irrtum über die Sollbeschaffenheit. Der nach allgemeinen Auslegungsgrundsätzen (§§ 133, 157 BGB) ermittelte Inhalt der Erklärung bezüglich der Sollbeschaffenheit der Sache stimmt nicht überein mit dem Inhalt des Geschäftswillens; d. h. es liegt eine Divergenz zwischen der subjektiv gewollten und der objektiv verwirklichten Erklärungsbedeutung vor (schlagwortartig formuliert: *unbewusste* Diskrepanz von Wille und Erklärung – im Gegensatz zu § 116 S. 1 BGB, wo eine *bewusste* Diskrepanz zwischen dem Geschäftswillen und der Erklärung vorliegt). *Rechtsfolge:* Anfechtbarkeit bei einem Irrtum über die Erklärungshandlung (§ 119 I 2 Alt. BGB) oder über den Erklärungsinhalt (§ 119 I 1. Alt. BGB).

Gemeinsamer Motivirrtum: Auch wenn die Voraussetzungen für eine Anfechtung nach §§ 119 II BGB erfüllt sind, kommt bei einem *gemeinsamen* Motivirrtum, durch den sich wesentliche Grundlagen des Vertrages als falsch herausstellen, *nur* eine Anpassung des Vertrages gemäß § 313 II BGB in Betracht (lex specialis).

4. Eine unwirksame Anfechtungserklärung kann nach § 140 BGB ggf. in die Erklärung eines Rücktritts gemäß § 349 BGB umgedeutet werden. Eine Umdeutung (Konversion) setzt ein nichtiges Rechtsgeschäft voraus, welches als minus ein Ersatzgeschäft enthält, das keine weitergehenderen oder andersartigen Rechtsfolgen als das nichtige Rechtsgeschäft anordnet und vom (hypothetischen) Parteiwillen gedeckt ist.

5. Für § 119 I und II BGB gilt: Eine Anfechtung von in Vollzug gesetzten Dauerschuldverhältnissen (Arbeits,- Dienst- und Gesellschaftsverträgen) ist aus Prak-
   tikabilitätsgründen grundsätzlich nur mit ex-nunc-Wirkung möglich.[36]

6. Die Anfechtung einer Willenserklärung ist wegen Verstoßes gegen Treu und
   Glauben (§ 242 BGB) unzulässig, wenn der Anfechtende das Geschäft mit dem
   vom Irrenden gewollten Inhalt gegen sich gelten lassen will. Das Anfechtungsrecht ist kein Reuerecht.

---

[36] BAGE 90, 251, 255; BGHZ 55, 5, 8.

Fall 13

Anfechtung sachenrechtlicher Willenserklärungen; Anfechtung einer Tilgungsbestimmung; Bestandteilseigenschaften

In einem Hamburger Restaurant bestellt M für seine Begleiterin F ein Dutzend frische Austern zu 90,- EUR; der Inhaber des Restaurants R hatte diese am gleichen Tage beim Austernfischer A für 30,- EUR erworben. Beim Essen findet F in einer der Austern eine Perle im Wert von 3000,- EUR. R verlangt von M und F die Herausgabe der Perle mit der Begründung, dass er nur die Auster, nicht aber die Perle in ihr verkauft habe. Zu Recht?

Lösung Fall 13

A.   Anspruch des R gegen F auf Herausgabe der Perle gemäß §§ 439 IV, 346 I BGB

I.   Kaufvertrag zwischen M und R zugunsten der F

Ein Anspruch des R gegen F auf Herausgabe der Perle könnte sich aus §§ 439 IV, 346 I BGB ergeben. Dies setzt voraus, dass die vertragliche Beziehung zwischen R und F bezüglich der Auster als Kaufvertrag einzustufen ist. Bei einem Bewirtungsvertrag handelt es sich nach h. A. um einen gemischten Vertrag, bei dem sich die vom Gastwirt geschuldete Hauptleistung aus mehreren Bestandteilen zusammensetzt. Die Leistung enthält regelmäßig Elemente des Werklieferungsvertrags (§ 651 BGB, bezüglich des zubereiteten Essens), des Kaufvertrags (§ 433 BGB, z. B. bezüglich der Getränke), des Mietvertrags (§ 535 BGB, bzgl. des benutzten Mobiliars), des Dienstvertrags (§ 611 BGB, bezüglich der Bedienung) und des Verwahrungsvertrags (§ 688 BGB, bezüglich der Garderobe).[1] Hinsichtlich der Auster kommen hiernach die Vorschriften des Kaufrechts zur Anwendung; der Werklieferungsvertrag wird gemäß § 651 Satz 1 BGB nach den Vorschriften über das Kaufrecht behandelt.

Die Austern waren freilich nicht zum Verzehr durch M, sondern durch F bestimmt. R sollte die Austern nach dem durch Auslegung gemäß den §§ 133, 157 BGB zu ermittelnden Vertragsinhalt direkt an F übereignen; F sollte die Leistung selbst einfordern dürfen. Folglich ist der Bewirtungsvertrag insoweit als echter Vertrag zugunsten Dritter gemäß den §§ 328 ff. BGB einzustufen.[2] M und R haben also bezüglich der Austern einen wirksamen Bewirtungsvertrag zugunsten der F geschlossen, der sich insoweit nach Kaufrecht richtet.

II.   Mangel der Kaufsache

Dem Verkäufer R könnten wegen der Lieferung der Auster mit der Perle vertragliche Ansprüche auf Herausgabe zustehen. Eine Rückabwicklung des Vertrages gemäß den §§ 439 IV, 346 I BGB setzt die Lieferung einer mangelhaften Sache voraus. Die Austern waren freilich nicht mangelhaft i. S. des § 434 I BGB. Mängel sind hiernach nämlich nur negative Abweichungen der Ist- von der Sollbeschaffenheit der Sache.[3] Dies ist wiederum nur gegeben, wenn die Sache bezüglich ihrer Gattungsmerkmale schlechter ist als die vereinbarte. Die Austern könnten jedoch als aliud-Lieferung einzustufen sein, welche gemäß § 434 III BGB einem Mangel gleichzustellen ist. Der Wortlaut der Vorschrift erfasst auch die Fälle der Lieferung

---

[1]   *Ramrath*, AcP 189 (1989), 559, 562; vgl. auch Fall 8.

[2]   Vgl. dazu noch Fußnote 21 sowie Fall 22.

[3]   Vgl. zum Mangelbegriff Schwab/Witt/*Schubel*, Einführung in das neue Schuldrecht, 2002, S. 123 ff.; *Braun*, S. 130 ff.

eines höherwertigen aliud.[4] So beschränkt sich § 434 III BGB bezüglich des Identitätsaliud bei der Stückschuld bzw. des Qualifikationsaliud beim Gattungskauf nicht wie beim Quantitätsaliud auf die Lieferung einer zu geringen Menge bzw. auf eine minderwertige Lieferung; im Umkehrschluss lässt sich daraus entnehmen, dass bei § 434 III BGB auch ein höherwertiges aliud einem Sachmangel gleichzustellen ist. Die Austern samt Perle sind solch ein höherwertiges Qualifikationsaliud: geschuldet war nur eine zum Verzehr geeignete Auster, geleistet wurde eine solche mit einer wertvollen Perle.

III. Nacherfüllung

Problematisch ist, ob der R das aliud gemäß §§ 439 IV, 346 I BGB erst dann herausverlangen kann, wenn er im Anschluss an ein entsprechendes Verlangen des Käufers mit einer vertragsgemäßen Sache nacherfüllt hat, oder ob hierfür schon ein Angebot der Nacherfüllung genügt.[5] Für die erstgenannte Sichtweise spricht, dass die Vorschriften über die Gewährleistung gemäß den §§ 434 ff. BGB lediglich Rechte des Käufers beinhalten. Der Verkäufer ist durch das Gesetz nicht dazu ermächtigt, dem Käufer die Wahrnehmung dieser Rechte aufzuzwingen.[6] M bzw. F haben jedoch keine Nacherfüllung verlangt, sondern wollten die Auster nebst Perle behalten.

IV. Ergebnis

Ein Anspruch aus §§ 439 IV, 346 I BGB scheidet aus. R hat damit vertraglich nur einen Anspruch auf Zahlung des vereinbarten Kaufpreises.

B. Anspruch des R gegen F auf Herausgabe der Perle gemäß § 985 BGB

R könnte einen Anspruch auf Herausgabe der Perle nach § 985 BGB haben. Dann muss R Eigentümer der Perle sein und F darf als Besitzerin kein Recht zum Besitz haben.

I. Anwendbarkeit

Nach der vereinzelt vertretenen Lehre vom Vorrang der Vertragsverhältnisse können Gegenstände, die aufgrund eines Vertrages übereignet wurden, nur über das Vertragsrecht wieder zurückverlangt werden.[7] Diese Ansicht ist mit der h. A. abzulehnen, da sie § 986 I 1 BGB widerspricht, der gerade auf vertragliche Rechte zum Besitz zugeschnitten ist.

---

[4] MünchKommBGB/*H. P. Westermann*, 5. Aufl. 2008, § 434 BGB Rn. 41.
[5] *Bitter/Meidt*, ZIP 2001, 2114, 2116.
[6] *Lorenz*, JuS 2003, 36, 39.
[7] Siehe dazu BGHZ 34, 122 ff. „Kleinbusfall".

II. Aktivlegitimation: Eigentum des R

1. Erwerb des Eigentums an der Auster vom Austernfischer

R ist Eigentümer der Perle, wenn er diese wirksam vom Austernfischer A erworben hat.[8] Nach § 929 Satz 1 BGB ist es zur Übertragung des Eigentums an einer beweglichen Sache erforderlich, dass der verfügungsbefugte Eigentümer die Sache dem Erwerber übergibt und sich beide darüber einig sind, dass das Eigentum an der Sache übergehen soll. Erforderlich ist also eine Einigung, eine Übergabe, das Einigsein bei der Übergabe sowie die Berechtigung zur Veräußerung. A hat R die Auster übergeben; beide waren sich auch darüber einig, dass R das Eigentum an der Auster vom berechtigten A erwerben soll.

Die Übereignung muss sich nicht nur auf die Auster, sondern auch auf die Perle erstreckt haben. Da es sich bei der dinglichen Einigung um ein Rechtsgeschäft handelt, bestimmt sich der Inhalt der Einigung zwischen A und R durch Auslegung nach den §§ 133, 157 BGB.[9] Dabei ist das auf der Unterscheidung zwischen schuldrechtlichem Verpflichtungs- und dinglichem Verfügungsgeschäft (Trennungsprinzip) aufbauende Abstraktionsprinzip zu beachten. Dieses besagt zum einen, dass das rechtliche Schicksal des Verfügungsgeschäfts von demjenigen des Verpflichtungsgeschäfts unabhängig ist (äußere Abstraktion), und zum anderen, dass das Erfüllungs- anders als das Verpflichtungsgeschäft keiner kausalen Zweckbestimmung bedarf (innere Abstraktion).[10] Nach dem Grundsatz der inneren Abstraktion müssen sich die Parteien bei § 929 Satz 1 BGB nur über den Eigentumsübergang einig sein. Die Willenserklärungen, welche Gegenstand der dinglichen Einigung sind, beschränken sich auf die Herbeiführung der Wirkungen der Verfügung (die Eigentumsübertragung), den Gegenstand der Verfügung und die Parteien des Verfügungsgeschäfts (sog. verfügungsrechtlicher Minimalkonsens).[11]

Aus Sicht eines verobjektivierten Erklärungsempfängers war Gegenstand der Willenserklärung des A die Auster mit ihrem Inhalt. Diesen Antrag hat der R angenommen. Etwas anderes folgt nicht aus dem Umstand, dass die Austern verzehrt werden sollten.[12] Den Erklärungen der Parteien ist zum einen keine entsprechende Einschränkung des Gegenstands der Verfügung zu entnehmen; es war ihnen nach vielmehr gleichgültig, wozu R die Austern verwendet. Zum anderen unterliegen

---

[8] Der Austernfischer hat die Auster mit Perle nach § 958 I BGB erworben. Hiernach erwirbt das Eigentum an einer Sache, wer eine herrenlose bewegliche Sache in Eigenbesitz nimmt; vgl. *Martinek*, JuS 1991, 710, 713.

[9] Es ist heute unstreitig, dass die dingliche Einigung ein eigenständiges Rechtsgeschäft über den Eigentumsübergang beinhaltet; vgl. die Nachweise zum älteren Schrifttum bei Staudinger/*Wiegand* (2004), Vor §§ 929 ff. BGB Rn. 10 ff.

[10] *Füller*, Eigenständiges Sachenrecht?, 2006, S. 113 ff.; *Jahr*, AcP 168 (1968), 9, 15 ff.

[11] MünchKommBGB/*Oechsler*, 5. Aufl. 2009, § 929 BGB Rn. 24; *Baur/Stürner*, Sachenrecht, 18. Aufl. 2009, § 5 IV Rn. 42; *Grigoleit*, AcP 199 (1999), 379, 380.

[12] So aber *Josef*, Das Recht 1905, 307.

dingliche Verfügungsgeschäfte nach dem Grundsatz der inneren Abstraktion grundsätzlich keiner Zweckbindung, sofern die Parteien nicht ausnahmsweise bestimmte Zwecke vereinbaren.[13] Über eine derartige rechtsgeschäftliche Zweckbindung sagt der Sachverhalt nichts aus. R hat hiernach von A nach § 929 Satz 1 BGB wirksam Eigentum an der Austern mitsamt Perle erworben.

2. Verlust des Eigentums von R an F

a)   Aneignung gemäß § 956 BGB

Gegen einen Eigentumserwerb von F wird angeführt, dass R der F nicht das Eigentum an der Auster samt Inhalt, sondern lediglich die Aneignung der verzehrfähigen Bestandteile i. S. von § 956 BGB gestattet habe.[14] R habe F – anders als der Austernfischer A im Verhältnis zu R – die Auster gerade nicht mit allen ihren Bestandteilen übereignet.[15] Der Vertrag zwischen R und F beziehe sich vielmehr nur auf das in § 956 BGB umschriebene Genussrecht an den Austern. Aus der gebotenen Auslegung der Willenserklärungen der Parteien an Hand der Verkehrssitte[16] nach den §§ 133, 157 BGB ergebe sich, dass dem Gast nach der in allen „vornehmen Restaurants von Seiten des anständigen Publikums gepflogenen Übung" nur das Recht zustehe, „sich die genießbaren Bestandteile der vorgesetzten Speisen im Restaurant durch alsbaldigen Verzehr anzueignen"; dagegen seien „die ungenießbaren Bestandteile, wie Knochen, Krebs- und Austernschalen dem Wirt als diesem gehörig zurück zu lassen. Wer dem Gaste (…) ein weitergehendes Recht auch auf die nicht genießbaren Bestandteile der Speisen zusprechen" wolle, müsse „ihm dann, wiederum in Widerspruch mit der herrschenden Sitte, auch die Verpflichtung zur Ab- und Mitnahme der Speisereste auferlegen." Diese Sichtweise kann nicht überzeugen. Der Kunde hat aufgrund der Übereignung das Recht, wenn auch nicht die Pflicht, die übereigneten Sachen mitzunehmen (z. B. etwaige Knochen für den Hund; Muschelschalen zu Dekorationszwecken). Sofern er die Schale der Auster nicht mitnehmen will, ist der Wirt nach dem zugrunde liegenden Bewir-

---

[13] *Füller*, Eigenständiges Sachenrecht?, 2006, S. 115 f.

[14] *Warnatsch*, Das Recht 1905, 340. § 953 BGB behandelt die Rechtsstellung einer Person, die keine dingliche Nutzungsbefugnis gemäß den §§ 953, 954 BGB, sondern lediglich einen persönlichen Anspruch auf Erzeugnisse und sonstige Bestandteile einer Sache hat (MünchKommBGB/*Oechsler*, 5. Aufl. 2009, § 956 BGB Rn. 1.).

[15] *Warnatsch*, Das Recht 1905, 340, unterscheidet nicht trennscharf zwischen Verpflichtungs- und Verfügungsgeschäft, da er auf den Inhalt des schuldrechtlichen Verpflichtungsvertrages abstellt; wie vorliegend *Martinek*, JuS 1971, 710, 712.

[16] Siehe zur normativen Auslegung an Hand der „den Verkehr beherrschenden tatsächlichen" Übung *Flume*, S. 312 ff. Während die Berücksichtigung der Verkehrssitte bei der einfachen Auslegung helfen soll, die Bedeutung eines rechtsgeschäftlichen Verhaltens zu bestimmen, wird sie bei der ergänzenden Auslegung dazu herangezogen, um ihr eine *ungeregelte Frage* zu entnehmen (MünchKommBGB/*Busche*, 5. Aufl. 2006, § 157 BGB Rn. 51).

tungsvertrag zur Entsorgung verpflichtet.[17] Eine Aneignungsgestattung i. S. von § 956 BGB liegt somit nicht vor.

b) *Hälftiges Miteigentum von R und F analog § 984 BGB*

Um ein „den tatsächlichen Verhältnissen in jeder Beziehung angemessenes Recht" zu schaffen, plädiert eine zweite Ansicht für hälftiges Miteigentum zwischen R und F analog § 984 BGB.[18] Gemäß § 984 BGB erwerben Entdecker und Eigentümer einer Sache, in welcher ein Schatz verborgen war, hälftiges Miteigentum, wenn die Sache so lange verborgen gelegen hat, dass der Eigentümer nicht mehr zu ermitteln ist (Schatz).

Eine direkte Anwendung von § 984 BGB auf den vorliegenden Fall scheidet unstreitig aus, da die Perle kein Schatz i. S. von § 984 BGB ist.[19] Aber auch eine analoge Anwendung ist nicht möglich, da eine planwidrige Regelungslücke als Voraussetzung eines Analogieschlusses fehlt. Es ist nicht unbillig, wenn der Eigentümer der Auster nach § 953 BGB auch Eigentümer der Perle wird, ohne das Eigentum mit den Voreigentümern teilen zu müssen (siehe dazu sogleich).[20] Darüber hinaus haben die Voreigentümer ein Recht zur Anfechtung der dinglichen Willenserklärung gemäß § 119 II BGB (auch hierzu noch im Folgenden).

c) *Übereignung nach § 929 Satz 1 BGB*

R könnte sein Eigentum an der Auster nebst Perle nach § 929 Satz 1 BGB an F verloren haben. R und F haben sich in Erfüllung des zugunsten der F abgeschlossenen Bewirtungsvertrages des R mit M darüber geeinigt, dass F das Eigentum an der Auster nebst Perle erwerben soll; R hat die Auster mit der Perle auch an F übergeben.[21] Gegenstand der Übereignung war – ebenso wie bei der Übereignung

---

[17] A. A. *Schloßmann*, JhJb 49 (1906), 139 ff.: Die Austernschalen würden nach Verzehr herrenlos. A. A. *Martinek*, JuS 1991, 710, 713: Keine Aufgabe des Besitzes als Voraussetzung einer Dereliktion. Beide Sichtweisen sind nicht überzeugend. Alleiniger Besitzer der Speisen ist der Gast; der Wirt ist schuldrechtlich zur Rücknahme der Speisereste verpflichtet.

[18] *Warnatsch*, Das Recht 1905, 340.

[19] Ebenso *Gareis*, DJZ 1905, Spalte 347, 348; *J. v. Gierke*, DJZ 1905, Spalte 396 f.

[20] *Francke*, Blatt für Rechtspflege in Thüringen und Anhalt 53 (1906), 1 ff., zit. nach *Martinek*, a. a. O.

[21] R und M haben bezüglich der Austern wie erläutert einen Vertrag zugunsten der F i. S. von § 328 BGB geschlossen. Dieser begründet – als sog. Deckungsverhältnis (R erhält von M die Deckung für seine Leistung an F) – einen eigenen Anspruch des Dritten auf Leistung. Im Valutaverhältnis zwischen M und F besteht vorliegend ein Schenkungsvertrag i. S. von § 518 BGB. Die Leistung erfolgt im Vollzugsverhältnis zwischen R und F ohne Durchgangserwerb bei M. Siehe dazu *Martinek*, JuS 1991, 710, 714; MünchKommBGB/ *Gottwald*, 5. Aufl. 2006, § 328 BGB Rn. 3 ff. A. A. noch *Gareis*, DJZ 1905, Spalte 347 f.: Die Einladung der F durch M begründe kein Rechtsverhältnis, wonach sich ein Anspruch gegen den Eigentümer der das Erzeugnis erbringenden Sache herleiten lasse; dagegen *J. v. Gierke*, DJZ 1905, Spalte 396, 397, der jedoch nicht ausreichend zwischen Valutaverhältnis und Vollzugsverhältnis trennt.

der Auster von A an R (siehe oben) – die Auster nebst Inhalt. R hat sein Eigentum somit nach den §§ 929 ff. BGB an F verloren.[22] Durch die Trennung von Auster und Perle als einfachem Bestandteil hat die F sodann Eigentum an der Perle erworben (sog. Kontinuitätserwerb), was § 953 BGB klarstellt.[23]

d) Zwischenergebnis

R hat sein Eigentum an der Perle an F verloren.

3. Nichtigkeit der Übereignung gemäß § 142 I BGB

Die Übereignung von R an F könnte nach § 142 I BGB ex tunc unwirksam sein.

a) Anfechtungserklärung gemäß § 143 I, II BGB

In dem Herausgabeverlangen des R gegenüber M liegt eine Anfechtungserklärung i. S. von § 143 I, II BGB. Bei einem echten Vertrag zugunsten Dritter ist nicht der Begünstigte, sondern der Vertragspartner der zutreffende Anfechtungsgegner.[24]

b) Anfechtung gemäß § 119 I BGB

Eine Anfechtung nach § 119 I BGB ist nicht möglich, da R weder ein anderes Erklärungszeichen als gewollt gesetzt hat (dann Erklärungsirrtum nach § 119 I Alt. 2 BGB) noch über die Bedeutung der Erklärungszeichen, die er setzen wollte, irrte (dann Inhaltsirrtum nach § 119 I Alt. 1 BGB). R wollte F die Auster nebst Inhalt übereignen (siehe oben).

c) Anfechtung gemäß § 119 II BGB

R könnte sich bei der Übereignung der Auster an F nach § 119 II BGB über eine verkehrswesentliche Eigenschaft geirrt haben. Dann müsste er seinen Übereignungswillen auf einer fehlerhaften Grundlage gebildet haben.

aa) Anwendbarkeit von § 119 II BGB

Eine Anfechtung nach § 119 II BGB durch R ist nicht wegen des Vorrangs der Sachmängelgewährleistungsvorschriften gemäß §§ 434 ff. BGB ausgeschlossen. Die Gewährleistungsvorschriften können nur das Anfechtungsrecht des Käufers und nicht dasjenige des Verkäufers einschränken.[25] Dies lässt sich u. a. damit be-

---

22 Ebenso *Gareis*, DJZ 1905, Spalte 347, 348.

23 Siehe dazu MünchKommBGB/*Oechsler*, 5. Aufl. 2009, § 953 Rn. 4. Die Trennung von Auster und Perle führt somit zu keinem konstitutiven Erwerb der Perle durch F.

24 MünchKommBGB/*Busche*, 5. Aufl. 2006, § 143 BGB Rn. 14. Eine Ausnahme regelt § 143 II 2 BGB i. V. mit § 123 II 2 BGB für den Fall der arglistigen Täuschung. Hier ist Anfechtungsgegner ausnahmsweise auch der Dritte, der die Täuschung durch den Zuwendenden kannte oder kennen musste, da er gemäß § 328 I BGB aus dem Vertrag unmittelbar einen Leistungsanspruch erworben hat, vgl. Staudinger/*Roth* (2003), § 143 BGB Rn. 18.

25 BGH, NJW 1988, 2598.

gründen, dass dem Verkäufer durch den Käufer hier nicht das Recht zur zweiten Andienung genommen wird; dieses steht nach der gesetzlichen Ausgestaltung nämlich nur dem Käufer zu.

bb) Vorliegen einer verkehrswesentlichen Eigenschaft

R müsste sich über eine verkehrswesentliche Eigenschaft der Auster geirrt haben.[26]

(1) Sache

Bei der Auster handelt es sich um eine Sache.

(2) Eigenschaft

Eine in einer Auster enthaltene Perle ist auch als Eigenschaft der Auster anzusehen. Zu den Eigenschaften gehören alle tatsächlichen und rechtlichen Verhältnisse, die der Sache unmittelbar anhaften, von einer gewissen Dauer sind und nach der Verkehrsanschauung die Wertschätzung der Sache beeinflussen; dies ist bei einer Auster mit einer Perle unzweifelhaft der Fall.[27]

(3) Verkehrswesentliche Eigenschaft

Problematisch ist, ob es sich bei der Perle in der Auster um eine verkehrswesentliche Eigenschaft gerade im Hinblick auf die Verfügungserklärung des R handelt. Nach h. A. handelt es sich bei § 119 II BGB um einen ausnahmsweise beachtlichen Motivirrtum.[28] Verkehrswesentlich sind hiernach grundsätzlich alle Eigenschaften, die im Rechtsverkehr bei Geschäften der konkreten Art unter den konkreten Umständen typischerweise entscheidend sind.[29]

Die Rechtsprechung verlangt darüber hinaus, dass die Eigenschaft vom Erklärenden irgendwie erkennbar dem Vertrag zugrunde gelegt worden ist.[30] Denn auch wenn gemäß § 119 II BGB ausnahmsweise ein Irrtum im Motiv beachtlich ist, kann ein intern gebliebenes Motiv ohne erkennbaren Bezug zum Geschäft eine Anfechtung nicht rechtfertigen, da der Anfechtungsgegner ansonsten keinerlei Möglichkeit hätte, sich auf die Anfechtung einzustellen.[31] Eigenschaften, die sich von selbst verstehen, müssen jedoch nicht extra erklärt werden.[32] Nach der Lehre

---

[26] Vgl. dazu bereits Fall 12.

[27] Siehe dazu *Medicus/Petersen*, Rn. 138.

[28] *Larenz/Wolf*, § 36 Rn. 35 ff.

[29] *Bork*, Rn. 846.

[30] BGH, NJW 1984, 230; BGH, NJW 2001, 226, 227.

[31] So zutreffend *Larenz/Wolf*, § 36 Rn. 45.

[32] BGH, NJW 1979, 160, 161, bezüglich des Alters eines Kfz. Etwas anderes gilt bei atypischen Eigenschaften, wenn etwa Sanitärarbeiten durch einen in der Handwerksrolle eingetragenen Meister durchgeführt werden sollen; hier muss der Anfechtungswillige zuvor deutlich machen, dass es auf das Vorhandensein bestimmter Merkmale ankommen soll, vgl. *Staudinger/Singer*, (2004), § 119 BGB Rn. 80.

vom geschäftlichen Eigenschaftsirrtum kommt es für das Merkmal der Verkehrswesentlichkeit demgegenüber nicht auf einen objektiven Maßstab an; die Eigenschaft muss vielmehr in der Erklärung zum Ausdruck gekommen sein. Entscheidend soll hiernach die von den Parteien definierte Geschäftswesentlichkeit sein.[33] Beide Sichtweisen stimmen jedenfalls darin überein, dass es für die Beachtlichkeit eines Irrtums über verkehrswesentliche Eigenschaften auf den Inhalt des jeweiligen Rechtsgeschäfts ankommt.[34]

Auf der Grundlage der h. A. hat sich R bei der Abgabe seiner auf Übereignung der Auster gerichteten Willenserklärung über eine verkehrswesentliche Eigenschaft der Auster geirrt.[35] Nach dem Grundsatz der inneren Abstraktion bezog sich die Willenserklärung des R – neben der Spezifizierung der Parteien und der Rechtsfolge des Eigentumsübergangs – auf den zu übereignenden Gegenstand, also auf die konkrete Auster. Aufgrund des sachenrechtlichen Bestimmtheitsgrundsatzes, der besagt, dass eine dingliche Einigung die Sache so konkret bezeichnen muss, dass diese allein aufgrund des Inhalts des Rechtsgeschäfts ermittelt werden kann, bezog sich die dingliche Willenserklärung des R auf die zehn individualisierten Austern (§ 243 II BGB) und damit auch auf deren Eigenschaften.[36] Aus diesem Grunde berechtigt der Irrtum des R über die verkehrswesentliche Eigenschaft i. S. des § 119 II BGB vorliegend zur Anfechtung der Übereignung, da sich der „Mangel an Selbstbestimmung" des R auch auf dieses Rechtsgeschäft ausgewirkt hat.[37]

Gegen dieses Ergebnis wird eingewandt, dass R im Hinblick auf das Verfügungsgeschäft überhaupt keinem Willensmangel erlegen sei.[38] Das Verfügungsgeschäft sei nach dem Grundsatz der inneren Abstraktion frei von einer kausalen Zweckbestimmung, es beschränke sich auf die Herbeiführung der Verfügungswirkungen, die beteiligten Parteien und die Bestimmung des Verfügungsgegenstands; eine Bezugnahme auf Eigenschaften des Gegenstandes sei demgegenüber nicht üblich. Der Leistungsinhalt werde bereits durch die rechtsgeschäftliche Berücksichtigung von Eigenschaften in Kausalverträgen erfüllt; eine Wiederholung der Eigenschaften im Rahmen des Verfügungsgeschäfts habe keinerlei Regelungswirkung. Demgemäß fänden im Rahmen der dinglichen Einigung keine Verhandlungen mehr über die Eigenschaften einer Sache statt. Folgt man dieser Sichtweise,

---

[33] *Flume*, S. 474 ff.; zustimmend *Medicus/Petersen*, Rn. 140.

[34] So zutreffend *Grigoleit*, AcP 199 (1999), 379, 398.

[35] Ebenso *Hedemann*, Zeitschrift für Rechtspflege in Bayern 1905, 238 ff.; Soergel/*Mühl*, 12. Aufl. 1989, § 953 BGB Rn. 3; *Soergel/Henssler*, 13. Aufl. 2002, § 953 BGB Rn. 4; Staudinger/*Gursky* (2004), § 953 BGB Rn. 5.

[36] MünchKommBGB/*Oechsler*, 5. Aufl. 2009, § 929 BGB Rn. 33.

[37] *Singer*, Selbstbestimmung und Verkehrsschutz im Recht der Willenserklärungen, 1995, S. 50; *Grundmann*, JA 1985, 80, 81 f.; siehe zur Anfechtbarkeit des Verfügungsgeschäfts auch Staudinger/*Roth* (2003), § 142 BGB Rn. 21 f.

[38] So ausführlich *Grigoleit*, AcP 199 (1999), 379, 399 ff.

würde eine Anfechtung der Übereignung durch R vorliegend in Ermangelung eines relevanten Irrtums ausscheiden.

Nach überzeugender Ansicht kann der Grundsatz der inneren Abstraktion einen Irrtum über verkehrswesentliche Eigenschaften bei einer Verfügung nicht ausschließen.[39] Eine Sache wird nämlich nicht nur als raumfüllender Körper, sondern als Gegenstand mit konkreten Eigenschaften übereignet.[40] Ein Vertragspartner identifiziert eine Sache bei der Übereignung an Hand ihrer Eigenschaften, ohne dass dies die innere Kausalität betreffen würde.[41]

d)   Anfechtungsfrist

R hat die Perle sofort von M heraus verlangt, als er diese entdeckt hat. Die hierin zum Ausdruck kommende Anfechtungserklärung ist unverzüglich, da ohne schuldhaftes Zögern i.S. von § 121 I BGB erfolgt.

e)   Zwischenergebnis

R ist Eigentümer der Perle geblieben, da er die dingliche Verfügung gemäß § 119 II BGB mit ex-tunc-Wirkung (§ 142 I BGB) angefochten hat.

III. Passivlegitimation: F als Besitzer der Perle ohne Recht zum Besitz

F ist unmittelbare Besitzerin der Perle gemäß § 854 I BGB. Sie hat kein relatives Recht zum Besitz gemäß § 986 BGB[42] bzw. gemäß § 242 BGB.[43] Der Bewirtungs-

---

[39] *Füller*, Eigenständiges Sachenrecht?, 2006, 136 ff.

[40] Die verkehrswesentlichen Eigenschaften eines Gegenstandes sind nicht mit den Vertragszwecken identisch, sondern spiegeln die Vorstellungen der Parteien hinsichtlich des Gebrauchszwecks des Gegenstandes wider, vgl. *Füller*, Eigenständiges Sachenrecht?, 2006, 136 ff.; siehe auch *Flume*, Eigenschaftsirrtum und Kauf, 1948, S. 13 ff.; *Kegel*, AcP 150 (1950), 346 ff. Anders noch *Zitelmann*, Irrtum und Rechtsgeschäft, 1879, S. 435 ff.

[41] Das BGB geht in § 142 II selbst von einer Anfechtungsmöglichkeit des Verfügungsgeschäfts aus. Hiernach wird eine Person, welche die Anfechtbarkeit kannte oder kennen musste, wenn die Anfechtung erfolgt, so behandelt, wie wenn sie die Nichtigkeit des Rechtsgeschäfts gekannt hätte oder hätte kennen müssen. Der für einen wirksamen Erwerb vom Nichtberechtigten notwendige gute Glaube wird gemäß § 932 II BGB also nicht nur durch Kenntnis oder fahrlässige Unkenntnis vom fehlenden Eigentum, sondern auch von der Anfechtbarkeit des dinglichen Rechtsgeschäfts zerstört. Der Vorschrift liegt damit die Annahme zugrunde, dass dingliche Rechtsgeschäfte anfechtbar sind, soweit die Voraussetzungen des jeweiligen Anfechtungstatbestands vorliegen; a. A. *Grigoleit*, AcP 199 (1999), 379, 400: die Belastung des Verkehrs durch das Erfordernis der Gutgläubigkeit nach §§ 932 II, 142 II BGB sei nicht sachgerecht.

[42] Siehe dazu im Einzelnen *Vieweg/Werner*, Sachenrecht, 3. Aufl. 2007, § 7 Rn. 13.

[43] Die Forderung einer Leistung ist unzulässig, wenn sie aus einem anderen Rechtsgrund dem Schuldner alsbald zurückzugewähren ist („dolo agit, qui petit, quod statim redditurus est"); vgl. BGH, NJW 1990, 1289.

vertrag selbst ist nicht nach § 142 I BGB unwirksam, da sich R bei der Entgegennahme der Bestellung nicht gemäß § 119 II BGB über den Inhalt der zu übereignenden Auster geirrt hat; die Auster war zu diesem Zeitpunkt nach dem Inhalt des Vertrages nämlich noch gar nicht individualisiert.[44] Grundsätzlich ist auch in denjenigen Fällen, in denen der Verkäufer eine mangelhafte Sache liefert, der zugrunde liegende Vertrag als Recht zum Besitz nach § 986 I 1 BGB anzusehen.

Fraglich ist, ob etwas anderes gilt, wenn es sich bei der gelieferten Sachen um ein offensichtliches aliud handelt, weshalb der Vertragspartner nicht davon ausgehen konnte, dass das aliud zum Zwecke der Erfüllung des Vertrags geliefert wurde. Um ein offensichtliches aliud handelt es sich, wenn ein Gegenstand nach der Verkehrsanschauung wesentlich wertvoller ist als die vertraglich zu leistende Sache, da die Leistung dann nicht mehr als angemessenes Äquivalent für die vom Schuldner zu erbringende Gegenleistung angesehen werden kann.[45] Erwirbt ein Gast in einem Restaurant zum Verzehr Austern, so handelt es sich auf jeden Fall dann um ein offensichtliches, in keinem adäquaten Verhältnis zu seiner Gegenleistung in Höhe von 90,- EUR stehendes aliud, wenn eine in einer Auster enthaltene Perle 3000,- EUR wert sind. Der Bewirtungsvertrag zwischen R und F gibt der F deshalb keinen Rechtsgrund, die Perle behalten zu dürfen.[46] F behält aber ihren Erfüllungsanspruch, sofern sie nicht – wie vorliegend – den erfüllungstauglichen Teil der Leistung bereits verzehrt hat.

IV. Ergebnis

R hat einen Anspruch gegen F aus § 985 BGB auf Herausgabe der Perle.

C. Anspruch des R gegen F aus § 812 I 1 Alt. 1 BGB

Ein Anspruch des R gegen F könnte zusätzlich aus einer Leistungskondiktion gemäß § 812 I 1 Alt. 1 BGB folgen.

---

[44] Der Gattungsschuldner darf hiernach also den Leistungsgegenstand bestimmen, nicht aber die geschuldete Qualität, vgl. Bamberger/Roth/*Sutschet*, § 243 BGB Rn. 10.

[45] *Lettl*, JuS 2002, 866, 870.

[46] Sehr streitig; vgl. Ebenroth/Boujong/Joost/Strohn/*Müller*, Handelsgesetzbuch, 2. Auflage 2009, Vorb. vor § 377 HGB Rn. 40 f.; *Medicus/Petersen*, Rn. 288: kein Rechtsgrund, wenn statt Rotwein ein Pferd geliefert wird. Noch weitergehend *Lorenz*, NJW 2003, 36, 39: bei aliud-Lieferung beinhalten weder der Kaufvertrag noch § 434 III BGB einen Rechtsgrund zum Behaltendürfen der Leistung; a. A. *Tiedke/Schmitt*, JZ 2004, 1092, 1094 f. Sofern man wie vorliegend einen Rechtsgrund zum Behaltendürfen verneint, werden keine Rechte des Käufers nach den §§ 434 ff. BGB beeinträchtigt, da der Käufer bei einem höherwertigeren aliud keine Gewährleistungsrechte geltend machen wird. Ansonsten steht dem Anspruch § 242 BGB entgegen (*Lorenz*, NJW 2003, 36, 39; *Oetker/Maultzsch*, Vertragliche Schuldverhältnisse, 3. Aufl. 2007, Rn. 165).

I. Anwendbarkeit

Grundsätzlich darf der Verkäufer nicht wegen mangelnder Erfüllungstauglichkeit einer gelieferten Sache nach § 812 BGB kondizieren, da er damit dem Käufer die Möglichkeit nehmen würde, seine Gewährleistungsrechte nach §§ 434 ff. BGB geltend zu machen. Vorliegend ist eine Kondiktion des Verkäufers jedoch ausnahmsweise zulässig, da ein Käufer, der ein höherwertiges aliud erhält, in der Regel kein Interesse daran haben wird, seine Gewährleistungsrechte geltend zu machen.

II. Etwas erlangt

F hat den Besitz an der Perle erlangt.

III. Durch Leistung

Die Vermögensmehrung erfolgte durch Leistung des R im Sinne einer bewussten und zweckgerichteten Mehrung fremden Vermögens.[47] Zwar kann der Versprechende beim berechtigten Vertrag zugunsten Dritter grundsätzlich nur vom Versprechensempfänger und nicht auch vom Dritten kondizieren; etwas anderes gilt nach dem Rechtsgedanken des § 822 BGB jedoch bei sog. Verträgen mit Versorgungscharakter und in sonstigen Fällen einer unentgeltlichen Zuwendung; hier ist der Dritte, wenn das Deckungsverhältnis fehlerhaft ist, dem Versprechenden direkt zur Herausgabe des Geleisteten verpflichtet.[48]

IV. Ohne Rechtsgrund

R muss ohne rechtlichen Grund geleistet haben.

1. Keine Unwirksamkeit des Bewirtungsvertrages

Der Bewirtungsvertrag selbst ist nicht nach § 142 I BGB unwirksam, da sich R bei der Bestellung nicht gemäß § 119 II BGB über den Inhalt der zu übereignenden Auster geirrt hat. Diese war zu diesem Zeitpunkt nach dem Inhalt des Vertrages nämlich noch gar nicht individualisiert (siehe oben).

2. Keine Anfechtung einer Tilgungsbestimmung

Die Leistung des R wäre gleichwohl ohne Rechtsgrund erfolgt, wenn die Erfüllung nach § 362 I BGB eine Tilgungsbestimmung voraussetzte, die entweder nicht vorgelegen hat oder von R wirksam angefochten worden ist.

---

[47] Beachte: Da sich der Leistungsbegriff i. S. des § 812 BGB über seine Zweckbestimmung definiert, ist er mit der Erfüllung i. S. des § 362 BGB in Einklang zu bringen, MünchKommBGB/*Schwab*, 5. Aufl. 2009, § 812 BGB Rn. 11.

[48] MünchKommBGB/*Schwab*, 5. Aufl. 2009, § 812 BGB Rn. 192 ff., insb. Rn. 197.

Erfüllung i. S. des § 362 I BGB ist nach der herrschenden Theorie der realen Leistungsbewirkung[49] ein Realakt und beinhaltet kein subjektives Element; die Erfüllungswirkung tritt vielmehr regelmäßig bereits als objektive Folge der Leistungsbewirkung ein.[50] Kommt es aber für die Erfüllung auf keine zusätzliche Tilgungsbestimmung an, so kann diese auch nicht angefochten werden.

Nach der Theorie der finalen Leistungsbewirkung ist zur Herbeiführung der Erfüllungswirkung jedenfalls dann eine Tilgungsbestimmung[51] notwendig, wenn ansonsten nicht deutlich wird, auf welche Schuld geleistet wird, z. B. bei einer Leistung durch Dritte gemäß § 267 BGB oder wenn die Leistung einem bestimmten Schuldverhältnis nicht zweifelsfrei zugeordnet werden kann.[52] Ebenso wie der Gläubiger über die Annahme der Leistung und damit über ihre Tilgungswirkung entscheiden könne, sei es dem Schuldner gestattet, durch eine Tilgungsbestimmung die Leistung einem bestimmten Rechtsgrund zuzuordnen.[53] Ein derartiges Klarstellungsbedürfnis bestehe unter Geltung des § 434 III BGB auch für die aliud-Lieferung; denn wenn eine andere als die vertraglich geschuldete Sache geliefert werde, sei nicht selten zweifelhaft, welchem Schuldverhältnis sie zuzuordnen sei.[54]

Wenn man in die Leistung des R eine konkludente Tilgungsbestimmung hineinlesen würde, wonach die Perle mit der Auster zur Erfüllung des Bewirtungsvertrages mit M zugunsten der F geleistet wurde, könnte R die Tilgungsbestimmung auf der Grundlage der vorstehend geschilderten Theorie der finalen Leistungsbewirkung ggf. anfechten. Hiernach handelt es sich bei der Tilgungsbestimmung nämlich um eine geschäftsähnliche Handlung[55], die bei der Anfechtung wie eine Willenserklärung zu behandeln ist.[56] Dann müsste sich der Irrtum des R über die verkehrswesentliche Eigenschaft der Auster nicht nur auf die Verfügungserklärung, sondern auch auf die Tilgungsbestimmung bezogen haben.[57]

---

[49]   BGH, NJW 1991, 1294, 1295; BGH, NJW 1992, 2698, 2699; BAG, NJW 1993, 2397, 2398; siehe zu den verschiedenen Ansichten MünchKommBGB/*Wenzel*, 5. Aufl. 2006, § 362 BGB Rn. 5 ff.

[50]   BGH, NJW-RR 2008, 108, 109.

[51]   Zum Beispiel durch die Angabe des Verwendungszwecks auf einer Überweisung, OLG Hamm, NJW-RR 1989, 700 ff.

[52]   Bamberger/Roth/*Dennhardt*, § 362 BGB Rn. 21; MünchKommBGB/*Wenzel*, 5. Aufl. 2006, § 362 BGB Rn. 14.

[53]   BGH, NJW 1972, 1750.

[54]   *Tiedke/Schmitt*, JZ 2004, 1092, 1096.

[55]   So auf der Grundlage der herrschenden Theorie der realen Leistungsbewirkung BGH, NJW 1989, 1792; *Ehricke*, JZ 1999, 1075; MünchKommBGB/*Wenzel*, 5. Aufl. 2006, § 362 BGB Rn. 14.

[56]   MünchKommBGB/*Schwab*, 5. Aufl. 2009, § 812 BGB Rn. 49 ff.

[57]   *Majer*, JA 2009, 855, 861; vgl. auch Bamberger/Roth/*Faust*, § 437 BGB Rn. 206 m. w. N. zur Gegenansicht. Rechtsfolge ist grundsätzlich das Wiederaufleben des Leistungsanspruchs des Käufers. Vorliegend besteht insoweit allerdings die Besonderheit,

Inhalt einer Tilgungsbestimmung ist die Zuordnung der Leistung zu einem bestimmten Schuldverhältnis. Irrt sich der Leistende über einen wertbildenden Faktor der Sache, beruht auch eine eventuelle Tilgungsbestimmung auf diesem Irrtum. Der Leistende kann die Tilgungsbestimmung hiernach – legt man die Theorie der finalen Leistungsbewirkung zugrunde – ebenfalls nach § 119 II BGB anfechten, mit der Folge, dass die Leistung ihre rechtliche Qualität als Erfüllungsakt verliert.

Die Theorie der finalen Leistungsbestimmung, welche neben dem (Real-)Akt der Leistungsbewirkung noch eine finale Zweck- oder Tilgungsbestimmung verlangt, kann jedoch im Hinblick auf § 362 BGB nicht überzeugen und ist deshalb abzulehnen; bereits aus Gründen der Rechtsklarheit ist die Erfüllung lediglich als Realakt einzustufen.[58]

3.   Keine reale Leistungsbewirkung durch Lieferung eines evidenten aliud

Auch nach der Theorie der realen Leistungsbewirkung mangelt es vorliegend jedoch an einem rechtlichen Grund für die Leistung der Auster mitsamt einer wertvollen Perle. An einem Rechtsgrund im Sinne des § 812 I 1 BGB fehlt es regelmäßig dann, wenn entweder keine Verpflichtung zur Leistung bestand oder wenn eine bestehende Verpflichtung durch eine Leistung nicht erfüllt wird. R übergab der F die Auster mit der Perle zur Erfüllung des wirksamen Bewirtungsvertrages mit M zugunsten der F. Dieser Vertrag alleine kann jedoch nicht den Rechtsgrund für die Leistung darstellen, wenn die Leistung nicht zur Erfüllung des Vertrags führt. Die Leistung erfolgt dann nicht solvendi causa. Im vorliegenden Fall stellte die Übergabe der wertvollen Perle ein evidentes aliud dar und war damit nicht erfüllungstauglich; es gelten insoweit vergleichbare Grundsätze wie bei § 986 BGB (siehe oben). Daher ist R berechtigt, die Perle auch nach § 812 I 1 Alt. 1 BGB zurückzuverlangen.

V.   Zwischenergebnis

R hat gegen F einen Anspruch aus § 812 I 1 Alt. 1 BGB auf Herausgabe der Perle.

D.   Gesamtergebnis Fall 13

R kann von F nach §§ 985 und 812 I 1 Alt. 1 BGB die Herausgabe der Perle verlangen.

---

dass F den Inhalt der Auster – bis auf die Perle – bereits verspeist hat. Aus diesem Grunde muss F nicht nochmals leisten (str.).

[58]   BGH, NJW 1991, 1294.

Merke

1. Nach dem Trennungsprinzip (Abstraktionsprinzip) erfolgt die Verfügung über Sachen und Rechte durch ein gegenüber dem schuldrechtlichen Verpflichtungsgeschäft eigenständiges Rechtsgeschäft. Selbst wenn Verpflichtungs- und Verfügungsgeschäft zeitlich zusammenfallen, sind sie als selbständige Rechtsgeschäfte zu behandeln.

2. Das Abstraktionsprinzip besagt zum einen, dass die Wirksamkeit des Verfügungsgeschäfts von derjenigen des Verpflichtungsgeschäfts unabhängig ist (äußere Abstraktion). Zum anderen bedarf das Erfüllungsgeschäft – anders als das Verpflichtungsgeschäft – keiner kausalen Zweckbestimmung (innere Abstraktion). Die Willenserklärungen der Parteien sind vielmehr auf die Herbeiführung der Wirkungen der Verfügung, den Gegenstand der Verfügung und die Parteien des Verfügungsgeschäfts beschränkt (sog. verfügungsrechtlicher Minimalkonsens).

3. Das Trennungsprinzip fordert eine Unterscheidung nach der Art der anzufechtenden Willenserklärung; je nach Irrtum können entweder das schuldrechtliche, das dingliche oder beide Rechtsgeschäfte anfechtbar sein. Die grundsätzliche Anfechtbarkeit des dinglichen Rechtsgeschäfts ergibt sich bereits aus § 142 II BGB, da das Bürgerliche Gesetzbuch (u. a. mit § 932 II BGB) zwar Regelungen kennt, wie derjenige zu stellen ist, der die Anfechtbarkeit des dinglichen Rechtsgeschäfts kannte, nicht jedoch solche bezüglich einer Kenntnis der Anfechtbarkeit des obligatorischen Rechtsgeschäfts.[59] Eine isolierte Betrachtung des dinglichen Rechtsgeschäfts kommt insbesondere in Betracht, wenn die Verfügung zeitlich nach der Verpflichtung erfolgt und der Irrtum erst im Rahmen der Verfügung erfolgt (statt die vereinbarte Sache X zu liefern, vergreift sich der Verkäufer und liefert die Sache Y).

4. Ein Irrtum über eine verkehrswesentliche Eigenschaft einer Sache kann nicht nur das Verpflichtungs-, sondern auch das Verfügungsgeschäft betreffen (streitig). Grundsätzlich wird die Verfügung über den Gegenstand getroffen, weil eine Verpflichtung dazu aufgrund des Kausalrechtsgeschäfts besteht. Allerdings kann sich die Verfügungserklärung auch auf den zu übereignenden Gegenstand mit seinen konkreten Eigenschaften beziehen.

5. Bei der Lieferung eines höherwertigeren Gattungsaliud (z. B. einer Auster mit Perle) kann dem Herausgabeverlangen aus § 985 BGB nicht entgegengehalten werden, dass der Bewirtungsvertrag ein Recht zum Besitz begründe (arg. § 434 III BGB n. F.). So gibt ein Vertrag keinen Rechtsgrund zum Behaltendürfen eines evidenten aliud. Der Verkäufer kann ein höherwertiges aliud auch nach § 812 I 1 Alt. 1 BGB herausverlangen, wenn er das aliud irrtümlich geleistet hat (§ 814 BGB), da hierdurch keine Erfüllung i. S. von § 362 I BGB eingetreten ist.

---

[59] *Füller*, Eigenständiges Sachenrecht, 2006, S. 133 f.

Rechtshistorischer Exkurs: Doppelirrtum

Die A sieht in einer Boutique einen um 50% reduzierten *dunkelgrünen* Pullover, den sie irrtümlich für *schwarz* hält. Ihr gefällt der scheinbar schwarze Pullover, und sie sagt zur Ladeninhaberin L, weil sie mit ihren Gedanken bereits bei einem *dunkelblauen* Kleid ist, das sie vielleicht auch noch erwerben will, zerstreut: „Diesen dunkelblauen Pullover hier möchte ich kaufen." L wundert sich zwar über die Farbangabe, äußert sich aber nicht und verkauft ihr den Pullover. Zu Hause sieht A, dass der Pullover dunkelgrün ist, und bringt ihn sofort zurück. L weigert sich aber, ihn zurückzunehmen, da reduzierte Ware vom Umtausch ausgeschlossen sei. A will wissen, ob sie ihre Kaufofferte wegen Irrtums anfechten kann.

Lösung Rechtshistorischer Exkurs

A.   „Dunkelblau" als Erklärungsirrtum gemäß § 119 I Alt. 2 BGB

I.   Pullover als raumfüllender Körper

A kann ihre Kaufofferte nach § 119 I Alt. 2 BGB anfechten, wenn sie eine Willenserklärung abgegeben hat, die aus Sicht eines verständigen Erklärungsempfängers in der konkreten Situation der L eine Bedeutung hat, die sie subjektiv nicht wollte (unbewusste Divergenz von Wille und Erklärung). Nach der klassischen Lösung des historischen BGB-Gesetzgebers[60] hat A im Rechtssinne lediglich erklärt, sie wolle den vor ihr auf der Ladentheke liegenden Pullover kaufen. Eine Eigenschaft der Sache kann hiernach beim Spezieskauf nicht zum Inhalt der Willenserklärung gemacht werden, da der Kaufgegenstand durch die Angabe von Zeit und Raum („diesen Pullover hier") ausreichend bestimmt sei. Es bestehe daher auch keine rechtlich relevante Divergenz von Wille und Erklärung.

Der rechtlich relevante Inhalt der Erklärung von A ist nach dieser Sichtweise ausschließlich: „Ich will das Eigentum an diesem Pullover hier erwerben." Hat die Sache nicht die vorgestellte bzw. vereinbarte Beschaffenheit, so greifen die kaufrechtlichen Sachmängelgewährleistungsregeln (§§ 434, 437 ff. BGB) als Rechtsbehelfe ein. Eine Anfechtung wegen eines Irrtums über eine Eigenschaft („dunkelblau" gesagt und „schwarz" gemeint) gemäß § 119 I Alt. 2 BGB kommt von diesem Standpunkt aus nicht in Betracht.

---

[60]   Motive I, S. 199 auf der Grundlage von *Zitelmann*, Irrtum und Rechtsgeschäft, 1879, S. 439 f.; *Larenz*, Geschäftsgrundlage und Vertragserfüllung, 3. Aufl. 1963, S. 20 f.; *v. Tuhr*, Der Allgemeine Teil des deutschen Bürgerlichen Rechts, Bd. II/1, 1914, § 67 II, S. 577; h. L. bis zu *Flumes* Habilitationsschrift „Eigenschaftsirrtum und Kauf", 1948, S. 11 ff.

II. Pullover als Sache mit konkreten („farbigen") Eigenschaften

Nach moderner Ansicht können Eigenschaftsvorstellungen ausdrücklich oder konkludent zum Inhalt der Willenserklärung gemacht werden.[61] Wenn die subjektiv gewollte und die nach allgemeinen Auslegungsgrundsätzen (§ 133, 157 BGB) verwirklichte Erklärungsbedeutung infolge unbewußter Divergenz von Wille und Erklärung voneinander abweichen, ist deshalb grundsätzlich eine Anfechtung nach § 119 I BGB möglich. Das Risiko des Versprechens trägt der Anfechtungsgegner, der dafür durch § 122 I BGB entschädigt wird.

Zu klären ist, was im vorliegenden Fall Inhalt der Willenserklärung von A war. Die Worte drücken aus: „dunkelblauer Pullover"; die facta concludentia deuten auf „dunkelgrüner Pullover". Wegen der typischerweise gegebenen höheren Zuverlässigkeit der sprachlichen Verständigung gilt nach überzeugender Ansicht grundsätzlich der Vorrang des verbalen Kommunikationsmittels.[62] Inhalt der ausgelegten Willenserklärung von A war daher: „dunkelblauer Pullover". Eine solche Erklärung wollte A nicht abgeben. Nach ihrer Erklärung hat der Gegenstand eine andere Sollbeschaffenheit (dunkelblau) als nach Ihrer Vorstellung (schwarz). Sie kann daher anfechten.

Hält man entgegen der hier vertretenen Meinung die facta concludentia im konkreten Fall für schlüssiger als die gewählten Worte, so wäre Inhalt der Willenserklärung von A: „dunkelgrüner Pullover". Auch eine solche Erklärung wollte A jedoch nicht abgeben, weshalb sie ebenfalls nach § 119 I BGB anfechten könnte.

B. „Schwarz" als Motivirrtum (§ 119 II BGB)

Zusätzlich kann ein nach § 119 II BGB relevanter Motivirrtum vorliegen, wenn A sich im Irrtum über eine verkehrswesentliche Eigenschaft der gekauften Sache befunden hat. Dann muss es sich bei der Farbe des Pullovers um eine *Eigenschaft* der Sache handeln. Unter den Begriff der Eigenschaft fallen, um die Anfechtbarkeit nicht unangemessen auszudehnen, „nur solche tatsächlichen und rechtlichen Verhältnisse, die den Gegenstand selbst kennzeichnen, nicht Umstände, die nur mittelbar einen Einfluss auf seine Bewertung auszuüben vermögen".[63] Die Farbe eines Kleidungsstücks ist eine der Sache unmittelbar und dauerhaft anhaftende Eigenschaft, die für die Wertschätzung im Verkehr von wesentlicher Bedeutung

---

[61] *Flume*, Eigenschaftsirrtum und Kauf, 1948, S. 11 ff.; *Ennecerus/Nipperdey*, BGB-AT, Bd. I/2, 15. Aufl. 1960, § 167 S. 1038.

[62] Vgl. bereits *Savigny*, System des heutigen römischen Rechts, Bd. 3, 1840 (Neudruck 1981), § 131 S. 245 f. Streitig, siehe den berühmten Hamburger Parkplatzfall BGHZ 21, 319; dazu *Medicus/Petersen*, Rn. 188 ff.; siehe auch Fall 5 in Zusammenhang mit einer sog. Erlassfalle. Beim Verkauf eines durch eine Planskizze näher bezeichneten Grundstücks kann die Auslegung nach den §§ 133, 157 BGB einen Vorrang der nonverbalen vor den verbalen Erklärungszeichen ergeben, siehe dazu Fall 14.

[63] RGZ 149, 238; näher dazu Fall 4.

ist. Über diese hat sich die A auch geirrt: Die Istbeschaffenheit der gekauften Sache („dunkelgrüner Pullover) weicht von der in der Erklärung zum Ausdruck gebrachten Sollbeschaffenheit der Sache (dunkelblau) ab. Der Kaufgegenstand soll aber nach dem wirklichen Willen der A schwarz sein; er ist aber in Wirklichkeit dunkelgrün.

Fraglich ist, ob die vereinbarte Farbe für den abgeschlossenen Vertrag *verkehrswesentlich* ist. Das ist der Fall, wenn der Irrtum für den konkreten Vertrag aus der Sicht des Geschäftsverkehrs wesentlich ist. Bei den Vertragsverhandlungen hatte A den Pullover als dunkelblau bezeichnet. Dies macht auch aus der Sicht des Geschäftsverkehrs deutlich, dass es ihr auf die Farbe des Pullovers als für sie wesentlich ankam. Da L das Angebot der A wortlos entgegennahm, was A nur als Annahme deuten konnte, kam eine Vereinbarung über den Kauf eines dunkelblauen Pullovers zustande, so dass auch vom Standpunkt der Autoren, die für die Erfüllung des Merkmals der Verkehrswesentlichkeit eine Vereinbarung verlangen[64], die Verkehrswesentlichkeit des Eigenschaftsirrtums zu bejahen ist.

Das der A gemäß § 119 II BGB zustehende Anfechtungsrecht wird allerdings durch die Sonderregelung des § 434 BGB verdrängt. A kann, weil der Pullover entgegen der Beschaffenheitsvereinbarung nicht dunkelblau, sondern dunkelbraun ist, nur Gewährleistungsansprüche geltend machen.

C. Gesamtergebnis

A kann den Kaufvertrag nach § 119 I BGB anfechten oder wahlweise kaufrechtliche Gewährleistungsrechte geltend machen.

D. Dogmengeschichtlicher Exkurs

I. Zitelmann

Bei *Zitelmann*, Irrtum und Rechtsgeschäft, 1879, S. 439 f. heißt es: „Wol ist es Sache meiner Absicht, ob dieses oder ob jenes Object Träger der Veränderung (sc.: der Eigentumsübertragung) sein solle; aber wenn dieses Object einmal feststeht, dann muss ich auch alle Eigenschaften desselben mit in den kauf nehmen, dann kann meine Absicht nicht mehr beabsichtigen, dass dieses individuelle Object so oder so sei, diese oder jene Eigenschaft habe. Das ist logisch und psychologisch völliger Nonsens. Denn was ist, *ist* bereits, kann also nicht mehr werden; meine ich demnach, daß es bereits sei, so kann meine Absicht nicht mehr darauf gehen, dass es werde. (…) Indes, wenn ich auch alle diese Eigenschaften des Dinges genannt haben sollte, so wäre damit doch immer noch keine Individualisierung vorgenommen. Denn es ist möglich, daß es mehrere Dinge gibt, von denen eben-

---

[64] *Flume*, a. a. O., S. 69 f.; *v. Caemmerer*, in: Festschrift für Wolff, 1952, S. 3, 18; BGHZ 16, 54, 57; näher dazu Staudinger/*Singer* (2004), § 119 BGB Rn. 47 f., 79.

falls alle jene Eigenschaften im gewöhnlichen Sinne des Wortes als Prädicate aus-
gesagt werden können. *Eine* Eigenschaft oder besser *ein* Merkmal aber gibt es,
welches kein Ding mit einem anderen zu gleicher Zeit gemeinsam hat, das ist das
Merkmal der Erfüllung eines bestimmten Raums. Völlig individuell ist also ein
Object dann bestimmt, wenn ich es als das bezeichne, was zu einer bestimmten
Zeit an einem bestimmten Ort sich befindet. Das kann immer nur eins sein" (S.
446).

II. Leonhard/Flume

Dazu bemerkt *Leonhard*, Der Allgemeine Teil des Bürgerlichen Gesetzbuchs,
1900, S. 362 Fn. 4: „Im Verkehrsleben bezahlt man gerade die Eigenschaften der
Menschen und Sachen. Für das ‚Ding an sich' wird nichts gegeben. Die Eigenschaften bilden also den wichtigsten Geschäftsinhalt." Ebenso ausführlich *Flume*,
Eigenschaftsirrtum und Kauf, 1948, S. 13 ff.[65]

III. Larenz

Gegen *Flume* wendet sich wiederum *Larenz*, Geschäftsgrundlage und Vertragserfüllung, 3. Aufl. 1963, S. 20 f.: „Er (*Flume*) argumentiert folgendermaßen: Die Ge-
schäftsparteien hatten nicht getrennte Vorstellungen einmal von dem Geschäftsge-
genstand „an sich" und sodann von seiner Beschaffenheit, sondern nur eine unge-
trennte Vorstellung des Gegenstandes in seiner (vorgestellten) Beschaffenheit.
Deshalb richte sich der Geschäftswille des Käufers nicht lediglich auf „diese" –
etwa durch ihre räumliche Lage oder durch Vorzeigen individualisierte – Sache,
sondern auf „diese" Sache mitsamt ihren vom Käufer vorgestellten Eigenschaften,
also z. B. auf „diesen goldenen Ring". Der Käufer kaufe also nicht „diesen" Ring,
weil er (nach seiner Meinung) aus Gold sei, sondern „diesen Ring als goldenen".
Die Vorstellung der bestimmten Beschaffenheit („aus Gold") sei somit nicht bloßes Motiv, sondern integrierender Bestandteil des Geschäftswillens sowohl wie
der Willenserklärung des Käufers.[66] Folgt man dem, so müßte man m. E. sagen,
daß, wenn der Ring nicht aus Gold ist, die Erklärung in sich widersprechend und
daher unwirksam, mindestens aber auf eine objektiv unmögliche Leistung gerichtet sei, denn „diesen" Ring gibt es eben „als goldenen" nicht. Man müßte so zur
Nichtigkeit des Kaufvertrages kommen. *Flume,* der ebenso wie die herrschende
Lehre in derartigen Fällen die Bestimmungen über die Gewährleistung wegen
Sachmängeln anwenden will, weicht dieser Konsequenz dadurch aus, daß er
meint, die Bestimmungen der §§ 459 BGB [= §§ 434 ff. BGB n. F.] stellten eine
Sonderregelung dar. (…) *Flume* hat den rein psychologischen Vorgang für viele
Fälle sicher richtig gesehen. Der Käufer hat in der Regel in der Tat wohl nicht

---

[65]   Zustimmend *Kegel*, AcP 150 (1949), 346 ff.; *Kramer*, ÖJZ 1974, 452 ff.; *Füller*, Eigen-
        ständiges Sachenrecht?, 2006, S. 116.
[66]   Siehe dazu bereits Fall 12.

zwei deutlich unterschiedene Vorstellungen: 1. dieser Ring ist von Gold; 2. deshalb will ich ihn kaufen, sondern nur eine einzige: diesen vor mir liegenden goldenen Ring kaufe ich. Aber eine davon zu sondernde Frage ist, durch welche in der Erklärung angegebenen Merkmale nun der Kaufgegenstand für die Rechtsordnung hinreichend individualisiert wird. Und da meine ich: für die rechtliche Individualisierung genügt das sinnliche Hier und Jetzt, das in dem „diesen" gemeint ist; daß außerdem noch eine bestimmte Beschaffenheit („golden") angegeben wird, macht für die rechtliche Individualisierung nichts aus. Verkauft ist also lediglich „dieser" Ring, nicht „dieser Ring mit den und den weiteren Merkmalen". Diese Reduktion der tatsächlich inhaltreicheren, weil die Beschaffenheitsmerkmale in ungeschiedener Einheit mit umfassenden psychologischen Vorstellung auf den Willen und die Erklärung, lediglich „diesen", durch das Hier und Jetzt und weiter durch nichts individualisierten Gegenstand zu kaufen, ist m. E. ein wohl begründeter juristischer Denkakt, der verhindert, daß zahlreiche Willenserklärungen, weil in sich widersprechend oder unbestimmt, der Nichtigkeit anheimfallen. Er hat zwangsläufig zur Folge, daß wir die in der Tat meist einheitliche Vorstellung „dieser goldene Ring" zum Behufe der juristischen Ausdeutung in zwei Vorstellungen, die dann als durch den Motivationszusammenhang miteinander verbunden gedacht werden müssen, aufgliedern. Das ist im tatsächlichen psychologischen Verlauf wenigstens möglich, und es so anzusehen, ist für die rechtliche Deutung durchaus zulässig. Die zunächst bestechende Argumentation *Flumes* berücksichtigt doch wohl nicht genug, daß der psychologische Sachverhalt für die rechtliche Würdigung nicht in seiner reinen Tatsächlichkeit, sondern als ein durch Rechtsbegriffe geformter in Betracht zu ziehen ist, und daß auch der Begriff „Motivirrtum" daher schon ein Rechtsbegriff ist."

Fall 14

Einseitiger Kalkulationsirrtum; Störung der subjektiven Geschäftsgrundlage

A und der mit ihm befreundete B planen die Bebauung eines dem A gehörenden Grundstücks mit je einem Haus für A und für B. Nach Beginn der Bauarbeiten verkauft A dem B deshalb mit notariellem Kaufvertrag einen Grundstücksteil mit einem Messgehalt von „etwa 300 qm". Dieser ist auf einer der notariellen Urkunde beigefügten Lageplanskizze durch die Buchstaben a – m und mit diesen verbundenen Linien näher bezeichnet; tatsächlich ergeben die anhand der Planskizze vermessenen Teilflächen einen Messgehalt von 450 qm. Da A dem B einen Freundschaftspreis machen will, berechnet er den Kaufpreis an Hand einer Tabelle mit den durchschnittlichen Grundstückspreisen der Region, wobei er aus der dort aufgeführten Spanne mit 30.000,- EUR den untersten Preis ansetzt. A übersieht dabei jedoch, dass die von ihm verwendete Tabelle bereits veraltet ist; auf der Basis der aktuellen Daten ergibt sich ein Kaufpreis von 45.000,- EUR. B, der sich ebenfalls über die Grundstückspreise der Umgebung informiert hat, freut sich über den aus seiner Sicht besonderen Freundschaftspreis, ohne sich weitere Gedanken zu machen. Als A von B nach Abschluss des notariellen Kaufvertrages unter Hinweis auf seinen Kalkulationsfehler weitere 15.000,- EUR fordert, entgegnet B, dass er den Grundstücksteil für 45.000,- EUR nicht erworben hätte, da er – was zutrifft – gar nicht soviel Geld habe. A fragt, ob er von B gleichwohl weitere 15.000,- EUR verlangen oder sich wenigstens vom Vertrag lösen kann?

Lösung Fall 14

A.   Anspruch des A gegen B auf Zahlung weiterer 15.000,- EUR

I.   Anspruch aus Kaufvertrag

A könnte gegen B aus dem Kaufvertrag i. V. mit § 433 II BGB einen Anspruch auf Zahlung von 15.000,- EUR haben. Dazu müsste ein Vertrag zwischen A und B vorliegen, wonach B dem A für ein Grundstück von 450 qm als Gegenleistung 45.000,- EUR schuldet.

1.   Einigung

a)   Präzisierung der Grundstücksgröße durch die Planskizze

A und B müssen sich über den Verkauf des in der Planskizze aufgeführten Grundstücksteils mit einem Messgehalt von 450 qm geeinigt haben.[1] Dies bestimmt sich durch Auslegung der Willenserklärungen gemäß §§ 133, 157 BGB. Problematisch ist, dass sich die von A und B zur Bestimmung des Vertragsgegenstandes verwendeten Erklärungszeichen widersprechen: während der Vertragstext auf „etwa 300 qm" lautet, ergibt die zeichnerische Umgrenzung in dem der Vertragsurkunde beigefügten Plan, dass das Grundstück tatsächlich 450 qm groß ist. Es ist zu entscheiden, welches der Erklärungszeichen nach dem objektiven Gehalt der Willenserklärungen maßgeblich sein soll.

Für eine Beschränkung des Vertragsgegenstands auf ein Grundstück von lediglich „etwa 300 qm" könnte sprechen, dass nach allgemeinen Grundsätzen verbale Erklärungszeichen den nonverbalen Erklärungszeichen vorgehen.[2] Eine solche Sichtweise würde im vorliegenden Kontext jedoch dem Umstand nicht ausreichend gerecht, dass A und B die ungefähre Angabe der Grundstücksgröße in dem Vertragstext gerade durch Beifügung der maßstabsgerechten Skizze präzisieren wollten, weshalb nach der Parteivereinbarung der konkrete Messgehalt gemäß der Skizze und nicht die Circa-Angabe im Vertragstext entscheidend sein soll. Aus diesem Grunde geht der objektive Gehalt der Willenserklärungen von A und B dahin, dass nicht die Angabe des Flächenmaßes im Text des Kaufvertrages, sondern die zeichnerische Umgrenzung maßgeblich ist.[3] Vertragsgegenstand ist hiernach ein Grundstück mit 450 qm.[4]

---

[1]   Im Folgenden werden Angebot und Annahme gemeinsam geprüft.

[2]   Siehe dazu bereits Fall 5 sowie den Anhang zu Fall 13.

[3]   BGH, WM 1980, 1013; BGH, NJW-RR 1999, 1030. Sieht der Kaufvertrag vor, dass eine Mindestfläche nicht unterschritten werden darf, ist dies jedoch der Fall, ist ein Sachmangel nach §§ 433 I 1, 434 I 1 BGB zu prüfen, weil der Sache eine vereinbarte Beschaffenheit fehlt. Die Rechte des Käufers bestimmen sich hier nach § 437 BGB (juris-PK-BGB/*Ludwig*, § 311b BGB Rn. 23).

[4]   Der objektive Erklärungsgehalt ist hiernach in sich widerspruchsfrei, weshalb der Kaufvertrag nicht wegen inhaltlicher Perplexität unwirksam ist; denn bevor eine Per-

b)   Gegenleistung

A hat die Gegenleistung des B falsch kalkuliert, da er diese auf der Grundlage einer veralteten Tabelle berechnet hat. Auf der Grundlage der aktuellen Tabelle hätte sich ein Preis von 45.000,- EUR ergeben. B wollte demgegenüber nur 30.000,- EUR bezahlen.

Bei normativer Auslegung der Willenserklärungen haben sich A und B auf einen Kaufpreis von 30.000,- EUR geeinigt: A hat seine Berechnungsgrundlagen nicht derart offengelegt, dass der B sich mit diesen beschäftigen musste.[5] Der Kalkulationsfehler betraf damit nicht den Inhalt der Willenserklärung, sondern lediglich die Willensbildung des A.[6] Ein verständiger Erklärungsempfänger in der Situation des B konnte das Angebot des A nach §§ 133, 157 BGB nur dahingehend interpretieren, dass A ihm das in der Urkunde bezeichnete und in der Planskizze nach Lage und Größe näher spezifizierte Grundstück – mit einer Größe von 450 qm – für einen Preis von 30.000,- EUR verkaufen will.

B hat das Angebot des A über 30.000,- EUR aus Sicht eines verständigen Empfängers in der Situation des A angenommen. A und B haben sich bei normativer Auslegung auf einen Kaufpreis von 30.000,- EUR geeinigt.

2.   Wirksamkeit der Einigung

An der Wirksamkeit der Einigung bestehen keine Bedenken. Der Kaufvertrag wurde gemäß § 311b I 1 BGB notariell beurkundet. Die Parteien des Vertrages sind ebenso wie das Grundstück (Lageplan) und der Kaufpreis ausreichend bestimmt.

3.   Zwischenergebnis

A hat gegen B aus dem zwischen ihnen abgeschlossenen Kaufvertrag keinen Anspruch auf weitere 15.000,- EUR.

II.   Anspruch auf Zahlung von 15.000,- EUR gemäß § 313 II BGB

A könnte von B ggf. eine Anpassung des Vertrages wegen eines gemeinsamen Irrtums über eine subjektive Geschäftsgrundlage gemäß § 313 II BGB verlangen.[7]

---

plexität bejaht wird, ist zu klären, ob der Widerspruch durch Auslegung behoben werden kann (*Medicus/Petersen*, Rn. 133).

[5]   Nicht jede Mitteilung der Motive eines Vertragspartners macht diese zum Vertragsinhalt; ansonsten würde der Redselige ungerechtfertigt bevorzugt, vgl. *Medicus*, Rn. 758.

[6]   Staudinger/*Singer* (2004), § 119 BGB Rn. 51; *Larenz/Wolf*, § 36 Rn. 65.

[7]   Es ist streitig, ob eine Partei zunächst auf Vertragsanpassung klagen muss, um hiernach auf Zahlung zu klagen, oder ob man direkt auf Zahlung klagen kann; vgl. dazu *Medicus/Petersen*, Rn. 168. Folgt man der letztgenannten Sichtweise, ist die Frage des zulässigen Anspruchsziels beim Inhalt des Anspruchs festzulegen.

1. Anwendbarkeit

Die Grundsätze über die subjektive Geschäftsgrundlage sind anwendbar, da es um eine Abweichung des Kaufgegenstands zuungunsten des Verkäufers geht, wofür die §§ 434 ff. BGB keine abschließende Sonderregelung enthalten.[8]

2. Subjektive Geschäftsgrundlage

Die Kalkulation des Kaufpreises auf Grundlage der zutreffenden Vergleichstabelle war keine gemeinsame Geschäftsgrundlage des Vertrages, sondern lag allein im Risikobereich des A als Verkäufer. Im Hinblick auf den Kaufpreis setzt die Bejahung einer gemeinsamen Geschäftsgrundlage voraus, dass beide Parteien die Kalkulationsgrundlagen als für den Vertragsschluss wesentlichen Umstand ansehen und zum Gegenstand ihrer eigenen Preisberechnung machen, auf deren Grundlage sie sich über den Preis einigen.[9] Vorliegend war dem B jedoch nicht bekannt, auf welcher Grundlage der A den Kaufpreis berechnet; er hat sich hierüber auch keine Gedanken gemacht. B ging vielmehr davon aus, dass es sich um einen günstigen Freundschaftspreis handelt. Folglich hat A gegen B keinen Anspruch auf Vertragsanpassung nach § 313 II BGB.

Selbst wenn A dem B seine Kalkulation offen gelegt hätte, wäre vorliegend nicht anders zu entscheiden: Zum einen gehört die Berechnung des Preises regelmäßig zum Risikobereich des Anbieters; allein der Umstand, dass eine Partei eine falsche Kalkulation erkennt, macht diese noch nicht zur Geschäftsgrundlage des Vertrages.[10] Zum anderen ist ein gemeinsamer Irrtum in der Preiskalkulation auch bei einem Grundstückskaufvertrag für sich allein kein Grund, den Käufer gegen seinen Willen am Vertrag mit einem durch Berichtigung der Berechnung erhöhten Kaufpreis festzuhalten.[11] Nicht die Preiskalkulation ist für den Kaufentschluss des Käufers ausschlaggebend, sondern es sind dies seine wirtschaftlichen Möglichkeiten, seine Ziele und sonstigen Vorstellungen, die er nicht offen zu legen braucht. Folglich könnte B zur Zahlung des durch Berichtigung der Kalkulation erhöhten Kaufpreises nur dann verpflichtet sein, wenn er auch zu dem höheren Preis gekauft hätte, oder wenn die Ablehnung des Vertragsschlusses in Höhe des richtig errechneten Preises ausnahmsweise unredlich wäre.[12] Beides ist vorliegend nicht der Fall: B wollte das Grundstück lediglich für 30.000,- EUR erwerben.

3. Zwischenergebnis

Ein Anspruch auf Zahlung von 15.000,- EUR nach § 313 II BGB scheidet aus.

---

[8] *Medicus/Petersen*, Rn. 153.
[9] *Larenz/Wolf*, § 36 Rn. 65. Die Kalkulationsgrundlage ist z. B. dann in den beidseitigen Geschäftswillen aufgenommen, wenn sich der Kaufpreis für ein Grundstück auf der Grundlage des durch einen Dritten ermittelten Verkehrswerts berechnet, die spätere Einigung jedoch darunter liegt, vgl. Staudinger/*Singer* (2004), § 119 BGB Rn. 61.
[10] *Larenz/Wolf*, § 36 Rn. 65.
[11] Vgl. BGH, NJW 1981, 1551 f.
[12] Siehe dazu auch *Medicus/Petersen*, Rn. 168 f.

III. Anspruch aus einem gesetzlichen Vertrauensschuldverhältnis gemäß §§ 280 I, 311 II Nr. 1, 241 II, 249 ff. BGB

A könnte gegen B einen Anspruch auf Anpassung des Preises aus einem gesetzlichen Vertrauensschuldverhältnis gemäß §§ 280 I, 311 II Nr. 1, 241 II, 249 ff. BGB haben.[13] Ein solcher Anspruch setzt voraus, dass B verpflichtet war, den A über dessen Kalkulationsfehler aufzuklären, und der Anspruch aus Verschulden bei Vertragsverhandlungen ausnahmsweise auf das positive Interesse gerichtet ist.

1. Tatbestand

Ein Anspruch aus einem gesetzlichen Vertrauensschuldverhältnis scheitert bereits an dessen tatbestandlichen Voraussetzungen. So müsste B gegenüber A nicht nur einen Informationsvorsprung gehabt haben, sondern A hätte von B als redlichem Vertragspartner nach Treu und Glauben auch eine entsprechende Aufklärung erwarten dürfen. Der Geschäftspartner ist jedoch nicht gehalten, von sich aus zu klären, ob ein Kalkulationsfehler vorliegt oder nicht. Eine Aufklärungspflicht kommt vielmehr – wenn überhaupt – lediglich dann in Betracht, wenn er – der B – einerseits den Kalkulationsirrtum positiv erkennt[14] und andererseits die Parteien in einer laufenden Geschäftsbeziehung stehen oder es um erhebliche Beträge geht.[15] B hatte jedoch keine Kenntnis vom Kalkulationsfehler des A; er ging vielmehr davon aus, dass A ihm einen Freundschaftspreis macht.

B hat den Irrtum des A auch nicht fahrlässig hervorgerufen (§ 276 II BGB). Zwar ist ihm auf der Grundlage seiner Erkundigungen über die durchschnittlichen Grundstückspreise aufgefallen, dass der Kaufpreis von 30.000,- EUR erheblich unter den regulär zu zahlenden Preisen liegt. Dieser Umstand reicht jedoch – ebenso wie die freundschaftliche Beziehung zwischen A und B – nicht aus, um eine Aufklärungspflicht des B zu bejahen. Nach dem Rechtsgedanken des § 162 BGB kann der positiven Kenntnis eines Kalkulationsirrtums im Einzelfall zwar gleichzustellen sein, dass sich der Erklärungsempfänger einer Kenntnis treuwidrig verschließt, indem er nahe liegende Rückfragen unterlässt.[16] B hat aber nicht erkennen müssen,

---

[13] BGH, NJW 2006, 3193; Bamberger/Roth/*Unberath*, § 280 BGB Rn. 50 ff.; *Larenz/Wolf*, § 36 Rn. 67 und 71.

[14] BGH, NJW 1980, 180.

[15] *Larenz/Wolf*, Rn. 67; siehe auch BGH, NJW 1998, 3192.

[16] Aus § 162 BGB lässt sich zunächst nur unmittelbar herleiten, daß der Eintritt nachteiliger Umstände nicht treuwidrig von einer Partei vereitelt und umgekehrt vorteilhafte Umstände nicht treuwidrig herbeigeführt werden dürfen. Nach dem Rechtsgedanken des § 162 BGB kann eine Partei jedoch auch nach Treu und Glauben gehalten sein, einen ihr nachteiligen Umstand, nämlich positive Kenntnis, durch zumutbare Erkundigungen herbeizuführen, vgl. BGH, NJW 1998, 3192, 3195. Der BGH lässt offen, ob diese Grundsätze nicht nur für das Deliktsrecht, sondern auch für das gesetzliche Vertrauensschuldverhältnis der culpa in contrahendo gelten. Darüber hinaus ist streitig, ob bereits eine grob fahrlässige Unkenntnis ausreicht (Staudinger/*Singer* [2004], § 119 BGB Rn. 66) oder noch weiterreichend zu fordern ist, dass es die Vertragspartei ver-

dass sich der A verrechnet hat; er ging vielmehr schlicht von einem Freund-schaftspreis aus. In einem solchen Fall ist es nicht zulässig, den Auftraggeber ent-gegen seinen eigenen Interessen und der Entscheidung des Gesetzgebers für die grundsätzliche Unbeachtlichkeit von Motivirrtümern als verpflichtet anzusehen, an der Aufklärung eines möglichen Kalkulationsfehlers mitzuwirken.[17]

2. Rechtsfolgen

Jedenfalls wäre der Anspruch nach §§ 280 I, 311 II Nr. 1, 241 II, 249 ff. BGB vor-liegend nicht auf das positive Interesse gerichtet; nur dann ist A jedoch so zu stel-len ist, als habe er mit dem B einen für ihn besseren Vertrag geschlossen.[18]

Ein Anspruch auf das positive Interesse setzt bei Verletzung von Aufklärungs-pflichten bei Vertragsschluss voraus, dass der Geschädigte nachweist, dass ein solcher Vertrag bei erfolgter Aufklärung zu Stande gekommen wäre,[19] da der Schadensersatzanspruch ansonsten zu einem Kontrahierungszwang zu den höhe-ren Konditionen führen würde.[20] Dies ist nach dem Sachverhalt zu verneinen, da B das Grundstück aufgrund seiner begrenzten finanziellen Mittel nur für 30.000,- EUR erworben hätte.

3.   Zwischenergebnis

Auch ein Anspruch aus einem gesetzlichen Vertrauensschuldverhältnis scheidet aus.

IV. Vertragsanpassung gemäß § 242 BGB

Es bedeutet keine unzulässige Rechtsausübung, wenn B den A an dessen irrtums-behafteter Willenserklärung festhält.[21] B hat die unrichtige Kalkulation des A we-der erkannt, noch liegen besondere Umstände vor, die ein Berufen des B auf den vertraglich vereinbaren Preis als unzulässig erscheinen lassen, wie z. B. eine akute Existenzgefährdung des A.[22]

---

säumt, eine gleichsam auf der Hand liegende, durch einfache Nachfrage zu realisieren-de Erkenntnismöglichkeit wahrzunehmen und letztlich das Sich-Berufen auf die Un-kenntnis als Förmelei erscheint, weil jeder andere in der Lage des Geschädigten die Kenntnis gehabt hätte (BGH, NJW 1989, 2323).

[17]   BGH, NJW 1998, 3192, 3195; siehe auch *Singer*, JZ 1999, 342, 349.

[18]   *Mohr*, Jura 2010, 327 ff.

[19]   Siehe dazu BGH, NJW 2006, 3139; *Emmerich*, JuS 2006, 1021.

[20]   In der Klausur darf bei einem Anspruch auf Anpassung des Kaufpreises nach oben die Kausalität nicht einfach unterstellt werden, vgl. *Möllers/Weichert*, LMK 2006, 189346.

[21]   Es ist streitig, ob § 242 BGB neben § 313 II BGB anwendbar ist; dafür *Larenz/Wolf*, § 36 Rn. 67; *Theisen*, NJW 2006, 3102, 3104 f.; dagegen *Emmerich*, JuS 2006, 1021.

[22]   Etwas anders läge vor, wenn A dem B vor Vertragsschluss mitgeteilt hätte, dass er sich verkalkuliert habe, und B nach Annahme des nicht korrigierten Vertragstextes auf Ver-tragsdurchführung beharren würde, vgl. BGH, NJW 1998, 3192; *Larenz/Wolf*, § 36 Rn. 68.

V. Ergebnis

A kann von B keine weiteren 15.000,- EUR verlangen.

B. Lösung des A vom Vertrag

A könnte sich vom Vertrag durch Anfechtung, Rücktritt vom Vertrag oder über einen schadensrechtlichen Anspruch auf Vertragsaufhebung lösen.

I. Anfechtung

Der Kaufvertrag ist nach § 142 I BGB ex tunc unwirksam, wenn A seine Willenserklärung wirksam anfechten kann. Dazu benötigt er einen zulässigen Anfechtungsgrund.

1. Erklärungsirrtum nach § 119 I Alt. 2 BGB

Ein Erklärungsirrtum i. S. von § 119 I Alt. 2 BGB ist nicht gegeben, da A im Zeitpunkt der Abgabe der Erklärung diejenigen Erklärungszeichen gesetzt hat, die er setzen wollte. Die Kalkulation war nicht Gegenstand der Erklärung des A. Der Irrtum des A lag somit nicht in der Erklärungshandlung, sondern in der zeitlich vorgelagerten Willensbildung (Motivirrtum).[23]

2. Inhaltsirrtum gemäß § 119 I Alt. 1 BGB

Ein Inhaltsirrtum nach § 119 I Alt. 1 BGB ist nicht gegeben, da sich die Erklärung des A inhaltlich mit dem deckt, was er im Zeitpunkt der Abgabe erklären wollte. A war sich des Aussagegehalts seiner erklärten Kaufpreisforderung bewusst; die Kalkulation betrifft nicht die Erklärung, sondern die zeitlich davor angesiedelte Willensbildung.

3. Eigenschaftsirrtum gemäß § 119 II BGB

Ein Eigenschaftsirrtum i. S. von § 119 II BGB scheidet ebenfalls aus, da der Kaufpreis nach h. A. keine Eigenschaft ist, die mit dem Grundstück unmittelbar verbunden ist.[24]

4. Anfechtung analog § 119 I Alt. 1 BGB wegen eines erkannten Motivirrtums

Denkbar wäre es, dem Irrenden bei einem vom Vertragspartner erkannten Kalkulationsirrtum eine Anfechtung seiner Willenserklärung analog § 119 I Alt. 1 BGB

---

[23] *Larenz/Wolf*, § 36 Rn. 65.
[24] Vgl. BGH, NJW 1998, 3192; siehe zur entsprechenden Einschränkung des Begriffs der Eigenschaft in § 119 II BGB Fall 12.

zuzubilligen (Lehre vom erweiterten Inhaltsirrtum).[25] Für eine solche Rechtsfortbildung wird angeführt, dass die gesetzliche Unterscheidung zwischen beachtli-
chem Inhaltsirrtum und unbeachtlichem Motivirrtum bei Kalkulationsfehlern zu
sachwidrigen Ergebnissen führe. Es sei nicht einsichtig, dass zwar ein Fehler beim
Bedienen einer Schreibmaschine zur Anfechtung berechtige (in diesem Fall nach
§ 119 I Alt. 2 BGB), wohingegen der gleiche Fehler beim Bedienen einer Re-
chenmaschine ein unbeachtlicher Motivirrtum sei.[26] Wenn man bei einer fahrlässigen Irreführung mit der h. A. einen Anspruch des Irrenden aus einem gesetzlichen Vertrauensschuldverhältnis auf Aufhebung des Vertrages bejahe (siehe dazu
oben), sei es nur konsequent, dem Irrenden in analoger Anwendung des sachnähe-
ren § 119 I BGB auch ein Recht zur Anfechtung zuzubilligen, da kein Anlass bestehe, den Geschäftspartner zu schützen, wenn dieser die Störung der Willensbildung zu verantworten habe.[27]

Gegen eine Gleichstellung des Kalkulationsirrtums mit dem Inhalts- und Erklärungsirrtum spricht freilich, dass Ersterer die Ebene der Motivbildung betrifft,
während Letzterer dem Erklärungsakt anhaftet; beim Motivirrtum hat der Irrende
jedoch anders als beim Erklärungsirrtum noch eine zusätzliche Möglichkeit, den
Irrtum zu korrigieren. Darüber hinaus steht es dem Erklärenden frei, sein Motiv
zum Gegenstand der vertraglichen Einigung zu machen.[28] Weiterhin ermöglicht
eine Vertragsanpassung nach den Grundsätzen der Störung der Geschäftsgrundlage (§ 313 II BGB) eine flexible Lösung, wohingegen die Anfechtung das Risiko
der Unwirksamkeit des Vertrages einseitig auf den Erklärungsempfänger verlagert.[29] Beschränkte man die Analogie auf den erkannten Kalkulationsirrtum, würde eine Anreicherung des Anfechtungsgrundes um die Kenntnisnahme des anderen Teils wegen der kurzen Anfechtungsfrist des § 121 BGB zu einer nicht hin-
nehmbaren Rechtsunsicherheit führen.[30] A kann seine Willenserklärung somit
auch nicht analog § 119 I BGB anfechten.

5. Anfechtung analog § 119 II BGB aufgrund eines erweiterten Sachverhaltsirrtums

A könnte schließlich ein Recht zur Anfechtung analog § 119 II BGB zustehen.
Nach der Lehre vom erweiterten Sachverhaltsirrtum[31] kann der Anbietende analog

---

[25] Siehe *Pawlowski*, JZ 1997, 741, 746; *Singer*, JZ 1999, 342, 345 ff.; Staudinger/*Singer*
(2004), § 119 BGB Rn. 57.

[26] Vgl. *Brox*, Die Einschränkung der Irrtumsanfechtung, 1960, S. 64; *Titze*, in: Festschrift
Heymann, 1940, S. 72 ff.

[27] Staudinger/*Singer* (2004), § 119 BGB Rn. 57.

[28] *Brox*, Die Einschränkung der Irrtumsanfechtung, 1960, S. 65.

[29] *Larenz/Wolf*, § 36 Rn. 69; a. A. Staudinger/*Singer* (2004), § 119 BGB Rn. 58: Nach der
Systematik des Gesetzes sollen Irrtümer zur Anfechtung berechtigen und keine Schadensersatzansprüche begründen.

[30] BGH, NJW 1998, 3192.

[31] MünchKommBGB/*Kramer*, 5. Aufl. 2006, § 119 BGB Rn. 123.

§ 119 II BGB anfechten, wenn der Anbieter sich bei der Addition von Rechnungs-
posten verrechnet und hierdurch eine falsche Endsumme anbietet, sofern dem Erklärungsempfänger (z. B. wegen der Abweichung der Endsumme von früher für
dieselbe Lieferung in Rechnung gestellten Preisen) dieser Irrtum hätte auffallen
müssen. Dasselbe gelte für einseitige Irrtümer in der Kalkulationsgrundlage, wenn
dem Erklärungsempfänger aufgefallen ist oder offenbar hätte auffallen müssen,
dass der Anbieter gewisse Faktoren, die zu einer erheblichen Verteuerung führen,
nicht oder falsch in Rechnung gestellt hat; wenn also der Kalkulationsirrtum zwar
einseitig, aber doch nicht „intern" gewesen sei. Bei gemeinsamen Irrtümern über
die Kalkulationsgrundlage sei demgegenüber § 313 II BGB einschlägig.[32] Begründet wird diese Sichtweise damit, dass für die Beachtlichkeit eines Irrtums letztlich
entscheidend sei, wer das Irrtumsriskio zu tragen habe; es sei zu fragen, ob das
Zutreffen oder Nichtzutreffen des Umstands, über den sich der Erklärende irre,
allein von ihm zu verantworten oder von seinem Kontrahenten mitzuverantworten
sei und dessen Vertrauen auf das gültige Zustandekommen des Geschäfts nicht
schützenswert erscheine. An die Stelle einer formalen Betrachtung der Irrtumsleh-
re müsse somit eine materiale Sichtweise treten.[33] Neben den oben gegen eine
analoge Anwendung von § 119 I BGB angeführten Argumenten spricht gegen
diese Ansicht, dass sie sich nicht in das Konzept einpasst, wonach ein Motivirrtum
nur dann zur Anfechtung berechtigt, wenn er verkehrswesentlich i. S. von § 119 II
BGB ist.[34] Die Lehre vom erweiterten Sachverhaltsirrtum löst sich zu weitgehend
von der Konzeption des Gesetzes.

6.   Zwischenergebnis

Eine Anfechtung des Vertrages durch A scheidet mangels eines relevanten Irrtums
aus.

II.   Rücktritt vom Vertrag nach § 313 III BGB

Wie oben geschildert, war die zutreffende Kalkulation nicht Geschäftsgrundlage
des Vertrages. A kann deshalb nicht nach § 313 III BGB i. V. mit den §§ 346 ff.
BGB vom Vertrag zurücktreten.[35]

---

[32]   MünchKommBGB/*Kramer*, 5. Aufl. 2006, § 119 BGB Rn. 123.

[33]   MünchKommBGB/*Kramer*, 5. Aufl. 2006, § 119 BGB Rn. 113.

[34]   *Flume*, JZ 1985, 470, 474; *Medicus*, Rn. 70; Staudinger/*Singer* (2004), § 119 BGB
       Rn. 56.

[35]   Die Lösung vom Vertrag nach § 313 II BGB soll bei einem beidseitigen Irrtum über die
       Geschäftsgrundlage darüber hinaus von der Einhaltung der weiteren Voraussetzungen
       des Anfechtungsrechts abhängen und einen Ersatzanspruch analog § 122 BGB begrün-
       den, vgl. Staudinger/*Singer* (2004), § 119 BGB Rn. 60.

III. Anspruch auf Vertragsaufhebung nach den §§ 280 I, 311 II Nr. 1, 241 II, 249 I BGB

A hat keinen Anspruch auf Lösung vom Vertrag nach den §§ 280 I, 311 II Nr. 1, 241 II BGB i. V. mit dem Grundsatz der Naturalrestitution gemäß § 249 BGB. Zwar bestand zwischen A und B ein vorvertragliches Schuldverhältnis. B hat gegenüber A jedoch keine vorvertragliche Schutzpflicht i. S. des § 241 II BGB verletzt; insbesondere traf ihn keine Hinweispflicht gegenüber A. Eine solche liegt regelmäßig nur dann vor, wenn eine Partei einen Kalkulationsirrtum des Gegenübers erkennt[36] oder wenn sich der Tatbestand des Kalkulationsirrtums mit seinen unzumutbaren Folgen geradezu aufdrängt;[37] beides war vorliegend nicht der Fall (siehe oben). Ein Schadensersatzanspruch, gerichtet auf Rückgängigmachung des Vertrages, ist deshalb nicht gegeben.

IV. Lösungsrecht des A nach § 242 BGB

A hat kein Lösungsrecht nach § 242 BGB. Zwar kann es eine unzulässige Rechtsausübung i. S. von § 242 BGB bedeuten, wenn der Empfänger ein Vertragsangebot annimmt und auf der Durchführung des Vertrages besteht, obwohl er wusste (oder sich treuwidrig der Kenntnisnahme entzogen hat), dass das Angebot auf einem Kalkulationsirrtum des Erklärenden beruht.[38] Vorliegend sind jedoch keine derartigen Umstände erkennbar (siehe oben).

V. Ergebnis

A kann sich von dem Vertrag nicht lösen.

C. Gesamtergebnis Fall 14

A kann von B keine zusätzlichen 15.000,- EUR fordern. Er kann sich außerdem nicht vom Vertrag lösen.

Merke

1. Ein Kalkulationsirrtum liegt vor, wenn einer Partei entweder bei der Preisberechnung ein Fehler unterläuft oder wenn die richtige Berechnung auf unzutreffenden Berechnungsfaktoren beruht. Grundsätzlich gehört die Kalkulation einer Partei zu ihrem Risikobereich. Hieran ändert sich auch dann nichts, wenn

---

[36] BGH, NJW 1980, 180.
[37] BGH, NJW 1998, 3192.
[38] BGH, NJW 1998, 1392.

sie der Gegenseite ihre Motive mitteilt. Eine Kalkulation ist erheblich, wenn der Geschäftspartner sich mit ihr beschäftigen muss, weil er sie z. B. im Rahmen einer Ausschreibung selbst angefordert hat. Hier kommen verschiedene Lösungsmöglichkeiten in Betracht.

2. Sofern die Kalkulation zum Vertragsinhalt gehört, ist ein Rechenfehler im Wege der Auslegung zu korrigieren, wenn beide Parteien die richtige Kalkulation und nicht deren konkretes Ergebnis für entscheidend erachteten.[39] Dies ist insbesondere dann der Fall, wenn der Vertrag sowohl einzelne Posten mit eigener Preisauszeichnung als auch eine Endsumme aufweist, und bei der Addition der Einzelsummen ein offensichtlicher Fehler vorliegt.[40] Hält eine Partei die Einzelpreise und die andere die Endsumme für entscheidend, ist der Vertragsinhalt durch normative Auslegung festzustellen.[41] Lässt sich aus dem Widerspruch zwischen Einzelpreisen und Endsumme weder auf einen gemeinsamen natürlichen noch auf einen gemeinsamen normativen Willen schließen, ist der Vertrag wegen Perplexität nichtig, falls die Vertragslücke nicht ausnahmsweise mit Hilfe gesetzlicher Normen wie den §§ 612, 635 BGB oder gemäß §§ 315 ff. BGB geschlossen werden kann.[42]

3. Haben die Parteien einen Preisbestandteil ganz vergessen, kann die Vertragslücke gemäß dem Regelungsplan der Parteien ggf. auch durch ergänzende Vertragsauslegung geschlossen werden.[43]

4. Sofern eine ergänzende Vertragsauslegung mangels Regelungslücke nicht möglich ist, ist eine Anpassung des Vertragsinhalts nach den Grundsätzen der Störung der (subjektiven) Geschäftsgrundlage gemäß § 313 II BGB zu erwägen. Die hierfür erforderliche Beeinträchtigung des Vertragszwecks kann darin liegen, dass die Vertragsparteien bestimmte Kalkulationsgrundlagen vereinbart haben, dabei aber von falschen Rechenfaktoren ausgegangen sind, etwa wenn sie bei einem in einer Währung ausgezahlten und in einer anderen Währung zurückzuzahlenden Darlehen übereinstimmend von einem falschen Umrechnungskurs ausgegangen sind, der selbst nicht Vertragsinhalt geworden ist.[44]

5. Hat der Erklärungsgegner den Kalkulationsirrtum erkannt oder hat er diesen zurechenbar hervorgerufen, kommt ein Anspruch des Irrenden auf Befreiung vom Vertrag aus einem gesetzlichen Vertrauensschuldverhältnis gemäß §§ 311 II, 241 II BGB in Betracht.

---

[39] Staudinger/*Singer* (2004), § 119 BGB Rn. 54.

[40] Siehe BGH, NJW 2006, 3139, 3140; *Medicus/Petersen*, Rn. 134.

[41] *Larenz/Wolf*, § 36 Rn. 61.

[42] *Larenz/Wolf*, § 36 Rn. 61.

[43] Dies ist z. B. der Fall, wenn beide Vertragsparteien fälschlicher Weise davon ausgehen, dass das Rechtsgeschäft nicht der Umsatzsteuer unterliege, vgl *Larenz/Wolf*, § 36 Rn. 63.

[44] Siehe den Rubelfall RGZ 105, 406; dazu *Medicus/Petersen*, Rn. 154.

Fall 15

Bereicherungsrechtliche Folgen der Anfechtung gemäß §§ 812 ff. BGB; Akzeptanz einer unbegründeten Anfechtungserklärung; teleologische Reduktion des § 111 Satz 1 BGB

Der Rechtsanwalt V aus Kiel verkauft am 1. 3. 2008 seinen 7 Jahre alten, 120.000 km gefahrenen privaten Pkw an K aus Flensburg zum Preis von 12.500,- EUR. Bei den Vertragsverhandlungen in Kiel hatte V dem K auf eine entsprechende Frage gesagt, der Pkw sei unfallfrei. Als K noch zögert, sagt V ihm zu, er könne binnen der nächsten sechs Monate wegen jeden Irrtums den Vertrag durch Anfechtung beseitigen. Darauf schließt K den Vertrag ab. V übergibt den Pkw in Kiel gegen Barzahlung des Kaufpreises. Ende August 2008 stellt K fest, dass der Pkw 2004 bei einem leichten Auffahrunfall einen Lackschaden erlitten hatte, dessen Beseitigung 600,- EUR gekostet hat. K erklärt daraufhin am 30. 8. 2008 schriftlich die Anfechtung des Vertrages wegen arglistiger Täuschung und meldet das Fahrzeug zum 31. 8. 2008 ab. V ist zwar der Ansicht, dass ein 7 Jahre altes Auto mit einem ordnungsgemäß beseitigten Lackschaden in Höhe von 600,- EUR nicht als Unfallauto bezeichnet werden müsse; da er sich aber bei Vertragsschluss jeder Irrtumsanfechtung unterworfen habe, sei er bereit, den Wagen Zug um Zug gegen Rückzahlung des von ihm geschuldeten Geldbetrages zurückzunehmen, auch wenn die Voraussetzungen für eine gesetzliche Anfechtung nicht vorlägen.

K verlangt von V für von ihm am Pkw durchgeführte Reparaturen 1.500,- EUR, ferner Kosten von 100,- EUR für die Fahrt von Flensburg nach Kiel bei Vertragsschluss, die Kosten für die Kfz-Steuer und Kfz-Versicherung für den Zeitraum von März bis August 2008 in Höhe von 400,- EUR sowie die Kosten für die sichere Unterstellung des abgemeldeten Fahrzeugs für den Monat September 2008 auf dem Hof eines Abschleppunternehmens in Höhe von 150,- EUR. Für die Zahlung von 14.650,- EUR Zug um Zug gegen Rückgabe des PKW setzt K dem V eine Frist bis zum 30. 9. 2008; ohne diesen Betrag zu erhalten, werde er den PKW nicht zurückgeben.

V ist der Ansicht, dass er K weniger als 12.500,- EUR schulde; denn K habe den PKW 20.000 km gefahren. Dieser habe mit 140.000 km Laufleistung (bei einer Gesamtlaufleistung eines solchen PKW von 220.000 km) und mit einem Alter von ca. 8 Jahren nur noch einen Marktpreis von 10.500,- EUR. Hätte K ein gleichwertiges Auto gemietet, so hätte er pro Woche 300,- EUR zahlen müssen, insgesamt also für die Monate März bis August 7.200,- EUR (24 mal 300,- EUR). Von dieser Summe könnten nur die Reparaturkosten von 1.500,- EUR abgesetzt werden. K habe daher nur Anspruch auf 12.500,- EUR + 1.500,- EUR – 7.200,- EUR = 6.800,- EUR. Erstellen Sie ein Rechtsgutachten zu der Frage, ob und in welcher Höhe der Zahlungsanspruch des K gegen V begründet ist!

Abwandlung

Welche dogmatischen Begründungen sind denkbar, wenn V bei Abschluss des Vertrags keine ergänzende Erklärung zur Anfechtbarkeit abgegeben hat, aber nach Erhalt des Anfechtungsschreibens des K erklärte, die Rechtswirkungen der von K ausgesprochenen Anfechtung entsprechend § 142 BGB zu akzeptieren.

Zusatzfrage

Ändert sich die rechtliche Beurteilung bei der Abwandlung, wenn Folgendes unterstellt wird: K ist 17 Jahre alt. Die Eltern des K hatten ihre Einwilligung zum Abschluss des Kaufvertrages und dessen Vollzug gegenüber K und gegenüber V erklärt; V war somit auch bekannt, dass K noch minderjährig ist. Nachdem K den Eltern von seinem ohne ihr Wissen abgesandten Anfechtungsschreiben erzählt hat, genehmigen sie dieses nachträglich.

Lösung Fall 15

A. Anspruch aus § 346 I BGB

Ein Anspruch aus § 346 I BGB scheidet schon mangels einer Rücktrittserklärung (§ 349 BGB) aus.[1]

B. Anspruch aus §§ 280 I, 241 II, 311 II BGB

K könnte einen Anspruch auf Schadensersatz wegen Verletzung einer Aufklärungspflicht bei den Vertragsverhandlungen haben.

Auf die Frage, ob die §§ 280 I, 241 II, 311 II BGB neben den Gewährleistungsvorschriften des Kaufrechts anwendbar sind, kommt es hier nicht an, da keine Gewährleistungsrechte geltend gemacht wurden; K kommt es vielmehr auf die „Vernichtung" des Vertrages an. Die Anwendbarkeit der Vorschriften über gesetzliche Vertrauensschuldverhältnisse ist folglich zu bejahen.

Ein Schuldverhältnis nach § 311 II Nr. 1 BGB ist entstanden, als V und K sich zu Verkaufsgesprächen in Kiel getroffen haben. Allerdings richten sich Ansprüche aus §§ 280 I, 241 II, 311 II BGB grundsätzlich auf Ersatz des Vertrauensschadens; sie haben nicht die Funktion, Ansprüche auf Erfüllung der synallagmatischen Hauptpflichten einzuräumen oder die Nicht- oder Schlechterfüllung der (Haupt-) Leistungspflichten zu sanktionieren. Das gilt auch bei einem nichtigen Vertragsverhältnis, das rückabzuwickeln ist. Hier gewährt § 812 BGB einen Rückgewähranspruch gegen Saldierung bzw. Rückgabe der empfangenen Gegenleistung. Die §§ 241 II, 311 II BGB sollen die Rückabwicklung der ausgetauschten Leistungen nach den Normen über die ungerechtfertigte Bereicherung nicht ausschließen, sondern nur insoweit ergänzen, als über das Erfüllungs- bzw. Rückabwicklungsinteresse hinausgehende Vertrauensschäden bei schuldhafter Verursachung zu ersetzen sind. Aus den §§ 241 II, 311 II BGB kann daher nicht die Rückzahlung des Kaufpreises gegen Rückgabe des PKW verlangt werden. Das gilt auch, soweit im Rahmen der „Saldierung" nach § 818 III BGB Aufwendungen, die im Vertrauen auf die Rechtsbeständigkeit des Erwerbs gemacht worden sind, von der zurückzugebenden Leistung wertmäßig abgezogen werden müssen. Die §§ 241 II, 311 II BGB dienen nicht der Korrektur der bereicherungsrechtlichen Wertungen.[2]

---

[1] Beachte: Für eine Auslegung der Anfechtungserklärung gemäß §§ 133, 157 BGB als Rücktrittserklärung ist angesichts des eindeutigen Wortlauts und des Fehlens von Anhaltspunkten, dass eine Rückabwicklung gemäß §§ 346 ff. BGB von K gewollt war, kein Raum. Bevor eine Umdeutung einer dem Wortlaut nach eindeutigen Erklärung vorgenommen werden darf, muss immer geprüft werden, ob das Ziel des Erklärenden entsprechend der ausdrücklichen Erklärung erreicht werden kann.

[2] Erst wenn die wechselseitigen Ansprüche im Rahmen des Bereicherungsausgleichs geklärt sind, könnte sich die Frage stellen, ob noch ein ausgleichsbedürftiger Vertrauens-

C.   Anspruch nach den §§ 994 ff. BGB

Ein Verwendungsersatzanspruch des K aus den §§ 994 ff. BGB scheidet mangels einer Vindikationslage bei Vornahme der Verwendungen aus. Da die Übereignung wirksam ist, war K bei der Vornahme der Verwendungen Eigentümer.[3]

D.   Anspruch aus Leistungskondiktion gemäß § 812 I 1 Alt. 1 BGB

K könnte gegen V einen Zahlungsanspruch aus § 812 I 1 Alt. 1 BGB haben.

I.   Voraussetzungen

1.   Etwas erlangt

Da K bar gezahlt hat, hat V Eigentum und Besitz an Geldscheinen in Wert von 12.500,- EUR erlangt.

2.   Durch Leistung

K hat gezahlt, um seine (vermeintliche) Schuld aus § 433 II BGB zu begleichen. Es handelte sich somit um eine bewusste und zweckgerichtete Mehrung des Vermögens des V.

3.   Ohne Rechtsgrund

Die Leistung wäre ohne Rechtsgrund erfolgt, wenn der Kaufvertrag ex tunc nichtig ist. Dies ist gemäß § 142 I BGB der Fall, wenn eine wirksame Anfechtung vorliegt.

---

schaden unberücksichtigt geblieben ist und insoweit eine Lücke besteht. Abgesehen davon, dass die Rechtsfolge der §§ 280 I, 241 II, 311 II BGB nicht zu dem Anspruchsbegehren des K passt, ist auch der Tatbestand des Anspruchs nicht erfüllt: Es fehlt im Ergebnis an einer Pflichtverletzung. Es ist zwar die Pflicht des Verkäufers, auf Fragen des potenziellen Käufers im Verkaufsgespräch wahrheitsgemäß zu antworten, vgl. Münch-KommBGB/*Emmerich*, 5. Aufl. 2006, § 311 Rn. 123. V hat K auf dessen Nachfrage hin gesagt, dass es sich bei dem PKW um einen „unfallfreien" Wagen handele. Eine Pflichtverletzung ist hierin aber nicht zu sehen, weil diese Aussage der Wahrheit entsprach. Der Begriff „unfallfrei" nimmt nicht auf alle Schäden Bezug; vielmehr ist nach der Verkehrsauffassung zu bestimmen, ob ein Schaden vorliegt, der wegen seiner Wesentlichkeit geeignet ist, die Bezeichnung des PKW als „Unfallwagen" zu rechtfertigen. Hierbei ist auf die Art des Schadens und die Höhe der Reparaturkosten abzustellen (BGH, DB 2008, 106). Im vorliegenden Fall liegt eine Lackbeschädigung vor (dazu BGH, NJW 1977, 1915), die keine Auswirkung auf die Funktionstüchtigkeit des Wagens hat. Zudem ist die Karosserie nicht betroffen. Auch die Reparaturkosten von 600,- EUR ändern hieran nichts, vgl. OLG Karlsruhe 27. 3. 2001- 3 A U 2/01, juris.

[3]   Ein „Durchschlagen" der Anfechtung nach § 123 I BGB auf die Übereignungserklärung zu prüfen, wäre bei dem Sachverhalt verfehlt.

a) Anfechtungserklärung

K hat gegenüber V als dem zutreffenden Anfechtungsgegner die Anfechtung erklärt (§ 143 I und II BGB).

b) Anfechtungsgrund

Es kann dahinstehen, ob sich K auf ein gesetzliches Anfechtungsrecht berufen kann, wenn ihm wegen der Willensäußerung des V bei Vertragsschluss ein umfassendes, das Gesetz erweiterndes Anfechtungsrecht wegen Irrtums zusteht. Nach h. A. können die Parteien eines Vertrages die gesetzlichen Tatbestände der Anfechtung erweitern oder einengen, da es sich um dispositive Normen handelt.[4] Im vorliegenden Fall vereinbarten V und K ein Anfechtungsrecht des K bei *jedem* Irrtum.[5] Der Irrtum bezüglich der Unfallfreiheit umfasste damit auch Bagatellschäden, von deren Vorliegen ein Käufer eines gebrauchten Wagens sonst ausgehen muss und die er hinzunehmen hat. Der Kaufvertrag ist somit gemäß § 142 I BGB ex tunc nichtig; die Leistung erfolgte ohne Rechtsgrund.[6]

II. Rechtsfolge

1. § 812 I 1 Alt. 1 i. V. mit § 818 BGB

Primäre Herausgabegegenstände sind gemäß § 812 I 1 Alt. 1 BGB i. V. mit § 818 II BGB das erlangte Eigentum und der Besitz an Geldscheinen im Wert von 12.500,- EUR bzw. ein Wertersatz in Höhe von 12.500,- EUR. Zinsen sind nach dem Sachverhalt von V nicht gezogen worden (§ 818 I 1 Alt. 1 i. V. mit §§ 100, 99 III BGB).[7]

---

[4] Siehe *Bork*, Rn. 956; Bamberger/Roth/*Wendtland*, § 119 Rn. 3.

[5] Ein rechtsgeschäftlich eingeräumtes Anfechtungsrecht ist, wie ein vertragliches Rücktrittsrecht, als das Recht zur einseitigen Vertragsauflösung (unter den vereinbarten Voraussetzungen) zu verstehen, nur mit dem Unterschied, dass sich die Rechtsfolgen der Vertragsauflösung nach den §§ 812 ff. BGB richten.

[6] Hinweis: Tatsächlich hat K (nach der Rechtsprechung) kein gesetzliches Anfechtungsrecht. Eine arglistige Täuschung gemäß § 123 I BGB scheidet aus, da die Aussage des V, der Wagen sei „unfallfrei", der Wahrheit entsprach (siehe oben zu §§ 280 I, 241 II, 311 II BGB) und damit keine Täuschung darstellt. Ein Anfechtungsgrund gemäß § 119 II BGB kommt ebenfalls nicht in Betracht, da die Norm jedenfalls nach der Übergabe (Gefahrübergang) durch die Kaufgewährleistungsregeln (§§ 434 ff. BGB) verdrängt wird, vgl. MünchKommBGB/*Kramer*, 5. Aufl. 2006, § 119 Rn. 33.

[7] Es wird vertreten, dass bei der Rückabwicklung von gegenseitigen Verträgen der Nutzungswert des Bereicherungsgegenstandes (hier: des Geldes) unabhängig von der tatsächlichen Ziehung von Nutzungen zu ersetzen sei, wenn die Nutzungen des selbst geleisteten Gegenstandes von der anderen Partei herausverlangt werden; vgl. *Larenz/ Canaris*, Schuldrecht II/2, S. 332 f.

2. Modifizierung durch die „Saldotheorie"

Der Inhalt sowie die Durchsetzbarkeit des Zahlungsanspruchs des K hängen auch von dem Gegenanspruch des V aus § 812 I 1 Alt. 1 BGB ab. Bei gegenseitigen Ansprüchen aus den §§ 812 ff. BGB berücksichtigt die herrschende „Saldotheorie", dass auch bei der Rückabwicklung eines Vertrags ein „faktisches" Synallagma (fort-) besteht, welches mit dem in § 320 BGB zum Ausdruck kommenden Synallagma vergleichbar ist. Die Gefahrverteilung bei einem durchgeführten, wenn auch unwirksamen Vertrag soll an die Gefahrverteilung, welche bei einer Wirksamkeit des Vertrages gelten würde, angepasst werden.

Bei Bestehen von gleichartigen gegenseitigen Ansprüchen ist eine Verrechnung („Saldierung") vorzunehmen, bevor eine etwaige Entreicherung nach § 818 III BGB berücksichtigt werden kann. Leistung und Gegenleistung sowie alle weiteren Vor- und Nachteile (bzw. ihr Wert), die mit dem Bereicherungsvorgang ausreichend zusammenhängen[8], werden bei der Saldierung berücksichtigt, soweit sie gleichartig sind. Im Hinblick auf gleichartige Schulden (etwa Geldschulden) gibt es folglich nur *einen* Bereicherungsanspruch in Höhe des „Saldos", der sich für eine Partei ergibt.[9] Bei nicht gleichartigen Ansprüchen ist eine Leistungspflicht „Zug um Zug" begründet, und zwar ohne Geltendmachung einer Einrede.

Es ist deshalb zu untersuchen, welche Saldierungsposten neben dem Anspruch des K auf Zahlung des Kaufpreises von 12.500,- EUR bestehen.

a)   Gegenanspruch des V gemäß § 812 I 1 Alt. 1, 818 I, II BGB

aa) § 812 I 1 Alt. 1 BGB

V hat einen Anspruch gemäß § 812 I 1 Alt. 1 BGB auf Übereignung und Übergabe des PKW.

bb) § 818 I Alt. 1, II BGB

V hat einen Wertersatzanspruch bezüglich der von K gezogenen Nutzungen gemäß § 818 I, II BGB. K hat den Wagen 6 Monate gebraucht. Der gezogene Gebrauchsvorteil (§ 100 BGB) kann nicht herausgegeben werden; aus diesem Grunde ist der Wert zu ersetzen.

Problematisch ist vorliegend, wie der Wert der Nutzung zu bestimmen ist. Die Miete eines entsprechenden Wagens für 6 Monate würde 7.200,- EUR (24 x 300,- EUR) betragen. Daraus ergibt sich der objektive Marktwert des Gebrauchs. Allerdings ist zu berücksichtigen, dass K nicht einen Mietwagen, sondern einen in seinem Eigentum stehenden Wagen nutzen wollte (und genutzt hat: die Übereignung war wirksam). 7.200,- EUR sind aber die Kosten für die Nutzung eines fremden Wagens. Die Kosten für die Nutzung einer eigenen Sache sind geringer.

---

[8] Siehe hierzu noch unten.

[9] *Loewenheim*, Bereicherungsrecht, 3. Aufl. 2007, S. 155.

Es könnte deshalb lediglich auf den Wertverlust des PKW abgestellt werden, denn die Wertminderung am Wagen wäre im Vermögen des K eingetreten, wenn er diesen endgültig behalten hätte. Die in der Zeit des Gebrauchs eingetretene Wertminderung beträgt 2.000,- EUR (12.500,- EUR − 10.500,- EUR). Die Rechtsprechung ermittelt den Wert des Gebrauchsvorteils „durch Schätzung der zeitanteiligen linearen Wertminderung im Vergleich zwischen tatsächlichem Gebrauch und voraussichtlicher Gesamtnutzungsdauer".[10] Dies entspricht folgender Rechnung:[11] Gebrauchsvorteil = Bruttokaufpreis x tatsächliche Nutzungsdauer geteilt durch die Gesamtnutzungsdauer. Bei gebrauchten Kraftfahrzeugen wird statt der Gesamtnutzungsdauer die Restnutzungsdauer herangezogen.[12] Allgemein werden bei Kraftfahrzeugen die Gesamtnutzungsdauer und die tatsächliche Nutzungsdauer durch die Laufleistung ausgedrückt; bei Fahrzeugen der Oberklasse sind als Gesamtnutzungsdauer mindestens 200.000 km anzusetzen.[13] Nach dem Sachverhalt sind es 220.000 km. Damit ergibt sich folgende Rechnung: Gebrauchsvorteil = 12.500,- EUR x 20 000 geteilt durch 100 000 = 2500,- EUR.

V hat hiernach lediglich einen Anspruch auf Zahlung von 2.500,- EUR gemäß § 818 I Alt. 1, II BGB.[14]

cc) Ergebnis

V hat Ansprüche auf Herausgabe des Wagens und auf Zahlung von 2.500,- EUR aus §§ 812 I 1 Alt. 1, 818 I, II BGB. Nur der Zahlungsanspruch wird in die Saldierung einbezogen; der Herausgabeanspruch begründet eine von Amts wegen zu berücksichtigende Einrede.

b)   Vermögensnachteile des K

Zu prüfen ist, ob die verschiedenen Kosten des K im Rahmen der Saldierung zu berücksichtigen sind.[15] Welche Anforderungen an den Zusammenhang mit der herauszugebenden Bereicherung zu stellen sind, ist streitig. Nach der älteren Rechtsprechung ist eine reine Kausalitätsbeziehung ausreichend; die neuere Rechtsprechung stellt darauf ab, „welche Partei nach den Vorschriften über das fehlgeschlagene Geschäft und dem Parteiwillen das jeweilige Entreicherungsrisiko

---

[10]   BGH, NJW 1996, 250, 252.

[11]   Vgl. Staudinger/*Kaiser* (2004), § 346 Rn. 228 ff.

[12]   Staudinger/*Kaiser* (2004), § 346 Rn. 233.

[13]   Vgl. auch Staudinger/*Kaiser* (2004), § 346 Rn. 233.

[14]   Es ist vertretbar, auf die nach dem Sachverhalt tatsächlich eingetretene Wertminderung (2.000,- EUR) als Maßstab für den Nutzungswert abzustellen.

[15]   Die nun zu untersuchenden Kosten, die möglicherweise hier als Saldierungsposten angesetzt werden können, wären bei einer einseitigen Kondiktion des V gegen K (etwa wenn eine nichtige Schenkung des Wagens vorläge) im Rahmen von dessen Anspruch beim Prüfungspunkt „Entreicherung" zu behandeln.

zu tragen habe".[16] Nach der überwiegenden Auffassung in der Literatur werden nur Nachteile erfasst, die wegen des Vertrauens des Bereicherungsschuldners auf die Endgültigkeit des Erwerbs entstanden sind.[17]

aa) Reparaturkosten

Die Reparaturkosten (1500,- EUR) sind als Verwendung auf die erlangte Sache zu berücksichtigen.[18] Diese Aufwendungen kommen dem Wagen zugute, welchen K nunmehr zurückübereignen muss.

bb) Steuern und Versicherung

Versicherungen und Steuern sind Kosten, die anfallen, wenn man ein Auto gebrauchen will. Die Kosten der Nutzungsziehung sind zu berücksichtigen, soweit die Nutzungen herauszugeben sind.[19] Der Gebrauchsvorteil des Wagens ist von K in Form von Wertersatz herauszugeben (§ 818 I Alt. 1 i. V. mit § 818 II BGB). Man könnte daher auf den ersten Blick meinen, dass die Kosten „mitzusaldieren" sind. Es muss aber beachtet werden, dass bei der Prüfung des Wertersatzanspruchs des V gegen K der Wert des Gebrauchvorteils bei § 818 I Alt. 1, II BGB nicht nach dem üblichen Mietpreis, sondern nach der zeitanteiligen linearen Wertminderung des Wagens bestimmt wurde, da K die Sache nicht als fremde, sondern als eigene benutzen wollte (siehe oben).

Die Gesamtkosten der Nutzung einer Sache für den Eigentümer ergeben sich aus dem Wertverlust und den sonstigen Kosten der Nutzziehung wie Steuern und Versicherung. Der Fremdbesitzer einer Sache bezahlt hingegen keine Steuern und Versicherung, aber dafür einen Mietpreis, der höher ist als der Wertverlust des Wagens. Die (anteilig anfallenden) Kosten der Steuern und Versicherung werden schon bei der Festlegung des Mietpreises durch den Vermieter berücksichtigt. Es liegt auf der Hand, dass K nicht die günstige Bemessung des Gebrauchsvorteils *und* die Berücksichtigung der Steuern und Versicherungskosten zugute kommen kann.[20] Die Steuern und Versicherungskosten sind zwar Kosten der Nutzziehung, aber solche Kosten sind eben nur insoweit abzuziehen, als die Nutzungen herauszugeben sind: Wegen der günstigen Wertbemessung bei dem Nutzungsanspruch kann die Nutzungsherausgabepflicht als „unvollständige" verstanden werden; dadurch lässt sich begründen, warum diese Kosten der Nutzziehung hier nicht anzurechnen sind. Die aufgewendeten 400,- EUR für Versicherung und Steuern sind demnach nicht zu berücksichtigen.

---

[16] *Löwenheim,* Bereicherungsrecht, S. 151 mit Nachweisen.
[17] *Löwenheim,* Bereicherungsrecht, S. 152.
[18] MünchKommBGB/*Lieb,* 4. Aufl. 2004, § 818 Rn. 84.
[19] MünchKommBGB/*Lieb,* 4. Aufl. 2004, § 818 Rn. 84.
[20] BGH, NJW 2006, 1582, 1584 f.

cc) Fahrtkosten

Die Fahrtkosten in Höhe von 100,- EUR sind sowohl nach dem „Selektionsmaß-stab"[21] der Rechtsprechung als auch nach demjenigen der Lehre nicht abzugsfä-hig. Die Kosten sind angefallen, bevor K überhaupt davon ausgehen konnte, dass ein Vertrag geschlossen würde; aus diesem Grund sind sie dem Risikobereich des K zuzuordnen (Rechtsprechung) und auch nicht als Folge von schutzwürdigem Vertrauen zu sehen (h. A.).

dd) Unterstellkosten

Die Kosten der Unterstellung des abgemeldeten Wagens auf dem Hof eines Ab-schleppunternehmens für den Monat September, die sich auf 150,- EUR belaufen, wären zwar ohne den Abschluss des nichtigen Vertrags nicht eingetreten, aber entscheidend für ihre Entstehung war letztlich der Entschluss des K, den Wagen abzumelden und unterzustellen. Eine Folge von Vertrauen in die Rechtsbeständig-keit des Vertrages können die Kosten jedenfalls nicht sein, da sie erst nach der Anfechtung entstanden (h. A.). Da es deutlich günstiger gewesen wäre, den Wagen für einen weiteren Monat angemeldet zu lassen, spricht auch der Rechtsgedanke des § 254 II 1 BGB dafür, die Kosten für das Abstellen (abzüglich der hypotheti-schen Kosten der Anmeldung) dem Risikobereich des K zuzuordnen.

c) Ergebnis der Saldierung

Bei der Saldierung sind folgende Posten zu berücksichtigen: Zugunsten des K 12.500,- EUR (Kaufpreis) und 1.500,- EUR (Reparaturkosten) sowie zugunsten des V 2.500,- EUR (Nutzungsersatz). Es ergibt sich ein „Saldo" zugunsten des K in Höhe von 11.500,- EUR.

3. Ergebnis

Somit hat K aus § 812 I 1 Alt. 1 BGB einen Anspruch auf Zahlung von 11.500,- EUR „Zug um Zug" gegen Herausgabe des Wagens.[22]

E. Gesamtergebnis

K hat (nur) einen Zahlungsanspruch gegen V aus § 812 I 1 Alt. 1 BGB in Höhe von 11.500,- EUR „Zug um Zug" gegen Herausgabe des Wagens.

---

[21] MünchKommBGB/*Lieb*, 4. Aufl. 2004, § 818 Rn. 71.

[22] Wird die Zweikondiktionenlehre (statt der Saldotheorie) angewendet, ist der Gegenan-spruch des V im Rahmen eines Zurückbehaltungsrechts (als Durchsetzbarkeitshinder-nis) zu prüfen. Die Kosten des K sind bei diesem Anspruch bei dem Prüfungspunkt „Entreicherung" zu thematisieren; im Ergebnis ändert sich nichts.

Lösung Abwandlung

In der Abwandlung liegt keine Erweiterung des Anfechtungsrechts des K bei Vertragsschluss vor, sondern die nachträgliche „Akzeptanz" der von K erklärten, aber mangels eines rechtlich zulässigen Grundes unwirksamen Anfechtung durch V. Die Parteien wollten hierdurch die Rechtswirkungen einer Anfechtung herbeiführen: K hat die Anfechtung erklärt, und V hat sich ihren Rechtswirkungen i. S. von § 142 BGB „unterworfen".

Es entspricht den Grundsätzen der Privatautonomie, dass die Parteien auch bei Fehlen eines Anfechtungsrechts eine Rückabwicklung gemäß den §§ 812 ff. BGB nach erfolgtem Leistungsaustausch herbeiführen können. Dabei ist durch Auslegung ihrer Willenserklärungen gemäß den §§ 133, 157 BGB zu kären, welchen dogmatischen Ansatz die Parteien gewählt haben. Die Rechtswirkung einer Rückabwicklung des Kaufvertrags wie bei einer Anfechtung (§§ 142, 812 ff. BGB) kann rechtsgeschäftlich auf verschiedenen Wegen herbeigeführt werden: 1. Durch die nachträgliche Einräumung eines erweiterten Anfechtungsrechts durch V zugunsten des K, 2. durch die einvernehmliche Aufhebung des Kaufvertrags (z. T. als „consensus contrarius" bezeichnet[23]) mit ex tunc Wirkung oder 3. durch die unmittelbare Begründung von neuen Ansprüchen nach §§ 812 ff. BGB (z. T. als „actus contrarius" bezeichnet[24]).

Angesichts dieser Interpretationsmöglichkeiten stellt sich die Frage, ob die Herbeiführung der Rückabwicklung vorliegend ein- oder zweiseitig erfolgen sollte. Die Anfechtung ist ein einseitiges Rechtsgeschäft (Gestaltungsrecht), welches (mittelbar) auf die ex tunc Aufhebung eines Vertrages, d. h. eines Schuldverhältnisses im weiteren Sinne gerichtet ist; sie stellt folglich eine Verfügung dar. Da K kein gesetzliches Anfechtungsrecht zustand (siehe oben), war er auch nicht berechtigt, den Vertrag einseitig mit ex tunc Wirkung aufzuheben.

Sieht man in der Äußerung des V die nachträgliche Einräumung eines Anfechtungsrechts, wäre die Rückabwicklung durch einseitige Gestaltung mit nachträglicher Zustimmung (Genehmigung) bewirkt worden. Dass eine solche dogmatische Konstruktion grundsätzlich möglich ist, ergibt sich aus den folgenden Erwägungen: Gemäß § 185 II 1 Alt. 1 BGB wird die Verfügung eines Nichtberechtigten durch Erteilung einer Genehmigung durch den Berechtigten rückwirkend (§ 184 I BGB) wirksam. Eine Verfügung ist ein Rechtsgeschäft, das auf die Aufhebung, Übertragung, Belastung oder inhaltliche Veränderung eines Rechts gerichtet ist. Gegenstand einer Verfügung kann u. a. ein Rechtsverhältnis sein; hierzu gehört auch das „Schuldverhältnis im Ganzen".[25] Nach einer Ansicht soll die *nachträgli-*

---

[23] *Gernhuber,* Die Erfüllung und ihre Surrogate, 2. Aufl. 1994, S. 396; *Gernhuber* ist allerdings der Ansicht, dass ein „consensus contrarius" nicht in Betracht kommt, wenn „Vollerfüllung" des Schuldverhältnisses erfolgt ist; zur Gegenauffassung siehe *Gernhuber,* a. a. O., S. 396 Fn. 1.

[24] *Gernhuber,* a. a. O., S. 396.

[25] MünchKommBGB/*Schramm,* 5. Aufl. 2006, § 185 Rn. 8.

che Zustimmung (Genehmigung) zu einseitigen Verfügungen allerdings aus Gründen der Rechtssicherheit nicht möglich sein.[26] Diese Auffassung widerspricht den §§ 185, 184 BGB; sie ist gerade für solche Fälle teleologisch nicht nachzuvollziehen, in denen der Erklärungsempfänger selbst die Genehmigung erklärt. Die Rechtssicherheit wird nur dann zu Lasten des Empfängers einer Erklärung beeinträchtigt, wenn eine Genehmigung durch einen Dritten erfolgt. Geht es demgegenüber um die Genehmigung einer einseitigen Verfügung durch den Erklärungsempfänger selbst, hängt die Rechtslage nur von seinem Verhalten ab (wie bei der anerkannten Fallgestaltung einer „Potestativbedingung"). Das Interesse des Erklärungsempfängers an der Rechtssicherheit schließt deshalb nicht die Konstruktion als einseitige Gestaltung mit Genehmigung aus.

Vertretbar ist es aber auch, eine einseitige Gestaltung abzulehnen und erst dann von einem „Unterworfensein" unter das Gestaltungsrecht einen Anderen zu sprechen, wenn dieser die Macht hat, unabhängig von der Zustimmung des Betroffenen in der konkreten Situation die Rechtslage zu ändern und insoweit die §§ 185 II, 184 BGB teleologisch einzuschränken. In diesem Falle hätten K und V die Rechtswirkungen der Anfechtung durch ein zweiseitiges Rechtsgeschäft herbeigeführt.

Vorliegend kann im Ergebnis dahingestellt bleiben, ob die Willensäußerungen einen zweiseitigen Vertrag (unter Anwendung des § 140 BGB bei der Willenserklärung des K[27]) oder eine einseitige Gestaltung des K mit Genehmigung durch V darstellen, da die Sondervorschriften für einseitige Rechtsgeschäfte (§§ 111 Satz 1, 174, 180, 388 Satz 2 analog BGB) nicht zur Anwendung kommen; die Rechtssicherheit wird nämlich nicht beeinträchtigt, wenn die Genehmigung durch den Erklärungsempfänger selbst erfolgt. Folglich haben die Parteien (unabhängig von der gewählten rechtlichen Konstruktion) die Rechtswirkung einer Anfechtung herbeigeführt. Die rechtliche Beurteilung des Sachverhalts ändert sich nicht.[28]

---

[26] MünchKommBGB/*Schramm*, 5. Aufl. 2006, § 182 Rn. 28 m. w. N.

[27] Soweit eine Anfechtungsmöglichkeit für K verneint wird, ist eine Umdeutung der Anfechtungserklärung in ein Angebot auf Abschluss eines Aufhebungsvertrages nach § 140 BGB zu erwägen, da der mit der Erklärung hervorgetretene Wille, den Vertrag aufzulösen und rückabzuwickeln, allein hierdurch (unter Mitwirkung der anderen Partei) realisiert werden kann: Eine Umdeutung der Anfechtungserklärung in eine Rücktrittserklärung ist nach der Rechtsprechung zwar zulässig (BGHZ 174, 1, 2 f., im Gegensatz zur Umdeutung einer Rücktritts- in eine Anfechtungserklärung, vgl. dazu BGH, BB 1965, 1083), es liegt aber kein Rücktrittsrecht des K vor, da die Lackschramme kein „Unfallschaden", sondern ein „Bagatellschaden" ist. Aus diesem Grunde würde auch ein Sachmangel i. S. von § 434 I 2 Nr. 2 BGB ausscheiden, vgl. BGH, DB 2008, 104, 106.

[28] Die Parteien können einen Vertrag durch übereinstimmende Willenserklärungen wieder aufheben.

Lösung Zusatzfrage

Der Unterschied zur Abwandlung liegt darin, dass K nun beschränkt geschäftsfähig ist (§§ 2, 106 BGB). Die wirksame Begründung eines Rückabwicklungsverhältnisses könnte deshalb an § 111 Satz 1 BGB scheitern. Nach dieser Vorschrift ist ein einseitiges Rechtsgeschäft eines Minderjährigen ohne vorherige Zustimmung (Einwilligung) nicht schwebend unwirksam und damit genehmigungsfähig, sondern absolut unwirksam.

Geht man davon aus, dass die Herbeiführung der Rückabwicklung zweiseitig erfolgte (siehe oben), findet § 111 Satz 1 BGB schon dem Wortlaut nach keine Anwendung. Konstuiert man die Rückabwicklung demgegenüber auf der Grundlage einer einseitigen Gestaltungserklärung durch K (mit Genehmigung durch V), findet § 111 Satz 1 BGB von seinem Wortlaut her Anwendung. § 111 Satz 1 BGB bezweckt den Schutz des Erklärungsempfängers vor der Ungewissheit, ob die ohne (und ggf. gegen) seinen Willen angestrebte Änderung der Rechtslage tatsächlich eintreten wird. Aus diesem Grunde ist die Norm jedenfalls dann teleologisch einzuschränken, wenn der Erklärungsgegner – wie im vorliegenden Fall der V – weiß, dass eine Zustimmung des gesetzlichen Vertreters des Minderjährigen erforderlich ist, und dennoch mit der Vornahme des einseitigen Rechtsgeschäfts ohne Einwilligung einverstanden ist. In diesem Fall hat er wissentlich auf den Schutz der Norm verzichtet, weil er die Rechtsänderung ebenfalls anstrebt. Damit ändert sich auch in der Zusatzfrage die Beurteilung der Rechtslage nicht; § 111 Satz 1 BGB ist nicht anzuwenden.

Merke

1. Wird ein Kaufvertrag wirksam angefochten, ist er ex tunc nichtig (§ 142 I BGB). Die Abwicklung eines bereits erfolgten Leistungsaustauschs richtet sich nach §§ 812 ff. BGB.[29] Gemäß § 812 I 1 BGB ist das „Erlangte" herauszugeben,

---

[29] Wenn bei einem abgewickelten, nachträglich angefochtenen Kaufvertrag auch die Übereignung der Kaufsache wirksam angefochten wird, besteht bzgl. des übergebenen Kaufgegenstands ab der Übergabe ein Eigentümer-Besitzer-Verhältnis. Herausgabeansprüche des Verkäufers ergeben sich aus § 985 BGB und § 812 I 1 Alt. 1 BGB (Besitzkondiktion). Der Ausgleich zwischen den Parteien bzgl. der Nutzung der Sache, der getätigten Aufwendungen und eingetretenen Schäden richtet sich nach den §§ 987 ff. BGB (§ 993 BGB a. E.). Der gutgläubige Besitzer wird durch die §§ 987 ff. BGB besser gestellt als der gutgläubige Besitzer, der zugleich Eigentümer ist, und dessen Haftung sich nach §§ 812 ff. BGB richtet. Da es hierfür keinen materiellen Grund gibt, ist in den Fällen der „Doppelnichtigkeit" anerkannt, dass §§ 812 ff. BGB neben §§ 987 ff. BGB anwendbar sind. Umstritten ist nur, wie die Anwendung konstruktiv zu begründen ist. Die Rechtsprechung wendet § 988 BGB analog an, während die herrschende Lehre § 993 BGB dahingehend teleologisch einschränkt, dass durch die Norm nur die Eingriffskondiktion, nicht hingegen die Leistungskondiktion ausgeschlossen ist (vgl. MünchKommBGB/ *Baldus*, 5. Aufl. 2009, § 988 Rn. 9).

d. h. die jeweils von der anderen Partei empfangene Leistung. Ist dies nicht oder nicht vollständig[30] möglich, ist der objektive Wert des Empfangenen geschuldet, soweit kein Surrogat i. S. von § 818 I Alt. 2 BGB als Ersatz für den Gegenstand erlangt wurde.[31] Daneben besteht ein Anspruch auf Herausgabe von (bzw. bei Unmöglichkeit Wertersatz für) aus dem Gegenstand gezogene Nutzungen. Nutzungen sind gemäß § 100 BGB Früchte (§ 99 BGB, z. B. Zinsen, die mit einem erlangten Geldbetrag gezogen wurden) und Gebrauchsvorteile (z. B. das Benutzen eines Fahrzeugs oder einer Wohnung).

2. Nach dem Gesetz kann sich jeder gutgläubige Bereicherungsschuldner auf den Wegfall der Bereicherung berufen (§ 818 III BGB), soweit das dem Gläubiger Geschuldete weder gegenständlich noch seinem Wert nach im Vermögen (mehr) vorhanden ist.[32] In diesem Fall ist er von seiner Verpflichtung gemäß §§ 812, 818 I, II BGB gegenüber dem Gläubiger befreit. Die Entreicherung kann darauf beruhen, dass ein erlangter Gegenstand weggefallen (zerstört) ist, aber auch darauf, dass durch den bereicherungsrechtlichen Vorgang Vermögensnachteile beim Bereicherungsschuldner eingetreten sind, z. B. wegen angefallener Erwerbskosten (etwa Frachtkosten), Verwendungen auf die erlangte Sache oder durch die Sache an anderen Vermögensgegenständen des Schuldners verursachte Schäden. Streitig ist, welcher Zusammenhang zwischen dem rechtsgrundlosen Erwerb und der eingetretenen Vermögensminderung bestehen muss, damit die Vermögensnachteile im Rahmen des § 818 III BGB berücksichtigt werden können. Nach der Rechtsprechung ist darauf abzustellen, welche Partei nach den Vorschriften über das fehlgeschlagene Geschäft und dem Parteiwillen das jeweilige Entreicherungsrisiko zu tragen hat.[33] Aufwendungen, die der Bereicherungsschuldner im Vertrauen auf die Rechtsbeständigkeit des Erwerbs gemacht hat, kann er daher gemäß § 818 III BGB abziehen.

3. Die Möglichkeit, sich auf Entreicherung zu berufen, ist bei der Abwicklung von nichtigen gegenseitigen Verträgen, zu deren Erfüllung beide Parteien Leistungen erbracht haben, einzuschränken. Ansonsten könnte der Käufer, der den Gegenstand fahrlässig zerstört hat, den Kaufpreis vollständig zurückverlangen, ohne selbst eine Leistung erbringen zu müssen.[34] Nach der „modernen" Saldo-

---

[30] Zum Beispiel wenn die Sache nur beschädigt herausgegeben werden kann („qualitative Teilunmöglichkeit", streitig). Nicht zu berücksichtigen sind aber Wertminderungen, die aufgrund der üblichen Nutzung eintreten. Das Ersatzinteresse des Gläubigers wird über § 818 I Alt. 2 BGB befriedigt.

[31] Streitig, vgl. MünchKommBGB/*Schwab*, 5. Aufl. 2009, § 818 Rn. 75 ff.

[32] Gutgläubig ist eine Partei bis zu dem Zeitpunkt, in dem sie von der Nichtigkeit oder der Anfechtbarkeit (§ 142 II BGB) des Rechtsgeschäfts erfährt.

[33] *Löwenheim,* Bereicherungsrecht, S. 151 mit weiteren Nachweisen.

[34] BGH, NJW 1972, 36, 39.

theorie[35] sind gleichartige bereicherungsrechtliche Ansprüche der Parteien miteinander zu verrechnen; erst nach der Verrechnung ist es einer Partei möglich, sich bezüglich des nach der Verrechnung noch bestehenden „Saldos" auf Entreicherung zu berufen. Bei der Saldierung werden auch die Vermögensnachteile, die nach den obigen Ausführungen ausreichend mit dem Bereicherungsvorgang zusammenhängen, mit verrechnet. Nicht gleichartige Ansprüche werden dahingehend miteinander verbunden, dass der jeweilige Anspruch nur Zug um Zug gegen Erbringung der selbst geschuldeten Leistung besteht; es braucht kein Zurückbehaltungsrecht nach § 273 BGB geltend gemacht zu werden. Die Saldotheorie findet keine Anwendung zulasten von Geschäftsunfähigen, beschränkt Geschäftsfähigen und Parteien, die arglistig getäuscht oder durch ein wucherähnliches Rechtsgeschäft (§ 138 I BGB) benachteiligt wurden.[36]

4. Ein bösgläubiger Schuldner kann sich nicht auf eine Entreicherung i. S. von § 818 III BGB berufen.[37] Er haftet gemäß §§ 818 IV, 819 I BGB nach den „allgemeinen Vorschriften". Dies bedeutet zum einen, dass die §§ 291, 292 BGB anwendbar sind; der Schuldner haftet dementsprechend nach §§ 292, 987 ff. BGB. Zum anderen gelten aufgrund des § 818 IV BGB die §§ 285, 286 und 287 BGB.[38]

---

[35] Die „moderne" Saldotheorie des BGH basiert in Abweichung von der Saldotheorie des RG (vgl. RGZ 54, 137, 141) auf einer Differenzierung zwischen dem „Erlangten" und der „Bereicherung", d. h. eine Entreicherung wirkt sich nicht unmittelbar bei dem Anspruchsinhalt, sondern erst bei der Anwendung des § 818 III BGB aus: Die Entreicherung etwa des Käufers bezüglich der untergegangenen Kaufsache bedeutet, dass auch der Verkäufer um den Kaufpreis entreichert ist, vgl. BGH, NJW 1979, 160, 161. Eine gänzlich einheitliche Linie verfolgt der BGH allerdings nicht; instruktiv Münch-KommBGB/*Schwab*, 5. Aufl. 2009, § 818 Rn. 212 ff.

[36] BGH, NJW 2001, 1127.

[37] BGH, NJW 1971, 609, 610 (Flugreisefall).

[38] BGH, NJW 1980, 178; bezüglich der Anwendbarkeit der §§ 275 ff. BGB als „allgemeine Vorschriften" ist im Einzelnen vieles streitig, vgl. MünchKommBGB/*Schwab*, 5. Aufl. 2009, § 818 Rn. 289 ff.

Fall 16

Vertragsschluss im Rahmen von Versteigerungen und Internetauktionen; Offenkundigkeitsprinzip bei der Stellvertretung; Widerrufsrecht bei Fernabsatzverträgen; Anfechtung automatisierter Willenserklärungen

Die A-AG (A) führt sog. Internetauktionen durch. Sämtliche Teilnehmer – d. h. sowohl die Anbieter als auch die Bieter – müssen sich bei A anmelden und registrieren lassen sowie die Geschäftsbedingungen der A durch Doppelklick akzeptieren. Im Rahmen einer Internetauktion schildert der Anbieter auf einer freigeschalteten Web-Site der A sein Warenangebot und fordert binnen einer bestimmten Frist zu Geboten auf (Angebotszeitraum). Der Vertrag soll regelmäßig mit demjenigen Bieter zustande kommen, der binnen der genannten Frist das höchste Gebot abgegeben hat. Sowohl das Warenangebot als auch die Gebote können unmittelbar auf der Web-Site der A eingesehen werden. Der Ablauf der Auktionen wird in den Geschäftsbedingungen der A detailliert vorgegeben: Der Verkäufer erklärt bei Freischaltung seines bindenden Angebots gegenüber der A, das jeweilige Höchstgebot der Auktionsteilnehmer „schon jetzt" anzunehmen; die A tritt dabei nach ihren Geschäftsbedingungen als Empfangsvertreter der Auktionsteilnehmer auf. Die Gebote der Teilnehmer nimmt die A wiederum als Empfangsvertreter des jeweiligen Verkäufers entgegen.

B handelt mit Kraftfahrzeugen und bietet diese regelmäßig im Rahmen von Internet-Auktionen der A an, weshalb er bei ihr als sog. Power-Seller registriert ist. Im Jahr 2009 bietet B in einer Internetauktion der A einen von ihm reimportierten BMW im Wert von rund 57.000,- EUR zum Verkauf an. Die Offerte ist mit einem Startpreis von 20.000,- EUR auf den Zeitraum zwischen dem 3. 8. 2009 und dem 7. 8. 2009, 16.00 Uhr, begrenzt. Auf diese Offerte gibt der C das Höchstgebot von 26.000,- EUR ab, da er mit dem BMW seinen Freunden imponieren will. Das Gebot geht auf dem Server des Internetproviders der A am 7. 8. 2009 um 15.58 Uhr ein und wird innerhalb weniger Sekunden auf der für die Auktion des B freigeschalteten Web-Site der A angezeigt. B sieht das Gebot des C am gleichen Tag um 19.00 Uhr ein. Ebenfalls noch am Abend des 7. 8. 2009 ruft C den B an, um die Abwicklungsmodalitäten zu besprechen. B reagiert ausweichend, weil der von C gebotene Preis von 26.000,- EUR doch sehr niedrig sei; er – der B – müsse die Rechtslage deshalb erst noch einmal gewissenhaft prüfen. Nachdem sich C bei B sechs Wochen lang nicht gemeldet hat – B hoffte insgeheim, die Sache werde sich erledigen –, ruft C den B am 19. 9. 2009 erneut an; jetzt lehnt B die Lieferung des BMW kategorisch ab. Zum einen habe er sich – was der Wahrheit entspricht – beim Eintippen des Startpreises verschrieben; er habe eigentlich 25.000,- EUR verlangen wollen. Zum zweiten sei er davon ausgegangen, nach Abgabe des

Höchstgebotes noch frei darüber entscheiden zu können, ob er dieses annehme oder nicht. Zum dritten sei das Gebot des C nicht rechtzeitig eingegangen. Kann C von B gleichwohl die Lieferung des BMW verlangen?

Abwandlung 1

C hat den BMW von B am 8. 8. 2009 erhalten. Wegen der Finanzkrise überdenkt er seinen Kaufentschluss und schreibt dem B am 9. 8. 2009 eine E-Mail, wonach er den Pkw nicht behalten will, B ihn vielmehr Zug um Zug gegen Rückzahlung des Kaufpreises zurücknehmen soll. Zu Recht?

Abwandlung 2

A verkauft Waren per Internet in einem Online-Shop. Diese können per E-Mail bestellt werden. B bestellt bei A mittels eines elektronischen Formulars einen Toaster zu dem auf der Internetseite des A aufgeführten Preis von 20,- EUR. B erhält eine von der EDV-Anlage des A automatisch erstellte Antwort, wonach sich A für die Bestellung eines Toasters für 20,- EUR bedankt. A hat sich bei der Eingabe des Preises in seine Produktdatenbank vertippt; er wollte eigentlich 30,- EUR schreiben. Aus diesem Grunde sendet A dem B am gleichen Abend eine E-Mail mit dem Inhalt, er werde die Bestellung des B wegen des Tippfehlers nicht ausführen. Hat B gegen A einen Anspruch auf Lieferung des Toasters für 20,- EUR?

Abwandlung 3

Wie ist Variante 2 zu entscheiden, wenn A zwar den zutreffenden Preis in das EDV-gesteuerte Warenwirtschaftssystem eingegeben hat, die Daten jedoch mittels eines von ihm verwendeten Computerprogramms unrichtig in die Produktdatenbank der Internetseite eingetragen worden sind?

Lösung Fall 16[1]

A. Anspruch des C gegen B auf Übereignung und Übergabe des BMW

C hat gegen B einen Anspruch nach § 433 I 1 BGB auf Übereignung und Übergabe des BMW, wenn zwischen beiden ein wirksamer Kaufvertrag zustande gekommen ist. Vorliegend kann der Kaufvertrag sowohl durch Zuschlag in einer
Versteigerung i. S. des § 156 BGB als auch nach den §§ 145 ff. BGB durch zwei
inhaltlich entsprechende Willenserklärungen – Angebot und Annahme – zustande
gekommen sein.[2]

I. Vertragsschluss bei Auktionen gemäß § 156 BGB

Der Kaufvertrag zwischen B und C könnte durch Zuschlag der A als Versteigerer
zustande gekommen sein. Dann muss es sich bei der „Internetauktion" um eine
Versteigerung i. S. von § 156 BGB gehandelt haben.[3] Unter einer Versteigerung
versteht man einen öffentlichen Verkauf, bei dem für eine angebotene Leistung
durch die Konkurrenz der Bieter (sog. Bietersituation) ein möglichst hoher Preis
erzielt werden soll. Gemäß § 156 Satz 1 BGB bedeutet nicht schon die Veranstaltung der Versteigerung ein bindendes Gebot, welches durch jedes Gebot eines
Bieters unter der auflösenden Bedingung des Unterbleibens eines höheren Nachfolgegebots angenommen wird; die Versteigerung ist vielmehr als invitatio ad
offerendum anzusehen, weshalb die Gebote der Bieter erst durch den Zuschlag als
nicht empfangsbedürftige Willenserklärung angenommen werden.[4] Die Vorschrift
ist freilich parteidispositiv.[5] § 156 BGB ist nicht nur dann anwendbar, wenn eine
Versteigerung gesetzlich vorgesehen ist, sondern auch, wenn diese als privater
Vertriebsweg gewählt wird.[6] Die Gebote und der Zuschlag können dabei nach

---

[1]   Vgl. auch BGH, NJW 2002, 363; BGH, NJW 2005, 53.

[2]   Aufgrund der unterschiedlichen Gestaltungen der jeweiligen Internetplattformen ver-
      bieten sich generalisierende Aussagen (*Redeker*, IT-Recht, 4. Aufl. 2007, Rn. 1020). In
      der Klausur ist deshalb der Erklärungsgehalt in jedem Einzelfall zu bewerten. Hierfür
      sind – als Auslegungsmaßstab, dazu noch sogleich – insbesondere die AGB der Platt-
      formbetreiber heranzuziehen.

[3]   Es ist beim Klausuraufbau je nach Sachverhalt vertretbar, die Problematik des § 156
      BGB beim Vertragsschluss nur kurz und dafür umfassend beim Ausschluss des Wider-
      rufsrechts gemäß § 312d IV Nr. 5 BGB zu erörtern.

[4]   Staudinger/*Bork* (2003), § 156 BGB Rn. 1. Gebote und Zuschlag sind Willenserklärun-
      gen, für die die allgemeinen Grundsätze gelten, siehe Erman/*Armbrüster*, 12. Aufl.
      2008, § 156 BGB Rn. 3.

[5]   Soergel/*Wolf* (1999), § 156 BGB Rn. 14.

[6]   Staudinger/*Bork* (2003), § 156 BGB Rn. 10a; Schulze/*Dörner*, BGB, 6. Aufl. 2009,
      § 156 BGB Rn. 1.

allgemeinen Grundsätzen auch durch elektronische Willenserklärungen im Internet abgegeben werden.[7] Auf elektronische Willenserklärungen sind die Regeln der Rechtsgeschäftslehre anzuwenden, unter Beachtung der Besonderheiten der Herstellung dieser Erklärungen.[8]

Die vorliegend in Rede stehende Internetauktion könnte hiernach als Versteigerung i. S. von § 156 BGB angesehen werden, mit der Folge, dass es sich bei der Präsentation der Ware durch B auf der freigeschalteten Internetseite der A lediglich um eine invitatio ad offerendum handeln würde und der Vertrag erst durch Angebot und Zuschlag zustande käme.[9] Für eine solche Sichtweise spricht, dass nach den Geschäftsbedingungen der A[10] – insoweit vergleichbar mit der Rechtslage bei Versteigerungen i. S. von § 156 BGB[11] – sowohl das „Angebot" des Verkäufers als auch die Gebote der Käufer bindend sein sollen. Als Zuschlag könnte hiernach die zeitliche Begrenzung der Versteigerung angesehen werden, verbunden mit der Erklärung, dass das letzte Höchstgebot vor Ablauf der Versteigerungsfrist akzeptiert und angenommen wird. Lediglich dann, wenn sich der Versteigerer trotz des „Zuschlags" die Entscheidung vorbehält, ob er das Höchstgebot annimmt, ist nach dieser Ansicht nicht von einer Versteigerung im Rechtssinne auszugehen; eine solche Erklärung fehlt jedoch vorliegend.

Nach anderer, vorzugswürdiger Ansicht besteht bei einer Internetauktion gerade keine Bietersituation, wie sie für eine Versteigerung i. S. von § 156 prägend ist. Eine Online-Auktion läuft automatisch ab und endet mit Zeitablauf (sog. Zeit-Auktion); ein Zuschlag i. S. einer nicht empfangsbedürftigen Annahmeerklärung wird also gerade nicht erteilt. Der bloße Zeitablauf, mit dem die Internet-Auktion endet, ist nach allgemeinen Grundsätzen keine Willenserklärung und vermag eine solche auch nicht zu ersetzen.[12] Ein Vertragsschluss zwischen B und C durch Angebot des C und Zuschlag der A als Versteigerer i. S. von § 156 BGB scheidet somit aus.

---

[7] BGH, NJW 2002, 363, 364; Erman/*Armbrüster*, 12. Aufl. 2008, § 156 BGB Rn. 3; *Köhler*, § 6 Rn. 8; *Leipold*, § 10 Rn. 21; *Brehm*, Rn. 150.

[8] *Köhler*, § 6 Rn. 8.

[9] So AG Bad Hersfeld, MMR 2004, 500.

[10] Bei den Geschäftsbedingungen der A handelt es sich bei lebensnaher Betrachtung um AGB i. S. der §§ 305 ff. BGB.

[11] Nach den §§ 146 Fall 2, 147 I 1 BGB würde das Angebot des Bieters eigentlich erlöschen, wenn es nicht sofort durch *Zuschlag* angenommen wird; aus diesem Grunde bestimmt § 156 Satz 2 BGB, dass das Gebot erst dann erlischt, wenn ein Übergebot abgegeben oder die Versteigerung ohne Zuschlag geschlossen wird, vgl. Erman/*Armbrüster*, 12. Aufl. 2008, § 156 BGB Rn. 4.

[12] BGH, NJW 2005, 53; *Lettl*, JuS 2009, 686, 689; *Alexander/Eichholz*, JuS 2008, 523, 525.

II. Vertragsschluss durch Angebot und Annahme

Da § 156 BGB nicht anwendbar ist, richtet sich der Vertragsschluss nach den §§ 145 ff. BGB.

1. Angebot des B durch Freischalten der Internetseite

Das Freischalten der Internetseite könnte – abweichend von der Rechtslage bei Warenangeboten auf einer Internetwebsite, welche grundsätzlich nur eine invitatio ad offerendum beinhalten[13] – bereits ein bindendes Angebot enthalten.

a) Objektiver Tatbestand der Willenserklärung

B hat durch Freischalten der Internetseite durch das elektronische Übermitteln der entsprechenden Datei mittels Doppelklick auf die Schaltfläche[14] zum Ausdruck gebracht, dass er den BMW an den Meistbietenden verkaufen will. Fraglich ist, ob ein verständiger Erklärungsempfänger in der Situation des jeweiligen Bieters bzw. die A als deren Empfangsvertreterin aus diesem Verhalten nach Treu und Glauben und der Verkehrssitte (§§ 133, 157 BGB) auf einen Rechtsbindungswillen des B schließen kann. Dies beurteilt sich auch bei elektronischen Willenserklärungen nach den allgemeinen Grundsätzen der Rechtsgeschäftslehre.[15] Entscheidend sind die konkreten Umstände des Vertragsschlusses.

Gegen einen Rechtsbindungswillen des B könnte die Formulierung der Geschäftsbedingungen der A sprechen, wonach B mit der Freischaltung des Angebots auf der Angebotsseite „schon jetzt" die Annahme des späteren Höchstgebots erklärt; denn wenn B später noch die Angebote der Bieter annehmen müsste, kann nicht bereits das Freischalten der Seite ein Angebot bedeuten. Dieses wäre vielmehr – vergleichbar mit der Situation bei Versteigerungen gemäß § 156 BGB (siehe oben) – als invitatio ad offerendum anzusehen, verbunden mit der antizipierten Annahme des Höchstgebots, das in seinen Bedingungen der Auktion (also der invitatio) entspricht.[16]

Eine solche Sichtweise würde dem Erklärungswert der AGB der A, welche von B und C durch Doppelklick akzeptiert wurden, nicht vollständig gerecht.[17] So hat B durch die ausdrückliche Erklärung, dass er die Waren verbindlich anbiete und ein späteres Höchstgebot annehme, hinreichend deutlich zum Ausdruck gebracht,

---

[13] LG Essen, NJW-RR 2003, 1207; LG Gießen, NJW-RR 2003, 1206. Etwas anderes gilt, wenn der Warenbestand mit Hilfe von Warenwirtschaftssystemen aktuell im Internet präsentiert wird, und/oder der Kunde sogleich online mit Kreditkarte bezahlen soll, vgl. Erman/*Armbrüster*, 12. Aufl. 2008, § 145 BGB Rn. 7.

[14] Staudinger/*Singer* (2004), Vorbem zu §§ 116 – 144 BGB Rn. 57.

[15] *Larenz/Wolf*, § 30 Rn. 43.

[16] Im Regelfall wird eine Angebotsseite im Internet als invitatio ad offerendum einzustufen sein, vgl. *Köhler*, § 6 Rn. 18.

[17] Vgl. BGH, NJW 2002, 363, 364; BGH, NJW 2005, 53, 54.

dass er bereits durch das Freischalten der Angebotsseite rechtlich gebunden sein will. Diese Erklärung, welche zwar nicht auf der Angebotsseite des B erschien, jedoch der A als Empfangsvertreterin des C i. S. von § 164 III BGB zugegangen ist, stellt in Verbindung mit dem Inhalt der Angebotsseite, auf den sie sich bezog, eine auf den Abschluss eines Kaufvertrags mit dem Meistbietenden gerichtete Willenserklärung des B dar.[18] Für eine solche Auslegung spricht auch die Interessenlage. So muss ein verständiger Erklärungsempfänger ein Verhalten insbesondere dann als invitatio ad offerendum verstehen, wenn für den Anbieter die Gefahr besteht, dass Annahmeerklärungen durch mehrere Personen seine Leistungsfähigkeit übersteigen, bzw. wenn sich der Anbieter nach den Umständen des Einzelfalles vorbehält, vor Vertragsschluss die Bonität seiner Kunden zu prüfen.[19] Eine solche Situation ist bei dem Vertragsschluss zwischen B und C aber nicht gegeben; denn das Angebot des B richtete sich lediglich an den jeweiligen Höchstbietenden, so dass B nicht der Gefahr mehrfacher Vertragsschlüsse über denselben Gegenstand ausgesetzt war. Die ausreichende Bonität der Kunden kann bei Vertragsschlüssen im Internet durch eine Vorauszahlung des Meistbietenden sichergestellt werden. Das Freischalten der Angebotsseite durch B ist hiernach als Willenserklärung anzusehen[20]; die Falschbezeichnung des B („vorweggenommene bindende Annahmeerklärung") ist nach den §§ 133, 157 BGB unbeachtlich.[21]

Die Willenserklärung des B ist hinsichtlich der wesentlichen Vertragsbestandteile – bei gegenseitigen Verträgen jedenfalls: Vertragsgegenstand, Vertragsparteien und Gegenleistung – ausreichend bestimmt[22]: Das Angebot des B auf Abschluss eines Kaufvertrages gemäß § 433 BGB enthält mit dem Pkw den Vertragsgegenstand. Dass der Vertragspartner im Zeitpunkt der Abgabe des Angebots noch nicht feststand, ist nach der Interessenlage unerheblich; denn der Willenserklärung des B war zu entnehmen, dass er mit dem jeweiligen Höchstbietenden einen Vertrag schließen wollte. Die Person des Vertragspartners war ausreichend bestimmbar (Antrag ad incertas personas).[23] Das Bestimmtheitserfordernis war auch hinsichtlich des Kaufpreises eingehalten, da die Bestimmung der Höhe der

---

[18] BGH, NJW 2002, 363, 364.

[19] Siehe dazu Fall 7.

[20] Ebenso *Spindler*, MMR 2002, 98, 99. Wichtigste Konsequenz dieser Sichtweise ist, dass die AGB der Betreiber die konkreten Erklärungen der Parteien nicht außer Kraft setzen können, vgl. *Redeker*, IT-Recht, 4. Aufl. 2007, Rn. 1020.

[21] *Lettl*, JA 2009, 686, 690. Beachte: Zum Teil wird in Falllösungen erwogen, dass die AGB der A, wonach B bereits mit der Freischaltung seiner Angebotsseite die Annahme eines Höchstgebots erklärt, gegen die §§ 307 ff. BGB verstoßen würden; siehe dazu *Lettl*, JA 2009, 686, 683 ff.: keine unangemessene Benachteiligung, weil B den Verlauf der Auktion – insbesondere durch Festlegung eines Mindestpreises – mitbestimmen könne.

[22] BGH, NJW 2002, 363, 364.

[23] Soergel/*Wolf* (1999), § 145 BGB Rn. 4; Staudinger/*Bork* (2003), § 145 Rn. 19; siehe zum Antrag ad incertas personas bereits Fall 7.

Gegenleistung nach den konkreten Umständen in zulässiger Weise dem Höchstbietenden als Vertragspartner überlassen wurde.[24]

b) Subjektive Erfordernisse der Willenserklärung

B ging davon aus, nach Abgabe des Höchstgebots noch entscheiden zu können, ob er dieses annimmt oder nicht; er handelte in Bezug auf das Freischalten der Internetseite somit ohne Erklärungsbewusstsein.[25] Der geschäftserfahrene B musste jedoch aufgrund der von ihm akzeptierten AGB der A davon ausgehen, dass ein Erklärungsempfänger das Freischalten der Internetseite bereits als bindende Erklärung ansieht; B handelte somit erklärungsfahrlässig. Da C nach allgemeinen Grundsätzen auch schutzwürdig ist, liegt hiernach trotz des fehlenden Erklärungsbewusstseins eine Willenserklärung vor (potenzielles Erklärungsbewusstsein). Dem Selbstbestimmungsrecht des B ist über die Zuerkennung eines Anfechtungsrechts analog § 119 I Alt. 2 BGB Rechnung zu tragen.[26]

c) Zugang der Willenserklärung des B bei A

Die Willenserklärung des B wurde mit Zugang bei A als Empfangsvertreterin des C i. S. von § 164 III BGB wirksam.[27] Allerdings wusste A zu diesem Zeitpunkt noch gar nicht, dass C an der Internetauktion teilnehmen wird. A kannte mit anderen Worten im Zeitpunkt der Entgegennahme der Willenserklärung des B die Per-

---

[24] Die §§ 315 I, 316 BGB können vorliegend zur Bestimmung der Gegenleistung nicht unmittelbar angewandt werden, da sie einen Vertragsschluss nebst Einigung darüber voraussetzen, dass einer Vertragspartei ein Leistungsbestimmungsrecht zukommen soll; den Vorschriften kann jedoch der allgemeine Rechtsgedanke entnommen werden, dass die fehlende Bestimmung der Gegenleistung das Zustandekommen eines Vertrages nicht zwingend hindert (*Lettl*, JA 2009, 686, 691). Der Kaufpreis braucht also nicht schon im Angebot fixiert zu sein, muss aber spätestens im Vertrag bestimmt sein, sofern die Parteien keine Regelung getroffen haben, die mindestens unter Zuhilfenahme der §§ 315, 316 BGB den Preis als bestimmbar erscheinen lässt (Preisvorbehaltsklausel). Hinreichend bestimmt ist der Kaufpreis, wenn die Parteivereinbarung, soweit sie den Betrag nicht ausdrücklich nennt, ein nach objektiven Merkmalen ablaufendes Verfahren der Preisbestimmung festlegt, oder die Bestimmung einem Dritten überlässt. Das bedeutet, dass ein ohne Einigung über den Kaufpreis geschlossener Vertrag schon dann wirksam sein kann, wenn die Parteien sich über die Höhe des Preises später einigen wollten; bleibt die Einigung aus, so ist der Vertrag ergänzend auszulegen, wobei regelmäßig der „angemessene Preis" geschuldet ist (MünchKommBGB/*H. P. Westermann*, 5. Aufl. 2008, § 433 BGB Rn. 19).

[25] In der Praxis wird dem Verkäufer der Nachweis eines fehlenden Erklärungsbewusstseins wegen der Formulierung der AGB regelmäßig schwer fallen; siehe zum fehlenden Erklärungsbewusstsein Fall 11.

[26] In der Examensklausur sind die vertretenen Ansichten im Einzelnen darzustellen; vgl. dazu Fall 11.

[27] Für elektronische Willenserklärungen gelten die selben Grundsätze wie für sonstige empfangsbedürftige Willenserklärungen unter Abwesenden, vgl. *Bork*, Rn. 628.

son des Vertretenen noch gar nicht. Der Vertretene braucht bei der Vornahme des Vertretergeschäfts freilich noch nicht bestimmt zu sein; es genügt vielmehr, dass die nachträgliche Bestimmung dem Vertreter überlassen wird oder vereinbarungsgemäß aufgrund sonstiger Umstände erfolgen soll.[28] Letzteres war vorliegend der Fall. Nach der Ausgestaltung der Onlineauktion in den AGB der A, welche alle Beteiligten akzeptieren mussten, trat A als Empfangsvertreter der potenziellen Bieter auf. Der vertretene Personenkreis war somit bereits im Zeitpunkt der Entgegennahme der Willenserklärung des B durch A ausreichend bestimmbar.

2. Annahme des C

C hat das Angebot des B durch sein Höchstgebot (Doppelklick auf die entsprechende Schaltfläche) innerhalb der Annahmefrist (§ 148 BGB) angenommen. Die Annahmeerklärung ist um 15.58 Uhr so in den Machtbereich der A als Empfangsvertreterin des B gelangt, dass A unter normalen Verhältnissen die Möglichkeit hatte, von ihr Kenntnis zu erlagen (§ 130 I 1 BGB).

Eine Willenserklärung gegenüber einem Empfänger, der im Geschäftsverkehr mit einem Online-Zugang auftritt, gelangt grundsätzlich bereits mit Eingang in den elektronischen Briefkasten des Providers, der für den Empfänger die Mail-Box unterhält, in dessen Machtbereich.[29] Wann mit einer Kenntnisnahme zu rechnen ist, bestimmt sich – da der Online-Geschäftsverkehr bewusst eröffnet worden ist – nach dem Umständen des Einzelfalls. Vorliegend war das Fristende der Auktion auf 16.00 Uhr bestimmt; hiernach war mit einer Kenntnisnahme der A von allen Willenserklärungen zu rechnen, die vor 16.00 Uhr eingingen. Zu demselben Ergebnis gelangte man, wenn man nicht auf die A, sondern auf den B selbst abstellen würde. Die Willenserklärung des C war nämlich wenige Sekunden nach Eingang auf dem Server des Providers der A auch auf deren freigeschalteter Internet-Site ersichtlich, also jedenfalls um 15.59 Uhr. Auch dies war noch innerhalb der von B gesetzten Annahmefrist. Zu diesem Zeitpunkt war auch mit einer Kenntnisnahme des B als Anbieter zu rechnen.

III. Zwischenergebnis

Hiernach ist ein Kaufvertrag zwischen B und C zustande gekommen.

---

[28]   BGH, NJW 1989, 164, 166; *Flume*, S. 765 f.; Staudinger/*Schilken* (2003), Vorbem zu §§ 164 ff. BGB Rn. 35.

[29]   *Bork*, Rn. 628.

B. Wirksamkeit des Kaufvertrages

I. Verstoß gegen § 138 BGB

1. Verstoß gegen das Wucherverbot

Der Kaufvertrag ist nicht nach § 138 II BGB unwirksam.[30] Selbst wenn man ein auffälliges Missverhältnis zwischen Leistung und Gegenleistung annehmen wollte, da der Kaufpreis weniger als die Hälfte des aktuellen Marktpreises beträgt[31], liegen die subjektiven Voraussetzungen des Wuchers nicht vor, da C weder eine Zwangslage des B, noch dessen Unerfahrenheit, noch einen Mangel an Urteilsvermögen, noch eine erhebliche Willensschwäche ausgebeutet hat.

2. Verstoß gegen die guten Sitten

Ein Rechtsgeschäft, welches den Wuchertatbestand des § 138 II BGB nicht erfüllt, kann gleichwohl nach § 138 I BGB nichtig sein, wenn ein auffälliges Missverhältnis zwischen Leistung und Gegenleistung besteht und weitere Umstände hinzutreten, insbesondere der Begünstigte aus verwerflicher Gesinnung gehandelt hat.[32] Derartige besondere Umstände sind vorliegend nicht ersichtlich. Zwar fallen Leistung und Gegenleistung um mehr als 100 % auseinander, weshalb ein Handeln des C aus verwerflicher Gesinnung zu vermuten sein könnte.[33] Allerdings ist B Unternehmer i. S. von § 14 BGB, weshalb die Vermutung zu seinen Gunsten nicht greift.[34] Außerdem handelt es sich bei dem Pkw nach den Umständen weder um einen außergewöhnlichen Leistungsgegenstand, noch bei den 26.000,- EUR um einen existenziellen Geldbetrag.[35] Schließlich setzt eine Online-Auktion gerade ein geschicktes Taktieren auf beiden Seiten voraus; hieraus folgt, dass nach dem Willen verständiger Vertragsparteien eine Verbindlichkeit auch dann begründet werden soll, wenn kein angemessener Preis für die Leistung vereinbart wird.[36] Ein Verstoß gegen § 138 BGB scheidet somit aus.

---

[30] Das Verhältnis von § 138 I BGB zu § 138 II BGB ist streitig; vgl. MünchKommBGB/*Armbrüster*, 5. Aufl. 2006, § 138 BGB Rn. 140 ff.

[31] Vgl. MünchKommBGB/*Armbrüster*, 5. Aufl. 2006, § 138 BGB Rn. 144 i. V. m. Rn. 114.

[32] BGH, NJW 2003, 1860.

[33] BGH, NJW 2002, 429.

[34] BGH, NJW 2003, 2230.

[35] Vgl. dazu auch *Alexander/Eichholz*, JuS 2008, 523, 526.

[36] *Lettl*, JA 2009, 686, 692.

II.   Verstoß gegen § 134 BGB i. V. mit § 34b I GewO

B hat nicht gegen das Verbot verstoßen, gewerbsmäßig fremde Gegenstände zu versteigern; denn er hat einen Pkw verkauft, der in seinem Eigentum stand. Ein etwaiger Verstoß der A gegen § 134 BGB i. V. mit § 34b I GewO führt jedenfalls nicht zur Unwirksamkeit des Vertrages zwischen B und C.[37]

III. Anfechtung durch B

1.   Anfechtungserklärung des B gemäß § 143 I BGB

Ob der B seine Willenserklärung gegenüber C als zutreffendem Anfechtungsgegner (§ 143 II 1 BGB) angefochten hat, bestimmt sich gemäß § 133, 157 BGB aus der Sicht eines verständigen Erklärungsempfängers in der Situation des C. Nach allgemeinen Grundsätzen musste B das Wort „Anfechtung" nicht benutzen; es reicht vielmehr aus, wenn seiner Erklärung zu entnehmen war, dass er sich von den Rechtsfolgen der Willenserklärung wegen eines Willensmangels lösen wollte.[38] Hiernach kann dem ersten Telefonat zwischen B und C am 7. 8. 2009 noch keine Anfechtungserklärung entnommen werden; denn B hat sich dort offen gehalten, die Rechtslage erst noch zu prüfen. Demgegenüber liegt im zweiten Telefonat am 19. 9. 2009 eine Anfechtungserklärung, da B die Lieferung des Kfz u. a. mit Hinweis auf seinen Irrtum beim Eintippen des Preises abgelehnt hat.

2.   Anfechtungsgrund

a)   Erklärungsirrtum gemäß § 119 I Alt. 2 BGB

Ein etwaiger Erklärungsirrtum des B i. S. von § 119 I Alt. 2 BGB wegen fehlerhafter Eingabe des Startpreises berechtigt vorliegend nicht zur Anfechtung. § 119 I BGB fordert nicht nur einen anerkannten Irrtumsgrund, sondern auch, dass der Irrende seine Willenserklärung bei verständiger Würdigung des Falles nicht abgegeben haben würde. Ein Irrtum ist nicht objektiv erheblich in diesem Sinne, wenn der Irrende durch den Irrtum wirtschaftlich nicht schlechter gestellt wird.[39] Eben dies ist vorliegend aber der Fall, da das Höchstgebot von 26.000,- EUR über dem von B gewollten Mindestgebot von 25.000,- EUR liegt. Die Anfechtung ist jedenfalls nach § 242 BGB ausgeschlossen, da der B sich am tatsächlich Gewollten festhalten lassen muss (das Anfechtungsrecht ist kein Reurecht).[40]

b)   Falsche Übermittlung der Willenserklärung gemäß § 120 BGB

Eine Anfechtung nach § 120 BGB ist aus denselben Gründen nicht möglich.

---

[37]   Siehe dazu BGH, NJW 2002, 363, 365.
[38]   *Bork*, Rn. 905.
[39]   MünchKommBGB/*Kramer*, 5. Aufl. 2006, § 119 BGB Rn. 138 a. E.
[40]   Vgl. *Medicus*, Rn. 781; siehe dazu auch die Merkesätze zu Fall 19.

*c) Irrtum über die rechtliche Bedeutung des Freischaltens der Internetseite
    analog § 119 I Alt. 2 BGB*

B kann seine Willenserklärung jedoch nach § 119 I Alt. 2 BGB anfechten, da er
sich über die rechtliche Bedeutung des Freischaltens der Internetseite geirrt hat.
Das Freischalten der Internetseite bedeutete aus Sicht eines objektiven verständigen Dritten (§§ 133, 157 BGB) eine Willenserklärung (siehe oben); B fehlte jedoch das Erklärungsbewusstsein.[41]

3. Anfechtungsfrist gemäß § 121 I 1 BGB

Gemäß § 121 I 1 BGB muss die Anfechtung in den Fällen der §§ 119, 120 BGB
ohne schuldhaftes Zögern (unverzüglich) erfolgen, nachdem der Anfechtungsberechtigte vom Anfechtungsgrund Kenntnis erlangt hat. B hatte spätestens am 7. 8.
2009 Kenntnis vom Anfechtungsgrund; die Erklärung der Anfechtung nach sechs
Wochen erfolgte deshalb nicht mehr unverzüglich.[42] B hat seine Willenserklärung
somit nicht wirksam angefochten.

IV. Widerruf des B nach § 312d I 1 BGB i. V. mit § 355 I 1 BGB

B ist nicht Verbraucher i. S. von § 13 BGB, weshalb er seine auf Abschluss des
Vertrages gerichtete Willenserklärung nicht widerrufen kann. Darüber hinaus fehlt
es an einer Widerrufserklärung des B in Textform gemäß §§ 355 I 2, 126b BGB.

V. Zwischenergebnis

Der Kaufvertrag ist wirksam.

C. Klagbarkeit des Anspruchs

Der Anspruch des C gegen B auf Übereignung und Übergabe des Pkw ist auch
durchsetzbar; es handelt sich um kein rechtlich unverbindliches Spiel i. S. von

---

[41] Siehe dazu Fall 11. Im Internet sind Fälle eines fehlenden Rechtsbindungswillens (ver-
     gleichbar mit dem Handheben auf einer Versteigerung) nicht selten. Paradigmatisch ist
     der Fall, dass ein Nutzer nicht erkennt, dass ein Angebot als kostenpflichtig gekenn-
     zeichnet ist, und er daraufhin das Angebot anklickt. Hierin liegt zwar nach außen die
     Erklärung, den Vertrag zu den genannten Bedingungen abschließen zu wollen; es fehlt
     jedoch am Rechtsbindungswillen des Nutzers, denn er wusste nicht, dass er mit dem
     betreffenden Mausklick überhaupt eine rechtserhebliche Erklärung abgibt (*Hoe-
     ren/Sieber*, Handbuch Multimediarecht, Teil 13.1 Rn. 20).
[42] Vgl. *Bork*, Rn. 913: jedenfalls nach 2 Wochen muss man davon ausgehen, dass die Frist
     abgelaufen ist.

§ 762 I 1 BGB.[43] Unter einem Spielvertrag versteht man ein Leistungsversprechen mit Risikocharakter, wonach die Erfüllung überwiegend vom Zufall abhängt.[44] Im Gegensatz dazu hingen die Leistungspflichten von A und B nicht vom Zufall ab. Zwar ergab sich die Gegenleistung erst aus dem Höchstgebot des C. B konnte die Preisbildung jedoch maßgeblich durch den Mindestpreis, die Bietschritte und die Dauer der „Auktion" steuern.[45]

D. Beidseitiger Motivirrtum

Eine Vertragsauflösung nach § 313 III BGB kommt in Betracht, wenn die Vertragsparteien die Berechnung des Kaufpreises gemäß § 313 II BGB auf einer fehlerhaften Berechnungsgrundlage vorgenommen haben.[46] Vorliegend hat B den Mindestkaufpreis ohne Mitwirkung des C berechnet; C war die Kalkulation des B weder bekannt, noch musste sie dies sein. Dann fällt es jedoch allein in den Risikobereich des B, wenn der Kaufpreis aus Sicht des B zu niedrig war.[47]

E. Gesamtergebnis

C hat einen Anspruch gegen B auf Übereignung und Übergabe des BWM Zug um Zug gegen Zahlung des Kaufpreises in Höhe von 26.000,- EUR.

Lösung Fall 16 Abwandlung 1

A. Anspruch des C gegen B auf Rückzahlung des Kaufpreises Zug um Zug gegen Rückgabe des Pkw nach §§ 346 I, 357 I 1, 355 I, 312d I 1, 312 b BGB

C könnte gegen B einen Anspruch auf Rückzahlung des Kaufpreises nach §§ 346 I, 357 I 1, 355 I, 312d I 1, 312 b BGB haben. Dann muss er seine auf den Vertragsschluss mit B gerichtete Willenserklärung wirksam widerrufen haben.

---

[43] Siehe zur umstrittenen dogmatischen Einordnung von § 762 I 1 BGB Bamberger/Roth/*Janoschek*, § 762 BGB Rn. 6.

[44] MünchKommBGB/*Habersack*, 5. Aufl. 2009, § 762 BGB Rn. 4.

[45] BGH, NJW 2002, 363.

[46] MünchKommBGB/*Roth*, 5. Aufl. 2006, § 313 BGB Rn. 227.

[47] Siehe zum Kalkulationsirrtum bereits Fall 14.

I. Anwendbarkeit von § 346 I BGB

§ 346 I BGB ist anwendbar, wenn C nach der Verweisungsnorm des § 357 I BGB ein Widerrufs- oder Rückgaberecht bei einem Verbrauchervertrag hat. Ein Widerrufsrecht des C könnte vorliegend aus § 312d I 1 BGB folgen. Dann muss es sich bei dem Kaufvertrag um einen Fernabsatzvertrag i. S. von § 312b BGB handeln. Außerdem muss C den Widerruf wirksam ausgeübt haben.

II. Widerrufsrecht nach §§ 312d I 1, 312b I BGB

1. Fernabsatzvertrag gemäß § 312b I BGB

Ein Widerrufsrecht nach § 312d I 1 i. V. mit § 312b I BGB setzt einen Fernabsatzvertrag voraus. Fernabsatzverträge sind nach § 312b I BGB Verträge über die Lieferung von Waren oder über die Erbringung von Dienstleistungen, einschließlich Finanzdienstleistungen, die zwischen einem Unternehmer und einem Verbraucher unter ausschließlicher Verwendung von Fernkommunikationsmitteln abgeschlossen werden, es sei denn, der Vertragsschluss erfolgt nicht im Rahmen eines für den Fernabsatz organisierten Vertriebs- oder Dienstleistungssystems.

Der persönliche Anwendungsbereich der Vorschriften über Fernabsatzverträge ist eröffnet (§ 312b I BGB): C ist Verbraucher i. S. von § 13 BGB, da der Vertrag weder seiner gewerblichen noch seiner selbständigen beruflichen Tätigkeit dient; vielmehr will C mit dem BMW seinen Freunden imponieren. B hat den Pkw in Ausübung seiner gewerblichen Tätigkeit verkauft; er ist deshalb bei Vornahme dieses Rechtsgeschäfts als Unternehmer gemäß § 14 BGB anzusehen. Für die Qualifikation von B als Unternehmer spricht ergänzend, dass B planmäßig und dauerhaft Kraftfahrzeuge über die Internetplattform der A veräußert. Hierdurch erweckt er bei den Bietern nach den Gesamtumständen den Eindruck eines professionellen Händlers. Schließlich war B bei A als Power-Seller registriert; dies erweckt gegenüber Dritten ebenfalls den Eindruck einer unternehmerischen Tätigkeit.[48]

B und C haben des Weiteren einen „Vertrag über die Lieferung von Waren" geschlossen;[49] ein Ausnahmetatbestand gemäß § 312b III BGB liegt nicht vor.[50] Der Vertragsschluss erfolgte unter „ausschließlicher Verwendung von Fernkommunikationsmitteln". Hierunter versteht man gemäß § 312b II BGB solche Kommunikationsmittel, die zur Anbahnung oder zum Abschluss eines Vertrages zwischen einem Verbraucher und einem Unternehmer ohne gleichzeitige körperliche Anwesenheit der Vertragsparteien eingesetzt werden können. B und C sind sich während der Vertragsverhandlungen nicht physisch begegnet[51]; sie haben den Vertrag

---

[48] OLG Frankfurt a. M., NJOZ 2007, 2069, 2070; siehe auch LG Mainz, NJW 2006, 783.

[49] *Bork*, Rn. 1854.

[50] Siehe dazu *Bork*, Rn. 1857: Ausnahmen beruhen darauf, dass Verbraucherschutz anderweitig geregelt ist oder nicht notwendig erscheint.

[51] *Bork*, Rn. 1855.

vielmehr über das Internet als Mediendienst i. S. von § 312b II BGB geschlossen.[52]
Der Vertrag kam folglich unter ausschließlicher Verwendung von Fernkommunikationsmitteln zustande.

Schließlich erfolgte der Vertragsschluss „im Rahmen eines für den Fernabsatz
organisierten Vertriebssystems". Hierfür ist erforderlich, dass sich der B planmäßig der Fernkommunikationsmittel bedient, indem er die personellen, sachlichen
und organisatorischen Voraussetzungen schafft, um regelmäßig Geschäfte im
Fernabsatz zu bewältigen; demgegenüber reichte es zur Erfüllung dieses Tatbe-
standsmerkmals nicht aus, wenn B nur gelegentlich und zufällig eine Bestellung
am Telefon entgegengenommen oder eine Ware per Post versandt hätte.[53] Nach
dem Sachverhalt bietet B regelmäßig Waren in Online-Auktionen an. Es ist deshalb von einem planmäßigen und systematischen Einsatz des Internets als Fernkommunikationsmittel auszugehen.

2.   Kein Ausschluss des Widerrufsrechts nach § 312d IV Nr. 5 BGB

Das Widerrufsrecht könnte nach § 312d IV Nr. 5 BGB ausgeschlossen sein. Die
Regelung trägt dem Umstand Rechnung, dass sich ein Widerspruchsrecht des
Verbrauchers mit dem durch die Endgültigkeit des Zuschlags geprägten Wesen
einer Versteigerung gemäß § 156 BGB nicht verträgt.[54] Die Vorschrift setzt nach
ihrem Wortlaut voraus, dass es sich bei dem Rechtsgeschäft um eine Versteigerung i. S. von § 156 BGB handelt.[55] Dies ist vorliegend nicht der Fall (siehe oben).
§ 312d IV Nr. 5 BGB ist nach einer Ansicht gleichwohl auf Internet-Auktionen
anwendbar, da der angeordnete Widerrufsausschluss auf der Irreversibilität des
Versteigerungsprozesses an sich beruhe; dies sei auch bei Internet-Auktionen der
Fall.[56] Nach überzeugender Ansicht ist § 312d IV Nr. 5 BGB nur auf Versteige-
rungen i. S. von § 156 BGB anwendbar.[57] So sprechen der Schutzzweck des Wi-
derrufsrechts und die Interessenlage nicht für, sondern gegen eine erweiternde
Auslegung des § 312d IV Nr. 5 BGB. Das gesetzliche Widerrufsrecht soll
Verbraucher vor den Risiken von Fernabsatzgeschäften schützen, bei denen sie die
Ware vor Vertragsschluss in der Regel nicht in Augenschein nehmen können.[58]
Ein solches Schutzbedürfnis besteht auch bei Internet-Auktionen der vorliegenden
Art. Der Bieter kann sich regelmäßig nur mittels der im Internet zur Verfügung
gestellten Informationen über die angebotene Ware unterrichten. Der Verbraucher

---

[52]   Bamberger/Roth/*Schmidt-Räntsch*, § 312b BGB Rn. 30.
[53]   MünchKommBGB/*Wendehorst*, 5. Aufl. 2006, § 312b BGB Rn. 56.
[54]   MünchKommBGB/*Wendehorst*, 5. Aufl. 2006, § 312d BGB Rn. 41.
[55]   Der Ausschlusstatbestand des § 312d IV BGB betrifft nur das Widerrufs- bzw. Rückgabe-
berecht und nicht die Informationspflichten des Unternehmers gemäß § 312c BGB, vgl.
MünchKommBGB/*Wendehorst*, 5. Aufl. 2006, § 312d BGB Rn. 18.
[56]   Staudinger/*Singer* (2004), Vorbem zu §§ 116 – 144 BGB Rn. 57.
[57]   BGH, NJW 2005, 53 ff.; Erman/*Saenger*, 12. Aufl. 2008, § 312d BGB Rn. 29.
[58]   *Boemke/Ulrici*, § 7 Rn. 69.

ist hier somit den gleichen Risiken ausgesetzt und in gleicher Weise schutzbedürftig wie bei anderen Vertriebsformen des Fernabsatzgeschäfts. Mithin erfordert es der Zweck des gesetzlichen Widerrufsrechts, den Ausnahmetatbestand des § 312d IV Nr. 5 BGB auf Verträge zu beschränken, die in der Form von Versteigerungen gemäß § 156 BGB geschlossen werden, das heißt durch Gebot und Zuschlag. Vor diesem Hintergrund scheidet eine analoge Anwendung des Ausschlusstatbestands des § 312d IV Nr. 5 BGB auf Internet-Versteigerungen mangels planwidriger Regelungslücke aus.[59]

III. Wirksame Ausübung des Widerrufsrechts

1. Widerrufserklärung gemäß §§ 357 I, 349 BGB

Der Widerruf ist ein einseitiges Gestaltungsrecht des Verbrauchers, welches durch eine empfangsbedürftige Willenserklärung ausgeübt wird. Dabei ist nach §§ 133, 157 BGB nicht notwendig, dass der Widerrufende das Wort „Widerruf" verwendet; es genügt vielmehr, wenn die Erklärung aus Sicht eines verständigen Erklärungsempfängers in der Situation des Rezipienten erkennen lässt, dass der Erklärende sich von der vertraglichen Bindung lösen will.[60] C hat dem B mitgeteilt, dass er das Kfz nicht behalten wolle. Hierin kam zum Ausdruck, dass er den Vertrag mit B auflösen möchte. Eine Widerrufserklärung des C liegt somit vor.

2. Textform gemäß §§ 355 I, 126b BGB

C hat dem B eine E-Mail geschrieben. Hierin liegt eine formgerechte Erklärung i. S. von § 355 I 2 BGB i. V. mit § 126b BGB.[61] Nach § 126b BGB muss eine Erklärung so abgegeben werden, dass sie in Schriftzeichen lesbar ist, die Person des Erklärenden benennt und den Abschluss der Erklärung durch Nachbildung der Unterschrift oder in anderer Weise hinreichend kenntlich macht; eine Unterschrift im Rechtssinne ist demgegenüber nicht erforderlich.[62] Die Textform ist damit nicht geeignet, eine Warn- oder Beweisfunktion zu erfüllen; sie soll nur dokumentieren, dass bestimmte Informationen gegeben worden sind.[63] Sie ist eingehalten, wenn die Erklärung in einer Urkunde oder in einer anderen dauerhaft zur Wiedergabe von Schriftzeichen geeigneten Weise fixiert ist. Dieses Erfordernis ist bei E-Mail-Schreiben regelmäßig erfüllt.[64] Eine besondere Begründung des Widerrufs ist nach § 355 I BGB nicht erforderlich; dem Verbraucher soll durch das Wider-

---

[59] BGH, NJW 2005, 53, 55.

[60] MünchKommBGB/*Masuch*, 5. Aufl. 2006, § 355 BGB Rn. 34.

[61] *Boemke/Ulrici*, § 7 Rn. 83; siehe zur Schriftform gemäß § 126 BGB Fall 10.

[62] *Bork*, Rn. 1062.

[63] *Schack*, Rn. 320b.

[64] MünchKommBGB/*Masuch*, 5. Aufl. 2006, § 355 BGB Rn. 35.

rufsrecht vielmehr die Möglichkeit eingeräumt werden, die Ware zu prüfen, weil er diese Möglichkeit vor Vertragsschluss nicht hatte.[65]

3. Widerrufsfrist gemäß §§ 355 I 1, 312d II BGB

B hat schließlich auch die Widerrufsfrist eingehalten, da er den Widerruf bereits am Folgetag nach Vertragsschluss ausgeübt hat. Die Frist beträgt gemäß § 355 I 2 BGB bei ordnungsgemäßer Widerrufsbelehrung zwei Wochen; auf den besonderen Fristbeginn nach § 312d II BGB kommt es nicht an, da C die 2-Wochen-Frist eingehalten hat.

4. Rechtsfolgen

Durch den Widerruf verliert die Erklärung des B ihre Rechtswirkungen; damit entfällt zugleich der Vertrag.[66] Es entsteht ein Rückgewährschuldverhältnis i. S. von § 357 I 1 BGB i. V. mit § 346 I BGB. Die Rückgewährpflichten sind nach § 348 BGB Zug um Zug zu erfüllen.

B. Gesamtergebnis Fall 16 Abwandlung 1

C kann die 26.000,- EUR Zug um Zug gegen Herausgabe des Kfz zurückverlangen.[67]

Lösung Fall 16 Abwandlung 2[68]

Ein Anspruch des B gegen A auf Lieferung des Toasters für 20,- EUR gemäß § 433 I 1 BGB setzt voraus, dass ein entsprechender Kaufvertrag zustande gekommen ist; dies erfordert nach § 145 ff. zwei aufeinander bezogene Willenserklärungen (Angebot und Annahme).

A. Einigung

I.   Angebot des A

Der elektronische Katalog des A ist nicht als Willenserklärung, sondern als invitatio ad offerendum einzustufen, da sich A mit der Warenpräsentation noch nicht

---

[65] *Leipold,* § 13 Rn. 12; *Larenz/Wolf,* § 30 Rn. 67.

[66] *Boemke/Ulrici,* § 7 Rn. 87.

[67] Beachte: Sofern ein „Widerruf" des Käufers wegen der Mangelhaftigkeit der Ware erfolgt, sind auch die Voraussetzungen der §§ 434, 437 Nr. 2, 323, 346 BGB zu prüfen, vgl. dazu *Alexander/Eichholz,* JuS 2008, 523, 528 f.

[68] Vgl. AG Lahr, NJW 2005, 991.

endgültig binden wollte. Dem Sachverhalt sind keine Informationen zu entnehmen, wonach A mit Rechtsbindungswillen handelte, etwa weil er von B eine sofortige Online-Bezahlung der Ware per Kreditkarte forderte.[69] Wertungsmäßig besteht kein Unterschied zu einer mit Preisen versehenen Zeitungsanzeige.[70]

II. Angebot des B durch Ausfüllen des elektronischen Bestellformulars

B hat dem A durch das Ausfüllen und Übermitteln des elektronischen Bestellformulars ein Angebot zum Erwerb des Toasters für 20,- EUR gemacht. Eine derartige Erklärung in einem elektronischen Formular ist dogmatisch wie eine herkömmliche Willenserklärung zu behandeln.

III. Automatisierte Annahmeerklärung des A

A könnte den Antrag des B angenommen haben, indem er seine EDV-Anlage so programmiert hat, dass B alsbald (vgl. § 312e I Nr. 3 BGB) eine automatisierte Antwort erhielt, wonach sich A für die Bestellung bedankte und die Bestelldaten (u. a. 20,- EUR als Kaufpreis) bestätigte.

Unter einer automatisierten Willenserklärung versteht man eine Erklärung, die von einer EDV-Anlage aufgrund ihrer Programmierung vollautomatisch erstellt und dann auf elektronischem oder konventionellem Weg an den Empfänger übersandt wird.[71] Aus Sicht eine verständigen Erklärungsempfängers in der Situation des B war die elektronische Nachricht des A als Annahme seines Angebots auszulegen.[72] Die Antwort wurde zwar ohne menschliche Beteiligung von einer EDV-Anlage erstellt und an B übermittelt. Die EDV-Anlage ist jedoch im Auftrag des A programmiert worden und wurde von A betrieben; vor diesem Hintergrund ist dem A die Erklärung zuzurechnen.[73] Objektiv bestand die Handlung des A darin, dass er das Programm mit einer bestimmten Software, also mit bestimmten Anweisungen betrieben hat, damit es für ihn Erklärungen produziert. Wenn ein Erklärender jedoch technische Hilfsmittel benutzen kann, um seinen Erklärung herzustellen, so schließt dies auch die Möglichkeit ein, den Erklärungsprozess zeitlich zu strecken. Entscheidend ist nämlich nicht der zeitliche, sondern der (wertend)

---

[69] Erman/*Armbrüster*, 12. Aufl. 2008, § 145 BGB Rn. 7.

[70] MünchKommBGB/*Säcker*, 5. Aufl. 2006, Bd. 1. Einl. Rn. 187 f.; *Redeker*, IT-Recht, 4. Aufl. 2007, Rn. 854 ff.

[71] MünchKommBGB/*Säcker,* 5. Aufl. 2006, Bd. 1 Einl. Rn. 175.

[72] Anders ist dies, wenn lediglich der Empfang bestätigt und mitgeteilt wird, dass die Bestellung bearbeitet wird (*Redeker*, IT-Recht, 4. Aufl. 2007, Rn. 857). Die Annahme erfolgt in der Praxis häufig konkludent durch das Zusenden der Ware (MünchKommBGB/*Säcker*, 5. Aufl. 2006, Bd. 1 Einl. Rn. 188.

[73] Staudinger/*Singer* (2004), Vorbem zu §§ 116 – 144 BGB Rn. 57; *Larenz/Wolf*, § 30 Rn. 49; *Redeker*, IT-Recht, 4. Aufl. 2007, Rn. 858.

kausale Zusammenhang zwischen Handlung und Erklärung. Dieser besteht darin, dass der Automat nur handelt, weil er auf eine bestimmte Weise programmiert worden ist.[74] Bei der automatisierten Computererklärung handelte es sich folglich um eine echte Willenserklärung des A.

A handelte auch mit dem Willen, rechtserhebliche Erklärungen abzugeben; denn A betrieb die EDV-Anlage gerade zu dem Zweck, rechtserhebliche Erklärungen zu produzieren. Hiernach liegt eine Willenserklärung vor; auf den konkreten Geschäftswillen kommt es für die Annahme einer Willenserklärung nicht an, wie sich aus den §§ 119 ff. BGB ergibt.[75]

B. Wirksamkeit der Einigung

A könnte seine automatisierte Willenserklärung gemäß § 142 I BGB gegenüber B (§ 143 II 1 BGB) fristgemäß (§ 121 I BGB) angefochten haben. Grundlagen und Grenzen der Anfechtung von automatisierten Computererklärungen sind umstritten, da diese ohne menschliche „Inhaltskontrolle" in den Verkehr gelangen.[76] In Betracht kommt zunächst ein Erklärungsirrtum gemäß § 119 I Alt. 2 BGB. Dies setzt voraus, dass A ein anderes Erklärungszeichen als das gewollte genutzt und sich deshalb im Erklärungsakt geirrt hat. Vorliegend hat sich A bei der Eingabe des Preises in das Computerprogramm vertippt; dies spricht nach allgemeinen Grundsätzen für einen Erklärungsirrtum i. S. von § 119 I Alt. 2 BGB. Allerdings ereignete sich der Fehler – das falsche Eintippen – bei der automatisierten Willenserklärung aufgrund der zeitversetzten Abgabe streng genommen noch im Vorfeld der Erklärung.[77] Das Versehen des A könnte deshalb lediglich als unbeachtlicher Irrtum bei der Willensbildung einzustufen sein. Eine Anfechtbarkeit automatisierter Willenserklärungen scheidet ebenfalls aus, wenn man dem Betreiber einer EDV-Anlage vergleichbar der Interessenlage bei der Unterzeichnung ungelesener Urkunden[78] das Risiko von Eingabefehlern zuweist.[79]

---

[74] *Hoeren/Sieber*, Handbuch Multimedia-Recht, Teil 13.1 Rn. 13.

[75] Zum elektronischen Agenten bei Internetauktionen *Hoeren/Sieber*, Handbuch Multimedia-Recht, Teil. 13. 1 Rn. 27 f.

[76] Staudinger/*Singer* (2004), § 119 BGB Rn. 36; *Faust*, § 19 Rn. 21 ff.

[77] Vgl. *Köhler*, AcP 182 (1982), 126, 136; *Emmerich*, JuS 2005, 560.

[78] Siehe dazu Staudinger/*Singer* (2004), § 119 BGB Rn. 9: Wer einen Vertragstext ungelesen unterschreibt, hat grundsätzlich den rechtsgeschäftlichen Willen, die Urkunde mit ihrem jeweiligen Inhalt gelten zu lassen (Wille und Erklärung stimmen überein). Etwas anderes gilt, wenn von den Mindestvorstellungen, die der Unterzeichnende von Art und Umfang des Rechtsgeschäfts hat, abgewichen wird. Wenn eine Person also ungelesen einen Vertrag unterschreibt in der Meinung, es handele sich um einen Sparvertrag, kann sie anfechten, wenn es sich in Wirklichkeit um einen Bürgschaftsvertrag handelt, vgl. BGH, NJW 1995, 190, 191.

[79] *Lorenz*, Der Schutz vor dem unerwünschten Vertrag, 1997, S. 278.

Nach vorzugswürdiger Ansicht ist das Recht der Irrtumsanfechtung wertungsmäßig jedenfalls dann auf Bedienungs- und Eingabefehler zu übertragen, wenn
sich diese unmittelbar auf den Inhalt der automatisierten Willenserklärung auswirken.[80] Die versehentliche Eingabe falscher Daten durch ein Verschreiben/Ver-
tippen ist bei der automatisierten Willenserklärung also den klassischen Fallgestaltungen des Erklärungsirrtums gleichzustellen.[81] A kann hiernach wegen eines Erklärungsirrtums i. S von § 119 I Alt. 2 BGB anfechten.[82]

C. Gesamtergebnis Fall 16 Abwandlung 2

B hat keinen Anspruch auf Lieferung des Toasters Zug um Zug gegen Zahlung
von 20,- EUR.

Lösung Fall 16 Abwandlung 3[83]

Ein Anspruch des B gemäß § 433 I 1 BGB könnte wegen einer wirksamen Anfechtung durch A ausscheiden.

A. Vorliegen eines Anfechtungsgrundes

Die Anfechtung setzt einen Anfechtungsgrund voraus. Im vorliegenden Fall ist
problematisch, dass A die Daten fehlerfrei eingegeben hat, wohingegen die von A
eingesetzte Software von Anfang an mangelhaft war: Stellt man hier auf die Daten
ab, ist eine Anfechtung denkbar, da die Daten erst nachträglich verändert wurden.
Die Situation ist dann vergleichbar mit dem von § 120 BGB geregelten Fall, dass
der korrekt instruierte Bote die Erklärung unrichtig übermittelt. Legt man den
Schwerpunkt demgegenüber auf die Software, liegt eher ein Irrtum bei der Willensbildung vor.[84]

Nach einer Ansicht ist ein beachtlicher Erklärungsirrtum i. S. von § 119 I Alt. 2
BGB gegeben, wenn eine falsche Kaufpreisauszeichnung im Internet auf einen im
Bereich des Erklärenden aufgetretenen Fehler im Datentransfer zurückzuführen
ist:[85] Die falsche Preisangabe entspringe nicht dem Erklärungswillen des Betreibers;
vielmehr wirke der bei Abgabe der invitatio ad offerendum vorliegende Erklärungsirrtum bei der Abgabe der Annahmeerklärung noch fort. Dies bestätige ein Ver-

---

[80] MünchKommBGB/*Säcker*, 5. Aufl. 2006, Bd. 1 Einl. Rn. 184; MünchKommBGB/
    Kramer, 5. Aufl. 2006, § 119 BGB Rn. 89; Staudinger/*Singer* (2004), § 119 BGB Rn. 36.
[81] *Ciupka*, JuS 2009, 887, 888.
[82] Ein „Verklicken" bei der Abgabe einer elektronischen Willenserklärung ist ebenfalls als
    Erklärungsirrtum zu bewerten, vgl. LG Berlin, NJW-RR 2009, 132.
[83] Vgl. BGH, NJW 2005, 976.
[84] *Faust*, § 19 Rn. 23.
[85] BGH, NJW 2005, 976.

gleich mit § 120 BGB, wonach eine Anfechtung auch dann zulässig sei, wenn die falsche Übermittlung auf einem Irrtum des Boten (z. B. Unzuverlässigkeit) beruhte. Es besteht nach dieser Ansicht also kein Unterschied, ob sich der Erklärende selbst verschreibt/vertippt oder ob die Abweichung von der gewollten Erklärungsbedeutung auf dem weiteren Weg zum Empfänger eintritt. Es sei auch nicht erheblich, dass – wie bei A – auf Grund eines fehlerhaften Datentransfers ein Übermittlungsfehler geschehe, bevor die Willenserklärung seinen Machtbereich verlassen habe. Nach einer zweiten Ansicht[86] berücksichtigt diese Sichtweise nicht ausreichend, dass A die Preisdaten richtig eingegeben hat. Auch die Parallele zu § 120 BGB sei nicht überzeugend, weil die Vorschrift eine fertige Willenserklärung voraussetze. Einschlägig sei deshalb § 119 I Alt. 1 BGB, da sich der Betreiber unrichtige Vorstellungen über den Inhalt der Annahmeerklärung gemacht habe.

Nach überzeugender Sichtweise handelt es sich in Fällen, in denen es aufgrund eines Softwarefehlers zum einem Wiedergabefehler kommt, um einen unbeachtlichen Irrtum bei der Willensbildung.[87] Vergleichbar mit den inneren Beweggründen des Erklärenden wird mit Verwendung eines bestimmten Computerprogramms die Ausgangsgröße festgelegt, aus der sich durch den elektronischen Datenverarbeitungsprozess die einzelnen automatisierten Willenserklärungen ergeben. Anders als im Falle eines Eingabe- oder Bedienungsfehlers handelt es sich hier um einen Irrtum bei der Willensbildung und nicht erst um einen solchen bei der Erklärung des Willens.

B.　Gesamtergebnis Fall 16 Abwandlung 3

A kann seine Willenserklärung nicht anfechten.

Merke

1.　Unter einer Versteigerung i. S. von § 156 BGB – zu unterscheiden von einer hoheitlichen Zwangsversteigerung nach ZVG – versteht man einen öffentlichen Verkauf, bei dem für eine angebotene Leistung durch die Konkurrenz der Bieter ein möglichst hoher Preis erzielt werden soll. Gemäß § 156 Satz 1 BGB bedeutet nicht schon die Veranstaltung der Versteigerung („Auktion") ein bindendes Angebot, welches durch jedes Gebot eines Bieters unter der auflösenden Bedingung des Unterbleibens eines höheren Nachfolgegebots angenommen wird. Die Veranstaltung ist vielmehr als invitatio ad offerendum anzusehen. Die Gebote der Bieter werden erst durch den Zuschlag angenommen. Die Gebote und der Zuschlag können bei entsprechender Ausgestaltung der Auktion auch durch elektronische Willenserklärungen im Internet abgegeben werden. Für elektronische Willenserklärungen gelten dieselben Grundsätze wie für sonstige empfangsbedürftige Willenserklärungen unter Abwesenden.

---

[86]　*Singer*, LMK 2005, 67.
[87]　MünchKommBGB/*Säcker*, 5. Aufl. 2006, Bd. 1 Einl. Rn. 185 m. w. N.

2. Eine Internet-Auktion bedeutet in Ermangelung eines Zuschlags keine Versteigerung i. S. von § 156 BGB. Aus diesem Grunde ist ein etwaiges Widerrufsrecht des Verbrauchers nicht nach § 312d IV Nr. 5 BGB ausgeschlossen; die Vorschrift ist auf Online-Versteigerungen auch nicht analog anzuwenden. Der Vertragsschluss richtet sich hier vielmehr nach den §§ 145 ff. BGB.

3. Das Gesetz gestattet einem Vertragspartner in Ausnahmefällen, seine Bindung an eine Willenserklärung durch fristgebundenen Widerruf ex-nunc zu beseitigen. Neben den gesetzlich angeordneten verbraucherschützenden Widerrufsrechten (§ 312 BGB für Haustürgeschäfte, § 312d BGB für Fernabsatzverträge, § 485 BGB für Teilzeitwohnrechteverträge, § 495 BGB für Verbraucherdarlehen sowie für bestimmte Versicherungsverträge) kommt ein Widerruf einer empfangsbedürftigen Willenserklärung nach § 130 I 2 BGB bis zu ihrem Zugang beim Erklärungsempfänger, einer wirksam erteilten Vollmacht nach § 168 Satz 2 BGB, eines Schenkungsversprechens wegen groben Undanks des Beschenkten nach den §§ 530 ff. BGB sowie eines Auftrages nach § 671 I BGB in Betracht.

4. Bei im Rahmen von Online-Auktionen geschlossenen Verträgen zwischen einem Unternehmer i. S. von § 14 BGB als Anbieter und einem Verbraucher i. S. von § 13 BGB als Bieter besteht ein Widerrufsrecht gemäß § 355 BGB, da es sich um einen Fernabsatzvertrag i. S. von § 312d BGB i. V. m. § 312b BGB handelt.[88]

5. Unter einer automatisierten Willenserklärung versteht man eine Erklärung, die von einer EDV-Anlage aufgrund ihrer Programmierung vollautomatisch erstellt und dann auf elektronischem oder konventionellem Weg an den Empfänger übersandt wird. Eine automatisierte Willenserklärung ist regelmäßig dem Betreiber der EDV-Anlage zuzurechnen, da sie von seinem Willen gesteuert wird. Entscheidend ist nicht der zeitliche, sondern der (wertend) kausale Zusammenhang zwischen Handlung und Erklärung. Dieser besteht darin, dass der Automat nur gemäß seiner Programmierung funktioniert.

6. Die Anfechtbarkeit einer automatisierten Willenserklärung ist umstritten. Geht der Fehler der computergenerierten Erklärung auf einen Fehler bei der Eingabe von Daten oder einen sonstigen Bedienungsfehler zurück, kommt eine Anfechtung wegen eines Erklärungsirrtums gemäß § 119 I Alt. 2 BGB in Betracht; es gilt nichts anderes, als wenn sich der Erklärende verschreibt/vergreift. Dies gilt nach Ansicht des BGH auch dann, wenn die Erklärung richtig eingegeben wurde, aber durch eine unerkannt fehlerhafte Software verfälscht an den Empfänger weitergeleitet wird (fehlerhafter Datentransfer). Beruht die Fehlerhaftigkeit der computergenerierten Erklärung demgegenüber lediglich auf falschem Datenmaterial, welches ohne Fehler eingegeben wird, liegt ein unbeachtlicher Motivirrtum vor.

---

[88] Siehe dazu BGH, NJW 2003, 1665.

Fall 17

Arglistige Täuschung; Verstoß gegen die guten Sitten bei einer Bürgschaft naher Angehöriger; Wucherverbot; Widerruf bei Haustürgeschäft; Anspruch auf Vertragsauflösung wegen eines Verschuldens bei Vertragsabschluss und nach Deliktsrecht

A erzielt als Angestellte ein monatliches Gehalt von 2500,- EUR brutto. Sie ist mit B verheiratet, der sich im Jahr 2006 mit einer kleinen Kfz-Werkstatt selbständig gemacht hat. B will in 2007 eine Hebebühne erwerben und beantragt deshalb bei der C-Bank ein Darlehen in Höhe von 10.000,- EUR. Der vertretungsberechtigte Sachbearbeiter D der C-Bank macht die Gewährung des Darlehens von einer selbstschuldnerischen Bürgschaft der A abhängig; ihre wirtschaftlichen Verhältnisse sind dem D bekannt.

Am 13. 8. 2007 ruft A den D an und bittet ihn, am kommenden Tag zum Vertragsschluss in die Wohnung von A zu kommen. D willigt ein und sucht am 14. 8. 2007 die Wohnung auf. D wird in seinem Gespräch mit A schnell deutlich, dass die A im Abschluss von Kreditgeschäften unerfahren ist. Der Eindruck verdichtet sich, als A ihm erläutert, dass sie sich zuerst gar nicht habe verbürgen wollen; ihre Bedenken hätten sich erst zerstreut, als D ihr im Telefonat vom 13. 8. 2007 mitgeteilt habe, die Unterschrift auf dem Bürgschaftsvertrag sei eine reine „Formsache" und „nur für die Akten". D, der eine solche Aussage überhaupt nicht getätigt hat, antwortet darauf nichts; als A ihn nachhaltig um eine Bestätigung bittet, bemerkt D lediglich, die C-Bank habe – was insoweit der Wahrheit entspricht – aktuell keine negativen Informationen über die Bonität des B. D weiß jedoch aufgrund seiner langjährigen Erfahrung, dass die wirtschaftlichen Chancen neu gegründeter Kfz-Werkstätten gering sind. Auch ist dem D bewusst, dass die C-Bank die A bei Zahlungsschwierigkeiten des B aus der Bürgschaft in Anspruch nehmen wird. Da D den Darlehensvertrag mit B unbedingt abschließen will, um seine von der C-Bank vorgegebenen Umsatzziele zu erreichen, teilt er der A dieses Wissen jedoch nicht mit. A unterzeichnet daraufhin die Bürgschaftsurkunde in der Hoffnung, es werde schon gut gehen. Hiernach unterzeichnet D mit B einen wirksamen Darlehensvertrag.

2008 gerät B in Liquiditätsschwierigkeiten, weshalb er die Raten des Darlehens mehrere Monate nicht mehr bedienen kann. Aus diesem Grunde kündigt die C-Bank ihre Geschäftsverbindung mit B in zulässiger Weise wegen erheblicher Zahlungsrückstände. Mit Schreiben vom 23. 7. 2008, der A zugegangen am 24. 7. 2008, fordert die C-Bank die A auf der Grundlage der Bürgschaft zur Zahlung der 10.000,- EUR auf. Die A antwortet hierauf zunächst nicht; erst als sie am 25. 7. 2009 eine weitere Zahlungsaufforderung erhält, schreibt sie der C-Bank in Person des D um 15.00 Uhr des gleichen Tages eine mit A „unterschriebene" E-Mail, wonach sie sich an ihre Erklärung nicht gebunden fühle, weil sie aufgrund der Aussagen des D im Gespräch vom 14. 8. 2007 davon ausgegangen sei, die Bürgschaft sei bloß eine Formalie. Ist dies richtig?

Abwandlung

Wie ist der Fall zu beurteilen, wenn sich die A für ein Darlehen ihres Schulfreundes B verbürgt, nachdem B ihr zuvor am Telefon vorgespiegelt hat, dass er lediglich einen kurzen finanziellen Engpass zu überbrücken habe, weshalb die Bürgschaft eine reine Formsache sei, obwohl er in Wirklichkeit hoch verschuldet ist und das Darlehen deshalb – was er weiß – niemals wird zurückzahlen können. Die C-Bank hat von der Aussage des B keinerlei Kenntnis. Kann die A sich gleichwohl von ihrer vertraglichen Verpflichtung gegenüber der C-Bank unter Hinweis auf die unwahre Aussage des B befreien?

Lösung Fall 17

A. Anspruch der C-Bank gegen A aus einem Bürgschaftsvertrag

Die C-Bank könnte gegen A einen Anspruch auf Zahlung der 10.000,- EUR aus einem Bürgschaftsvertrag i. S. des § 765 I BGB haben. Dies setzt – aufgrund der Akzessorietät der Bürgschaft (vgl. § 767 I BGB) – einerseits eine wirksame Hauptschuld und andererseits einen wirksamen Bürgschaftsvertrag voraus.[1]

I. Hauptschuld

B und die C-Bank haben einen wirksamen Gelddarlehensvertrag i. S. von § 488 BGB über eine Summe von 10.000,- EUR geschlossen. Der Rückzahlungsanspruch gemäß § 488 I 2 BGB ist fällig und einredefrei.

II. Bürgschaftsvertrag

Notwendig ist weiterhin ein wirksamer Bürgschaftsvertrag zwischen der C-Bank und A, auf Grund dessen die C-Bank von der A aufgrund des Ausschlusses der Einrede der Vorausklage durch Vereinbarung einer selbstschuldnerischen Bürgschaft (§ 773 I Nr. 1 BGB i. V. mit § 771 BGB) unmittelbar Zahlung verlangen könnte.

1. Vertragsschluss

Zwischen der A und der C-Bank – vertreten durch den D (§ 164 BGB)[2] – könnte gemäß §§ 311 I, 765 BGB ein Bürgschaftsvertrag zustande gekommen sein, durch den sich A verpflichtet hat, der C-Bank für die Erfüllung der Pflichten des B aus einem Gelddarlehensvertrag i. S. von § 488 BGB einzustehen. Ein Vertragsschluss setzt gemäß §§ 145 ff. BGB zwei inhaltlich korrespondierende Willenserklärungen voraus. A und die C-Bank haben sich nach dem objektiven Inhalt ihrer Willenserklärungen darüber geeinigt (§§ 133, 157 BGB), dass A für eine Gelddarlehens-Hauptschuld des B in Höhe von 10.000,- EUR bürgt; die essentialia negotii eines Bürgschaftsvertrages liegen somit vor.[3] A war auch bewusst, eine rechtserhebliche Vereinbarung einzugehen, sie schätzte nur deren Risiko unzutreffend ein. A handelte folglich mit Geschäftswillen, da ihr bewusst war, sich für die Verbindlichkeit des B in Höhe von 10.000,- EUR gegenüber der C-Bank selbstschuldnerisch zu verbürgen.

---

[1] Vgl. *Petersen*, Jura 2006, 904, 905.

[2] Nach dem Sachverhalt war der D alleinvertretungsberechtigt; in der Praxis sind Mitarbeiter von Geldinstituten häufig nur gesamtvertretungsberechtigt.

[3] Aufgrund des Ausschlusses der Einrede der Vorausklage war die Verpflichtung der A nicht subsidiär gegenüber den Pflichten des B als Hauptschuldner.

2.   Wirksamkeit

a)   Form

A hat ihre Willenserklärung nach § 766 BGB i. V. m. § 126 BGB schriftlich erteilt.[4] Das Formerfordernis ist somit erfüllt.

b)   Wucher gemäß § 138 II BGB

Der Bürgschaftsvertrag zwischen A und der C-Bank ist nicht wegen Wuchers nach § 138 II BGB unwirksam. Hierfür ist ein auffälliges Missverhältnis zwischen Leistung und Gegenleistung notwendig; darüber hinaus muss die überlegene Vertragspartei eine „besondere Auffälligkeit" auf Seiten der unterlegenen Partei vorsätzlich ausgenutzt haben.[5] Vorliegend fehlt es bereits an einem auffälligen Missverhältnis zwischen Leistung und Gegenleistung. Ein solches kommt regelmäßig nur bei Austauschverträgen in Betracht; bei einem Bürgschaftsvertrag handelt es sich demgegenüber nur um ein einseitig verpflichtendes Rechtsgeschäft.[6] Darüber hinaus lag auf Seiten der A auch keine „besondere Auffälligkeit" vor; allein der Umstand, dass A sich mit Kreditgeschäften nicht auskannte, begründet noch keine Unerfahrenheit i. S. von § 138 II BGB.[7]

c)   Sittenwidrigkeit gemäß § 138 I BGB

Der Inhalt des Bürgschaftsvertrages könnte gemäß § 138 I BGB sittenwidrig sein, da der C-Bank in Person des D (§ 166 I BGB) bekannt war, dass sich die A lediglich aus persönlicher Verbundenheit für ein Gelddarlehen ihres Mannes in Höhe von 10.000,- EUR verbürgt hat, welches ihr monatliches Bruttogehalt von 2500,- EUR um ein Vierfaches übersteigt.

aa)   Allgemeine Grundsätze

Ein Rechtsgeschäft ist nach der von der Rechtsprechung gebräuchlichen Formel sittenwidrig, wenn es gegen das „Anstandsgefühl aller billig und gerecht Denken-den" verstößt.[8] Dies ist der Fall, wenn es nach seinem aus Inhalt, Beweggrund und Zweck zu entnehmenden Gesamtcharakter mit den grundlegenden Wertungen der

---

[4]   Die Einhaltung der Schriftform ist nicht nach § 350 HGB entbehrlich, da die A nicht Kaufmann ist und die Bürgschaft nicht im Betrieb des Handelsgewerbes abgegeben wurde; vgl. OLG Brandenburg, NJW-RR 2007, 670.

[5]   *Bork*, Rn. 1159 und 1163.

[6]   MünchKommBGB/*Habersack*, 5. Aufl. 2009, § 765 BGB Rn. 2.

[7]   Vgl. *Bork*, Rn. 1167 f.

[8]   BGH, NJW 2004, 2668, 2670; kritisch *Rüthers*, NJW 1992, 879. Entscheidend ist hiernach nicht eine besonders hohe oder laxe Moralvorstellung, sondern die Auffassung eines „anständigen Durchschnittsmenschen" (*Brox/Walker*, Rn. 329). Aufgrund der Schwierigkeit, eine subsumtionsfähige Definition der „guten Sitten" zu erstellen, behilft sich die Praxis mit Fallgruppen.

Rechts- und Sittenordnung nicht vereinbar ist.[9] § 138 I BGB verlangt zum einen einen objektiven Verstoß gegen die guten Sitten. Nach h. A müssen die Handelnden zum anderen die Umstände kennen, aus denen sich die Sittenwidrigkeit ergibt; demgegenüber sei es unerheblich, ob sie ihr Handeln für sittenwidrig erachten.[10] Nach einer im Vordringen befindlichen Ansicht ist ein subjektives Merkmal bei § 138 I BGB demgegenüber nicht zwingend erforderlich: Wenn der Inhalt eines Rechtsgeschäfts unerträglich sei, werde dieses nicht dadurch erträglicher, dass die Parteien einem Irrtum über die tatsächlichen Umstände oblägen.[11]

bb) Knebelung des Schuldners

Die Sittenwidrigkeit der Bürgschaft könnte zum einen aus einer übermäßigen Beschränkung der persönlichen oder wirtschaftlichen Freiheit der A folgen (sog. Knebelungsverträge).[12] Die Höhe der Bürgschaftverbindlichkeit von 10.000,- EUR lässt der A bei einem Monatsbrutto-Einkommen von 2500,- EUR jedoch noch ausreichend Spielraum, um ihre persönliche und wirtschaftliche Freiheit zu entfalten und in angemessenem Umfang andere Gläubiger zu befriedigen. Eine Knebelung scheidet deshalb aus.

cc) Ausnutzen einer Machtstellung durch Überforderung des Schuldners

Die Sittenwidrigkeit der Bürgschaft könnte daraus folgen, dass sich die C-Bank aufgrund ihrer wirtschaftlichen Machtstellung von A übermäßige Vorteile versprechen lies. In einer der Privatautonomie verpflichteten Vertragsrechtsordnung wird die Wirksamkeit eines Vertrages noch nicht bei jeder Störung der Verhandlungsparität in Frage gestellt. Hat eine Vertragspartei jedoch ein so starkes Verhandlungsübergewicht, dass sie den Inhalt eines Vertrages faktisch allein bestimmt, bewirkt dies für die andere Partei eine nicht hinzunehmende Fremdbestimmung, die den Vertrag unter weiteren Voraussetzungen unwirksam macht.[13] Der Vorwurf der Sittenwidrigkeit gründet hier also nicht allein auf dem Inhalt des Vertrages, sondern zusätzlich auf der Handlungsweise der Bank.[14]

---

[9] BGH, NJW 2008, 982, 983; BGH, NJW 2008, 2026, 2027. Entscheidender Bezugspunkt der Sittenwidrigkeit ist das Rechtsgeschäft. Dieses kann wirksam sein, obwohl das Verhalten der Parteien zu beanstanden ist; auf der anderen Seite kann ein Rechtsgeschäft trotz der guten Absichten der Parteien sittenwidrig sein, wenn seine Folgen nicht hinzunehmen sind (*Flume*, S. 367 und 375; *Medicus*, Rn. 686); siehe zum Begriff der Sitte *Boemke/Ulrici*, § 1 Rn. 9.

[10] BGH, NJW 2005, 1490, 1491.

[11] *Flume*, S. 373; *Medicus*, Rn. 690.

[12] *Larenz/Wolf*, § 41 Rn. 32; hierzu ausführlich MünchKommBGB/*Armbrüster*, 5. Aufl. 2006, § 138 BGB Rn. 68 ff.

[13] BVerfG, NJW 1994, 36 ff.; BVerfG, NJW 1996, 2021.

[14] *Larenz/Wolf*, § 41 Rn. 39.

Die Bürgschaft eines nahen Angehörigen ist grundsätzlich dann unwirksam, wenn sie vom Bürgen in einer Zwangslage abgegeben worden ist – insbesondere aufgrund familiärer Verbundenheit mit dem Hauptschuldner – und insoweit gerade Ausdruck seiner strukturellen Unterlegenheit ist (Machtstellung), für den Bürgen eine mit seinen Einkommens- und Vermögensverhältnissen unvereinbare (krasse) Belastung begründet und der Bürge aus dem verbürgten Geschäft keinen unmittelbaren Nutzen zieht.[15] Darüber hinaus muss der Überlegene seine Machtstellung in sittenwidriger Weise gegenüber dem Vertragspartner ausnutzen, wobei nach dem Schutzzweck des Verbots eine einseitige Sittenwidrigkeit ausreicht.[16]

Ein grobes Missverhältnis zwischen Leistung und Gegenleistung war nach der bis zum 1. 1. 1999 geltenden Rechtslage anzunehmen, wenn der Betroffene nicht einmal in der Lage war, aus dem pfändbaren Teil seines Einkommens (vgl. § 850c ZPO) und Vermögens die vertragliche Zinslast zu tragen.[17] In diesem Fall war gleichzeitig zu vermuten, dass das Kreditinstitut die emotionale Verbindung zwischen Hauptschuldner und Bürgen sittenwidrig ausgenutzt hat.[18] Nach Einführung der Restschuldbefreiung durch die §§ 286 ff. InsO besteht demgegenüber kein Risiko einer lebenslangen Haftung mehr. Aus diesem Grunde kann dieses Risiko nach einer Ansicht auch nicht mehr zu den sittenwidrigkeitsbegründenden Umständen zählen.[19] Sittenwidrigkeit soll hiernach nur noch dann vorliegen, wenn selbst das 6-jährige Haftungsrisiko bis zum Eintritt der Möglichkeit der Restschuldbefreiung unzumutbar ist, weil der Schuldner etwa mit Wissen des Kreditgebers über das Kreditrisiko oder den Haftungsumfang im Unklaren gelassen worden ist. Nach a. A. ändert die Restschuldbefreiung der §§ 286 ff. InsO nichts an dem Sittenwidrigkeitsverdikt.[20] Die §§ 286 ff. InsO konkurrierten nicht mit § 138 I BGB, da sie das Bestehen einer wirksam begründeten Schuld voraussetzten. Auch habe der Gesetzgeber den Anwendungsbereich des § 138 I BGB durch die neu geschaffene Restschuldbefreiung nicht einschränken wollen. Es sei nicht der Zweck des langjährigen und komplizierten Restschuldbefreiungsverfahrens, Kreditinstitute, die versuchten, die offensichtliche Willensschwäche eines finanziell überforderten Ehepartners oder nicht-ehelichen Lebensgefährten des Hauptschuldners zur Durchsetzung ihrer Interessen zu nutzen, vor der Nichtigkeitssanktion des § 138 I BGB zu bewahren.

Diese Kontroverse muss vorliegend nicht entschieden werden: Zwar hat die A die Bürgschaft aus persönlicher Verbundenheit mit B unterzeichnet. Angesichts des Einkommens der A von monatlich 2.500,- EUR und einer Hauptschuld des B

---

[15] *Faust*, § 10 Rn. 5. Ein mittelbarer Nutzen durch Besserstellung eines Familienangehörigen reicht nicht aus. Eine Bürgschaft, die Vermögensverschiebungen unter Angehörigen verhindern soll, muss auf diesen Zweck begrenzt sein.

[16] *Larenz/Wolf*, § 41 Rn. 25.

[17] BGH, NJW 2002, 744.

[18] *Wagner*, NJW 2005, 2956.

[19] *Medicus*, JuS 1999, 833 ff.; Staudinger/*Sack* (2003), § 138 BGB Rn. 328 m. w. N.

[20] BGH, NJW 2009, 2671; zust. *Ahrens*, NZI 2009, 597 ff.

von 10.000,- EUR liegt aber kein grobes Missverhältnis zwischen der übernommenen Bürgschaftsverpflichtung und den Einkommensverhältnissen der A vor.[21]

dd) Arglistige Täuschung als Nichtigkeitsgrund i. S. von § 138 I BGB

D hat die A arglistig getäuscht, indem er sie trotz bestehender Aufklärungspflicht nicht über die Risiken der Bürgschaft aufgeklärt hat (siehe dazu noch ausführlich unten). Allerdings führt nach einer Ansicht allein der Umstand, dass ein Rechtsgeschäft auf einer arglistigen Täuschung beruht, noch nicht zu seiner Sittenwidrigkeit i. S. von § 138 I BGB, da § 123 I Alt. 1 BGB sonst überflüssig wäre.[22] Folgte man diesem Ansatz, wären weitere Umstände notwendig, die das Geschäft nach dem Gesamtcharakter als sittenwidrig erscheinen ließen.[23] Dies kann nicht überzeugen: Eine vorsätzliche Täuschung verletzt zugleich das „Anstandsgefühl aller billig und gerecht Denkenden". § 123 I BGB beinhaltet folglich eine Spezialregelung zu § 138 I BGB.[24] Der Vertrag ist hiernach bei einer arglistigen Täuschung nicht per se nach § 138 I BGB nichtig; vielmehr muss der Anfechtungsberechtigte sein Anfechtungsrecht in den gesetzlichen Grenzen ausüben (siehe dazu im Folgenden).

ee) Zwischenergebnis

Der Bürgschaftsvertrag zwischen A und C ist nicht nach § 138 BGB unwirksam.

d) *Anfechtung*

A könnte ihre Willenserklärung wirksam angefochten haben, weshalb das Rechtsgeschäft nach § 142 I BGB ex tunc nichtig wäre.

aa) Anfechtungserklärung gemäß § 143 I BGB

Die E-Mail der A, wonach sie sich an den Bürgschaftsvertrag nicht gebunden fühle, da sie davon ausgegangen sei, dass es sich um eine reine Formalie handele, ist aus Sicht eines verständigen Erklärungsempfängers in der Situation des D nach den §§ 133, 157 BGB als Anfechtungserklärung auszulegen (§ 143 I, III BGB). Die Erklärung ist gegenüber dem D als Empfangsvertreter der C-Bank (§ 164 III BGB) nach § 130 I 1 BGB wirksam geworden.[25]

---

[21] Vgl. auch BVerfG, NJW 1996, 2021: Zulässig ist eine Bürgschaft der Ehefrau für einen Kredit des Mannes in Höhe von 100.000,- EUR bei einem Monatsgehalt von 1.250,- EUR.

[22] BGH, NJW 2008, 982, 983.

[23] BGH, NJW 1995, 3315; MünchKommBGB/*Armbrüster*, 5. Aufl. 2006, § 138 BGB Rn. 6.

[24] So BGH, NJW 1997, 254.

[25] Siehe zum Empfangsvertreter noch Fall 19.

bb) Anfechtungsgrund gemäß § 119 I, II BGB

Eine Anfechtung der A nach § 119 I BGB scheidet aus; Wille und Erklärung der A stimmten überein. Auch ein Irrtum über eine verkehrswesentliche Eigenschaft einer Person oder Sache gemäß § 119 II BGB ist nicht gegeben; es stimmten vielmehr die Erwartungen der A – vorliegend im Hinblick auf das Risiko der Inanspruchnahme aus der Bürgschaft – nicht mit der Wirklichkeit überein. Derartige Irrtümer im Beweggrund sind im Interesse des Rechtsverkehrs jedoch grundsätzlich unbeachtlich. Etwas anderes gilt nur dort, wo jemand zur Abgabe einer Willenserklärung durch arglistige Täuschung bestimmt worden ist; dieser Fall ist in § 123 I Alt. 1 BGB normiert.[26]

cc) Anfechtungsgrund gemäß § 123 I Alt. 1 BGB

A könnte einen Anfechtungsgrund nach § 123 I Alt. 1 BGB haben. Dann müsste D die A über eine Tatsache arglistig getäuscht und die A dadurch irrtumsbedingt zur Abgabe ihrer Willenserklärung bewegt haben. Zusätzlich muss das Verhalten des D der C-Bank zuzurechnen sein, vgl. § 123 II BGB.[27]

(1) Täuschung des D und Irrtum der A

D muss die A über Tatsachen getäuscht haben. In dem Verhalten des D könnte zunächst eine Täuschung durch aktives Tun gelegen haben. Eine Täuschung ist die vorsätzliche, d. h. gewollte Erzeugung, Bestärkung oder Aufrechterhaltung eines Irrtums beim Erklärenden, um dadurch dessen Entschluss zu beeinflussen.[28] Ein Irrtum ist jede Fehlvorstellung über Tatsachen. Tatsachen sind Vorgänge und Zustände der Gegenwart oder Vergangenheit, die dem Beweise zugänglich sind.[29] Die Täuschung und damit korrespondierend der Irrtum des Getäuschten kann sich auf einen Sachverhalt beziehen, der zugleich nach § 119 I BGB zur Anfechtung berechtigt, oder – wie vorliegend – auch einen bloßen Motivirrtum betreffen.[30] Die Täuschung kann durch ausdrückliches oder konkludentes Handeln, aber auch durch Unterlassen bei Bestehen einer Aufklärungspflicht erfolgen.[31] D hat die A vorliegend nicht aktiv getäuscht, da er der A keine unwahren Tatsachen mitgeteilt

---

[26] Enneccerus/*Nipperdey*, § 168 I S. 1043.

[27] Beachte: Eine Anfechtung nach § 123 I BGB kommt grundsätzlich auch bei der anderweitigen Nichtigkeit des Rechtsgeschäfts – z. B. nach § 119 BGB – in Betracht, da sich der Anfechtende auf diese Weise z. B. von einer Schadensersatzpflicht gemäß § 122 BGB lösen kann (*Faust*, § 23 Rn. 16).

[28] *Larenz/Wolf*, § 37 Rn. 5 f. Die Täuschungshandlung i. S. von § 123 I Alt. 1 BGB entspricht im Wesentlichen derjenigen von § 263 StGB, vgl. Bamberger/Roth/*Wendtland*, § 123 BGB Rn. 7.

[29] Soergel/*Hefermehl* (1999), § 123 BGB Rn. 3.

[30] *Faust*, § 22 Rn. 2.

[31] Soergel/*Hefermehl* (1999), § 123 BGB Rn. 5 und 6.

hat. Insbesondere hat D der A nicht aktiv vorgespiegelt, ihre Bürgschaft sei „nur für die Akten".[32]

D könnte die A jedoch durch Unterlassen getäuscht haben, indem er trotz bestehender Aufklärungspflicht deren Irrtum aufrechterhalten hat, die Bank werde sie aus der Bürgschaft nicht in Anspruch nehmen. Eine Aufklärungspflicht des D setzt voraus, dass die A nach Treu und Glauben unter Berücksichtigung der Verkehrsanschauung redlicherweise eine Aufklärung über den Umstand erwarten durfte, dass die Bürgschaft ein hochriskantes Rechtsgeschäft ist und die C-Bank sie bei Zahlungsschwierigkeiten des B auf Zahlung der 10.000,- EUR in Anspruch nehmen wird.[33] Grundsätzlich muss ein Gläubiger den Bürgen nicht über das übernommene Risiko, insbesondere über die wirtschaftlichen Verhältnisse des Hauptschuldners aufklären.[34] Es ist vielmehr Sache jeder Partei, ihre eigenen Interessen wahrzunehmen.[35] Auch reicht es für eine Aufklärungspflicht noch nicht aus, dass der Vertragspartner einen Irrtum des Erklärenden erkennt, sofern nicht im Einzelfall eine unzulässige Rechtsausübung i. S. von § 242 BGB vorliegt.[36] Der Erklärende kann jedoch von seinem Vertragspartner Aufklärung über solche Umstände verlangen, die nur der Vertragspartner kennt und von denen er weiß oder wissen muss, dass sie für den Erklärenden von wesentlicher Bedeutung sind, weil sie die Durchführung des Vertrages schlechthin unzumutbar machen.[37] Dass ein bestimmter Umstand für seinen Gegenüber von erheblicher Bedeutung ist, wird dem Vertragspartner erkennbar, wenn dieser danach fragt.[38] Eine Aufklärungspflicht kann darüber hinaus bei einem besonderen Vertrauensverhältnis[39] oder bei einem erkennbaren Informationsgefälle[40] bestehen; ein langjähriges Vertragsverhältnis zwischen Bank und bürgendem Kunden reicht hierfür jedoch nicht aus.[41]

In Anwendung dieser Grundsätze hat D im Verhältnis zu A eine Aufklärungspflicht verletzt. A hat dem D mitgeteilt, dass sie den Abschluss des Bürgschaftsvertrages als Formalität versteht; sie hat den D als Reaktion auf dessen Schweigen sogar ausdrücklich danach gefragt, ob er ihre Einschätzung teilt. Hierdurch war D bewusst, dass das tatsächliche Risiko einer Inanspruchnahme aus der Bürgschaft für die A im Rahmen ihrer Willensbildung von erheblicher Bedeutung ist. D hat auf die Nachfrage der A aber lediglich ausweichend geantwortet, er gehe davon

---

[32] BVerfG, NJW 1994, 36, wo ein Bankmitarbeiter dem Bürgen sinngemäß mitgeteilt hat: „Hier bitte, unterschreiben Sie mal, Sie gehen dabei keine große Verpflichtung ein, ich brauche das für meine Akten"; dazu *Petersen*, Jura 2006, 904, 905.

[33] Siehe zu diesem Problemkreis BGH, NJW 2001, 64; BGH, NJW-RR 1998, 1406.

[34] Staudinger/*Singer/von Finckenstein* (2004), § 123 BGB Rn. 23.

[35] BGH, ZIP 2001, 1678, 1680 f.

[36] Vgl. *Bork*, Rn. 866.

[37] BGH, NJW-RR 1996, 690.

[38] BAG, NJW 1996, 2323, 2324.

[39] Soergel/*Hefermehl* (1999), § 123 BGB Rn. 7.

[40] Dazu *Schubert*, LMK 2007, 236754.

[41] Staudinger/*Singer/von Finckenstein* (2004), § 123 BGB Rn. 23.

aus, dass die Liquidität des B gut sein, obwohl ihm bewusst war, dass das wirtschaftliche Risiko eines neu gegründeten Kfz-Reparatur-Unternehmens erheblich
und die Bürgschaft für die A deshalb ein riskantes Rechtsgeschäft ist. D hat die A
also trotz besseren Wissens in dem Glauben gelassen, bei der Bürgschaft handele
es sich um eine bloße Formalie ohne großes Risiko.

(2)   Ausschluss des Anfechtungsrechts nach § 123 II BGB

Das Anfechtungsrecht der A könnte nach § 123 II BGB ausgeschlossen sein, weil
die Organe der C-Bank keine Kenntnis von der Täuschung des D hatten.[42]

Bei dem Bürgschaftsversprechen der A handelt es sich um eine empfangsbedürftige Willenserklärung i. S. von § 130 I 1 BGB. Nach § 123 II BGB kann eine
empfangsbedürftige Willenserklärung grundsätzlich nicht angefochten werden,
wenn die Täuschung von einem vertragsfremden, neutralen Dritten verübt worden
ist, dessen Verhalten sich der Vertragspartner nicht zurechnen lassen muss, da der
Getäuschte die Folgen der Täuschung dann nicht auf seinen Vertragspartner – der
mit der Täuschung nichts zu tun hat – abwälzen soll.[43] Eine Anfechtung wegen
arglistiger Täuschung gemäß § 123 I Alt. 1 BGB ist hiernach nur dann möglich,
wenn der Erklärungsempfänger selbst getäuscht hat, eine Person getäuscht hat, die
nicht Dritter i. S. von § 123 II 1 BGB ist, ein Dritter getäuscht hat und der Erklärungsempfänger die Täuschung kannte oder kennen musste (§ 123 II 1 BGB) oder
eine Person getäuscht hat oder die Täuschung durch den Dritten kannte oder kennen musste, die aus der Erklärung des Dritten unmittelbar ein Recht erworben hat
(insbesondere bei § 328 BGB).[44]

Vorliegend ist das Anfechtungsrecht nicht nach § 123 II BGB ausgeschlossen:
Eine Person ist kein Dritter, wenn sie nach den tatsächlichen Umständen mit dem
Willen des Schuldners bei der Erfüllung einer diesem obliegenden Verbindlichkeit
tätig wird, also von ihren Interessen her auf Seiten des Erklärungsempfängers
steht. Paradigmatisch ist eine Täuschung durch einen Vertreter; eine solche muss
sich der Anfechtungsgegner nach den Wertungen der §§ 164 I, 166 I BGB zurechnen lassen.[45] Derjenige, der einen Vertrag als Vertreter abschließt und hierbei den
Vertragsgegner arglistig täuscht, ist hiernach also kein Dritter i. S. des § 123 II

---

[42]   Siehe dazu *Boecken*, Rn. 526.

[43]   Soergel/*Hefermehl* (1999), § 123 BGB Rn. 30; *Petersen*, Jura 2004, 306, 307 f.

[44]   Vgl. *Faust*, § 22 Rn. 4. Im Unterschied zu § 123 I Alt. 1 BGB besteht ein Anfechtungsrecht bei einer widerrechtlichen Drohung i. S. von § 123 I Alt. 2 BGB auch dann, wenn
die Drohung durch einen Dritten verübt worden ist. Wer durch Drohung zu einer Willenserklärung bestimmt worden ist, soll anfechten können, gleichgültig von wem die
Drohung ausgesprochen wurde; vgl. MünchKommBGB/*Kramer*, 5. Aufl. 2006, § 123
BGB Rn. 37. Hieraus kann geschlossen werden, dass der Gesetzgeber eine widerrechtliche Drohung als verwerflicher als eine arglistige Täuschung ansieht.

[45]   MünchKommBGB/*Schramm*, 5. Aufl. 2006, § 166 BGB Rn. 11; Bamberger/Roth/*Habermeier*, § 166 BGB Rn. 10.

BGB.[46] D war vertretungsberechtigter Angestellter der C-Bank. Die C-Bank muss sich deshalb die Täuschung des D nach dem Rechtsgedanken des § 166 I BGB i. V. mit § 123 II BGB zurechnen lassen.

(3) Widerrechtlichkeit der Täuschung

Die Täuschung der A durch D, welche der C-Bank zuzurechnen ist, muss widerrechtlich gewesen sein. Zwar statuiert § 123 I BGB das Erfordernis der Widerrechtlichkeit nur in Zusammenhang mit der Drohung gemäß § 123 I Alt. 2 BGB. Es ist jedoch anerkannt, dass es auch Fälle erlaubter Täuschung gibt, wie z.B. bei einer Täuschung über die Schwangerschaft einer Frau in einem Bewerbungsgespräch[47] oder über die persönlichen Verhältnisse eines Mieters, die keinen Bezug zum Mietverhältnis haben.[48] Ein solcher Sachverhalt liegt nicht vor; die Täuschung war deshalb auch widerrechtlich.

(4) Kausalität

Gemäß § 123 I BGB muss die Täuschung des D für die Willenserklärung der A (mit-)ursächlich geworden sein („bestimmt").[49] Eine Täuschung in der Form der Falschinformation bzw. des Unterlassens der Aufklärung bei einer entsprechenden Pflicht muss also nicht nur einen Irrtum hervorgerufen, sondern den Getäuschten auch dazu veranlasst haben, den Vertrag zu schließen.[50] Hätte D die A darüber aufgeklärt, dass deren Bürgschaft für B sehr riskant ist, hätte die A ihre Willenserklärung nicht abgegeben. Das Unterlassen des D war somit kausal für die Abgabe der Willenserklärung durch A.

(5) Arglist

D muss schließlich arglistig gehandelt haben. Arglist i. S. von § 123 I BGB bedeutet Vorsatz, der sich auf die Täuschung, die Irrtumserregung und die doppelte Kausalität beziehen muss[51]; ausreichend ist ein bedingter Vorsatz, jedoch keine

---

[46] BGH, NJW 1956, 705; dasselbe gilt für einen Vertreter ohne Vertretungsmacht, wenn der Vertretene den Vertrag genehmigt, vgl. Staudinger/*Singer/von Finckenstein* (2004), § 123 BGB Rn. 48.

[47] Vgl. § 3 I 2 AGG; BAG, NZA 2003, 848 f.; *Adomeit/Mohr*, KommAGG, 2007, § 2 Rn. 17 ff.; *Boecken*, Rn. 524; kritisch *Medicus*, Rn. 793.

[48] Staudinger/*Singer/von Finckenstein* (2004), § 123 BGB Rn. 44.

[49] *Boecken*, Rn. 525.

[50] Sog. doppelte Kausalität, vgl. *Bork*, Rn. 871. Dabei reicht es aus, wenn der Getäuschte die Täuschung erkannt hat, aber über ihr konkretes Ausmaß im Unklaren war, vgl. *Petersen*, Jura 2006, 904, 905. Beachte: Anders als bei § 119 BGB („bei verständiger Würdigung des Falles") kommt es für das Recht zur Anfechtung bei § 123 I BGB nicht auf die objektive Erheblichkeit an, vgl. *Faust*, § 22 Rn. 6.

[51] Staudinger/*Singer/von Finckenstein* (2004), § 123 BGB Rn. 28.

bloße Fahrlässigkeit.[52] Der Täuschende muss einerseits den Willen haben, den Erklärungsgegner bewusst über eine Tatsache in Unkenntnis zu versetzen oder zu halten, und er muss andererseits das Bewusstsein haben, dass der Erklärungsempfänger die Willenserklärung ohne die Täuschung nicht/mit einem anderen Inhalt abgegeben hätte.[53] Bei einer Täuschung durch Verschweigen eines offenbarungspflichtigen Umstands handelt arglistig, wer diesen Umstand für möglich hält und gleichzeitig weiß oder damit rechnet und billigend in Kauf nimmt, dass der Vertragsgegner den Umstand nicht kennt und bei Offenbarung den Vertrag nicht oder nicht mit dem vereinbarten Inhalt geschlossen hätte.[54] Vorliegend war sich D bewusst, dass A ihre Willenserklärung nicht abgeben würde, wenn sie wüsste, dass die Bürgschaft keine bloße Formsache ist, sondern hohe Haftungsrisiken mit sich bringt. Das Schweigen des D war deshalb arglistig.

dd) Anfechtungsfrist

Fraglich ist, ob A die Anfechtungsfrist des § 124 BGB eingehalten hat, da sie ihre Bürgschaftserklärung erst mit E-Mail vom 25. 7. 2009 angefochten hat.

(1) Dauer der Frist

Anders als eine Anfechtung nach den §§ 119, 120 BGB muss eine solche nach § 123 I BGB nicht unverzüglich i. S. von § 121 I 1 BGB erfolgen. Es besteht vielmehr aufgrund der erhöhten Schutzbedürftigkeit des Anfechtenden nach § 124 I BGB eine Frist von einem Jahr.

(2) Fristberechnung

Die Anfechtungsfrist beginnt bei § 123 I Alt. 1 BGB mit der Entdeckung der Täuschung durch Kenntnis von den das Recht zur Anfechtung begründenden Tatsachen (§ 124 II Alt. 1 BGB). Entscheidend ist also, wann der Anfechtungsberechtigte die Täuschung entdeckt.[55] Dies war bei A am 24. 7. 2008 der Fall, da die C-Bank sie unter diesem Datum auf Zahlung in Anspruch genommen hat; hierdurch erlangte die A Kenntnis von der Täuschungsabsicht des D, der sie trotz ihrer Nachfragen im Unklaren über das Risiko der Bürgschaft gelassen hatte.

Die Frist berechnet sich nach den §§ 187 I, 188 II BGB. Gemäß § 187 I BGB wird, sofern für den Anfang einer Frist ein Ereignis oder ein in den Laufe des Tages fallender Zeitpunkt maßgeblich ist, der Tag bei der Berechnung nicht mitgerechnet,

---

[52]   BGH, NJW-RR 2005, 1082, 1083. Bedingter Vorsatz liegt auch dann vor, wenn der Erklärende ohne hinreichende Grundlage „Erklärungen ins Blaue hinein" abgibt, die sich später als unzutreffend herausstellen (BGH, NJW 1998, 303). Dasselbe gilt, wenn der Täuschende „auf gut Glück" für den Vertragspartner wesentliche Umstände verschweigt, deren Vorliegen er durchaus für möglich hält (*Faust*, § 22 Rn. 8).

[53]   Soergel/*Hefermehl* (1999), § 123 BGB Rn. 25.

[54]   BGH, NJW 2001, 3226, 3227.

[55]   Staudinger/*Singer/von Finckenstein* (2004), § 124 BGB Rn. 4.

in welchen das Ereignis oder der Zeitpunkt fällt.[56] Ein angebrochener Tag zählt nicht mit, da nur nach vollen Tagen gerechnet wird.[57] Fristbeginn war somit der 25. 7. 2008, 00.00 Uhr. Der Fristablauf bestimmt sich nach § 188 II BGB bei einer Jahresfrist mit Ablauf desjenigen Tages, der durch seine Benennung oder seine Zahl dem Tag entspricht, in den das Ereignis oder der Zeitpunkt fällt. Die Anfechtungsfrist endete somit am 24. 7. 2009, 23.59 Uhr. Die A hat hiernach am 25. 7. 2009 nicht mehr fristgemäß angefochten.

ee) Zwischenergebnis

Der Bürgschaftsvertrag ist nicht durch Anfechtung ex tunc unwirksam, da die Anfechtungsfrist abgelaufen war.

3. Kein Erlöschen des Anspruchs durch einen wirksamen Widerruf

A könnte ihre Willenserklärung wirksam widerrufen haben, mit der Folge, dass sich der Vertrag ex nunc in ein Rückgewährschuldverhältnis umgewandelt hätte (§§ 357, 346 BGB).

a) Widerrufserklärung

Die E-Mail der A, wonach sie sich an ihre auf Abschluss eines Bürgschaftsvertrages gerichtete Erklärung nicht gebunden fühlt, ist als Widerrufserklärung i. S. von § 355 BGB auszulegen. A hat zwar nicht ausdrücklich erklärt, dass sie ihre auf Abschluss des Bürgschaftsvertrages gerichtete Willenserklärung widerruft. Es ist jedoch – ebenso wie bei der Anfechtung – ausreichend, dass dem D aus dem Inhalt der Erklärung erkennbar war, dass die A an ihre Erklärung nicht gebunden sein wollte (§§ 133, 157 BGB).[58] Die Erklärung der A ließ auch die betroffenen Parteien (A und die C-Bank) sowie den Vertrag erkennen und war deshalb ausreichend bestimmt.[59]

Die E-Mail der A war auch formwirksam. Ein Widerruf ist nach § 355 I 2 BGB entweder durch Rücksendung der Ware oder in Textform auszuüben; mündliche Widerrufserklärungen sind nicht genügend.[60] Die bei der Textform einzuhaltenden Anforderungen sind in § 126b BGB normiert. Hiernach muss eine Erklärung so abgegeben werden, dass sie in Schriftzeichen lesbar ist, die Person des Erklärenden benennt und den Abschluss der Erklärung durch Nachbildung der Unterschrift oder in anderer Weise hinreichend kenntlich macht; eine Unterschrift im Rechtssinne ist demgegenüber nicht erforderlich.[61] Die E-Mail der A erfüllte diese Voraussetzungen.[62]

---

[56]   Zivilkomputation (Zivilberechnung) im Gegensatz zur Naturalkomputation nach § 187 II BGB.

[57]   Vgl. dazu BGH, NJW-RR 1989, 629.

[58]   Siehe MünchKommBGB/*Masuch*, 5. Aufl. 2006, § 355 BGB Rn. 34.

[59]   Erman/*Saenger*, 12. Aufl. 2008, § 355 BGB Rn. 8.

[60]   Bamberger/Roth/*Grothe*, § 355 BGB Rn. 12.

[61]   *Bork*, Rn. 1062.

[62]   *Bork*, Rn. 1812; vgl. bereits Fall 16.

b)   Persönlicher Geltungsbereich

Weiterhin muss der persönliche Anwendungsbereich der verbraucherschützenden Widerrufsrechte eröffnet sein. A war Verbraucher i. S. von § 13 BGB, da der Bürgschaftsvertrag zu einem Zweck abgeschlossen wurde, der nicht ihrer gewerblichen oder ihrer beruflichen Tätigkeit zuzurechnen ist. A hat sich aus privater Verbundenheit für eine Darlehensverbindlichkeit ihres Mannes B verbürgt und ist somit als Verbraucher anzusehen. Die C-Bank war bei Abschluss des Bürgschaftsvertrages Unternehmer gemäß § 14 BGB, da sie – vertreten durch D – als juristische Person in Ausübung ihrer gewerblichen Tätigkeit gehandelt hat.[63] Der persönliche Anwendungsbereich der Verbraucherwiderrufsrechte ist somit eröffnet.

c)   Sachlicher Geltungsbereich

A muss ein Recht zum Widerruf ihrer auf Abschluss des Bürgschaftsvertrages mit der C-Bank gerichteten Willenserklärung haben.[64] § 312 BGB schützt die Entscheidungsfreiheit des Verbrauchers bei sog. Haustürgeschäften, in denen seine „Abwehrbereitschaft" typischer Weise eingeschränkt ist, weshalb er sich leichter überrumpeln lässt.[65]

Fraglich ist, ob § 312 I 1 Nr. 1 BGB auch Bürgschaften erfasst, da der Bürge hieraus einseitig verpflichtet wird, wohingegen den Gläubiger lediglich die allgemeinen Sorgfaltspflichten der §§ 241 ff. BGB treffen. Gemäß § 312 BGB muss die Willenserklärung des Verbrauchers das Angebot oder die Annahme zum Abschluss eines Vertrages über eine entgeltliche Leistung sein. Hierunter fallen alle Verträge, durch die der Verbraucher zu einer entgeltlichen Leistung verpflichtet sein soll. Nach einer ersten Ansicht ist die Bürgschaft kein entgeltlicher Vertrag, weshalb ein Widerrufsrecht nach § 312 BGB ausscheide.[66] Eine Bürgschaft sei eine von der Verbindlichkeit des Hauptschuldners verschiedene, eigene, einseitig übernommene Verbindlichkeit des Bürgen. Das Entstehen der Verpflichtung des Bürgen sei auch nicht mit dem Kreditgeschäft des Gläubigers mit dem Hauptschuldner verknüpft, dessen Sicherung der Grund der Bürgschaftsübernahme ist, auch wenn durch die Akzessorietät die Durchsetzung des Anspruchs gegen den

---

[63] Siehe dazu Fall 19.

[64] Willenserklärungen sind nicht frei widerruflich. Sofern eine Störung des Verhandlungsgleichgewichts jedoch nicht nur auf der individuellen Situation einer Vertragspartei (vgl. dazu § 138 II BGB), sondern – bei typisierter Betrachtung – auf einer strukturellen Ungleichgewichtslage beruht, kann der unterlegene Vertragspartner seine Willenserklärung zur Kompensation seiner informationellen und psychischen Unterlegenheit fristgebunden widerrufen, um den Abschluss nochmals überdenken zu können, vgl. *Larenz/Wolf*, § 42 Rn. 51. Das Recht zum Widerruf ergibt sich nicht aus den §§ 355 ff. BGB, die die Ausübung des Widerrufsrechts behandeln, sondern aus den Vorschriften über die jeweiligen Verbraucherverträge.

[65] *Bork*, Rn. 1793.

[66] BGH, NJW 1991, 975; BGH, NJW 1991, 2905.

Bürgen vom Bestand der Hauptschuld abhänge. Nach einer zweiten Ansicht fordert § 312 BGB gerade aufgrund der Akzessorietät zwischen Bürgschaft und Hauptschuld eine Einbeziehung von Bürgschaften, wenn sowohl der Hauptschuldner – dies ist bei B nicht der Fall – als auch der Bürge Verbraucher sind.[67] Da § 312 BGB auf der RL 85/557/EWG betreffend den Verbraucherschutz im Fall von außerhalb von Geschäftsräumen geschlossenen Verträgen beruhe[68], müsse die Norm nämlich richtlinienkonform ausgelegt werden.[69] Nach diesen beiden Sichtweisen unterfällt der zwischen A und C geschlossene Bürgschaftsvertrag nicht den Regeln über das Haustürgeschäft.

Nach überzeugender Ansicht fordert die RL 85/557/EWG nach Art. 8 nur Mindestbedingungen zum Schutz der Verbraucher; aus diesem Grunde kann eine nationale Norm wie § 312 I 1 Nr. 1 BGB durchaus auch strengere Schutzstandards etablieren. Hiervon ist angesichts der Entstehungsgeschichte der Norm und zum Zwecke der Vermeidung von Wertungswidersprüchen auszugehen. Ein Bürge ist nach dem Zweck von § 312 BGB, die Entscheidungsfreiheit des Verbrauchers bei Verträgen zu schützen, die für ihn schwerwiegende Zahlungspflichten begründen können, auch nicht weniger schutzbedürftig, wenn er sich für einen Geschäftskredit anstatt für ein Verbraucherdarlehen verbürgt.[70] Folgt man der letztgenannten Sichtweise, bedeutet eine Bürgschaft immer einen „entgeltlichen Vertrag" i. S. von § 312 BGB.

Der Bürgschaftsvertrag wurde durch die persönlich anwesenden[71] A und D – Letzterer in Vertretung der C – in der Privatwohnung der A geschlossen (§ 312 I 1 Nr. 1 BGB). Der Anwendungsbereich des Widerrufsrechts bei Haustürgeschäften ist deshalb eröffnet.

d)   Ausschluss des Widerrufsrechts

Das Widerrufsrecht der A ist jedoch nach § 312 III Nr. 1 BGB ausgeschlossen. Die Vertragsverhandlungen wurden in der Wohnung der A auf ihren Wunsch, also

---

[67]   EuGH, NJW 1998, 1295, 1296 – Dietzinger; BGH, NJW 1998, 2356.

[68]   ABlEG Nr. L 372/31 vom 31. 12. 1985.

[69]   Siehe dazu m. w. N. MünchKommBGB/*Säcker*, 5. Aufl. 2006, Einl. Band 1 Rn. 137 ff.

[70]   BGH, NJW 2006, 845, unter Abweichung von BGH, NJW 1998, 2356; *Brox/Walker*, Rn. 202.

[71]   Das Merkmal der „mündlichen Verhandlung" erfordert keine Rede und Gegenrede, aber die persönliche Anwesenheit der Parteien bzw. ihrer Vertreter, vgl. *Bork*, Rn. 1801. Wenn der Verbraucher einen Vertreter einschaltet, muss dieser die sachlichen Voraussetzungen von § 312 BGB erfüllen, da es für die Wirksamkeitsvoraussetzungen eines Vertretergeschäfts nach allgemeinen Grundsätzen – der Stellvertreter gibt nach § 164 I BGB eine eigene Willenserklärung ab – auf diesen und nicht auf den Vertretenen ankommt, vgl. *Bork*, Rn. 1366 f. Demgegenüber kommt es für die Eigenschaft als Verbraucher i. S. des § 13 BGB auf den Vertretenen als Vertragspartner an; ansonsten könnte ein Gewebetreibender dadurch den Schutz des Verbraucherrechts erlangen, dass er einen Verbraucher in den Vertragsabschluss als Vertreter zwischenschaltet.

auf „vorherige Bestellung" i. S. von § 312 III Nr. 1 BGB geführt.[72] A war auch
bewusst, dass anlässlich des Besuches von D ein Bürgschaftsvertrag geschlossen
werden soll. In einer solchen Fallkonstellation wäre es unbillig, wenn A ihre Willenserklärung widerrufen könnte, da die Gefahr einer Überrumpelung nicht bestand. A musste vielmehr mit einem auf Abschluss eines Bürgschaftsvertrages
gerichteten Vertragsangebot der C rechnen.

e)   Zwischenergebnis

A kann ihre auf Abschluss des Bürgschaftsvertrages gerichtete Willenserklärung
nicht widerrufen.

III. Ergebnis

Die C-Bank hat nach § 765 BGB einen Anspruch auf Zahlung von 10.000,- EUR
gegen die A.

B.   Einreden gemäß §§ 242, 853 BGB

I.   Anspruch der A gegen die C-Bank auf Vertragsauflösung nach den §§ 280 I 1, 311 II, 241 II BGB i. V. mit § 249 I BGB

A könnte gegen die C-Bank einen Anspruch auf Vertragsauflösung gemäß den
§§ 280 I 1, 311 II, 241 II BGB i. V. mit § 249 I BGB haben, den sie dem Anspruch
der C entgegenhalten könnte.[73] Ein Anspruch auf Vertragsauflösung kann einem
Zahlungsanspruch über § 242 BGB als dauerhafte (peremptorische) Einrede entgegenhalten werden (unredlicher Erwerb der eigenen Rechtsstellung). Die Geltendmachung vertraglicher Rechte ist grundsätzlich nach § 242 BGB unzulässig,
wenn der Vertragsschluss durch unredliches Handeln (z. B. durch das Ausnutzen
eines Irrtums) oder durch Täuschung herbeigeführt worden ist.[74] Ist jedoch eine
Anfechtung wegen arglistiger Täuschung ausgeschlossen, weil die Anfechtungsfrist versäumt ist, müssen nach h. A. besondere Umstände hinzutreten, um den der
Anfechtung zugrunde liegenden Tatbestand noch mittels einer Arglisteinrede geltend machen zu können, da ansonsten die Frist des § 124 I BGB umgangen würde.[75] Ein derartiger besonderer Umstand könnte in einem Anspruch auf Vertragsauflösung aus einem gesetzlichen Vertrauensschuldverhältnis oder aus einem
Deliktstatbestand (dazu unter II. und III.) begründet sein.[76]

---

[72]   Siehe dazu *Boemke/Ulrici*, § 7 Rn. 65.
[73]   Beachte: Der Anspruch aus culpa in contrahendo kann auch noch nach Anfechtung des
        Vertrages geltend gemacht werden, da er keinen wirksamen Vertrag voraussetzt, Stau-
        dinger/*Singer/von Finckenstein* (2004), § 123 BGB Rn. 95.
[74]   Bamberger/Roth/*Sutschet*, § 242 BGB Rn. 60.
[75]   BGH, NJW 1969, 604.
[76]   BGH, NJW 1979, 1983.

1. Haftungsbegründender Tatbestand

D hat als Vertreter der C-Bank die A bei Abschluss des Bürgschaftsvertrages trotz entsprechender Aufklärungspflicht (§ 241 II BGB) nicht darüber belehrt, dass die C-Bank die A bei Zahlungsschwierigkeiten des B in Anspruch nehmen wird, es sich bei der Bürgschaft also nicht bloß um eine „Formalie", sondern um ein hochriskantes Rechtsgeschäft handelt (siehe oben). Die C-Bank, die sich das Verhalten ihres Erfüllungsgehilfen D zurechnen lassen muss, hat deshalb ihre Pflichten aus dem mit A bestehenden vorvertraglichen Schuldverhältnis verletzt (§§ 280 I 1, 311 II, 241 II, 278 BGB). D handelte auch arglistig, also vorsätzlich i. S. von § 276 I BGB; dies muss sich die C-Bank nach § 166 I BGB zurechnen lassen (siehe oben).

2. Haftungsausfüllender Tatbestand

a) Schaden der A

A hat aus der Pflichtverletzung einen Schaden erlitten. Ob ein natürlicher Schaden vorliegt, ermittelt sich nach der sog. Differenzhypothese durch einen Vergleich zwischen dem Soll-Zustand und dem Ist-Zustand.[77] A hätte ihre Willenserklärung bei gehöriger Aufklärung nicht abgegeben (Soll-Zustand). Da A aus dem abgeschlossenen Vertrag einem Zahlungsanspruch der C-Bank ausgesetzt ist (Ist-Zustand), liegt ein Schaden vor.[78] Gemäß dem in § 249 BGB verankerten Grundsatz der Naturalrestitution ist der Zustand wieder herzustellen, der ohne das schädigende Ereignis bestehen würde.[79] Ohne die Täuschung wäre der Vertrag nicht zustande gekommen. A könnte somit über § 249 I BGB einen Anspruch auf „Lösung von dem unerwünschten Vertrag" haben.[80]

b) Anwendbarkeit von § 280 I BGB neben § 123 I Alt. 1 BGB

Die Anwendbarkeit des § 280 I BGB neben den Regeln über die Anfechtung einer Willenserklärung wegen arglistiger Täuschung nach § 123 I Alt. 1 BGB ist umstritten[81]: Zum einen ist eine Anfechtung nach § 123 I BGB nur innerhalb der Jahresfrist des § 124 BGB zulässig (siehe oben), wohingegen für einen aus einem gesetzlichen Vertrauensschuldverhältnis gemäß § 311 II BGB resultierenden Anspruch die dreijährige Regelverjährungsfrist des § 195 BGB greift. Zum anderen

---

[77] Siehe zur Berechnung des Schadens nach der Differenzhypothese *Mohr*, Jura 2010, 327 ff.

[78] Vgl. *Petersen*, Jura 2006, 904, 905. Beachte: Ob ein Schaden vorliegt, gehört streng genommen schon zum haftungsbegründenden Tatbestand eines Schadensersatzanspruchs. Es ist jedoch ebenso möglich, den Schaden erst im Rahmen des haftungsausfüllenden Tatbestands zu prüfen.

[79] Zum Grundsatz der Naturalrestitution vgl. *Mohr*, Jura 2010, Heft 9/2010.

[80] *Lorenz*, Die Lösung vom unerwünschten Vertrag, 1997; *Grigoleit*, Vorvertragliche Informationshaftung, 1997.

[81] *Medicus/Petersen*, Rn. 150.

setzt ein Anspruch aus § 311 II BGB nach § 276 II BGB lediglich leichte Fahrlässigkeit voraus; demgegenüber ist für eine Anfechtung nach § 123 I BGB zumindest bedingter Vorsatz notwendig.[82]

Nach einer Ansicht ist neben der Anfechtung nach § 123 I BGB gleichwohl ein
Anspruch aus einem vorvertraglichen Vertrauensschuldverhältnis möglich, da
beide Institute unterschiedlichen Schutzzwecken dienten.[83] Die Anfechtung solle
primär die Entscheidungsfreiheit des Anfechtenden schützen. Demgegenüber setze
ein Schadensersatzanspruch nach den §§ 311 II, 241 II BGB zusätzlich einen
Vermögensschaden voraus; durch dieses Kriterium werde zugleich die Schadensersatzhaftung sachgerecht eingeschränkt. Für dieses Ergebnis spreche auch § 311
II Nr. 2 BGB, wodurch nicht nur Schäden an Rechten und Rechtsgütern, sondern
auch solche an sonstigen Interessen ersetzt würden; ein derartiges Interesse sei
jedoch die Entscheidungsfreiheit. Überträgt man diese Sichtweise auf den vorliegenden Sachverhalt, stünde A ein Anspruch auf Vertragsaufhebung wegen Verletzung eines Vertrauensschuldverhältnisses zu. Der Vertragsschluss ist für die A
wirtschaftlich nachteilig, da sie durch die Inanspruchnahme aus der Bürgschaft
Vermögensnachteile zu befürchten hat, denen kein entsprechender Vorteil gegen-
übersteht. Dass A die Anfechtungsfrist des § 124 I BGB versäumt hat (siehe oben),
ist nach dieser Ansicht unerheblich, da für den Anspruch aus § 280 I BGB die allgemeine Verjährungsfrist des § 195 BGB greift.[84]

Nach einer anderen, vorzugswürdigen Ansicht geht die Anfechtung nach § 123
I BGB der Vertragsaufhebung aus einem vorvertraglichen Vertrauensschuldverhältnis als lex specialis vor. Dass § 311 II Nr. 2 BGB vom Gesetzgeber als ein
maßgebliches Institut für den Schutz vor dem unerwünschten Vertrag angesehen
wird[85], bedeutet nicht, dass die Anfechtung gemäß § 123 I Alt. 1 BGB – sofern sie
tatbestandlich einschlägig ist – dem Anspruch aus §§ 311 II, 241 II BGB nicht als
speziellere Regelung vorgehen kann.[86] Jedenfalls sind die §§ 123, 124 BGB als
leges speciales auf die gesetzliche Vertrauenshaftung nach §§ 311 II, 241 II BGB
– die bereits bei Fahrlässigkeit greift – zu übertragen.[87]

3.   Zwischenergebnis

A hat keinen Anspruch auf Vertragsaufhebung gegen die C Bank nach den §§ 280 I,
311 II, 241 II BGB i. V. mit § 249 I BGB.

---

[82]   Staudinger/*Singer/von Finckenstein* (2004), § 123 BGB Rn. 95.
[83]   BGH, NJW 1962, 1196, 1198; BGH, NJW 1998, 302; *Köhler*, § 7 Rn. 65; ablehnend
       Grigoleit, NJW 1999, 900.
[84]   Siehe zu § 195 BGB *Boecken*, Rn. 696.
[85]   Vgl. *Canaris*, JZ 2001, 499, 519 Fn. 182.
[86]   Vgl. *Petersen*, Jura 2006, 904, 905.
[87]   *Grigoleit*, Vorvertragliche Informationshaftung, 1997, S. 137 ff.; *ders.*, NJW 1999, 900,
       903.

II. Anspruch der A gegen die C-Bank aus §§ 823 II, 249 I BGB i. V. mit § 263 I StGB

Ein Anspruch der A gegen die C-Bank auf Vertragsaufhebung könnte auch aus § 823 II BGB i. V. mit § 263 I StGB abgeleitet werden.[88]

D hat die A durch Unterlassen getäuscht und hierdurch einen Irrtum der A unterhalten (siehe bereits oben zu § 123 I BGB). Durch die Unterschrift auf der Bürgschaftsurkunde hat A bewusst über ihr Vermögen verfügt (konkrete Vermögensgefährdung).[89] Fraglich ist jedoch, ob A hierdurch ein Vermögensschaden entstanden ist. Bei wirtschaftlich unausgewogenen Verträgen, bei denen sich Leistung und Gegenleistung unter Berücksichtigung individueller Faktoren nicht entsprechen, kommt es auf die Möglichkeiten des Getäuschten an, den Vollzug des Vertrages zu verhindern, da der Getäuschte mit einer Schuld belastet wird, zu deren Erfüllung er gezwungen werden kann, ohne dass seinem Vermögen ein ausgleichender Gegenwert zufließen würde.[90] Ein Anfechtungsrecht kann insoweit – anders als ein Widerrufsrecht – nicht berücksichtigt werden, weil der Getäuschte für dessen Voraussetzungen die Darlegungs- und Beweislast trägt. Beim Eingehungsbetrug ist bei der Schadensberechnung eine Anfechtungsmöglichkeit des Vertrages auch deshalb nicht relevant, weil es auf den Zeitpunkt des Vertragsschlusses ankommt.[91] Es ist deshalb von einem Vermögensschaden der A auszugehen.

D handelte auch vorsätzlich. Ihm war bewusst, dass die unterlassene Aufklärung trotz entsprechender Handlungspflicht einen Irrtum der A aufrecht erhält, wodurch die A gegenüber der C-Bank eine auf den Abschluss eines Bürgschaftsvertrages gerichtete Willenserklärung abgibt und hierdurch ihr Vermögen konkret gefährdet.[92] Weiterhin handelte D vorsätzlich und in der Absicht, der C-Bank einen rechtswidrigen Vermögensvorteil zu verschaffen (Drittbereicherungsabsicht).[93] Der Vorteil war auch stoffgleich mit dem Vermögensschaden. Das Merkmal der Stoffgleichheit fordert, dass Vorteil und Schaden auf derselben Verfügung beruhen und der Vorteil zu Lasten des geschädigten Vermögens gehen muss.[94] D hat zwar nicht gehandelt, um das Vermögen der C-Bank zu mehren, sondern um eine Umsatzprovision zu erhalten; diese rührt eigentlich nicht

---

[88] Eingehungsbetrug; vgl. die Entscheidung BGH, NJW 1993, 2992.

[89] Das soll nach einer im Strafrecht vertretenen Ansicht sogar dann gelten, wenn A ohne Erklärungsbewusstsein gehandelt hätte, vgl. MünchKommStGB/*Hefendehl*, 1. Auflage 2006, § 263 StGB Rn. 261.

[90] Schönke/Schröder/*Cramer*, Strafgesetzbuch, 27. Aufl. 2006, § 263 StGB Rn. 131 und 145.

[91] BGH, NJW 1985, 1563, 1564.

[92] MünchKommBGB/*Wagner*, 5. Aufl. 2009, § 826 BGB Rn. 31.

[93] Siehe dazu MünchKommBGB/*Wagner*, 5. Aufl. 2009, § 823 BGB Rn. 35.

[94] Schönke/Schröder/*Cramer*, Strafgesetzbuch, 27. Aufl. 2006, § 263 StGB Rn. 168.

unmittelbar aus dem Schaden der A, sondern wird aus dem Vermögen der C-Bank erlangt.[95] Der Vorteil der C-Bank war für die Erreichung dieses (End-) Zieles aber ein notwendiges Zwischenziel.[96]

Damit ist der Tatbestand des § 263 StGB rechtswidrig durch D verwirklicht worden. Unter Berücksichtigung des schadensrechtlichen Grundsatzes der Naturalrestitution gemäß § 249 I BGB steht A ein Anspruch auf Vertragsaufhebung gegen die C-Bank gemäß § 823 II BGB i. V. mit § 263 StGB zu (siehe zu § 124 BGB unter III.).

III. Anspruch der A gegen die C-Bank aus §§ 826, 249 I BGB

A könnte gegen die C Bank einen Anspruch auf Vertragsaufhebung aus § 826 BGB wegen vorsätzlich sittenwidriger Schädigung haben, da D die A arglistig über das Risiko einer Inanspruchnahme aus dem Bürgschaftsvertrag getäuscht hat.[97]

1. Haftungsbegründender Tatbestand

D hat die A in Vertretung der C-Bank durch Unterlassen getäuscht. Hierdurch hat er die A in Kenntnis der die Sittenwidrigkeit begründenden Tatsachen bewusst geschädigt; das Vermögen der A war durch Unterzeichnung des Bürgschaftsvertrages konkret gefährdet (siehe oben). Nach überzeugender Ansicht bedeutet eine arglistige Täuschung regelmäßig eine sittenwidrige Schädigung i. S. von § 138 I BGB (siehe oben), welche den Schädiger nach § 826 BGB zum Schadensersatz verpflichtet; denn die Rechtsordnung kann nicht dasselbe Verhalten einmal als sittenwidrig missbilligen und in anderem Zusammenhang als den guten Sitten entsprechend gelten lassen.[98] Nach a. A. ist der Tatbestand des § 826 BGB weiter als derjenige des § 138 BGB[99]: Während § 138 BGB die rechtsgeschäftliche Freiheit beschränke, wolle § 826 BGB einen selektiven deliktsrechtlichen Vermögensschutz gewähren. Die Interpretation des Begriffs der Sittenwidrigkeit müsse deshalb bei § 826 BGB funktional im Hinblick darauf erfolgen, reine Vermögensschäden selektiv in den Schutzbereich des Deliktsrechts mit einzubeziehen. Der Maßstab der Sittenwidrigkeit sei hiernach großzügiger als bei § 138 I BGB, zumal die Haftung bei § 826 BGB auf vorsätzliches Verhalten beschränkt sei.

---

[95] BGH, NJW 61, 684.

[96] BeckOK-StGB/*Beukelmann*, Stand 1. 3. 2010, § 263 StGB Rn. 76 ff.

[97] BGH, NJW-RR 2005, 611, 612 f.

[98] BGH, NJW 1970, 657, 658; *Kothe*, NJW 1985, 2217, 2220.

[99] MünchKommBGB/*Wagner*, 5. Aufl. 2009, § 826 BGB Rn. 11; MünchKommBGB/*Armbrüster*, 5. Aufl. 2006, § 138 BGB Rn. 24 ff.

Der Meinungsstreit muss vorliegend nicht entschieden werden. Nach beiden Ansichten kann eine Partei, die durch arglistige Täuschung zum Abschluss eines Vertrages bewogen wurde, statt des Anfechtungsrechts nach § 123 I BGB auch einen Schadensersatzanspruch gemäß § 826 BGB geltend machen, wenn der Täuschende mit zumindest bedingtem Schädigungsvorsatz gehandelt hat.[100]

2.   Haftungsausfüllender Tatbestand

Der Umfang des Schadensersatzanspruchs gemäß § 826 BGB richtet sich nach den §§ 249 ff. BGB. Dabei ist ein Schaden – ebenso wie bei § 823 II BGB i. V. mit § 263 StGB – nicht nur dann gegeben, wenn sich beim Vergleich der infolge des haftungsbegründenden Ereignisses eingetretenen Vermögenslage mit derjenigen, die ohne jenes Ereignis eingetreten wäre, ein rechnerisches Minus ergibt; vielmehr kann ein Schaden auch in der Eingehung einer ungewollten Verbindlichkeit bestehen.[101] Folgerichtig steht eine bloße Vermögensgefährdung durch Eingehung eines nachteiligen Geschäfts dem konkreten Schadenseintritt gleich.[102] Als Naturalrestitution kann in diesem Fall die Beseitigung des Vertrages verlangt werden.[103]

Ein deliktischer Ersatzanspruch scheitert nicht an der Verjährungsfrist des § 124 BGB.[104] Der Gesetzgeber hat das Problem der kollidierenden Fristen erkannt, wollte die Möglichkeit eines auf Vertragsaufhebung gerichteten Deliktsanspruchs jedoch nicht ausschließen.[105] Anders als ein solcher nach §§ 311 II, 241 II BGB setzt ein deliktischer Anspruch nach § 823 II BGB i. V. mit § 263 StGB bzw. nach § 826 BGB Vorsatz voraus und ist auch ansonsten enger als die vorvertragliche Vertrauenshaftung.

3.   Zwischenergebnis

A hat gegen C einen Anspruch auf Vertragsaufhebung nach §§ 826, 249 I BGB.

C.   Gesamtergebnis Fall 17

Die D-Bank hat keinen Zahlungsanspruch gegen A, da A ihr über die §§ 242, 853 BGB einen Anspruch auf Vertragsaufhebung entgegenhalten kann.

---

[100] Vgl. MünchKommBGB/*Wagner*, 5. Aufl. 2009, § 826 BGB Rn. 50. Siehe aber auch BGH, VersR 2005, 148, wonach eine bewusste arglistige Täuschung „regelmäßig" einen Verstoß gegen die guten Sitten bedeutet.

[101] BGH, VersR 2005, 148: normativer Schaden.

[102] MünchKommBGB/*Wagner*, 5. Aufl. 2009, § 826 BGB Rn. 31.

[103] Staudinger/*Singer/von Finckenstein* (2004), § 123 BGB Rn. 96.

[104] Umfassend *Lorenz*, Der Schutz vor dem unerwünschten Vertrag, 1997, S. 332 ff.; kritisch Erman/*Schiemann*, 12. Aufl. 2008, § 826 BGB Rn. 25.

[105] Staudinger/*Singer/von Finckenstein* (2004), § 123 BGB Rn. 96.

Lösung Fall 17 Abwandlung

A.   Ausschluss der Anfechtung nach § 123 II 1 BGB

Die A kann ihre Willenserklärung gegenüber der C-Bank nach § 123 I Alt. 1 BGB
anfechten, wenn sich die C-Bank die aktive Täuschung des Hauptschuldners B
über seine Vermögenslage zurechnen lassen muss. Dies bestimmt sich nach § 123
II 1 BGB; hierdurch wird die Anfechtungsmöglichkeit einer empfangsbedürftigen
Willenserklärung beschränkt, wenn die Täuschung durch einen Dritten verübt
wurde. Die Willenserklärung ist in diesem Fall nur dann anfechtbar, wenn der
Erklärungsempfänger die Täuschung kannte oder kennen musste; ansonsten erachtet das Gesetz das Vertrauen des Erklärungsempfängers als schutzwürdiger als die
Willensfreiheit des Erklärenden.[106] Dritte sind allgemein gesprochen Personen, die
nicht Gläubiger oder Schuldner des Vertrages sind, also außerhalb der in § 241
BGB festgeschriebenen Vertragsbeziehung stehen. Bei § 123 II BGB geht es jedoch nicht um die Abgrenzung der Vertragsparteien, sondern um die Abgrenzung
derjenigen Personen, deren täuschendes Verhalten sich der Erklärungsempfänger
zurechnen lassen muss, von sonstigen Personen, die den Vertragsschluss durch
Täuschung kausal beeinflusst haben.[107]

Im Ausgangspunkt ist nicht Dritter i. S. von §§ 123 II 1 BGB, wer auf der Seite
des Erklärungsempfängers steht und maßgeblich am Zustandekommen des Vertrages mitgewirkt hat.[108] Die Rechtsprechung versteht den Personenkreis der
„Dritten" tendenziell eng, um dadurch die Anfechtungsmöglichkeiten des Getäuschten zu erweitern.[109] Keine Dritten sind deshalb Repräsentanten des Erklärungsempfängers[110], seine Vertrauenspersonen[111] und diejenigen Personen, deren
Verhalten dem Erklärungsempfänger „nach Billigkeitsgesichtspunkten unter Berücksichtigung der Interessenlage" zuzurechnen ist.[112] Sachgerechte Ergebnisse
lassen sich im Einzelfall durch Anknüpfung an die Rechtsgedanken von § 278
BGB[113] und – für Vertreter – der §§ 164 ff. BGB erzielen.[114]

In Anwendung dieser Grundsätze kann A ihre Willenserklärung nicht nach
§ 123 I BGB anfechten: A wurde von B als Hauptschuldner arglistig getäuscht und

---

[106] Staudinger/*Singer/von Finckenstein* (2004), § 123 BGB Rn. 45.

[107] Staudinger/*Singer/von Finckenstein* (2004), § 123 BGB Rn. 46.

[108] Sog. Lagertheorie, vgl. *Flume*, § 29, S. 544; Soergel/*Hefermehl* (1999), § 123 BGB
Rn. 32; *Medicus*, Rn. 803.

[109] Die Abgrenzung erfolgt letztlich nach Billigkeitsgesichtspunkten, vgl. *Medicus*,
Rn. 801.

[110] Vgl. Staudinger/*Singer/von Finckenstein* (2004), § 123 BGB Rn. 50 m. w. N.

[111] BGH, NJW 1961, 164.

[112] Vgl. BGH, NJW 1978, 2144.

[113] *Petersen*, Jura 2004, 306, 308.

[114] Staudinger/*Singer/von Finckenstein* (2004), § 123 BGB Rn. 47; eine Anknüpfung allein
an § 278 BGB würde eine Haftung für Vertreter ohne Vertretungsmacht ausschließen.

dadurch zur Abgabe ihrer Willenserklärung gegenüber C bewogen. B war im Verhältnis zu C Dritter, da er weder im Lager der Bank stand noch als Vertreter/Hilfsperson der C in die Vertragsverhandlungen eingeschaltet war. B hat mit der Gestellung eines Bürgen im Verhältnis zur C vielmehr seine eigenen Interessen wahrgenommen; allein der Umstand, dass C ein wirtschaftliches Interesse an der Bürgschaft der A hat, machte den B noch nicht zum Beauftragten der C.[115]

A könnte ihre Willenserklärung gegenüber C deshalb nur dann anfechten, wenn C bzw. der D als Wissensvertreter die Täuschung des B kannten oder kennen mussten.[116] Dies war vorliegend nicht der Fall.

B. Ergebnis Fall 17 Abwandlung

A kann ihre Willenserklärung nicht nach § 123 I Alt. 1 BGB anfechten.

Merke

1. Die Unwirksamkeit eines Austauschvertrages wegen eines Verstoßes gegen das Wucherverbot gemäß § 138 II BGB setzt ein auffälliges Missverhältnis zwischen Leistung und Gegenleistung voraus. Die überlegene Vertragspartei muss die erkennbare wirtschaftliche und intellektuelle Unterlegenheit der anderen Partei in grober Weise vorsätzlich ausgenutzt haben.

2. Ein Rechtsgeschäft ist sittenwidrig i. S. von § 138 I BGB, wenn es gegen das „Anstandsgefühl aller billig und gerecht Denkenden" verstößt. Dies ist der Fall, wenn das Rechtsgeschäft in seinem Gesamtcharakter nach Inhalt, Beweggrund oder Zweck gegen die grundlegenden Wertungen der Rechts- und Sittenordnung verstößt.

3. Eine Bürgschaft naher Angehöriger ist sittenwidrig, wenn sie vom Bürgen in einer Zwangslage abgegeben worden ist – insbesondere aufgrund familiärer Verbundenheit mit dem Hauptschuldner – und insoweit gerade Ausdruck seiner strukturellen Unterlegenheit ist (Machtstellung), für den Bürgen eine mit seinen Einkommens- und Vermögensverhältnissen unvereinbare (krasse) Belastung begründet und der Bürge aus dem verbürgten Geschäft keinen unmittelbaren Nutzen zieht.[117]

4. Beruht eine Willenserklärung auf einer arglistigen Täuschung, ist § 123 I BGB lex specialis zu § 138 BGB, um dem Getäuschten die Freiheit zu belassen, ob er die Willenserklärung gleichwohl als gültig bestehen lassen will oder nicht. § 123 BGB schützt die Freiheit der Willensentschließung vor einer unzulässigen

[115] BGH, NJW 1962, 1907, 1908.
[116] BGH, NJW 1968, 968; *Petersen*, Jura 2006, 904, 906.
[117] *Medicus*, Rn. 706d; *Faust*, § 10 Rn. 5.

Einflussnahme durch den Erklärungsempfänger bzw. eines in dessen „Lager" stehenden Dritten (§ 123 II 1 BGB). Eine Täuschung kann auf aktivem Tun, aber auch auf einem Unterlassen trotz entsprechender Aufklärungspflicht beruhen. Die Täuschung muss kausal zu einem Irrtum beim Getäuschten führen. Der Irrtum wiederum muss kausal für die Abgabe der Willenserklärung geworden sein. Eine Täuschung ist regelmäßig rechtswidrig, es sei denn, es besteht ausnahmsweise ein „Recht zur Lüge". Der Täuschende muss schließlich arglistig gehandelt haben; hierzu reicht bedingter Vorsatz aus. Eine Schädigungs- oder Bereicherungsabsicht ist nicht notwendig, da § 123 BGB die rechtsgeschäftliche Entschließungsfreiheit und nicht das Vermögen schützt.[118] Hinsichtlich der Anfechtungsfrist weicht § 124 BGB zugunsten des Getäuschten von § 121 BGB ab; dieser kann seine Willenserklärung innerhalb eines Jahres ab Entdeckung der Täuschung anfechten.

5. Das Anfechtungsrecht wegen arglistiger Täuschung gemäß § 123 I Alt. 1 BGB konkurriert mit der Anfechtung nach § 119 BGB. Allerdings besteht im erstgenannten Fall keine Pflicht zum Ersatz des Vertrauensschadens nach § 122 BGB; außerdem ist die Anfechtungsfrist länger. Aus diesem Grunde wird eine getäuschte Person regelmäßig nach § 123 I Alt. 1 BGB anfechten. Wahlweise kann der Getäuschte nach § 823 II BGB i. V. mit § 263 StGB und 826 BGB unter den dort normierten Voraussetzungen im Wege der Naturalrestitution eine Aufhebung des belastenden Vertrages verlangen.

6. Streitig ist das Verhältnis zwischen der Anfechtung nach § 123 I Alt. 1 BGB und einem Schadensersatzanspruch gemäß §§ 280 I, 311 II, III, 241 II, 249 ff. BGB. Nach überzeugender Ansicht geht die Anfechtung der Vertragsaufhebung über ein vorvertragliches Vertrauensschuldverhältnis als lex specialis vor. Jedenfalls sind die Anforderungen des § 124 BGB analog auf die Haftung nach culpa in contrahendo zu übertragen.[119]

7. Ein weiteres Konkurrenzproblem besteht bei einer arglistigen Täuschung über einen Sachmangel zwischen dem Anspruch auf Schadensersatz aus §§ 280 I, 311 II, 241 II BGB und dem kaufrechtlichen Anspruch auf Schadensersatz gemäß § 437 Nr. 3 BGB:[120] Im Gegensatz zur Anfechtung nach § 119 II BGB ist die Anfechtung nach § 123 I Alt. 1 BGB auch im Anwendungsbereich des Gewährleistungsrechts zulässig, da der Täuschende insoweit keinen Schutz verdient.[121] Mit der Anfechtung entfällt die Grundlage für einen kaufrechtlichen Gewährleistungsanspruch. Der Getäuschte muss deshalb genau überdenken, ob er den Vertrag vernichten oder Gewährleistungsansprüche geltend machen will, die ein wirksames Rechtsgeschäft voraussetzen. Ob neben dem An-

---

[118] *Bork*, Rn. 874.
[119] Sehr streitig, siehe oben.
[120] Siehe dazu *Petersen*, Jura 2006, 904, 906.
[121] *Medicus*, Rn. 809.

spruch aus Sachmängelgewährleistungsrecht ein solcher aus einem gesetzlichen Vertrauensschuldverhältnis i. S. der §§ 311 II, 241 II BGB zulässig ist, ist problematisch, da der Vorrang der Nacherfüllung und die kurze Verjährung des § 438 BGB unterlaufen werden.

8. § 123 I Alt. 2 BGB eröffnet ein Anfechtungsrecht auch wegen widerrechtlicher Drohung. Eine Drohung ist das In-Aussicht-Stellen eines künftigen Übels, dessen (Nicht-) Eintritt der Drohende nach seinen Behauptungen beeinflussen kann und das verwirklicht werden soll, wenn der Bedrohte nicht die vom Drohenden gewünschte Willenserklärung abgibt.[122] Anders als bei der arglistigen Täuschung ist es unerheblich, ob der Vertragspartner oder ein Dritter droht; § 123 II BGB findet keine Anwendung. Die Widerrechtlichkeit der Drohung muss gesondert ermittelt werden. Diese kann sich aus dem Mittel (Drohung mit Gewalt), aus dem Zweck (Korruption) oder aus der Zweck-Mittel-Relation (Drohung mit Strafanzeige wegen einer früheren Straftat, wenn der Bedrohte nicht eine Handlung vornimmt, auf die der Drohende keinen Anspruch hat) herrühren. Die Drohung muss für die Willenserklärung des Bedrohten kausal geworden sein; darüber hinaus muss der Drohende mit seinem Verhalten gerade die Abgabe der konkreten Willenserklärung bezweckt haben.

9. Gemäß § 312 I BGB steht dem Verbraucher bei einem Vertrag mit einem Unternehmer ein Widerrufsrecht gemäß § 355 BGB zu, wenn der Vertrag eine entgeltliche Leistung zum Gegenstand hat und der Verbraucher zum Abschluss durch mündliche Verhandlungen an seinem Arbeitsplatz oder im Bereich einer Privatwohnung, anlässlich einer vom Unternehmer oder von einem Dritten zumindest auch im Interesse des Unternehmers durchgeführten Freizeitveranstaltung oder im Anschluss an ein überraschendes Ansprechen in Verkehrsmitteln oder im Bereich öffentlich zugänglicher Verkehrsflächen bestimmt worden ist (sog. Haustürgeschäft). Das Widerrufsrecht gründet auf der Überlegung, dass die „Abwehrbereitschaft" des Verbrauchers in diesen Situationen typischerweise eingeschränkt ist. Dem Verbraucher kann unter den Voraussetzungen des § 356 BGB anstelle des Widerrufsrechts ein Rückgaberecht eingeräumt werden.

---

[122] BGH, NJW 1988, 2599, 2600 f.

Fall 18

Normzweckspezifische Auslegung von Verbotsgesetzen; Teil- oder Ge-
samtnichtigkeit eines Rechtsgeschäfts

Der geschäftlich unerfahrene Student A, der von seiner Großmutter ein baufälliges Haus geerbt hat, beauftragte im Dezember 2007 den Bauunternehmer B, die Terrasse seines Hauses abzudichten und mit Holz auszulegen. Für die Arbeiten standen dem A lediglich 3250,- EUR zur Verfügung. Da dieser Betrag nicht ausreichen würde, um den B zu bezahlen und die anfallende Umsatzsteuer zu entrichten, schlug B – der von A unerkannt nicht in die Handwerksrolle eingetragen war – dem A vor, die Leistungen „ohne Rechnung" zu erbringen. A erklärte sich mit dem Vorschlag des B einverstanden. Bei Beginn der Bauarbeiten Mitte Januar 2008 erhielt der B von A eine Anzahlung von 1000,- EUR für Materialkosten und nach Abschluss der Arbeiten weitere 2250,- EUR. Eine Rechnung wurde vereinbarungsgemäß nicht erstellt. Kurze Zeit nach Beendigung der Arbeiten zeigten sich Wasserschäden in der unter der Terrasse gelegenen Einliegerwohnung. A verlangt von B Nachbesserung. B entgegnet, dass A wegen der Ohne-Rechnung-Abrede keine Gewährleistungsansprüche habe. Zu Recht?

Abgabenordnung (AO) – Auszug

§ 370 Steuerhinterziehung

(1) Mit Freiheitsstrafe bis zu fünf Jahren oder mit Geldstrafe wird bestraft, wer

1. den Finanzbehörden oder anderen Behörden über steuerlich erhebliche Tatsachen unrichtige oder unvollständige Angaben macht,

2. die Finanzbehörden pflichtwidrig über steuerlich erhebliche Tatsachen in Unkenntnis lässt oder

3. pflichtwidrig die Verwendung von Steuerzeichen oder Steuerstemplern unterlässt

und dadurch Steuern verkürzt oder für sich oder einen anderen nicht gerechtfertigte Steuervorteile erlangt.

(2) Der Versuch ist strafbar.

[...]

(4) Steuern sind namentlich dann verkürzt, wenn sie nicht, nicht in voller Höhe oder nicht rechtzeitig festgesetzt werden; dies gilt auch dann, wenn die Steuer vorläufig oder unter Vorbehalt der Nachprüfung festgesetzt wird oder eine Steueranmeldung einer Steuerfestsetzung unter Vorbehalt der Nachprüfung gleichsteht. [...]

§ 379 Steuergefährdung

Ordnungswidrig handelt, wer vorsätzlich oder leichtfertig

1. Belege ausstellt, die in tatsächlicher Hinsicht unrichtig sind,

2. Belege gegen Entgelt in den Verkehr bringt oder

3. nach Gesetz buchungs- oder aufzeichnungspflichtige Geschäftsvorfälle oder Betriebsvorgänge nicht oder in tatsächlicher Hinsicht unrichtig verbucht oder verbuchen lässt

und dadurch ermöglicht, Steuern zu verkürzen oder nicht gerechtfertigte Steuervorteile zu erlangen. [...]

§ 380 Gefährdung der Abzugsteuern

(1) Ordnungswidrig handelt, wer vorsätzlich oder leichtfertig seiner Verpflichtung, Steuerabzugsbeträge einzubehalten und abzuführen, nicht, nicht vollständig oder nicht rechtzeitig nachkommt. [...]

Schwarzarbeitsgesetz (SchwarzArbG) – Auszug

§ 1 Zweck des Gesetzes

(1) Zweck des Gesetzes ist die Intensivierung der Bekämpfung der Schwarzarbeit.

(2) Schwarzarbeit leistet, wer Dienst- oder Werkleistungen erbringt oder ausführen lässt und dabei

[...]

2. als Steuerpflichtiger seine sich auf Grund der Dienst- oder Werkleistungen ergebenden steuerlichen Pflichten nicht erfüllt,

[...]

5. als Erbringer von Dienst- oder Werkleistungen ein zulassungspflichtiges Handwerk als stehendes Gewerbe selbstständig betreibt, ohne in der Handwerksrolle eingetragen zu sein (§ 1 der Handwerksordnung).

§ 8 Bußgeldvorschriften

(1) Ordnungswidrig handelt, wer

1. [...]

e) ein zulassungspflichtiges Handwerk als stehendes Gewerbe selbstständig betreibt, ohne in die Handwerksrolle eingetragen zu sein (§ 1 der Handwerksordnung)

und Dienst- oder Werkleistungen in erheblichem Umfang erbringt oder

2. Dienst- oder Werkleistungen in erheblichem Umfang ausführen lässt, indem er eine oder mehrere Personen beauftragt, die diese Leistungen unter vorsätzlichem Verstoß gegen eine in Nummer 1 genannte Vorschrift erbringen.

[...]

Lösung Fall 18

A könnte gegen B einen Anspruch auf Nachbesserung gemäß §§ 631, 634 Nr. 1, 635 BGB haben. Dies setzt einen wirksamen Werkvertrag i. S. von § 631 BGB und eine mangelhafte Leistung des B gemäß § 633 BGB voraus.

A. Wirksamer Werkvertrag zwischen A und B

I. Einigung

A und B müssen sich vertraglich geeinigt haben. Ein Vertrag kommt nach §§ 145 ff. BGB durch Angebot und Annahme zustande. Unter einem Werkvertrag versteht man einen gegenseitigen Vertrag, bei dem sich der Unternehmer verpflichtet, ein bestimmtes Werk herzustellen, während der Besteller die vereinbarte Vergütung zu entrichten hat.[1] B hat sich gegenüber A dazu verpflichtet, die Terrasse des A abzudichten und mit Holz auszulegen. Als Gegenleistung hat sich A zur Zahlung von 3250,- EUR bereit erklärt. Ein Werkvertrag gemäß § 631 BGB ist folglich zustande gekommen.

II. Wirksamkeit der Einigung

1. Nichtigkeit gemäß § 134 BGB wegen Verstoßes gegen §§ 370, 379, 380 AO

Der Werkvertrag müsste auch wirksam sein. Der Vertrag ist nichtig, wenn er gegen ein gesetzliches Verbot i. S. von § 134 BGB verstößt.[2] Zunächst muss § 134 BGB anwendbar sein. § 134 BGB ist nach h. A. nur anwendbar, wenn das zu prüfende Verbotsgesetz selbst keine zivilrechtlichen Sanktionen normiert.[3] §§ 370, 379, 380 AO enthalten keine zivilrechtlichen Sanktionen, sodass der Anwendbarkeit des § 134 BGB nichts entgegen steht.

a)   Gesetzliches Verbot i. S. von § 134 BGB

Die §§ 370, 379, 380 AO müssten gesetzliche Verbote i. S. von § 134 BGB sein. Gesetze i. S. des BGB sind nach Art. 2 EGBGB alle Rechtsnormen, also nicht nur

---

[1]   Siehe zur Abgrenzung von Werk- und Dienstvertrag BGH, NJW 2002, 1571.

[2]   Die meisten Verbotsgesetze finden sich nicht im BGB, das vom Grundsatz der Privatautonomie ausgeht, sondern in Sondergesetzen, vgl. *Larenz/Wolf,* § 40 Rn. 6; *Köhler,* § 13 Rn. 11.

[3]   Sog. lex imperfecta im Gegensatz zur lex perfecta, *Bork,* Rn. 1089; *Flume,* § 17 1, S. 341. Nach a. A. ergibt sich die Rechtsfolge der Nichtigkeit im Wege teleologischer Auslegung immer aus dem Verbotsgesetz selbst, so dass § 134 BGB nur bei leges perfectae anzuwenden und deshalb eigentlich überflüssig ist (*Flume,* a. a. O.; *Medicus,* Rn. 644 und 646).

Gesetze im formellen Sinn, sondern auch Rechtsverordnungen, Satzungen und Gewohnheitsrecht.[4] Die §§ 370, 379 und 380 AO sind formelle Gesetze und somit in jedem Fall von § 134 BGB erfasst. Problematisch ist, ob es sich bei den genannten Normen um Verbotsgesetze handelt. Unter einem Verbotsgesetz versteht man ein Gesetz, das sich gegen ein bestimmtes Verhalten richtet.[5] Das Verbot muss den Inhalt oder den bezweckten Rechtserfolg eines Rechtsgeschäfts betreffen, sich also gegen das Rechtsgeschäft als solches wenden.[6] Demgegenüber handelt es sich regelmäßig um kein Verbotsgesetz i. S. von § 134 BGB, wenn sich das Verbot lediglich gegen die äußeren Umstände des Geschäftsabschlusses wie Zeit und Ort desselben richtet (sog. Ordnungsvorschrift).[7]

Die §§ 370, 379, 380 AO wollen Steuerverkürzungen zu Lasten des Staatshaushaltes im öffentlichen Interesse am vollständigen und rechtzeitigen Aufkommen der einzelnen Steuern verhindern.[8] Gemäß dieser Zwecksetzung richten sie sich nicht nur gegen das entsprechende Verhalten der Rechtsunterworfenen, sondern auch gegen Rechtsgeschäfte, die nach ihrem Inhalt eine Steuerverkürzung bewirken sollen.[9] Sie sind folglich als Verbotsgesetze i. S. von § 134 BGB einzustufen.

b) Verstoß gegen das gesetzliche Verbot

§ 134 BGB setzt voraus, dass tatsächlich ein Verstoß gegen das gesetzliche Verbot der §§ 370, 379, 380 AO vorliegt.[10] Die Ohne-Rechnung-Abrede könnte gegen § 370 II AO verstoßen.[11] Zwar vereinbaren die Vertragsparteien nach dem Wortlaut der Ohne-Rechnung-Abrede eigentlich nur, keine schriftliche Rechnung auszustellen. Eine solche Abrede verstößt deshalb auf den ersten Blick lediglich gegen solche Vorschriften, die zur Ausstellung einer Rechnung verpflichten, z. B. gegen § 14 II 2 UStG, der für bestimmte Werkverträge die Erteilung einer Rech-

---

[4]   Vgl. *Rüthers/Stadler*, § 26 Rn. 2; *Bork*, Rn. 1091; *Armbrüster*, Nr. 335.

[5]   BGH, NJW 1983, 2873.

[6]   *Larenz/Wolf*, § 40 Rn. 6; MünchKommBGB/*Armbrüster*, 5. Aufl. 2006, § 134 BGB Rn. 42; *Leipold*, § 20 Rn. 6. Beispiele: Inhaltsverbot – Kartellabsprachen, die gegen Art. 101 AEUV und/oder gegen §§ 1, 2 GWB verstoßen; Verbot des Zwecks (des Abschlusses/der Vornahme) – Sachhehlerei gemäß § 259 StGB und Beamtenbestechung gemäß §§ 331 ff. StGB.

[7]   BGH, NJW 1992, 2021. Beispiel für eine bloße Ordnungsvorschrift: Verbot des Verkaufs von Waren außerhalb der allgemeinen Ladenöffnungszeiten, vgl. *Rüthers/Stadler*, § 26 Rn. 5; *Bork*, Rn. 1096; *Braun*, S. 123; a. A. *Medicus*, Rn. 648.

[8]   BGHSt 36, 100; BGHSt 40, 109; BGH, wistra 1996, 259; BGH, NJW 1998, 1568.

[9]   BGH, NJW 2003, 2742, zu § 370 AO.

[10] § 134 BGB setzt kein Verschulden voraus; etwas anderes kann sich aus dem Verbotsgesetz ergeben, vgl. *Armbrüster*, Nr. 338.

[11] So die h. A. im Schrifttum. Mit Abschluss des Vertrages kann ein Versuch i. S. des § 370 II AO oder eine Steuerverkürzung gemäß § 370 IV 1 AO durch zu niedrige Festsetzung vorliegen. Dies hängt letztlich auch von den durch § 370 AO in Bezug genommenen Steuerverpflichtungen ab.

nung verlangt.[12] Wirtschaftlicher Hintergrund der Ohne-Rechnung-Abrede von A und B ist jedoch die Ersparnis der Umsatzsteuer auf Seiten des A sowie der Einkommensteuer auf Seiten des B. Konkret verstößt A durch eine Ohne-Rechnung-Abrede gegen § 13b I 1 Nr. 4 UStG; bei B liegt – da die Leistungen tatsächlich erbracht worden sind[13] – ein Verstoß gegen die Erklärungs- und Anmeldepflichten der §§ 25 III EStG und 18 I, III UStG sowie gegen die Pflicht zur Rechnungsstellung gemäß § 14 II Nr. 1 UStG vor.[14] A und B haben hiernach jedenfalls einen strafbaren Versuch der Steuerhinterziehung gemäß § 370 II AO begangen.[15] Es kann dahingestellt bleiben, ob A und B zusätzlich gegen die Ordnungswidrigkeitstatbestände des § 379 AO[16] und/oder des § 380 AO[17] verstoßen haben; denn die Vorschriften haben dieselbe Reichweite (vgl. zu § 370 II AO im Folgenden).

c) Reichweite der Nichtigkeitssanktion

Der soeben festgestellte Verstoß gegen ein gesetzliches Verbot führt nach § 134 BGB zur Nichtigkeit des Vertrages, soweit sich aus dem Verbotsgesetz nichts anderes ergibt.[18] Ob und inwieweit ein Rechtsgeschäft nichtig ist, weil es gegen ein gesetzliches Verbot verstößt, bestimmt sich – ebenso wie die Frage, ob überhaupt ein Verbotsgesetz vorliegt (siehe oben) – durch eine (teleologische) Auslegung des Verbotsgesetzes.[19] Der Umstand, dass eine Handlung unter Strafe gestellt oder als Ordnungswidrigkeit mit einer Buße bedroht ist, genügt für sich ge-

---

[12] *Stamm*, NZBau 2009, 78, 79.

[13] Die Rechtsprechung stellt mit dem Wortlaut von § 1 II SchwarzArbG regelmäßig auf den tatsächlichen Leistungsaustausch ab, vgl. nur BGH, NJW 1990, 2542. Nach a. A. wissen und wollen die Parteien bei Vertragsschluss, dass die Werkleistung unter Verletzung gegen das SchwarzArbG erbracht werden soll; aus diesem Grunde sei unter einem „erbringen" und „ausführen lassen" i. S. von § 1 II SchwarzArbG bereits der Abschluss des Kausalgeschäfts zu verstehen, vgl. *Fricke*, Zivilrechtliche Folgen von Verstößen gegen das SchwarzArbG, 2005, S. 79.

[14] *Bosch*, NJOZ 2008, 3044, 3049.

[15] Regelmäßig reicht der objektive Verstoß gegen ein Verbotsgesetz aus; etwas anderes gilt, wenn das Verbotsgesetz ein Verschulden fordert (z. B. bei Straftatbeständen), vgl. *Larenz/Wolf*, § 40 Rn. 26.

[16] Franzen/Gast/*Joecks*, Steuerstrafrecht, 7. Aufl. 2009, § 379 AO Rn. 9. Danach handele es sich bei einer Ohne-Rechnung-Abrede noch nicht um eine Steuerhinterziehung i. S. d. § 370 AO, da die Vorschrift ein Erfolgsdelikt ist. Es komme auch kein Versuch gemäß § 370 II AO in Betracht, da es um bloße Vorbereitungshandlungen gehe (Franzen/Gast/*Joecks*, Steuerstrafrecht, 7. Aufl. 2009, § 370 AO Rn. 261).

[17] Siehe die Falllösung bei *Dietrich*, JuS 2009, 343.

[18] Der Normzweckvorbehalt ist das zentrale Problem von § 134 BGB, vgl. Staudinger/*Sack* (2003), § 134 BGB Rn. 66. Es ist streitig, ob § 134 BGB eine Auslegungsregel beinhaltet oder – so die wohl h. A. – die positive Begründung erfordert, dass die Rechtsordnung dem Rechtsgeschäft die Wirksamkeit versagt, vgl. *Brehm*, Rn. 314.

[19] MünchKommBGB/*Armbrüster*, 5. Aufl. 2006, § 134 BGB Rn. 105, *Köhler*, § 13 Rn. 13; *Musielak*, Rn. 165.

nommen nicht, um von der zivilrechtlichen Nichtigkeitsfolge auszugehen.[20] Während ein Straftatbestand nämlich an ein tatsächliches Verhalten anknüpft[21], bezieht sich die Nichtigkeitssanktion des § 134 BGB ausschließlich auf Rechtsgeschäfte. Gilt die Straf- oder Bußgeldandrohung allerdings für alle Vertragsparteien, ist damit nach h. A. indiziert, dass die Rechtsordnung auch dem verbotswidrigen Vertrag die Wirksamkeit versagt.[22] Adressiert das gesetzliche Verbot demgegenüber nur eine der Vertragsparteien, ist nach Sinn und Zweck der Verbotsnorm zu entscheiden, ob der Vertrag im Interesse der anderen Vertragspartei wirksam[23] oder (gesamt-)nichtig ist.[24]

Sieht man den Vertrag im letztgenannten Fall als wirksam an, kann sich der Normadressat allerdings regelmäßig nicht zu seinen Gunsten auf die Nichtigkeit des Vertrages berufen.[25] Dasselbe gilt, wenn sich das Verbotsgesetz an beide Vertragspartner richtet, im konkreten Fall einer jedoch als „Haupttäter" anzusehen ist.[26] Während einige Autoren dieses Ergebnis über § 242 BGB erzielen wollen[27], sehen andere das Rechtsgeschäft bei normzweckspezifischer Auslegung als halbseitig teilnichtig an.[28]

---

[20]   Staudinger/*Sack* (2003), § 134 BGB Rn. 78.

[21]   Lackner/*Kühl*, Strafgesetzbuch, 26. Aufl. 2007, Vorbem. Rn. 6.

[22]   BGH, NJW 1992, 2021; siehe auch *Köhler*, § 13 Rn. 12.

[23]   *Canaris*, Gesetzliches Verbot und Rechtsgeschäft, 1983, S. 27. Dies gilt jedenfalls insoweit, als der Gesetzesverstoß lediglich die internen Verhältnisse der Parteien betrifft.

[24]   So ist ein auf eine unzulässige Rechtsberatung (§ 1 I RBerG) gerichteter Geschäftsbesorgungsvertrag nichtig, obwohl sich das Verbot nur gegen den Geschäftsbesorger und nicht auch gegen seinen Kunden richtet, da nur so der Zweck der Vorschrift erreicht werden kann, den Vertragsgegner vor den Gefahren einer ungenügenden und nicht sachgerechten Beratung zu schützen, vgl. BGH, NJW 1984, 1175, 1176; BGH, NJW 2001, 70.

[25]   BGH, NJW 1986, 1104; *Medicus*, Rn. 515.

[26]   Bei einer gegen das Verbot des 12 II Nr. 1 BBiG verstoßenden Absprache zur Zahlung einer Entschädigung für die Berufsausbildung können die Eltern eines Jugendlichen vom Ausbilder auch dann die Rückzahlung des „Lehrgelds" verlangen, wenn sie das Geld in Kenntnis der Gesetzwidrigkeit gezahlt haben; denn der Zweck von § 12 II Nr. 1 BBiG, die Chancen auf eine Berufsausbildung nicht von der wirtschaftlichen Leistungsfähigkeit abhängig zu machen, lässt sich nur dann verwirklichen, wenn der Ausbilder den an ihn gezahlten Betrag zurückgewähren muss, vgl. BAG, NJW 1983, 783; BAG, NZA 2000, 1403. Das BAG berücksichtigt diese Aspekte im Rahmen der Frage, ob § 817 Satz 2 BGB einem Anspruch der Eltern gemäß § 812 I 1 Alt. 1 BGB entgegensteht. Je nach Einzelfall können diese Aspekte jedoch bereits bei der Bestimmung der zutreffenden Rechtsfolge des Verstoßes relevant werden.

[27]   Staudinger/*Sack* (2003), § 134 BGB Rn. 281.

[28]   *Canaris*, Gesetzliches Verbot und Rechtsgeschäft, 1983, 29 ff.; *ders*, NJW 1985, 2404 f.; ihm folgend LG Bonn, NJW-RR 1991, 180, 181; *Petersen*, Jura 2003, 2, 4; MünchKommBGB/*Armbrüster*, 5. Aufl. 2006, § 134 BGB Rn. 108. Hiernach behält der eine Vertragsteil seine vertraglichen Ansprüche, während der andere Teil lediglich Ansprüche nach Bereicherungsrecht geltend machen kann; a. A. *Köhler*, JZ 1990, 466, 467.

§ 370 II AO sichert das öffentliche Interesse am rechtzeitigen und vollständigen Steueraufkommen[29] und gilt für alle Vertragsparteien, die eine Steuerpflicht trifft. Verstoßen wie im vorliegenden Fall beide Parteien gegen den Tatbestand der Steuerhinterziehung, spricht die oben genannte Faustformel grundsätzlich für die Gesamtnichtigkeit des Rechtsgeschäfts. Dies kann allerdings nur gelten, wenn die Steuerhinterziehung der Hauptzweck des Rechtsgeschäfts ist. Ist die Steuerhinterziehung nur Nebenzweck eines Austauschvertrages, der in der Hauptsache auf einen legitimen Zweck gerichtet ist, zielt die Nichtigkeitssanktion lediglich gegen die gesetzwidrige Nebenabrede und nicht gegen den gesamten Vertrag.[30] Der Austauschvertrag selbst ist in solchen Fällen nämlich steuerrechtlich neutral.[31]

Vor diesem Hintergrund ist der Vertrag zwischen A und B nicht insgesamt unwirksam, da er nach seinem Hauptzweck auf die ordnungsgemäße Erbringung der Bauleistung durch B gerichtet war; nichtig ist aber die der Steuerhinterziehung dienende Ohne-Rechnung-Abrede.[32] Diese ist vom Rest des Vertrages abspaltbar[33], so dass die Restvereinbarung keinen Verstoß mehr beinhaltet.[34]

Eine weiterreichende Nichtigkeit wäre nur dann anzunehmen, wenn der Normzweck des Verbotsgesetzes den Leistungsaustausch selbst missbilligen und ihm deshalb die zivilrechtliche Wirksamkeit versagen würde.[35] Vorliegend könnte ein solches Ergebnis aus einem extensiven Verständnis der Sanktions- und Präventionszwecke der §§ 370 II, 379, 380 AO herrühren.[36] Darüber hinaus wird die Besteuerung nicht dadurch ausgeschlossen, dass ein Verhalten, das einen steuerli-

---

[29] Franzen/Gast/*Joecks,* Steuerstrafrecht, 7. Aufl. 2009, § 370 AO Rn. 14 ff. m. w. N. zu den vertretenen Ansichten.

[30] BGH, NZA-RR 2001, 380.

[31] BGH, NJW 1954, 1401.

[32] BGH, NZBau 2008, 434.

[33] Die Abspaltbarkeit gemäß § 134 BGB ist von der Trennbarkeit i. S. des § 139 BGB zu unterscheiden. Bei der Abspaltbarkeit geht es um die objektive Reichweite der gesetzlichen Missbilligung unter Berücksichtigung der wirtschaftlichen Funktion der Regelung. Die Trennbarkeit fragt danach, ob der Restvertrag nach dem hypothetischen Parteiwillen eine eigenständige Bedeutung haben soll (MünchKommBGB/*Busche,* 5. Aufl. 2006, § 139 BGB Rn. 24).

[34] Verstößt eine Vertragsklausel gegen ein gesetzliches Verbot, kann sie grundsätzlich isoliert eliminiert werden (Staudinger/*Sack* [2003], § 134 BGB Rn. 88). Verstößt eine Bestimmung nur aufgrund ihres vereinbarten Umfangs gegen das Verbot (z. B. aufgrund der Höhe des vereinbarten Entgelts), kann nach dem Zweck des Verbotsgesetzes statt der Nichtigkeit der Klausel auch eine quantitative Abspaltung erfolgen, sofern die Reichweite des Verbots klar definiert werden kann (quantitative Nichtigkeit oder „geltungserhaltende Reduktion", vgl. Erman/*Palm,* 12. Aufl. 2008, § 134 BGB Rn. 14).

[35] Siehe zu dieser Unterscheidung MünchKommBGB/*Armbrüster,* 5. Aufl. 2006, § 134 BGB Rn. 42.

[36] Für einen Vorrang der Generalprävention bei beidseitigen Verstößen gegen §§ 134, 138 BGB, konkret in Zusammenhang mit der Kondiktionssperre des § 817 Satz 2 BGB, *Armgardt,* NJW 2006, 2070 ff.

chen Tatbestand erfüllt, gegen ein gesetzliches Gebot oder Verbot oder gegen die guten Sitten verstößt oder deswegen nichtig ist (§§ 40, 41 AO). Steuerlich macht es also keinen Unterschied, wenn man ein Rechtsgeschäft allein wegen der mit ihm als Nebenfolge verbundenen Steuerhinterziehung nach § 134 BGB insgesamt für nichtig erachtet oder nicht.[37] Den benannten Vorschriften der AO lässt sich jedoch nicht entnehmen, dass sie den Leistungsaustausch per se missbilligen; lediglich wenn die Steuerhinterziehung der Hauptzweck des Rechtsgeschäfts ist, fordert das öffentliche Interesse am rechtzeitigen und vollständigen Steueraufkommen in Verbindung mit dem Präventionsgedanken eine Gesamtnichtigkeit des Vertrages. Die übrigen Vertragsbestandteile, welche die Verpflichtungen zum Austausch der Leistungen beschreiben und den Werkvertrag i. S. des § 631 BGB mit den Verpflichtungen der §§ 634 Nr. 1, 635 BGB begründen, sind folglich nicht gemäß § 134 BGB wegen Steuerhinterziehung/-verkürzung nichtig.

2.   Nichtigkeit gemäß § 134 BGB wegen Verstoßes gegen § 1 II Nr. 2 SchwarzArbG n. F.

a)   Verstoß gegen ein Verbotsgesetz

Eine weitergehende Nichtigkeit des Vertrages zwischen A und B könnte sich aus dem durch das „Gesetz zur Intensivierung der Bekämpfung der Schwarzarbeit und damit zusammenhängender Steuerhinterziehung"[38] im Jahr 2004 neu geschaffenen § 1 II Nr. 2 SchwarzArbG ergeben, wonach Ohne-Rechnung-Abreden ausdrücklich als „Schwarzarbeit" eingestuft werden.

Nach § 1 II Nr. 2 SchwarzArbG leistet Schwarzarbeit, wer Dienst- oder Werkleistungen erbringt oder ausführen lässt und dabei als Steuerpflichtiger seine sich auf Grund der Dienst- oder Werkleistungen ergebenden steuerlichen Pflichten nicht erfüllt. Die Vorschrift setzt also keine Steuerstraftat gemäß § 370 AO voraus;[39] gleichwohl steht sie mit § 370 AO in engem Zusammenhang, da bei Schwarzarbeit regelmäßig auch steuerliche Pflichten verletzt werden.[40]

Ob § 1 II Nr. 2 SchwarzArbG ein Verbotsgesetz i. S. von § 134 BGB beinhaltet, ist mit Blick auf Sinn und Zweck der Norm zu beantworten.[41] Der Gesetzgeber verfolgt mit dem SchwarzArbG arbeitsmarktpolitische Zwecke: Schwarzarbeit führt in vielen Berufszweigen zu erhöhter Arbeitslosigkeit, verursacht Steuerausfälle und schädigt die Sozialversicherungsträger; sie gefährdet auch die selbständigen Betriebsinhaber, die nicht so preiswert arbeiten können wie die Schwarzarbeiter. Zusätzlich soll der Auftraggeber vor minderwertigen Leistungen sowie der unsachgemäßen Verwendung von Materialien geschützt werden.[42] Folgerichtig ist

---

[37] BGH, NJW 1954, 1401.
[38] Vom 23. 7. 2004, BGBl. I, 1842, Inkraftgetreten am 1. 8. 2004.
[39] *Bosch*, NJOZ 2008, 3044, 3048 f.
[40] *Spatschek/Fraedrich*, NZBau 2007, 673, 674.
[41] *Bosch*, NJOZ 2008, 3044, 3049; *Stamm*, NZBau 2009, 87, 86.
[42] BGH, NJW 1983, 109.

das SchwarzArbG und mit ihm § 1 II Nr. 2 als Verbotsgesetz i. S. von § 134 BGB einzustufen. Diesem Ergebnis steht nicht entgegen, dass § 1 II SchwarzArbG nach seinem Wortlaut lediglich als Definitionsnorm und nicht ausdrücklich als Verbot ausgestaltet ist; denn entscheidend ist, dass sich der Verbotsgesetzcharakter aus systematisch-teleologischen Erwägungen ergibt. Unerheblich ist ebenfalls, dass die in § 1 II Nr. 2 SchwarzArbG genannte Konstellation keine Ordnungswidrigkeit i. S. von § 8 SchwarzArbG bedeutet.[43] Zum einen muss ein gesetzliches Verbot nicht notwendig als Straf- oder Ordnungswidrigkeitstatbestand ausgestaltet sein. Zum anderen besteht angesichts des regelmäßig zugleich verwirklichten § 370 AO kein praktisches Bedürfnis nach einer derartigen Sanktion; der Gesetzgeber hat mit § 1 II Nr. 2 SchwarzArbG das Verbot von Schwarzgeldabreden, das sich zuvor bereits aus § 370 AO ergab, lediglich unterstrichen.[44]

A und B müssen gemäß § 1 II Nr. 2 SchwarzArbG gegen ihre steuerlichen Pflichten aus dem Werkvertrag verstoßen haben. B hat weder seine Einkünfte gemäß § 25 III 1 EStG noch seine Umsatzsteuer gemäß § 18 I, III UStG erklärt/angemeldet.[45] A hat gegen § 1 II Nr. 2 SchwarzArbG verstoßen, da er sich durch die Ohne-Rechnung-Abrede seiner Pflicht zur Entrichtung der Umsatzsteuer entziehen wollte. Ein Verstoß von A und B liegt somit vor.

b) Reichweite der Nichtigkeitssanktion

Der Verstoß gegen § 1 II Nr. 2 SchwarzArbG könnte nach Sinn und Zweck der Norm zur (Gesamt-) Nichtigkeit des Werkvertrages führen. Nach einer Ansicht soll ein beidseitiger Verstoß gegen das SchwarzArbG unter generalpräventiven Gesichtspunkten grundsätzlich zur Gesamtnichtigkeit des Vertrages führen.[46] Dies gelte auch für den neu geschaffenen § 1 II Nr. 2 SchwarzArbG.[47] Hiernach hätte der Besteller selbst dann keine Gewährleistungsansprüche, wenn der Vertrag – wie vorliegend – bereits erfüllt worden ist. Das Risiko, bei Leistungsstörungen aufgrund der Nichtigkeit des Vertrages keine Gewährleistungsansprüche zu haben, dient nach dieser Auffassung der Generalprävention.[48]

Eine solche Sichtweise kann jedenfalls für § 1 II Nr. 2 SchwarzArbG nicht überzeugen. Berücksichtigt man die Überschneidung mit dem Verbot der Steuer-

---

[43] *Bosch*, NJOZ 2008, 3044, 3049 Fn. 39.

[44] *Stamm*, NZBau 2009, 87, 86.

[45] Zu den von § 1 II Nr. 2 SchwarzArbG erfassten Steuern in Zusammenhang mit „Dienst- oder Werkleistungen" gehören insbesondere die Umsatzsteuer, die Einkommenssteuer, die Körperschaftssteuer und die Gewerbesteuer, vgl. Erbs/Kohlhaas/*Ambs*, Strafrechtliche Nebengesetze, 2009, § 1 SchwarzArbG Rn. 6.

[46] So zur Rechtslage vor Ergänzung des SchwarzArbG um § 1 II Nr. 2: BGH, NJW 1983, 109; BGH, NJW 1990, 2542; vgl. auch Erman/*Palm*, 12. Aufl. 2008, § 134 BGB Rn. 66; Staudinger/*Sack* (2003), § 134 BGB Rn. 276; *Medicus*, Rn. 651; *Tiedke*, NJW 1983, 713, 715; *Sonnenschein*, JZ 1976, 497, 499.

[47] *Bosch*, NJOZ 2008, 3044, 3049.

[48] Staudinger/*Sack* (2003), § 134 BGB Rn. 276 a. E.

hinterziehung/-verkürzung gemäß § 370 AO, ist kein Grund ersichtlich, hier einen strengeren Maßstab anzulegen. Zwar dient § 1 II Nr. 2 SchwarzArbG gemäß § 1 I SchwarzArbG der „Intensivierung des Kampfes gegen die Schwarzarbeit", was für einen strengeren Maßstab sprechen könnte. Allerdings ist die fehlende Sanktion durch § 8 SchwarzArbG als Ordnungswidrigkeit ein deutlicher Hinweis darauf, dass der Gesetzgeber mit § 1 II Nr. 2 SchwarzArbG lediglich das Verbot von Schwarzgeldabreden i. S. des § 370 AO unterstreichen wollte.[49] Folglich ist bei einem Werkvertrag mit einer Ohne-Rechnung-Abrede, welche nicht Hauptzweck des Vertrages ist, ebenso wie bei § 370 AO lediglich die entsprechende Abrede und nicht der gesamte Vertrag unwirksam.

3. Nichtigkeit gemäß § 134 BGB wegen Verstoßes gegen § 1 II Nr. 5 SchwarzArbG

a)   Verstoß gegen ein Verbotsgesetz

Bei § 1 II Nr. 5 SchwarzArbG muss es sich um ein Verbotsgesetz i. S. von § 134 BGB handeln. Anders als § 1 I 1 HandwO, der als reine Ordnungsvorschrift den hohen Leistungsstandard des Handwerks erhalten soll[50], könnte § 1 II Nr. 5 SchwarzArbG ein solches Verbotsgesetz beinhalten.[51] Die Vorschrift bezweckt den Schutz der wirtschaftlichen Ordnung, insbesondere des Handwerks und des Auftraggebers vor „Pfuscharbeit".[52] Bereits der auf den Inhalt des Rechtsgeschäfts bezogene Normzweck spricht dafür, dass es sich bei § 1 II Nr. 5 SchwarzArbG um ein Verbotsgesetz handelt. Für eine solche Einordnung spricht ergänzend, dass § 1 II Nr. 5 SchwarzArbG durch § 8 I Nr. 1 lit. e SchwarzArbG als Ordnungswidrigkeit sanktioniert ist. Vorliegend hat B gegen § 1 II Nr. 5 SchwarzArbG verstoßen, indem er die Werkleistungen erbracht hat, ohne in die Handwerksrolle eingetragen zu sein; A wusste hiervon nichts. Es liegt somit ein einseitiger Verstoß gegen § 1 II Nr. 5 SchwarzArbG vor.

b)   Reichweite der Nichtigkeitssanktion

Wie erläutert sind Verträge, durch deren Abschluss nur eine der Vertragsparteien ein gesetzliches Verbot verletzt, grundsätzlich gültig. Falls der Zweck des Verbotsgesetzes nicht anders zu erreichen ist, kann ein Rechtsgeschäft aber auch bei einem einseitigen Verstoß unwirksam sein.[53] Ein solcher Ausnahmefall liegt z. B. vor, wenn der angestrebte Schutz des Vertragspartners die Nichtigkeit des Rechtsgeschäfts erfordert[54] oder ein Erfüllungsanspruch auf eine unerlaubte Tätigkeit

---

[49]   *Stamm*, NZBau 2009, 87, 86.
[50]   BGH, NJW 1984, 230.
[51]   BGH, NJW-RR 2002, 557; LG Görlitz, NJW-RR 1994, 117.
[52]   Soergel/*Hefermehl* (1999), § 134 BGB Rn. 55.
[53]   BGH, NJW 1962, 2010, 2011; BGH, NJW 1992, 2021.
[54]   BGH, NJW 1979, 2092.

gerichtet ist.[55] Keiner der oben geschilderten Regelungszwecke von § 1 II Nr. 5 SchwarzArbG fordert hiernach die Gesamtnichtigkeit des Werkvertrags; vielmehr gebieten es gerade die Interessen des gesetzestreuen Auftraggebers, ihm seine Erfüllungs- und Gewährleistungsansprüche zu belassen. Dies gilt jedenfalls dann, wenn er wie A den Verstoß gegen das SchwarzArbG nicht kennt und deshalb auch nicht zu seinem eigenen Vorteil ausnutzt.[56]

Gegen dieses Ergebnis kann nicht vorgebracht werden, dass der Auftraggeber hierdurch in die Lage versetzt werde, den Schwarzarbeiter gerichtlich zur Aufnahme oder Fortsetzung eines gesetzeswidrigen Verhaltens zu zwingen.[57] So brauchen Werkverträge – anders als Dienstverträge gemäß § 613 BGB – regelmäßig nicht in Person erfüllt zu werden. Der Schwarzarbeiter kann und muss seinen Pflichten daher durch Übertragung der Ausführung der Arbeiten auf einen eingetragenen Handwerksbetrieb nachkommen; hiermit wird zugleich den übrigen Zielen zur Bekämpfung der Schwarzarbeit gedient, nämlich die Belange des Arbeitsmarktes und der Handwerkerschaft zu wahren sowie einer Minderung des Steuer- und Sozialversicherungsaufkommens vorzubeugen.[58] Außerdem bleibt die generalpräventive Funktion des Gesetzes erhalten, da verbotswidrig handelnde Auftragnehmer erhebliche Kostennachteile befürchten müssen und somit eher auf den Abschluss von Schwarzarbeitsverträgen verzichten werden. Andererseits wird der gesetzestreue Auftraggeber der Notwendigkeit enthoben, unzumutbare Nachforschungen über den handwerksrechtlichen Status seines Vertragspartners anstellen zu müssen.[59] Ist er ohne sein Wissen an einen Schwarzarbeiter geraten, so hat er die Wahl, ob er den Vertrag durchführen oder bei Vorliegen der gesetzlichen Voraussetzungen aus wichtigem Grunde kündigen bzw. wegen des (arglistigen) Verhaltens seines Vertragspartners nach §§ 119 II, 123 I Alt. 1 BGB anfechten will.[60]

Da der Gesetzeszweck hiernach keine Gesamtnichtigkeit des Werkvertrages fordert, wird dieser von der h. A. als wirksam erachtet.[61] Nach anderer Ansicht ist der Vertrag bei einem einseitigen bewussten Verstoß gegen die Vorgaben des SchwarzArbG durch den Werkunternehmer im Wege normzweckspezifischer Auslegung zu dessen Lasten halbseitig teilnichtig[62]; jedenfalls kann sich der Werkunternehmer – dazu noch im Folgenden – nach § 242 BGB nicht auf die Unwirksamkeit des Vertrages berufen. Nach alledem ist der Vertrag nicht wegen Verstoßes gegen § 134 BGB gesamtnichtig.

---

[55] BGHZ 37, 258, 262; BGHZ 53, 152, 159.
[56] BGH, NJW 1985, 2403, 2404; Staudinger/*Sack* (2003), § 134 BGB Rn. 276.
[57] So aber *Buchner*, GewArch 1990, 41, 43.
[58] BGH, NJW 1984, 1175, 1176.
[59] BGH, NJW 1984, 1175, 1176.
[60] BGH, NJW 1984, 1175, 1176; Staudinger/*Sack* (2003), § 134 BGB Rn. 279.
[61] BGH, NJW 1984, 1175, 1176.
[62] *Canaris*, NJW 1985, 2404 f.; MünchKommBGB/*Armbrüster*, 5. Aufl. 2006, § 134 BGB Rn. 77; MünchKommBGB/*Busche*, 5. Aufl. 2009, § 631 BGB Rn. 53; im Ergebnis ebenso Staudinger/*Sack* (2003), § 134 BGB Rn. 281: Scharzarbeiter kann sich nach § 242 BGB nicht zu seinen Gunsten auf das Verbot berufen.

4. Verstoß gegen § 138 I BGB

Schließlich könnte sich eine Gesamtnichtigkeit des Vertrages zwischen A und B aus § 138 I BGB ergeben. § 138 I BGB verbietet Rechtsgeschäfte, die wegen ihres Inhalts sittenwidrig sind; insoweit überschneiden sich die Anwendungsbereiche von § 134 BGB und § 138 BGB.[63] Das Verhältnis dieser beiden Vorschriften ist umstritten, da § 138 I BGB anders als § 134 BGB keinen ausdrücklichen Normzweckvorbehalt enthält. Hiernach könnte ein Vertrag, der nach § 134 BGB lediglich teilnichtig ist, aus denselben Gründen nach § 138 I BGB als gesamtnichtig anzusehen sein; dies würde den Normzweckvorbehalt des § 134 BGB im Ergebnis leer laufen lassen.

Eine Ansicht will beide Tatbestände nebeneinander anwenden.[64] Erfüllt ein Rechtsgeschäft den Tatbestand eines Strafgesetzes oder bedeutet es eine Ordnungswidrigkeit, tritt § 138 I BGB nach einer weiteren Ansicht aufgrund seiner lückenfüllenden Funktion hinter § 134 BGB zurück.[65] Die Lösung dieser Streitfrage hängt davon ab, ob man § 138 I BGB ebenso wie § 134 BGB um einen – ungeschriebenen – Normzweckvorbehalt ergänzt oder nicht.[66] Im erstgenannten Fall können beide Vorschriften nebeneinander angewandt werden. Im letztgenannten Fall besteht die Gefahr eines Wertungswiderspruchs, da ein Rechtsgeschäft, das wegen des Normzweckvorbehalts von § 134 BGB als (teilun-) wirksam gilt, gleichwohl gegen die guten Sitten verstoßen und damit insgesamt unwirksam sein könnte; aus diesem Grunde ist § 134 BGB hiernach als lex specialis gegenüber § 138 I BGB anzusehen. Folgt man der (herrschenden) letztgenannten Ansicht, tritt § 138 I BGB hinter § 134 BGB zurück, weshalb die Rechtsfolgen in erster Linie aus Sinn und Zweck des Verbotsgesetzes zu ermitteln sind.

5. Teil- oder Gesamtnichtigkeit des Vertrages gemäß § 139 BGB

Der Werkvertrag ist ohne die verbotswidrige Ohne-Rechnung-Abrede gleichwohl gemäß § 139 BGB *insgesamt* nichtig, wenn er so nicht mehr dem Willen der Parteien entspricht. Nach § 139 BGB führt die Nichtigkeit von Teilen einer Vereinbarung außerhalb des Anwendungsbereichs von § 306 BGB grundsätzlich zur Nichtigkeit der gesamten Vereinbarung; der Restvertrag bleibt jedoch gültig, wenn dies dem wirklichen oder mutmaßlichen Willen der Parteien entspricht.[67] Bestehen aufgrund der Teilnichtigkeit Vertragslücken, müssen soweit erforderlich im Wege

---

[63] Staudinger/*Sack* (2003), § 138 BGB Rn. 1.

[64] BGH, NJW 1970, 609, 611.

[65] BGH, NJW 1983, 868, 869 f.; MünchKommBGB/*Armbrüster*, 5. Aufl. 2006, § 138 BGB Rn. 42.

[66] Dafür mit guten Argumenten Staudinger/*Sack* (2003), § 138 BGB Rn. 146 ff.

[67] Die Nichtigkeitsvermutung des § 139 BGB ist in dem Umstand begründet, dass die Parteien ein einheitliches Gesamtgeschäft vereinbart und damit zum Ausdruck gebracht haben, dass sie das Geschäft auch als Einheit ansehen. Das Rechtsgeschäft kann deshalb dann aufrechterhalten werden, wenn dies ihrem Willen entspricht; *Bork*, Rn. 1215.

der ergänzenden Vertragsauslegung Vereinbarungen an die Stelle der nichtigen Bestimmungen treten, die faire Vertragsparteien getroffen hätten, wenn sie bei Vertragsschluss die Nichtigkeit der Bestimmungen vorhergesehen hätten.[68] Anders als es der Wortlaut von § 139 BGB vermuten lässt, ist ein Rechtsgeschäft deshalb nur in Ausnahmefällen gesamtnichtig.

Vorliegend kam es A und B maßgeblich auf die Höhe des von A zu zahlenden Werklohns an. Der Werklohn war untrennbar mit der Ohne-Rechnung-Abrede verknüpft.[69] Es kann deshalb nicht davon ausgegangen werden, dass der Vertrag bei ordnungsgemäßer Rechnungslegung und Steuerabführung zu denselben Konditionen, insbesondere zu demselben Preis geschlossen worden wäre.[70] Die dem A zur Verfügung stehenden Finanzmittel reichen weder aus, um die Werkleistungen durch einen eingetragenen Handwerksbetrieb durchführen zu lassen, noch dazu, die anfallenden Steuern zu entrichten. Sie waren vielmehr so knapp bemessen, dass A dem B lediglich das Schwarzgeld bezahlen konnte. Da die Preisvereinbarung einen essentiellen Bestandteil des Vertrages bildet, führt der nichtigkeitsbedingte Wegfall der Ohne-Rechnung-Abrede zur Nichtigkeit des Gesamtvertrages.[71] Folglich ist der Werkvertrag nichtig und kann grundsätzlich keine Verpflichtung zur Nachbesserung gemäß §§ 634 Nr. 1, 635 BGB begründen.

6.   Billigkeitskontrolle anhand von § 242 BGB

Das aus der Anwendung von § 139 BGB folgende Ergebnis einer Gesamtnichtigkeit des Werkvertrages mit der Folge, dass A gegen B keine Gewährleistungsansprüche geltend machen kann, könnte gegen § 242 BGB verstoßen. Dasselbe Problem stellte sich, wenn man entgegen der vorliegend vertretenen Ansicht aus präventiven Gründen von der Gesamtnichtigkeit des Vertrages gemäß § 134 BGB ausgehen würde (siehe oben).

Gegen eine Anwendung von § 242 BGB in Fällen des § 134 BGB ließe sich anführen, dass § 134 BGB i. V. mit den vorliegend in Rede stehenden Verbotsgesetzen nicht nur den individuellen Interessen des Vertragspartners, sondern auch dem öffentlichen Interesse und dem Schutz des Rechtsverkehrs dient und deshalb nicht zur Parteidisposition steht.[72] Folgerichtig könnte die Berufung auf Treu und Glauben gegenüber einer aus § 134 BGB folgenden Nichtigkeit grundsätzlich nicht zulässig sein, da ein gesetzliches Verbot nicht verdrängt werden kann und das

---

[68]   Siehe zur Funktion der ergänzenden Vertragsauslegung *Säcker*, in: FS Westermann, 2008, S. 617 ff. m. w. N.

[69]   *Stamm*, NZBau 2009, 78, 81.

[70]   BGH, NZBau 2008, 434, 435, unter Aufgabe von BGH, NJW-RR 2001, 380, wonach die Nichtigkeit der Ohne-Rechnung-Abrede auf die Höhe der Vergütung keinen Einfluss haben sollte.

[71]   BGH, LM Nr. 57 zu § 134 BGB.

[72]   BGB-RGRK/*Krüger-Nieland/Zöller*, 12. Aufl., § 134 BGB Rn. 1.

Vertrauen auf die Wirksamkeit einer verbotsgesetzwidrigen Vereinbarung keinen Schutz verdient.[73]

Gegen eine solche Sichtweise spricht jedoch, dass die Anwendung des § 242 BGB vorliegend gar nicht den Schutzzweck der §§ 370 II AO, 2 II Nr. 2 und 5 SchwarzArbG vereitelt.[74] Zwar darf sich eine Person, die sich außerhalb der Rechtsordnung bewegt, nicht auf den Schutz der Rechtsordnung verlassen; es darf ihr jedoch auch nicht zum Vorteil gereichen, wenn sie wie B gegen ein Gesetz verstößt. Außerdem wird durch die Anwendung von § 242 BGB in der vorliegenden Konstellation gar nicht § 134 BGB, sondern lediglich die Vermutung des § 139 BGB eingeschränkt.[75]

Ob es einen Verstoß gegen den Grundsatz von Treu und Glauben bedeutet, wenn sich der Unternehmer B, der die Bauleistung erbracht hat, zur Abwehr von Mängelansprüchen des Bestellers A auf die Nichtigkeit des Bauvertrags beruft,[76] ist anhand der spezifischen Interessenlage, die sich bei einem Werkvertrag mit Ohne-Rechnung-Abrede für die Vertragsparteien typischerweise ergibt, zu ermitteln. Nach einer Ansicht führt eine Abwicklung des Vertragsverhältnisses nach Bereicherungsrecht zu sachgerechten Ergebnissen, weshalb es einer Anwendung von § 242 BGB nicht bedarf.[77] Nach vorzugswürdiger Ansicht kann sich B als Initiator der Ohne-Rechnung-Abrede aufgrund der praktischen Rückabwicklungsschwierigkeiten, der daraus folgenden besonderen Schutzwürdigkeit des A sowie seiner überlegenen Sachkenntnis nicht auf die Gesamtnichtigkeit des Vertrages berufen.[78] Ansonsten hätte B typischerweise einen Vorteil von der Verbotswidrigkeit des Schwarzarbeitsvertrages. Sofern man diese Aspekte im Rahmen des § 134 BGB nicht bereits als normzweckimmanent ansieht, ist es dem B deshalb jedenfalls nach § 242 BGB verwehrt, sich auf die Unwirksamkeit des Vertrages zu berufen.

B.   Mangelhafte Leistung

Des Weiteren müsste die Leistung des B mangelhaft i. S. von § 633 BGB sein. Ein Sachmangel liegt vor, wenn die Ist- von der Sollbeschaffenheit abweicht. Eine vertraglich vereinbarte Beschaffenheit i. S. von § 633 II 1 BGB ist nicht gegeben; auch eine vertraglich vorausgesetzte Verwendungseignung i. S. des § 633 II 2 Nr. 1 BGB lässt sich nicht ausmachen. Folglich muss sich das Werk, vorliegend die

---

[73]   Jauernig/*Jauernig*, 13. Aufl. 2009, § 134 BGB Rn. 17; MünchKommBGB/*Armbrüster*, 5. Aufl. 2006, § 134 BGB Rn. 112.

[74]   Dazu BGH, NJW 1983, 109, 111.

[75]   BGH, NZBau 2008, 434, 435.

[76]   Ablehnend z. B. OLG Saarbrücken, OLG-Report 2000, 303.

[77]   *Stamm*, NZBau 2009, 78, 82 ff.

[78]   BGH, NZBau 2008, 434, 435.

Abdichtung der Terrasse, gemäß § 633 II 2 Nr. 2 BGB für die gewöhnliche Verwendung eignen. Da die unter der Terrasse liegende Einliegerwohnung einen Wasserschaden erlitten hat, ist die Terrasse offensichtlich nicht fachgemäß abgedichtet worden. Die Abdichtung der Terrasse war somit mangelhaft.

C. Gesamtergebnis

Der zwischen A und B geschlossene Werkvertrag ist gemäß §§ 134, 139 BGB insgesamt nichtig. Allerdings ist es B gemäß § 242 BGB verwehrt, sich auf die Nichtigkeit zu berufen, soweit er sich damit seiner Gewährleistungspflicht nach § 634 Nr. 1, 635 BGB entzöge. Da die Leistung des B auch mangelhaft war, hat A gegen B einen Anspruch auf Nacherfüllung aus §§ 634 Nr. 1, 635 BGB.

Merke

1. Nach § 134 BGB ist ein Rechtsgeschäft nichtig, das gegen ein gesetzliches Verbot verstößt, sofern sich nicht aus dem Gesetz nach Sinn und Zweck ein anderes ergibt. § 134 BGB ist anwendbar, wenn eine andere Rechtsnorm ein Rechtsgeschäft verbietet, die zivilrechtlichen Sanktionen eines verbotswidrigen Rechtsgeschäfts jedoch nicht selbst regelt.

2. Gesetze i. S. des BGB sind nach Art. 2 EGBGB alle Rechtsnormen, neben Gesetzen im formellen Sinne also auch solche im materiellen Sinn wie Rechtsverordnungen und Satzungen. Ein Verbotsgesetz i. S. des § 134 BGB liegt vor, wenn einem Rechtsgeschäft wegen seines Inhalts oder des mit ihm bezweckten Rechtserfolgs die privatrechtliche Wirksamkeit versagt wird. Dies ist grundsätzlich zu verneinen, wenn sich das Verbot lediglich gegen die äußeren Umstände des Geschäftsabschlusses wie Zeit und Ort richtet (z. B. Verkauf außerhalb gesetzlich erlaubter Öffnungszeiten). Die Rechtsfolgen eines Verstoßes gegen ein Verbotsgesetz bestimmen sich ebenfalls nach Sinn und Zweck des Verbotsgesetzes.

3. Sofern ein Rechtsgeschäft nach dem Zweck des Verbotsgesetzes lediglich teilunwirksam ist, ist in einem ersten Schritt zu ermitteln, ob der unwirksame Teil vom Rest der Vereinbarung abgespalten werden kann. Erst hiernach ist in einem zweiten Schritt zu prüfen, ob die Teilnichtigkeit nach § 139 BGB zur Gesamtnichtigkeit führt, weil die rechtsgeschäftliche Abrede so nicht mehr dem (hypothetischen) Parteiwillen entspricht.

4. Eine sog. „Ohne-Rechnung-Abrede" verstößt gegen die §§ 370 AO, 1 II Nr. 2 SchwarzArbG. Ein solcher Verstoß führt nur dann zur Gesamtnichtigkeit des Werkvertrags, wenn die Steuerhinterziehung dessen Hauptzweck ist; ansonsten ist lediglich die Ohne-Rechnung-Abrede nichtig und vom Rest des Vertrages abzuspalten. Bei einem Verstoß beider Parteien gegen das Verbot der Durch-

führung von Leistungen ohne Eintragung in die Handwerksrolle gemäß § 1 II Nr. 5 SchwarzArbG ist der Vertrag grundsätzlich ebenfalls teilunwirksam.[79]

5. Ein nach § 134 BGB teilunwirksamer Vertrag kann gleichwohl nach § 139 BGB gesamtnichtig sein, wenn dies dem hypothetischen Parteiwillen entspricht. Dies ist der Fall, wenn er bei ordnungsgemäßer Rechnungsstellung und Steuerabführung nicht abgeschlossen worden wäre.

6. Ein gegen die benannten Verbote verstoßender Werkunternehmer kann sich nach § 242 BGB nicht auf die Unwirksamkeit des Vertrages berufen, um Gewährleistungsansprüchen des Bestellers zu entgehen. Zu demselben Ergebnis kommt man, wenn man den Werkvertrag bei normzweckspezifischer Auslegung zu Lasten des Unternehmers als halbseitig (teil-) unwirksam ansieht.

7. Sofern man von der Gesamtnichtigkeit des Vertrages bzw. einer halbseitigen Teilnichtigkeit ausgeht, hat ein Schwarzarbeiter, der vorgeleistet hat, keinen Anspruch auf Aufwendungsersatz nach §§ 683, 670 BGB, da er seine Aufwendungen nicht für erforderlich halten durfte.[80] Allerdings billigt der BGH dem vorleistenden Schwarzarbeiter einen Anspruch auf Wertersatz nach §§ 812 I 1 Alt. 1, 817 Satz 1 BGB i. V. mit § 818 II BGB zu, abzüglich einer Wertminderung wegen der mit der Schwarzarbeit verbundenen (Mängel-) Risiken.[81] Der Bereicherungsanspruch des Unternehmers scheitert nach dieser Ansicht auch nicht an der Konditionssperre des § 817 Satz 2 BGB. Zwar liegt bei einem beidseitigen Verstoß auch eine beidseitige Bösgläubigkeit i. S. der Vorschrift vor; den generalpräventiven Zwecken des SchwarzArbG sei jedoch bereits durch den Ausschluss vertraglicher Ansprüche des Unternehmers genügt. Demgegenüber sei es nach dem Zweck des SchwarzArbG i. V. m. § 242 BGB nicht erforderlich, dass der Besteller von Schwarzarbeit die Leistungen des vorleistenden Schwarzarbeiters auf dessen Kosten behalten dürfe, da ein Gesetzesverstoß ansonsten für ihn profitabel wäre. Nach a. A. erfordert der generalpräventive Zweck von § 817 Satz 2 BGB eine generelle Konditionssperre; die Begünstigung des Bestellers sei in diesem Fall ein hinzunehmender Rechtsreflex.[82]

---

[79] BGH, NJW 1990, 2542. Allein der Umstand, dass der Bauhandwerker nicht in die Handwerksrolle eingetragen ist, macht den Vertrag jedoch nicht per se unwirksam, vgl. BGH, NJW-RR 2002, 557; MünchKommBGB/*Busche*, 5. Aufl. 2009, § 631 BGB Rn. 53 m. w. N.

[80] BGH, NJW 1990, 2542.

[81] BGH, NJW 1990, 2542; vgl. *Rüthers/Stadler*, § 26 Rn. 9; *Köhler*, § 13 Rn. 15.

[82] MünchKommBGB/*Schwab*, 5. Aufl. 2009, § 817 BGB Rn. 24; *Armgardt*, NJW 2006, 2070, jeweils m. w. N.

7. Überblick zu den §§ 134–137 BGB[83]

a) Wichtige Fallgruppen

1. Verstoß gegen Grundrechtsnormen (mittelbare Drittwirkung/Schutzpflichtlehre)

2. Strafrechtliche Verbotsnormen (z. B. Untreue gemäß § 266 StGB, Vorteilsgewährung an Amtsträger gemäß § 333 StGB, ärztliche Schweigepflicht gemäß § 203 I Nr. 1 StGB [dazu BGHZ 115, 123 ff.], Steuerhinterziehung nach § 370 AO [dazu BGH, NJW–RR 2002, 1527])

3. Wirtschaftsrechtliche Verbotsnormen (z. B. § 19 GWB, Art. 102 AEUV)

4. Verbraucherschutzrechtliche Verbotsnormen (vgl. § 506 Satz 1 BGB)

5. Unternehmensrechtliche Verbotsnormen (z. B. § 113 AktG)

6. Arbeitsrechtliche Verbotsnormen (z. B. § 613a IV BGB, SchwarzarbeitsbekämpfungsG vom 23. 7. 2004, BGBl. I, 1842).

7. Wohnraumrechtliche Verbotsnormen (z. B. § 5 WiStG)

8. Berufsrechtliche Verbotsnormen (z. B. §§ 45, 46 BRAO)

b) Rechtsfolgen einer Verletzung des Verbotsgesetzes

1. Gesamtnichtigkeit (§ 139 BGB)

2. „Halbseitige Teilnichtigkeit" (*Canaris*, NJW 1985, 2404 f.)

3. Teilnichtigkeit – Ergänzende Vertragsauslegung zur Schließung der durch die nichtige Regelung entstandenen Vertragslücke mit und ohne sog. salvatorische Klausel

c) Sonderprobleme

1. Abgrenzung zu genehmigungsbedürftigen Verträgen, bei denen die Zustimmung Wirksamkeitsvoraussetzung ist

2. Anwendung auf Erfüllungsrechtsgeschäfte, wenn (auch) der mit dem Erfüllungsrechtsgeschäft bezweckte Erfolg von der Rechtsordnung missbilligt wird (z. B. Drogenübereignung nach § 29 BtMG)

3. Analoge Anwendung auf öffentlich-rechtliche Verträge

d) Relative Verfügungsverbote (§§ 135, 136 BGB)

Gelten nur gegenüber bestimmten Personen (relative Unwirksamkeit, z. B. § 1010 ZPO; § 146 I ZVG; Verfügungsverbot bei Mobiliarzwangsvollstreckung)

---

[83] *Beater*, Der Gesetzesbegriff von § 134, AcP 197 (1997), 505 ff.; *Canaris*, Gesetzliches Verbot und Rechtsgeschäft, 1983; *Benecke*, Gesetzesumgehung im Zivilrecht, 2004; MünchKommBGB/*Armbrüster*, 5. Aufl. 2004, Kommentierung zu § 134 BGB.

e) Unzulässigkeit rechtsgeschäftlicher Verfügungsverbote (§ 137 BGB)

Zum Schutz der Verkehrsfähigkeit von Sachen (anders bei Forderungen: § 399 Fall 2 BGB als lex specialis zu § 137 Satz 1 BGB)

Fall 19

Aktive und passive Vertretung beim Rechtsgeschäft; Abgrenzung zum Boten; Unternehmensbezogenes Rechtsgeschäft; Anfechtung der ausgeübten Innenvollmacht; Ausschluss des Anfechtungsrechts nach § 242 BGB

A betreibt ein Antiquitätengeschäft. Da er am 2. August einen Tag auf Geschäftsreise fährt, bittet er seinen Freund B, ihn im Laden zu vertreten. Am Abend des 1. August führt A den B kurz durch den Laden und weist darauf hin, dass sämtliche zum Verkauf stehenden Waren mit einem Preisschild versehen sind. Im Hinblick auf eine erst kürzlich eingetroffene und deshalb noch nicht mit einem Preis ausgezeichnete Truhe, für die A eigentlich 2200,- EUR erzielen möchte, teilt er dem B in der Eile mit: „Für die Truhe will ich zumindest 2000,- EUR". B, der dem A beweisen will, dass er ein erfolgreicher Verkäufer ist, heftet ein Preisschild in Höhe von 2.150,- EUR an die Truhe. Am 2. August veräußert B eine Reihe von Waren, u. a. die besagte Truhe für 2100,- EUR an den C. C hatte zunächst nur 1800,- EUR geboten, sein Angebot im Rahmen der mit B geführten Verhandlungen jedoch sukzessive auf 2100,- EUR erhöht. C will die Truhe an einem der kommenden Tage bei A abholen. Als A am Abend des 2. August vom Geschäftsabschluss des B erfährt, teilt er diesem sofort mit, dass er – der A – sich im Hinblick auf den Preis versprochen habe. Sicherheitshalber ruft A in Anwesenheit des B sogleich den C an und teilt diesem unter Hinweis auf das Versehen mit, dass er sich an den Vertrag nicht gebunden fühle. Zum Erstaunen des A erklärt sich C bereit, weitere 100,- EUR für die Truhe zu zahlen. Kann C von A die Übereignung der Truhe verlangen?

Lösung Fall 19

A. Anspruch des C gegen A auf Übereignung der Truhe gemäß § 433 I 1 BGB

C hat gegen A einen Anspruch auf Übereignung der Truhe gemäß § 433 I 1 BGB, wenn zwischen beiden durch Angebot und Annahme ein entsprechender Kaufvertrag zustande gekommen ist (§§ 145 ff. BGB).

I. Zustandekommen eines Kaufvertrags

1. Ausstellen der Truhe im Ladengeschäft des A

Das Ausstellen der Truhe im Laden des A bedeutet aus Sicht eines verständigen Erklärungsempfängers in der konkreten Situation des C (§§ 133, 157 BGB) kein rechtlich verbindliches Angebot, sondern lediglich eine invitatio ad offerendum ohne Rechtsbindungswillen.[1]

2. Angebot des C

a)   Willenserklärung des C

C hat dem B ein Angebot auf Abschluss eines Kaufvertrages über die Truhe zu 2100,- EUR gemacht.

b)   Wirkung für und gegen A aufgrund einer passiven Stellvertretung

Das Angebot des C ist als empfangsbedürftige Willenserklärung unter Anwesenden mit Zugang bei B mit Wirkung für und gegen A wirksam geworden, wenn B den A beim Empfang der Erklärung gemäß § 164 III BGB vertreten hat (passive Stellvertretung).

aa)   Vertretungsmacht des B

Indem A den B beauftragt hat, die Truhe zu veräußern, könnte er ihm rechtsgeschäftliche Vertretungsmacht erteilt haben. Eine Vollmacht (§ 166 II BGB) wird durch einseitige empfangsbedürftige, vom Grundgeschäft abstrakte Willenserklärung gegenüber dem Bevollmächtigten (Innenvollmacht) oder gegenüber dem Geschäftspartner (Außenvollmacht) erteilt; sie bedarf nach § 167 II BGB grundsätzlich keiner Form.[2] Allein der Abschluss eines Auftragsvertrages beinhaltet

---

[1]   Siehe dazu bereits Fall 7.

[2]   Siehe zu den Fallgestaltungen einer teleologischen Reduktion von § 167 II BGB bei einer unwiderruflichen Vollmacht (so benötigt eine unwiderrufliche Grundstücksvollmacht wegen des von § 311b I 1 BGB intendierten Übereilungsschutzes der notariellen Beurkundung) *Rüthers/Stadler,* § 30 Rn. 13.

also noch nicht automatisch eine entsprechende Vollmachtserteilung. Allerdings geht mit der Begründung des Innenverhältnisses regelmäßig die Erteilung einer dem Umfang des Auftrags entsprechenden Vollmacht einher.[3]

Im Abschluss des Auftragsvertrages zwischen A und B lag somit zugleich die Erteilung einer Innenvollmacht, die im Ladengeschäft ausgestellten, mit einem Preisschild versehenen Waren sowie die noch nicht ausgezeichnete Truhe zu veräußern und dazu entsprechende Willenserklärungen abzugeben.[4] Dass die Vollmacht den B nicht ausdrücklich zur Entgegennahme von Willenserklärungen Dritter ermächtigte, ist unerheblich; denn in der Erteilung einer aktiven Vertretungsmacht liegt aus Sicht eines verständigen Erklärungsempfängers nach §§ 133, 157 BGB regelmäßig auch die Erteilung der passiven Vertretungmacht in demselben Geschäftsbereich, vorliegend also zur Entgegennahme von Angeboten auf Abschluss entsprechender Kaufverträge.[5]

bb) Entbehrlichkeit einer Willenserklärung des B im Fall des § 164 III BGB

B hat keine eigene Willenserklärung abgegeben. Dies hindert eine Zurechnung des Empfangs der Willenserklärung für und gegen A jedoch nicht, da die Verweisung des § 164 III BGB auf § 164 I BGB, der die aktive Stellvertretung regelt, teleologisch zu präzisieren ist:[6] Der passive Vertreter braucht hiernach anders als der Geschäftspartner keine eigene Willenserklärung abzugeben. Dies ergibt sich zwingend aus den Regelungen über den Vertragsschluss; denn für den Zugang verkörperter und die Vernehmung nicht-verkörperter Willenserklärungen i. S. der §§ 130 ff. BGB ist keine Willenserklärung des Empfängers notwendig.[7] Die Abgrenzung zum Empfangsboten erfolgt danach, ob die Erklärung an den Mittelsmann selbst gerichtet ist, oder ob dieser die Erklärung dem Geschäftsherrn lediglich übermitteln soll.[8]

---

[3]   *Larenz/Wolf*, § 47 Rn. 18 f.

[4]   Dabei könnte man nach dem Sachverhalt nicht von einer – grundsätzlich zulässigen – vertraglichen Vollmachtserteilung, sondern auch von einer einseitigen Ermächtigung des B durch A ausgehen; vgl. hierzu *Flume*, § 49, 1.

[5]   MünchKommBGB/*Schramm*, 5. Aufl. 2006, § 164 BGB Rn. 133.

[6]   BGH, NJW 2003, 3270 f.; MünchKommBGB/*Schramm*, 5. Aufl. 2006, § 164 BGB Rn. 133.

[7]   Staudinger/*Schilken* (2003), § 164 BGB Rn. 22. Da der Empfangsvertreter keinen eigenen Willen bilden muss, geht ihm eine Willenserklärung bei konsequenter Anwendung dieses Grundsatzes selbst dann zu, wenn er den Zugang ausdrücklich ablehnt; Bamberger/Roth/*Habermeier*, § 164 BGB Rn. 45; a. A. Staudinger/*Schilken*, a. a. O.

[8]   Maßgeblich ist, wie der Mittelsmann die Erklärung vernünftiger Weise verstehen musste (§§ 133, 157 BGB): Ist die Erklärung an ihn gerichtet, soll jedoch Rechtsfolgen gegenüber dem Geschäftsherrn entfalten, ist er passiver Stellvertreter. Muss der Mittelsmann die Erklärung demgegenüber so verstehen, dass er sie nur an den Geschäftsherrn weiterleiten soll, so ist er Bote. Hat der Mittelsmann Vertretungsmacht, muss er regelmäßig annehmen, dass die Willenserklärung des Geschäftspartners an den Geschäftsherrn gerichtet ist; vgl. *Faust*, § 29 Rn. 5 ff.

cc)   Entbehrlichkeit einer Offenlegung der Stellvertretung

Der rechtlichen Qualifikation von B als Empfangsvertreter des A steht – anders als bei der aktiven Stellvertretung – nicht entgegen, dass die Entgegennahme der Willenserklärung des C nicht im Namen des A erfolgte.

Will ein aktiver Stellvertreter im Namen eines anderen handeln, bringt er dies jedoch nicht hinreichend zum Ausdruck, und ist dem Geschäftsgegner die Stellvertretung auch ansonsten nicht bekannt oder erkennbar, liegt ein Eigengeschäft des Vertreters vor (§ 164 II BGB). Da ein passiver Stellvertreter für die Entgegennahme einer Willenserklärung keinen eigenen Willen bilden muss, ist hier in Abweichung von § 164 I 1 BGB auf den Willen des Geschäftspartners abzustellen. Dieser muss den Vertretenen ausdrücklich oder nach dem Umständen berechtigen oder verpflichten wollen; nicht erforderlich ist deshalb auch, dass dem Erklärenden die Stellung des Mittelsmanns als Empfangsvertreter bekannt ist.[9]

C hat dem B bei Abgabe seiner Willenserklärung nicht mitgeteilt, dass die Erklärung an den A gerichtet ist; ihm war nämlich gar nicht bekannt, dass B überhaupt nicht Inhaber des Unternehmens ist. Allerdings wollte C nach dem Inhalt seiner Willenserklärung den Inhaber des Unternehmens und nicht etwa einen im Unternehmen beschäftigten Arbeitnehmer oder – wie im Fall des B – einen auf der Grundlage eines Auftragsvertrages i.S. von § 662 BGB handelnden Mitarbeiter verpflichten.[10] Dies folgt bereits daraus, dass – abgesehen von der Möglichkeit eines gutgläubigen Erwerbs nach §§ 932 ff. BGB oder einer Ermächtigung nach § 185 BGB – grundsätzlich nur der Eigentümer der Truhe befugt ist, die Verpflichtung aus dem Kaufvertrag zu erfüllen und dem C die Truhe zu übereignen (§ 929 Satz 1 BGB); die Befugnis, über ein Recht (z. B. das Eigentumsrecht) zu verfügen, ist Bestandteil des jeweiligen Rechts.[11] Da C den A berechtigen oder verpflichten wollte, ist B somit als dessen Empfangsvertreter einzustufen.

c)   *Zwischenergebnis*

Die Willenserklärung des C wurde mit Zugang bei B mit Wirkung für und gegen A wirksam.

3.   Annahme des A

a)   *Eigene Willenserklärung des A*

A hat selbst keine Erklärung gegenüber C abgegeben. B hat dem C auch nicht als Bote eine Willenserklärung des A übermittelt. Vielmehr trat B im Verhältnis zu C

---

[9]   Soergel/*Leptien* (1999), § 164 BGB Rn. 37; MünchKommBGB/*Schramm*, 5. Aufl. 2006, § 164 BGB Rn. 133; a. A. Staudinger/*Schilken* (2003), § 164 BGB Rn. 22: Entscheidend sei, ob das vom Vertreter an den Tag gelegte Empfangsverhalten erkennbar für den Vertretenen wirken solle.

[10]   MünchKommBGB/*Schramm*, 5. Aufl. 2006, § 164 BGB Rn. 23 f.

[11]   *Larenz/Wolf*, § 23 Rn. 38.

als aktiver Stellvertreter des A auf. Im Gegensatz zum Vertreter gibt ein Bote keine eigene Willenserklärung ab, sondern übermittelt eine fremde Willenserklärung an den Erklärungsempfänger. Die Abgrenzung erfolgt mit Hilfe des die Stellvertretung prägenden Offenkundigkeitsprinzips aus Sicht des Erklärungsempfängers (§§ 133, 157 BGB).[12] B hat mit C eigenverantwortlich über die Höhe des Kaufpreises verhandelt und damit zu erkennen gegeben, dass er über einen eigenen Entscheidungsspielraum verfügt.[13] Hieraus musste C schließen, dass B eine eigene Willenserklärung abgibt und nicht bloß eine fremde Willenserklärung übermittelt. Darüber hinaus war dem C gar nicht bekannt, dass es sich bei B nicht um den Inhaber des Unternehmens, sondern lediglich um einen Beauftragten handelt. Auch dies spricht dafür, dass B aus der Sicht des C eine eigene Willenserklärung abgegeben hat.

b) Vertretung des A durch B

B könnte den A jedoch wirksam vertreten haben, so dass dem A die Willenserklärung des B zuzurechnen wäre. Gemäß § 164 I 1 BGB wirkt eine Willenserklärung, die jemand innerhalb der ihm zustehenden Vertretungsmacht im Namen des Vertretenen abgibt, unmittelbar für und gegen den Vertretenen.

aa)   Handeln „im Namen" des A

B muss gemäß § 164 I BGB „im Namen" des A gehandelt haben. Durch das Offenheitsprinzip (Offenkundigkeitsprinzip[14]; Offenlegungsgrundsatz) soll der Vertragspartner geschützt werden, der wissen muss, gegenüber welcher Person er Ansprüche bzw. Pflichten hat.[15]

B hat das Angebot des C nicht ausdrücklich im Namen des A angenommen.[16] Nach dem Schutzzweck des Offenheitsprinzips genügt es jedoch, dass dem C aus den Umständen das Handeln des B für eine andere Person erkennbar war (§ 164 I 2 BGB). Bezieht sich das Handeln einer Person auf ein bestimmtes Unternehmen und soll der Inhaber des Unternehmens Vertragspartner werden, besteht eine Auslegungsregel, dass eine Willenserklärung im Zweifel im Namen des Unterneh-

---

12 *Larenz/Wolf,* § 46 Rn. 75; in diesem Zusammenhang sind auch die soziale Stellung und die Qualifikation der Mittelsperson relevant, vgl. Staudinger/*Schilken* (2003), Vor. §§ 164 ff. BGB Rn. 74.

13 Die h. A. erkennt freilich auch einen „Vertreter mit gebundener Marschroute" an, siehe dazu *Bork,* Rn. 1346 sowie unten in Zusammenhang mit § 166 II BGB.

14 Nach *Bork* (Rn. 1378) ist der Begriff Offenkundigkeit missverständlich, da sich das Handeln des Vertreters in fremdem Namen auch aus den Umständen ergeben kann.

15 *Bork,* Rn. 1378; siehe dazu bereits Fall 16.

16 BGH, NJW 1961, 2251, 2253.

mensträgers abgegeben wird (unternehmensbezogenes Geschäft).[17] Dabei spielt es keine Rolle, ob der Erklärungsempfänger überhaupt erkennen kann, wer dies ist.[18]

Vorliegend nahm B das Angebot des C auf Abschluss eines Kaufvertrags über die Truhe in dem Antiquitätengeschäft des A an. Seine Willenserklärung ist deshalb nach den §§ 133, 157 BGB dahingehend auszulegen, dass sie im Namen des A als dem Inhaber des Unternehmens abgegeben wurde.[19]

bb) Mit Vertretungsmacht

B muss außerdem mit Vertretungsmacht gehandelt haben.[20] A hat mit B am 1. August einen Auftragsvertrag i. S. des § 662 BGB geschlossen, wonach B die Truhe für mindestens 2.000,- EUR veräußern soll. Hierin lag zugleich die Erteilung einer Innenvollmacht gegenüber B zur Abgabe der hierzu notwendigen Willenserklärungen (siehe oben). Dass A für die Truhe eigentlich 2.200,- EUR erzielen wollte, sich jedoch versprochen hat, war für einen verständigen Beobachter in der konkreten Situation des B nicht erkennbar (§§ 133, 157 BGB). Der fehlende Geschäftswille des A steht einer Bevollmächtigung somit aus Verkehrs- und Vertrauensschutzgesichtspunkten nicht entgegen. Indem B die Truhe für 2.100,- EUR an C verkauft hat, hat B somit – vorbehaltlich einer eventuellen Anfechtung der Vollmachtserteilung durch A – den A berechtigt und verpflichtet.[21]

---

[17] BGH, NJW 1992, 1380, 1381.

[18] MünchKommHGB/*Krebs*, 2. Aufl. 2005, Vor § 48 HGB Rn. 45.

[19] Ansonsten läge ein Eigengeschäft des V vor. § 164 II BGB schließt bei einem Eigengeschäft des Vertreters eine Anfechtung wegen Irrtums i. S. von § 119 I BGB (insbesondere wegen eines Erklärungsirrtums gemäß § 119 I Alt. 2 BGB) aus, obwohl der Wille, in fremdem Namen zu handeln, nach allgemeinen Grundsätzen Bestandteil des Geschäftswillens ist, vgl. *Brox/Walker*, Rn. 525.

[20] Das Erfordernis der Vertretungsmacht schützt den Vertretenen, den die Rechtsfolgen des Vertretergeschäfts treffen. Die Vertretungsmacht kann auf rechtsgeschäftlicher oder gesetzlicher Grundlage beruhen; daneben kommt im Einzelfall eine Verpflichtung des „Vertretenen" kraft Rechtsscheins in Betracht, vgl. MünchKommBGB/*Schramm*, 5. Aufl. 2006, Vor § 164 BGB Rn. 2 ff.

[21] Grundsätzlich ist die Anfechtung einer ausgeübten Innenvollmacht an dieser Stelle zu prüfen, da hierdurch – sofern man die Anfechtung als zulässig ansieht – die Vollmacht gemäß § 142 I BGB mit Wirkung ex-tunc unwirksam wird. Nach dem Sachverhalt ruft A jedoch den C an und teilt ihm mit, dass er sich aufgrund des Versprechers nicht an den Vertrag gebunden fühle. Aus diesem Grunde ist es zulässig, zunächst die Anfechtung des Vertretergeschäfts zu prüfen, um hiernach die Anfechtungserklärung dahingehend auszulegen, dass A ausweislich seines Gespräches mit B auch die Vollmachtserteilung anfechten wollte; siehe zum Aufbau *Pfeifer*, JuS 2004, 694 ff.

II. Wirksamkeit des Kaufvertrags

1. Anfechtung des Kaufvertrags durch A

Die Willenserklärung des A könnte gemäß § 142 I BGB ex tunc durch eine Anfechtung unwirksam geworden sein.[22]

a) Anfechtungserklärung

Die Anfechtung erfolgt nach § 143 I BGB durch eine empfangsbedürftige Willenserklärung gegenüber dem Anfechtungsgegner, bei einem Vertrag nach § 143 II Hs. 1 BGB gegenüber dem Vertragspartner. A hat dem C allerdings nicht ausdrücklich mitgeteilt, dass er den Kaufvertrag anfechte. Da die Anfechtungserklärung grundsätzlich keinem Formerfordernis unterliegt[23], ist es jedoch ausreichend, wenn sie für einen verständigen Empfänger in der Situation des Rezipienten zu erkennen gibt, dass der Erklärende seine Willenserklärung nicht mehr gelten lassen will (§§ 133, 157 BGB).[24] Dies war vorliegend der Fall. A hat dem C erklärt, dass er sich aufgrund eines Versehens bei der Vollmachtserteilung nicht an den Vertrag gebunden fühle. Hierdurch brachte er aus Sicht des C zum Ausdruck, dass er die Annahmeerklärung anficht.

b) Willensmängel in der Person des B

Gemäß § 166 I BGB kommt es für Willensmängel bei einem Vertretergeschäft regelmäßig nicht auf die Person des Vertretenen, sondern auf den Vertreter an, da der Vertreter den für die Vornahme des Rechtsgeschäfts maßgeblichen Willen bildet.[25] B unterlag nach dem Sachverhalt bei der Abgabe seiner Willenserklärung jedoch keinem Irrtum.

c) Anfechtung des Vertretergeschäfts analog § 166 II BGB?

A hat sich gegenüber B zwar im Rahmen der Bevollmächtigung versprochen, was grundsätzlich einen beachtenswerten Erklärungsirrtum i. S. von § 119 I Alt. 2

---

[22] Die Anfechtung bezieht sich auf die Willenserklärung des Anfechtenden; dadurch wird zugleich der Vertrag unwirksam, *Larenz/Wolf*, § 36 Rn. 112 m. w. N. zum Streitstand.

[23] Ausnahmen z. B Anfechtung eines Erbvertrages gemäß § 2282 III BGB oder Anfechtung der Annahme oder Ausschlagung einer Erbschaft gemäß §§ 1955, 1945 I BGB.

[24] *Larenz/Wolf*, § 36 Rn. 110.

[25] Staudinger/*Schilken* (2003), § 166 BGB Rn. 13. Während § 164 I BGB die Zurechnung von Willenserklärungen zum Vertretenen behandelt, regelt § 166 I BGB die Zurechnung von Willensmängeln sowie die Rechtsfolgen der Kenntnis und grob fahrlässigen Unkenntnis z. B. von Mängeln i. S. von § 442 I BGB. Beachte: Bei der Botenschaft kommt es anders als nach § 166 I BGB auf die Kenntnis bzw. das Kennenmüssen des Geschäftsherrn als dem Erklärenden an.

BGB bedeutet;[26] er unterlag jedoch keinem Willensmangel in Bezug auf das Vertretergeschäft, also in Bezug auf den Kaufvertrag über die Truhe. Der Irrtum im Rahmen der Bevollmächtigung berechtigt nach der Wertung des § 166 I BGB grundsätzlich nicht zur Anfechtung des Vertretergeschäfts, sondern – wenn überhaupt – nur zur Anfechtung der Vollmachtserteilung.

Etwas anderes würde gelten, wenn man dem A bei einem Willensmangel im Rahmen der Vollmachtserteilung analog § 166 II BGB erlauben würde, auch das Vertretergeschäft anzufechten.[27] § 166 II BGB behandelt – anders als § 166 I BGB – keine Willensmängel, sondern die rechtlichen Konsequenzen der Kenntnis bzw. des Kennenmüssens des Vertretenen von bestimmten Umständen. Die Vorschrift durchbricht den in § 166 I BGB enthaltenen Grundsatz, dass es nur auf den Willen und die Kenntnis des Vertreters ankommt, für den Fall, dass der Bevollmächtigte nach bestimmten „Weisungen", also auf Veranlassung des Vertretenen gehandelt hat, damit der Vertretene sich nicht hinter einem gutgläubigen Vertreter „verstecken" kann.[28]

Nach einer Ansicht liegt § 166 BGB der allgemeine Rechtsgedanke zu Grunde, dass immer der Wissens- und Kenntnisstand derjenigen Person relevant ist, auf deren Interessenbewertung und Entschließung das Vertretergeschäft im Einzelfall beruht.[29] Eine Anfechtungsmöglichkeit des Vertretenen sei insoweit nicht nur dann zu bejahen, wenn der Geschäftsgegner den Vertretenen arglistig getäuscht und dazu veranlasst habe, dem Vertreter nach dessen Bevollmächtigung die Weisung zum Abschluss des Geschäfts zu erteilen.[30] Willensmängel des Vollmachtgebers könnten vielmehr auch dann auf das Vertretergeschäft wirken, wenn der Vertreter nach „Weisung", also auf Veranlassung oder mit Duldung des Geschäftsherrn gehandelt habe. Eine bereits vollzogene Vollmacht sei hiernach analog § 166 II BGB anfechtbar, wenn der zur Anfechtung berechtigende Willensmangel bei der Bevollmächtigung auf den Inhalt des Vertretergeschäfts i. S. einer

---

[26] *Medicus*, Rn. 746; Staudinger/*Singer* (2004) § 119 BGB Rn. 33. Beachte: Die Erteilung der Vollmacht ist nicht nur vom Grundgeschäft abstrakt, sondern auch vom Vertretergeschäft zu unterscheiden, vgl. *Westermann*, S. 67. Die Abstraktheit der Vollmacht wird u. a. durchbrochen durch § 168 BGB.

[27] So z. B. Erman/*Palm*, 12. Aufl. 2008, § 166 BGB Rn. 18; *Larenz/Wolf*, § 46 Rn. 112; *Medicus*, Rn. 899 und 902.

[28] Soergel/*Leptien* (1999), § 166 BGB Rn. 28. Ansonsten könnte sich der Vertretene durch Einschaltung eines Vertreters den gesetzlichen Voraussetzungen seiner Bösgläubigkeit entziehen, z. B. nach den §§ 929 Satz 1, 932 BGB. Beachte: Nach seinem Wortlaut bezieht sich § 166 II BGB nur auf die rechtsgeschäftliche und nicht auf die gesetzliche Vertretungsmacht, da der gesetzlich Vertretene (z. B. das Kind) dem Vertreter (z. B. den Eltern) keine Weisungen erteilen kann. Siehe zur analogen Anwendung von § 166 II BGB auf gesetzliche Vertreter, die zur Vornahme bestimmter Geschäfte einen gutgläubigen Pfleger bestellen, *Larenz/Wolf*, § 46 Rn. 113 ff.

[29] BGH, NJW 1969, 925; *Larenz/Wolf*, § 48 Rn. 109.

[30] So BGH, NJW 1969, 925.

vorgegebenen Marschroute[31] „durchschlage", also nicht nur das Innen-, sondern auch das Außenverhältnis betreffe. Der Dritte sei hier nicht schutzwürdig, da der Vertretene – hätte er das Vertretergeschäft durchgeführt und sich dabei versprochen – dieses nach § 119 I Alt. 2 BGB anfechten könne. Der Wortlaut von § 166 II BGB stehe diesem Ergebnis nicht entgegen, da die zur Anfechtung berechtigenden Willensmängel immer auf einer Verkennung tatsächlicher Umstände i. S. von § 166 II BGB beruhten.[32] Etwas anderes gelte nur bei einem Irrtum über eine verkehrswesentliche Eigenschaft des Bevollmächtigten gemäß § 119 II BGB; dieser betreffe lediglich das Innenverhältnis zwischen Vertreter und Vertretenem und könne deshalb nicht durchschlagen.[33] Folgte man dieser Sichtweise, könnte A vorliegend seine Annahmeerklärung anfechten, da die Vertretererklärung des B auf dem Willensmangel des A bei der Vollmachtserteilung beruhte; hätte A sich nicht versprochen, hätte B dem C die Truhe nicht für 2100,- EUR verkauft.

Gegen eine analoge Anwendung des § 166 II BGB auf Willensmängel des Vertretenen bei der Vollmachtserteilung spricht jedoch, dass sich Vollmachtserteilung und Vertretergeschäft als selbständige Rechtsgeschäfte gegenüberstehen, die nach der Konzeption des § 166 BGB getrennt zu behandeln sind.[34] Eine analoge Anwendung des § 166 II BGB auf das Vertretergeschäft würde das Abstraktionsprinzip unterlaufen, dem auch eine Verkehrsschutzfunktion zukommt.[35] Darüber hinaus will § 166 II BGB nur den Rechtsverkehr schützen[36], nicht aber den Vertretenen, indem diesem eine zusätzliche Anfechtungsmöglichkeit eröffnet wird.

d) Zwischenergebnis

Eine Anfechtung der Annahmeerklärung des A gegenüber C wegen eines Irrtums bei der Erteilung der Vollmacht an B ist nicht zulässig.

2. Anfechtung der Innenvollmacht

A könnte die dem B erteilte Innenvollmacht wirksam angefochten haben, wodurch diese ex tunc unwirksam geworden wäre (§ 142 I BGB) und B als Vertreter ohne

---

[31] Siehe zum Vertreter mit gebundener Marschroute MünchKommBGB/*Schramm*, 5. Aufl. 2006, Vor § 164 BGB Rn. 63.

[32] So *Brox/Walker*, Rn. 575.

[33] Die Anfechtung des Vertretergeschäfts nach § 166 II BGB ist auch zu behandeln, wenn eine Außenvollmacht erteilt wird und sich der Vertretene hiernach bei Erteilung der Weisung gegenüber dem Vertreter irrt. Davon zu unterscheiden ist die Problematik der Anfechtung einer ausgeübten Innenvollmacht, um die es vorliegend geht.

[34] Soergel/*Leptien* (1999), § 166 BGB Rn. 22; *Staudinger/Schilken* (2004), § 167 BGB Rn. 82a.

[35] Staudinger/*Schilken* (2003), § 167 BGB Rn. 82a.

[36] Vgl. Soergel/*Leptien* (1999), § 166 BGB Rn. 28.

Vertretungsmacht gehandelt hätte (§ 177 BGB).[37] In Folge der Anfechtung läge kein wirksamer Kaufvertrag zwischen A und C vor.

a) Anfechtungserklärung

A hat gegenüber B zum Ausdruck gebracht, dass er sich bei der Vollmachtserteilung versprochen habe. Diese Erklärung ist aus Sicht eines verständigen Rezipienten in der Situation des B dahingehend auszulegen, dass A nicht nur die Annahme der auf Abschluss eines Kaufvertrages über die Truhe gerichteten Willenserklärung gegenüber C, sondern auch die Vollmachtserteilung gegenüber B als einseitig empfangsbedürftige Willenserklärung angefochten hat (§§ 143 I, III 1 BGB).[38]

b) Anfechtungsgrund

A hat im Hinblick auf die Erteilung der Vollmacht einen Anfechtungsgrund, da er sich versprochen, also im Rahmen des Erklärungsvorgangs ein anderes Erklärungszeichen gesetzt hat, als er eigentlich setzen wollte. Ein derartiger Irrtum über die Erklärungshandlung (Erklärungsirrtum) berechtigt nach § 119 I Alt. 2 BGB zur Anfechtung (siehe oben).

c) Ausschluss der Anfechtung nach Ausübung der Innenvollmacht?

A würde sich durch die Anfechtung der durch B ausgeübten Innenvollmacht rückwirkend (§ 142 I BGB) vom Vertretergeschäft lösen. Dies hätte wiederum zur Folge, dass der B als Vertreter des A ohne Vertretungsmacht gehandelt hätte, womit der Kaufvertrag schwebend unwirksam i. S. von § 177 I BGB wäre. In der Anfechtung des A läge wiederum eine Verweigerung der Genehmigung des Vertretergeschäfts. C hätte hiernach – wenn überhaupt – einen Schadensersatzanspruch gemäß § 179 II BGB gegen B, der seinen Schaden aus dem der Vollmacht zugrunde liegenden Auftragsvertrag bzw. nach § 122 BGB bei A liquidieren könnte. Im Ergebnis würden bei Zulassung einer Anfechtung der ausgeübten Innenvollmacht also C das Insolvenzrisiko des B und der B das Insolvenzrisiko des A tragen.[39]

Dieses Ergebnis ist nach einer Ansicht unbillig, weshalb die Anfechtung einer gebrauchten Innenvollmacht durch den Vertretenen mit ex-tunc-Wirkung ausgeschlossen sein soll:[40] Nach § 166 I BGB könne das Vertretergeschäft nur dann

---

[37] Vor ihrem Gebrauch kann eine Vollmacht nach § 168 Satz 2 BGB widerrufen werden, so dass eine Anfechtung nicht notwendig ist. Nach Ausübung hilft der Widerruf demgegenüber nicht weiter, da er nur ex nunc wirkt; *Bork*, Rn. 1472.

[38] Siehe zum zutreffenden Anfechtungsgegner bei der Vollmacht Soergel/*Hefermehl* (1999), § 119 BGB Rn. 10.

[39] *Bork*, Rn. 1473; die Anfechtung einer Außenvollmacht wegen eines Willensmangels bei Vollmachtserteilung ist zulässig, da hier der Wirksamkeitsmangel aus dem Verhältnis Vollmachtgeber zum Dritten stammt.

[40] *Eujen/Frank*, JZ 1973, 232 ff.; *Prölss*, JuS 1985, 577, 582 f.

beseitigt werden, wenn der Willensmangel beim Vertreter liege. Damit solle der Vertretene so gestellt werden, wie wenn er das Rechtsgeschäft selbst abgeschlossen und sich dabei geirrt habe. Könne der Vertretene zusätzlich die Vollmacht anfechten, stünde er besser, wie wenn er das Vertretergeschäft selbst getätigt habe. Als weiteres Argument wird angeführt, dass sich der Vertretene bei einer Anscheinsvollmacht, obwohl er das Handeln des Vertreters nicht kennt, so behandeln lassen müsse, als ob er diesen bevollmächtigt habe; ihm steht hinsichtlich der Rechtswirkungen der Rechtsscheinvollmacht kein Anfechtungsrecht zu.[41] Dann sei es jedoch nicht sachgerecht, wenn ein Vertretener, der tatsächlich eine andere Person bevollmächtigt habe, die Vollmachtserteilung mit ex-tunc-Wirkung anfechten könne. Schließlich sei der Dritte bei einer ausgeübten Vollmacht ebenso schutzwürdig wie im Rahmen der Anfechtung von Dauerschuldverhältnissen. So ist z. B. im Arbeitsrecht anerkannt, dass ein in Geltung gesetztes Arbeitsverhältnis nur ex nunc angefochten werden kann.[42] Dieselbe Interessenlage bestehe bei der Anfechtung einer in Gebrauch gesetzten Innenvollmacht, weshalb der Vertretene nicht mit ex-tunc-Wirkung anfechten könne; eine nur für die Zukunft wirkende ex-nunc-Anfechtung habe keine Auswirkungen auf ein bereits getätigtes Rechtsgeschäft.

Demgegenüber erscheint es überzeugender, dem Vertretenen die Anfechtung einer Innenvollmacht auch dann zu gestatten, wenn der Vertreter von dieser bereits Gebrauch gemacht hat.[43] Zum einen können Mängel bei der Vollmachtserteilung bei einem eigenen Handeln des Vertretenen gar nicht auftreten; aus diesem Grunde ist es folgerichtig, dass der Vertretene eine zusätzliche Anfechtungsmöglichkeit erhält, wenn sich durch das rechtlich zulässige Einschalten eines Vertreters das Risiko von Willensmängeln erhöht.[44] Auch das Argument mit der Anscheinsvollmacht ist nicht durchschlagend, da die Anscheinsvollmacht zwar den Erteilungstatbestand, nicht jedoch Willensmängel bei diesem überwindet; auch die Anscheinsvollmacht kann angefochten werden, solange es nicht um die den Rechtsschein begründenden Tatsachen selbst geht.[45] Bei der Anfechtung einer ausgeübten Innenvollmacht ist der Vertreter auch nicht besonders schutzwürdig; seine Interessen werden nach der Systematik des Gesetzes durch § 122 BGB hinlänglich geschützt.[46] Schließlich besteht auch kein besonderes Schutzbedürfnis des Geschäftsgegners: grundsätzlich obliegt es dessen eigenem Risikobereich, wenn er sich auf ein Vertretergeschäft einlässt. Er kann sich insbesondere gemäß § 172 BGB eine Vollmachtsurkunde vorlegen lassen; diese begründet bei Nichtbestehen der Vollmacht einen Rechtsscheintatbestand zu Lasten des Vertretenen, der eine

---

[41] Siehe dazu noch Fall 20.
[42] Siehe dazu Staudinger/*Singer*, (2004) § 119 BGB Rn. 108 f.
[43] *Bork*, Rn. 1476 ff.; *Larenz/Wolf*, § 47 Rn. 35.
[44] *Faust*, § 28 Rn. 9.
[45] Siehe hierzu Fall 20.
[46] *Bork*, Rn. 1478.

Anfechtung ausschließt.[47] Dasselbe gilt für eine Anscheinsvollmacht.[48] In einem Ladengeschäft muss man bei lebensnaher Betrachtung davon ausgehen, dass Willenserklärungen überwiegend von Vertretern abgegeben werden. A kann die auf einem Willensmangel beruhende Vollmachtserteilung gegenüber B somit anfechten.

d) Anfechtungsgegner

Zutreffender Anfechtungsgegner ist bei einer Innenvollmacht gemäß § 143 III 1 BGB grundsätzlich der Bevollmächtigte.[49] Bei der Anfechtung einer ausgeübten Innenvollmacht wird analog §§ 168 Satz 3, 167 I BGB auch eine Anfechtung gegenüber dem Dritten zugelassen; wenn nach diesen Vorschriften ein Widerruf einer Innenvollmacht gegenüber dem Dritten möglich sei, könne nichts anderes für eine Anfechtung gelten.[50] Da die Anfechtung materiell das Vertretergeschäft betrifft, ist sie nach einer weiteren Ansicht analog § 143 III BGB sogar ausschließlich gegenüber dem Vertragspartner zu erklären, der im Gegenzug einen Anspruch aus § 122 I BGB gegen den Anfechtenden haben soll.[51] Nach einer dritten Sichtweise ist die Anfechtung analog § 143 II, III BGB an den Vertreter und den Dritten zu richten, da beide ein Klarstellungsinteresse haben; bezüglich des Dritten reiche insoweit jedoch eine Mitteilung aus.[52] Der Vertreter (§ 179 II BGB) und der Vertretene (§ 122 BGB) haften dem Geschäftspartner nach dieser Ansicht als Gesamtschuldner, wobei der Vertreter vom Vertretenen die Freistellung von seiner Ersatzpflicht gemäß § 179 II BGB verlangen kann.[53] Die Entscheidung der vorstehend geschilderten Kontroverse kann vorliegend dahinstehen; denn A hat sowohl gegenüber dem B als auch gegenüber C rechtzeitig i.S. von § 121 BGB erklärt, dass er die Vollmachtserteilung gegenüber B wegen seines Versprechers nicht gegen sich gelten lassen will.

e) Ausschluss der Anfechtung nach § 242 BGB

Die Anfechtung ist nach § 242 BGB ausgeschlossen, wenn der Erklärungsempfänger nach Aufdeckung des Irrtums damit einverstanden ist, dass das vom Erklärenden Gewollte gelten soll (Verbot des widersprüchlichen Verhaltens); das Anfech-

---

[47] Soergel/*Leptien* (1999), § 166 BGB Rn. 22; *Bork*, Rn. 1479 mit Fn. 79. Eine Anfechtungsmöglichkeit ist nach einer neueren Ansicht jedenfalls dann zu bejahen, wenn sich der (die Anfechtung der Vollmacht begründende) Willensmangel i.S. einer Fehleridentität im Vertretergeschäft widerspiegelt; grundlegend *Petersen*, AcP 201 (2001), 375, 380 ff.

[48] *Larenz/Wolf*, § 47 Rn. 35.

[49] So *Bork*, Rn. 1475.

[50] *Pfeifer*, JuS 2004, 694, 696.

[51] *Flume*, § 52, 5 c/e; *Medicus*, Rn. 945; siehe auch *Larenz/Wolf*, § 47 Rn. 36.

[52] *Petersen*, AcP 201 (2001), 375, 385.

[53] *Petersen*, AcP 201 (2001), 375, 388.

tungsrecht ist kein Reurecht.[54] Aus diesem Grunde könnte sich A vorliegend an dem Angebot des C festhalten lassen müssen, für die Truhe 2.200,- EUR zu zahlen. Allerdings hat A nicht das Vertretergeschäft, sondern die Vollmachtserteilung gegenüber B angefochten. Dies hat jedoch mittelbar die Unwirksamkeit des Vertretergeschäfts zu Folge (siehe oben), weshalb nach h. A. eine Erklärung der Anfechtung gegenüber dem Dritten zulässig ist (siehe oben). Aus diesem Grunde kann A gemäß § 242 BGB auch die Vollmacht nicht anfechten, wenn C ihm anbietet, die Truhe zu dem von A wirklich gewollten Kaufpreis zu erwerben, da A seinen Irrtum bei der Vollmachtserteilung nicht dazu benutzen darf, von einer Erklärung loszukommen, nur weil er diese nunmehr eventuell wirtschaftlich bereut.[55]

f)   *Zwischenergebnis*

A kann die Vollmachtserteilung nicht anfechten.

III. Ergebnis

A und C haben einen Kaufvertrag über die Truhe zu 2.200,- EUR geschlossen.

B.   Gesamtergebnis Fall 19

C hat gegen A einen Anspruch auf Übereignung und Übergabe der Truhe gemäß § 433 I 1 BGB.

Merke

1. Gemäß § 164 I 1 BGB wird dem Geschäftsherrn die Willenserklärung eines Mittelsmanns zugerechnet, wenn der Mittelsmann eine eigene Willenserklärung im Namen des Geschäftsherrn mit Vertretungsmacht abgibt (aktive Stellvertretung). Stellvertretung ist nach § 164 III BGB auch beim Empfang (Zugang) einer Willenserklärung zulässig. Die Verweisung auf § 164 I 1 BGB ist hier jedoch ungenau, da der passive Vertreter weder eine Willenserklärung abgibt, noch aus Sicht eines verständigen Geschäftspartners im Namen des Geschäftsherren handeln muss. Für die Einstufung einer Person als Empfangsver-

---

[54] *Larenz/Wolf*, § 36 Rn. 113 m. w. N.

[55] Siehe zum Aufbau *Faust*, § 28 Rn. 10: Wenn der Vertreter bis zur Anfechtung lediglich solche Rechtsgeschäfte getätigt hat, die auch von einer dem wahren Willen entsprechenden Vollmacht gedeckt gewesen wären, scheitert die Anfechtung schon mangels objektiver Erheblichkeit des Irrtums („verständiger Würdigung des Falles"). Wenn er – wie vorliegend – jedoch auch noch andere Rechtsgeschäfte vorgenommen hat, kann er die Vollmacht zwar anfechten, es greift jedoch u. U. § 242 BGB, so dass er sich gegenüber denjenigen Dritten nicht auf den Wegfall der Vertretungsmacht ex tunc berufen kann, deren Geschäft von einer dem wahren Willen entsprechenden Vollmacht gedeckt wäre.

treter ist deshalb entscheidend, ob der Geschäftspartner aus Sicht eines verständigen Erklärungsempfängers in der Situation des Mittelsmanns nach Treu und Glauben und der Verkehrssitte (§§ 133, 157 BGB) den Vertretenen berechtigen bzw. verpflichten will. Ist dies der Fall, wirkt seine Willenserklärung für und gegen den Vertretenen, wenn sie dem Mittelsmann zugeht und dieser Vertretungsmacht zum Empfang hat. Diese fällt regelmäßig mit der Vertretungsmacht zur Abgabe von Willenserklärungen zusammen.

2. Nach dem Offenheitsprinzip (Offenkundigkeitsprinzip) muss der Vertreter im Namen des Vertretenen handeln; ansonsten liegt nach § 164 II BGB ein unanfechtbares Eigengeschäft des Vertreters vor (obwohl tatbestandlich ein Inhaltsirrtum gemäß § 119 I Alt. 1 BGB gegeben ist: Irrtum über die verpflichtete Vertragspartei). Durch das Offenheitsprinzip wird der Geschäftspartner geschützt, der wissen muss, gegenüber welcher Person er Ansprüche bzw. Pflichten hat. Allerdings muss der Vertreter nicht ausdrücklich im Namen des Vertretenen handeln; es genügt, dass für einen verständigen Geschäftspartner aus den Umständen das Handeln für einen anderen erkennbar ist (§ 164 I 2 BGB). Wichtige Beispiele: unternehmensbezogene Geschäfte; Geschäfte für den, den es angeht.

3. Bezieht sich das Handeln einer Person auf ein bestimmtes Unternehmen und soll der Inhaber des Unternehmens Vertragspartner werden, besteht eine Auslegungsregel, dass eine Willenserklärung im Zweifel im Namen des Unternehmensinhabers abgeben wird (unternehmensbezogenes Geschäft).

4. Da der Vertreter den maßgeblichen rechtsgeschäftlichen Willen bildet, ist bei der Auslegung einer Willenserklärung sowohl bei Abgabe als auch beim Empfang auf seine Person abzustellen. Soweit die rechtlichen Folgen einer Willenserklärung durch Willensmängel oder durch die Kenntnis oder das Kennenmüssen gewisser Umstände beeinflusst werden, kommt nach § 166 I BGB ebenfalls nicht die Person des Vertretenen, sondern die des Vertreters in Betracht. Hiervon macht § 166 II BGB bezüglich der Kenntnis/des Kennenmüssens des Vertretenen eine Ausnahme, wenn der Vertreter im Falle einer durch Rechtsgeschäft erteilten Vertretungsmacht (Vollmacht) nach bestimmten Weisungen des Vollmachtgebers gehandelt hat. In diesem Fall muss sich der Vollmachtgeber (auch) die eigene Kenntnis/das Kennenmüssen zurechnen lassen und kann sich nicht auf die Unkenntnis des Vertreters berufen.

5. Irrt sich der Vertretene bei Erteilung einer Innenvollmacht und macht der Vertreter hiernach von der Vollmacht Gebrauch, ist streitig, ob der Vertretene im Nachhinein das Vertretergeschäft oder die Vollmacht anfechten kann. Nach überzeugender Ansicht ist nach allgemeinen Grundsätzen (nur) die Anfechtung der Vollmacht zulässig. Als Folge der Anfechtung hat der Vertreter das Rechtsgeschäft mit dem Dritten ex tunc ohne Vertretungsmacht geschlossen. Die Interessen des Vertreters werden hinreichend über § 122 BGB, diejenigen

des Dritten über § 179 II BGB geschützt. Der Dritte kann den Vertretenen analog § 122 BGB auch unmittelbar auf Schadensersatz in Anspruch nehmen.

6. Die Anfechtung einer Willenserklärung ist nach § 242 BGB ausgeschlossen, wenn der Erklärungsempfänger nach Aufdeckung des Irrtums damit einverstanden ist, dass das vom Erklärenden Gewollte gelten soll; das Anfechtungsrecht ist kein Reurecht (vgl. Fall 16).

Fall 20

Haftung des Vertreters ohne Vertretungsmacht; Rechtsscheinvollmacht; Anfechtbarkeit der Anscheinsvollmacht

W führte an einem Hausgrundstück des M verschiedene Modernisierungsarbeiten durch. M ließ sich beim Vertragsschluss durch das Einzelunternehmen I-Immobilien (I) vertreten. I ließ durch W – wie auch schon bei zehn anderweitigen Bauprojekten für M – Reparaturen am Dach des Hauses ausführen. Die Begleichung dieser Reparaturrechnung lehnte M unter dem Hinweis darauf ab, dass er I – was zutrifft – nur zur Modernisierung der Wohn- und Geschäftsräume beauftragt hatte. W nimmt daraufhin I in Anspruch. I wendet ein, dass es dem nur wenige Straßen weiter wohnenden M hätte auffallen müssen, dass am Dach des Hauses gearbeitet wird. Jedenfalls könne es nicht zu ihren Lasten gehen, dass der M – was ebenfalls zutrifft – entgegen der ursprünglichen Vereinbarung mit I keine wöchentlichen Baubesprechungen durchgeführt habe. M entgegnet, er habe durch sein Verhalten keinesfalls den Eindruck erwecken wollen, die I zur Beauftragung des W mit den Reparaturen am Dach bevollmächtigen zu wollen; jedenfalls fechte er eine entsprechende Verpflichtung an. Hat W gegen I und/oder gegen M einen Anspruch auf Zahlung des Werklohns?

Lösung Fall 20

A.   Anspruch des W gegen I

W könnte gegen I einen Anspruch auf Bezahlung seines Werklohns aus § 179 I Alt. 1 BGB haben. I hat mit W als Vertreter des M einen Werkvertrag geschlossen. I haftet dem W somit nach dessen Wahl auf Erfüllung i. S. des § 631 I Hs. 2 BGB oder auf Schadensersatz statt der Leistung[1], wenn sie ohne Vertretungsmacht gehandelt hat und den Mangel der Vertretungsmacht kannte oder kennen musste (Gegenschluss aus § 179 II BGB).[2] Eine nach § 184 I BGB ex-tunc-wirkende Genehmigung des M liegt nicht vor.[3] Entscheidend ist deshalb, ob dem Handeln von I eine wirksame Vollmacht des M zugrunde lag.

I.   Ausdrückliche Bevollmächtigung

M hat I nicht bevollmächtigt (§ 166 II 1 BGB), die Reparaturen am Dach auszuführen.

II.   Konkludente Bevollmächtigung

In dem Verhalten des M ist auch keine konkludente Bevollmächtigung zu sehen. Ein verständiger Erklärungsempfänger in der konkreten Situation der I konnte das Verhalten des M nach Treu und Glauben mit Rücksicht auf die Verkehrssitte (§§ 133, 157 BGB) nicht als Bevollmächtigung zum Abschluss von Verträgen zur Reparatur des Daches verstehen. Die Vollmacht war vielmehr – dem Vollmachtgeber steht grundsätzlich die Bestimmung des Inhalts der Vertretungsmacht frei[4] – auf die Wohn- und Geschäftsräume beschränkt.[5] Auch eine konkludente Außenvollmacht gegenüber W liegt nicht vor.

III.   Rechtsscheinvollmacht gemäß den §§ 170 bis 172 BGB

Die §§ 170 bis 172 BGB schützen den guten Glauben eines Dritten bezüglich der Fortgeltung einer einmal erteilten, inzwischen jedoch erloschenen Vollmacht. Sie sind eine spezifische Ausprägung des allgemeinen Rechtsgedankens, dass das an

---

1   Berechnet nach der Differenztheorie, vgl. *Larenz/Wolf,* § 49 Rn. 21.

2   *Medicus,* Rn. 985.

3   Siehe dazu *Boecken,* Rn. 667 ff. Beachte: Eine Genehmigung bedarf nach § 182 II BGB nicht der für das Vertretergeschäft erforderlichen Form.

4   *Medicus,* Rn. 932.

5   Die Ablehnung einer konkludenten Bevollmächtigung ist Voraussetzung für die nachfolgende Prüfung einer Duldungsvollmacht (*Faust,* § 26 Rn. 40). Dies hängt mit dem Streit über die Rechtsnatur der Duldungsvollmacht zusammen. Siehe dazu noch weiter unten.

bestimmte Rechtsscheintatbestände anknüpfende Vertrauen im Rechtsverkehr schutzwürdig sein kann.[6] Grundsätzlich wird im Interesse des Rechtsverkehrs ein Vertrauensschutz gewährt, wenn 1. ein vertrauensbegründender Sachverhalt gegeben ist, der 2. demjenigen zurechenbar ist, zu dessen Lasten er wirkt, 3. der Dritte schutzwürdig ist, indem er hinsichtlich der wirklichen Rechtslage gutgläubig war und 4. der Dritte im Vertrauen auf die Gültigkeit des Rechtsscheins gehandelt hat (Kausalität).[7]

Die Voraussetzungen der §§ 170 ff. BGB sind vorliegend nicht erfüllt: M hat I weder eine Außenvollmacht zur Reparatur des Daches erteilt, die später erloschen ist (§ 170 BGB), noch hat M eine I erteilte, danach wieder erloschene Innenvollmacht gegenüber W kundgegeben (§ 171 BGB), noch hat M eine Vollmachtsurkunde ausgehändigt, welche I dem W vorgelegt hat (§ 172 BGB).

IV. Duldungsvollmacht

M könnte dem W auf der Grundlage einer Duldungsvollmacht verpflichtet sein. Anders als in den Fällen der §§ 170 bis 172 BGB besteht bei der Duldungsvollmacht von vornherein keine Vollmacht. Der Vertretene weiß jedoch, dass ein anderer für ihn tätig wird, und unternimmt in zurechenbarer Weise nichts dagegen; zusätzlich darf der Geschäftsgegner das Dulden nach Treu und Glauben dahin verstehen, dem Handeln liege eine wirksame Vollmacht zugrunde.[8] Nach h. A. unterscheidet sich die Duldungsvollmacht von der durch (konkludentes) rechtsgeschäftliches Handeln erteilten Vollmacht dadurch, dass die rechtsgeschäftliche Wirkung bei einer Duldungsvollmacht lediglich an den Rechtsschein einer Bevollmächtigung anknüpft (Rechtsscheintheorie).[9] Der Erklärungswert des äußeren Verhaltens gehe nicht dahin, dass eine Vollmacht erteilt werde, sondern dass sie früher erteilt worden sei.[10] Nach dogmatisch vorzugswürdiger Ansicht ist eine Duldungsvollmacht demgegenüber regelmäßig als konkludente Außenvollmacht einzustufen, da derjenige, der einen anderen bewusst für sich handeln lässt, hiermit zugleich rechtsgeschäftlich kundtut, dass er den anderen bevollmächtigt hat (Rechtsgeschäftstheorie).[11] Hiergegen kann nicht vorgebracht werden, dass dem Vertretenen im Falle einer Duldungsvollmacht der Bevollmächtigungswille fehle; denn ein solcher wird von der h. A. auch bei einem fehlenden Erklärungsbewusst-

---

[6]   *Bork*, Rn. 1538.

[7]   Grundlegend *Canaris*, Die Vertrauenshaftung im deutschen Privatrecht, 1971, insb. S. 491 ff.; siehe auch *Bork*, Rn. 1539 ff.

[8]   *Canaris*, Die Vertrauenshaftung im deutschen Privatrecht, 1971, insb. S. 39; *Merkt*, AcP 204 (2004), 638 ff.; *Brox/Walker*, Rn. 562.

[9]   *Lobinger*, Rechtsgeschäftliche Verpflichtung und autonome Bindung, 1999, S. 256 ff.; Staudinger/*Schilken* (2003), § 167 BGB Rn. 29a und 32.

[10] *Köhler*, § 11 Rn. 43.

[11] *Flume*, § 49 Rn. 3 f.; *Medicus/Petersen*, Rn. 100 f.

sein für entbehrlich erachtet, sofern der Erklärende erklärungsfahrlässig handelt.[12] Auch erscheint das Argument nicht überzeugend, bei der Duldungsvollmacht fehle es aus der Sicht des Erklärungsempfängers (§§ 133, 157 BGB) regelmäßig an einem äußeren Erklärungstatbestand.[13] Ein Dulden ist vielmehr regelmäßig als konkludente Bevollmächtigung zu deuten.

Der Streit kann vorliegend dahinstehen, da weder eine konkludente Vollmachtserteilung (siehe dazu bereits oben) noch eine Duldungsvollmacht gegeben ist.[14] M hat I nur mit dem Abschluss von Verträgen zur Reparatur der Wohn- und Geschäftsräume beauftragt.[15] M wusste nicht, dass I die erteilte Innenvollmacht dadurch überschreitet, dass er mit dem W einen Vertrag über die Reparatur des Daches schließt. Es ist nach dem Sachverhalt auch nicht eindeutig, dass M die Arbeiten von W am Dach gekannt, hieraus auf eine entsprechende Auftragserteilung durch I geschlossen und diese geduldet hat. M war somit nicht in der Lage, das Auftreten von I zu verhindern bzw. den erweckten Rechtsschein gegenüber dem W wieder zu zerstören.

V.   Anscheinsvollmacht

1.   Zurechenbare Anscheinsvollmacht zu Lasten des M

M könnte auf der Grundlage einer Anscheinsvollmacht verpflichtet sein. Eine Anscheinsvollmacht liegt nach der von der Rechtsprechung gebräuchlichen Formulierung vor, wenn der Vertretene das den Rechtsschein einer Vollmacht begründende Handeln des Vertreters (wiederholtes Auftreten während eines gewissen Zeitraums[16]) zwar nicht kennt, es aber bei pflichtgemäßer Sorgfalt hätte erkennen und verhindern können, und der Dritte annehmen durfte, dem Vertretenen werde dieses Verhalten nach Treu und Glauben und mit Rücksicht auf die Verkehrssitte nicht verborgen bleiben, weshalb es von ihm geduldet werde.[17] Ebenso wie bei der Duldungsvollmacht basiert die Zurechnung zum Vertretenen nach h. A. nicht auf einem Verschulden (gegen sich selbst), sondern auf einer willentlichen Veranlas-

---

[12]   Siehe dazu Fall 11.

[13]   *Canaris*, Die Vertrauenshaftung im deutschen Privatrecht, 1971, insb. S. 40 f.; *Bork*, Rn. 1556.

[14]   Ein Unterschied zwischen konkludenter Vollmacht und Rechtsscheinvollmacht liegt darin, dass Letztere voraussetzt, dass der Vertragspartner schutzwürdig ist; vgl. *Faust*, § 26 Rn. 39.

[15]   Vgl. auch *Pfeifer*, JuS 2004, 694, 700.

[16]   BGH, VersR 1992, 989, 990.

[17]   BGH, NJW 1952, 657, 658 (wiederholte Verwendung von Firmenstempeln); BGH, NJW 1956, 1673, 1674; Bamberger/Roth/*Habermeier*, § 167 BGB Rn. 16; *Leipold*, § 24 Rn. 35; kritisch hierzu *Bork*, Rn. 1560 Fn. 204, da Elemente des Rechtsscheintatbestands mit solchen der Zurechnung vermischt würden.

sung des Rechtsscheintatbestands aufgrund der Beherrschbarkeit der eigenen Risikosphäre.[18]

Vorliegend hatte I den W bereits im Rahmen anderer Bauprojekte für M mit Dachreparaturen beauftragt. W konnte aus dem Verhalten von I folglich auf dessen Bevollmächtigung durch M schließen. Der Rechtsschein ist dem M auch zurechenbar. Der nur einige Straßen neben der Baustelle wohnende M hätte im Rahmen der angesetzten Baubesprechungen mit I bei pflichtgemäßer Sorgfalt erkennen und verhindern können, dass I den W mit der Ausführung der Bauarbeiten beauftragt. W hat schließlich im Vertrauen auf den Rechtsschein die Bauarbeiten durchgeführt. Es musste W nicht bekannt sein, dass I überhaupt nicht bevollmächtigt war. Auf der Grundlage des gegebenen Rechtsscheins – zehn Bauaufträge für M inklusive Reparaturarbeiten am Dach – war W auch nicht verpflichtet, sich bei M zu erkundigen, ob I wirklich bevollmächtigt ist. Etwas anders gilt nur bei erkennbaren Umständen, die Anlass zu Zweifeln ergeben.[19] I handelte somit auf der Grundlage einer Anscheinsvollmacht.

2. Ausschluss des § 179 I BGB durch die Anscheinsvollmacht?

Grundsätzlich bedeutet das Vorliegen einer Vollmacht, dass der Tatbestand des § 179 I BGB nicht erfüllt ist. Etwas anderes könnte für die Anscheinsvollmacht gelten, weshalb W den I nach § 179 I BGB in Anspruch nehmen könnte, obwohl M an das Vertretergeschäft über die Grundsätze der Anscheinsvollmacht gebunden ist. Dies wird von einer Ansicht bejaht.[20] Hiernach liegt es allein in der Hand des Geschäftsgegners, auf welchen der beiden Vertrauenstatbestände (Anscheinsvollmacht oder § 179 I BGB) er sich beruft. Die Rechtsfolgen der Vertrauenshaftung wirkten lediglich zugunsten des Vertrauenden; dieser könne wählen, ob er den Anspruch aus Vertrauenshaftung geltend mache (dann Anscheinsvollmacht) oder es bei der eigentlichen Rechtslage bewenden lasse (dann § 179 I BGB). Aus diesem Grunde könne ein falsus procurator gegenüber einer Inanspruchnahme aus § 179 I BGB nicht einwenden, der Vertretene hafte über die Regeln der Anscheinsvollmacht. Darüber hinaus sei der Gläubiger in einer misslichen Lage, da sich die Voraussetzungen einer Rechtsscheinvollmacht häufig nur schwer bewei-

---

[18] *Bork*, Rn. 1555 und 1564; a. A. die h. A., vgl. BGH, NJW 1998, 1854, 1855.

[19] *Faust*, § 26 Rn. 24. Nach dem Sachverhalt sind die Reparaturarbeiten nicht derart „ungewöhnlich" oder „aufwendig", dass W bei M rückfragen musste; siehe dazu Staudinger/*Schilken* (2003), § 167 BGB Rn. 43; a. A. OLG Köln, NJW-RR 1992, 915, 916, für einen Architekten, der vom Bauherrn lediglich mit der Einholung eines Angebots beauftragt war, jedoch in dessen Namen auch den Auftrag an den Werkunternehmer vergeben hat.

[20] *Canaris*, Die Vertrauenshaftung im Deutschen Privatrecht, 1971, S. 518, 520; Staudinger/*Schilken* (2003), § 177 BGB Rn. 26; diese Sichtweise beruht maßgeblich auf dem Umstand, dass die Anscheinsvollmacht anders als diejenige des Vertreters nach § 179 I BGB lediglich eine Haftung auf das negative Interesse begründen soll; siehe hierzu noch unten.

sen ließen; diese Schwierigkeiten seien am Besten dadurch zu lösen, dass man dem Dritten ein Wahlrecht zubillige, gegen wen er vorgehen wolle.[21]

Nach h. A. kann sich I gegenüber der Inanspruchnahme durch W nach den §§ 177 ff. BGB auf die dem M zuzurechnende Anscheinsvollmacht berufen.[22] Sofern man die Bindungswirkung einer Anscheinsvollmacht derjenigen einer rechtsgeschäftlichen Vollmacht gleichstellt – hierzu noch im Folgenden -, gibt es in der Tat keinen sachlichen Grund, weshalb der Dritte dadurch privilegiert werden sollte, dass er neben dem Vertretenen noch einen weiteren Schuldner erhält. Gemäß § 179 I BGB entspricht es dem Verkehrsinteresse, eine Person, die als bevollmächtigter Vertreter auftritt, grundsätzlich voll dafür einstehen zu lassen, daß sie die Vertretungsmacht hat oder dass der Vertretene den Vertrag genehmigt. Dieser „Schutzzweck" begrenzt zugleich den Umfang dieser Vertrauenshaftung auf Fälle, in denen der Geschäftsgegner ein berechtigtes Interesse daran hat, sich an den Vertreter halten zu können. Aus diesem Grunde kann der Dritte den Anspruch aus § 179 I BGB auch nicht erfolgreich durchsetzen, solange er nicht darlegt, daß der Vertretene die Genehmigung des Vertrags verweigert hat (§ 179 I letzter Hs. BGB). Den berechtigten Interessen des Gläubigers hinsichtlich der Ermittlung des zutreffenden Anspruchsgegners wird über das prozessuale Institut der Streitverkündung zureichend Rechnung getragen.[23]

3. Zwischenergebnis

Damit handelte I mit Vertretungsmacht für M.

VI. Ergebnis

W hat gegen I keinen Anspruch aus § 179 I BGB

B. Anspruch des W gegen M aus § 631 I Hs. 2 BGB

I. Haftung auf das positive Interesse

Aufgrund der dem M zurechenbaren Anscheinsvollmacht könnte W einen Anspruch gegen M auf Zahlung des Werklohnes für die Reparaturarbeiten am Dach nach § 631 I Hs. 2 BGB haben. Dies setzt voraus, dass eine Anscheinsvollmacht

---

[21] *Larenz/Wolf*, § 48 Rn. 33.

[22] BGH, NJW 1983, 1308; Erman/*Palm*, 12. Aufl. 2008, § 177 BGB Rn. 3; Münch-KommBGB/*Schramm*, 5. Aufl. 2006, § 167 BGB Rn. 75.

[23] Da sich der Dritte bei § 179 I BGB nicht sicher sein kann, ob der Vertreter mit Anscheinsvollmacht gehandelt hat oder der Vertretene den Vertrag genehmigt, wird er bei einer klageweisen Durchsetzung seines Anspruchs regelmäßig der jeweils anderen Person gemäß § 72 ZPO den Streit verkünden; vgl. BGH, NJW 1973, 1691.

einen Anspruch auf Erfüllung gibt. Dies wird von einer Ansicht in Abrede gestellt; hiernach soll der Vertretene lediglich auf das negative Interesse haften.[24]

Anders als bei den §§ 170 – 172 BGB fehle es bei der Anscheinsvollmacht an einem hinreichenden Zurechnungsgrund zum Vertretenen, der eine Haftung auf das Erfüllungsinteresse rechtfertige. Während der Vertretene bei den §§ 170 bis 172 BGB bewusst über das Vorliegen einer Vollmacht informiere, werde er bei der Anscheinsvollmacht gerade nicht aktiv tätig. Außerdem bestehe ein gewisser Widerspruch zu § 179 II BGB. Nach dieser Vorschrift haftet ein Vertreter, der den Mangel der Vertretungsmacht nicht kennt, nur auf das negative Interesse. Aus diesem Grunde dürfe auch ein Vertretener, der lediglich unbewusst den Rechtsschein einer Vollmacht gesetzt habe, nur auf das negative Interesse haften, nicht jedoch einem Erfüllungsanspruch ausgesetzt sein. Folgt man dieser Sichtweise, ist die Anscheinsvollmacht aufgrund der Abschwächung der Anforderungen, die an die Zurechenbarkeit des Rechtsscheintatbestands gestellt werden, nicht der Duldungsvollmacht gleichzusetzen. Erstere ist vielmehr nach den Regeln des Verschuldens bei Vertragsverhandlungen gemäß den §§ 280 I, 311 II, III BGB zu behandeln.[25]

Nach h. A. kommen der Anscheinsvollmacht die gleichen Rechtswirkungen zu wie der Duldungsvollmacht.[26] Dies ist folgerichtig, wenn man in der Anscheinsvollmacht keine rechtsgeschäftliche, sondern eine Rechtsscheinvollmacht sieht, da es dann an einem Grund ermangelt, von den allgemeinen Folgen der Rechtsscheinhaftung abzuweichen; hiernach muss sich derjenige, dem der Rechtsscheintatbestand zurechenbar ist, so behandeln lassen, als wäre der Rechtsschein wahr.[27] Folgt man der h. A., hat W gegen M einen Anspruch auf Zahlung des Werklohns aus § 631 I Hs. 2 BGB.

II. Anfechtung der Anscheinsvollmacht

M könnte seine Anscheinsvollmacht jedoch wirksam angefochten haben, indem er sich darauf berufen hat, er habe durch sein Verhalten nicht den Anschein erwecken wollen, dass er I bevollmächtigt habe, mit dem W in seinem Namen einen Werkvertrag über die Reparaturarbeiten am Dach zu schließen. Nach h. A. kann eine Rechtsscheinhaftung nicht dadurch umgangen werden, dass der Verpflichtete

---

[24] *Flume*, § 49 Rn. 3 f.; *Canaris*, Die Vertrauenshaftung im deutschen Privatrecht, 1971, S. 48 ff.; *Medicus/Petersen*, Rn. 100 f.; etwas anderes soll ggf. für Handelsgeschäfte gelten.

[25] Eine Ausnahme gilt für das Handelsrecht, da Kaufleute weniger schutzwürdig sind und die Schnelligkeit und Leichtigkeit des kaufmännischen Verkehrs einen erweiterten Vertrauensschutz erfordert; vgl. dazu *Faust*, Rn. 32.

[26] BGH, NJW 2006, 1971, 1972. In der Klausur sollte der Meinungsstreit überblickshaft dargestellt werden; außerdem kann es sich klausurtaktisch empfehlen, Existenz und Rechtswirkungen der Anscheinsvollmacht nicht abzulehnen.

[27] *Bork*, Rn. 1565 und 1546.

geltend macht, er habe sich über die Rechtsfolgen seines Verhaltens geirrt.[28] Ein derartiger Rechtsfolgenirrtum ist ebenso wie bei den §§ 170 bis 172 BGB als unbeachtlich anzusehen.[29] M kann daher die Anscheinsvollmacht nicht mit der Begründung anfechten, er habe durch sein Verhalten nicht den Rechtsschein einer Bevollmächtigung setzen wollen.

C. Gesamtergebnis Fall 20

W hat gegen M einen Anspruch auf Zahlung des Werklohns für die Reparaturarbeiten am Dach nach § 631 I Hs. 2 BGB.

Merke

1. Das BGB unterscheidet im Interesse der Rechtssicherheit des Geschäftsverkehrs zwischen rechtsgeschäftlich erteilter Vertretungsmacht (Vollmacht) und Geschäftsführungsmacht. Erstere regelt das rechtliche Können, Letztere das rechtliche Dürfen. Durchschaut der Geschäftspartner die Überschreitung der im Innenverhältnis bestehenden Geschäftsführungsmacht, so kann er sich in diesem Fall eines Missbrauchs der Vertretungsmacht nicht auf das Vorliegen von Vertretungsmacht berufen; die §§ 177 ff. BGB gelten analog.

2. Im Interesse des Rechtsverkehrs wird das an einen Rechtsscheintatbestand anknüpfende Vertrauen geschützt, wenn ein vertrauensbegründender Sachverhalt gegeben ist, der demjenigen zurechenbar ist, zu dessen Lasten er wirkt, der Dritte schutzwürdig ist, indem er hinsichtlich der wirklichen Rechtslage gutgläubig ist, und der Dritte im Vertrauen auf die Gültigkeit des Rechtsscheins gehandelt hat.

3. Die §§ 170 bis 172 BGB schützen den guten Glauben eines Dritten bezüglich der Fortgeltung einer einmal erteilten, inzwischen jedoch erloschenen Vollmacht. Gemäß § 170 BGB begründet die Erteilung einer Außenvollmacht den Rechtsschein, dass diese so lange fortbesteht, bis dem Erklärungsempfänger das Erlöschen – z. B. durch Widerruf im Innenverhältnis nach §§ 167 I Alt. 1, 168 Satz 3 BGB – angezeigt wird. Bei § 171 BGB liegt der Rechtsschein in dem Umstand, dass der Vertretene einem Dritten mitteilt, dass er den Vertreter

---

[28] *Rüthers/Stadler*, § 30 Rn. 46; *Bork*, Rn. 1559.

[29] Ein Irrtum über die rechtlichen Konsequenzen einer inhaltlich gewollten Erklärung berechtigt nach h. A. als einseitiger Motivirrtum nicht zur Anfechtung nach § 119 I Alt. 1 BGB, sofern nicht die Rechtsfolgen zum Inhalt der Erklärung gemacht werden sollten, dies jedoch nicht hinreichend geschehen ist; vgl. *Bork*, Rn. 830 f. Es ist also danach zu unterscheiden, ob an eine Willenserklärung Rechtsfolgen durch das Gesetz geknüpft oder ob diese in den Inhalt der Erklärung aufgenommen werden, insoweit jedoch vom Willen des Erklärenden abweichen.

im Innenverhältnis bevollmächtigt habe. Besteht die Vollmacht schon bei Kundgabe nicht oder nicht in dem mitgeteilten Umfang oder erlischt sie zu einem späteren Zeitpunkt, bleibt die Vertretungsmacht unter Rechtsscheingesichtspunkten gleichwohl bestehen, bis die Kundgabe widerrufen wird. § 172 BGB regelt schließlich – als lex specialis zu § 171 BGB – die Vertretungsmacht kraft Rechtsscheins durch Aushändigung und Vorlage einer Vollmachtsurkunde. Eine Rechtsscheinvollmacht scheidet gemäß § 173 BGB aus, wenn der Geschäftspartner das Erlöschen der Vertretungsmacht bei der Vornahme des Rechtsgeschäfts kennt oder kennen muss (§ 122 II BGB).

4. Als Duldungsvollmacht bezeichnet die h. A. eine Vollmacht, bei der der Vertretene weiß, aber nichts dagegen unternimmt, dass eine Person für ihn wie ein Vertreter auftritt, und der Geschäftsgegner das Dulden nach Treu und Glauben dahin verstehen darf, dem Handeln liege eine wirksame Vollmacht zugrunde. Nach vorzugswürdiger Sichtweise liegt in den Fallgestaltungen der Duldungsvollmacht regelmäßig eine konkludente Bevollmächtigung.

5. Eine Anscheinsvollmacht ist gegeben, wenn der Scheinvertreter während eines längeren Zeitraums wiederholt für den Vertretenen handelt und so einen Rechtsschein der Bevollmächtigung setzt, der Vertretene das Verhalten des Auftretenden zwar nicht kennt, es jedoch bei pflichtgemäßer Sorgfalt hätte erkennen und verhindern können, und der Geschäftsgegner darauf vertrauen darf, dass der Vertretene das Handeln des Vertreters kenne und dulde. Nach a. A. kann die Anscheinsvollmacht jedenfalls außerhalb des kaufmännischen Geschäftsverkehrs keine Haftung auf das positive, sondern nur auf das negative Interesse begründen (§§ 280, 311 II, 241 II BGB); denn bei der Anscheinsvollmacht liege kein der Vollmachtserteilung gleichzusetzendes, auf einen Rechtserfolg gerichtetes Verhalten des Vertretenen vor, sondern lediglich ein fahrlässiges Verhalten, das eine Willenserklärung nach dem Grundsatz der Privatautonomie nicht ersetzen könne.[30]

6. Eine Rechtsscheinvollmacht kann nicht angefochten werden, denn der Vertretene hat sich lediglich über die Rechtsfolgen seines Verhaltens geirrt (unbeachtlicher Rechtsfolgenirrtum).

---

[30] Dazu *Köhler*, § 11 Rn. 44; *Musielak*, Rn. 827 ff.; *Schack*, Rn. 515.

Fall 21

Rechtsgeschäfte Minderjähriger; Gesamtvertretung; Insichgeschäft

A will seinem 17jährigen Enkel B ein Grundstück schenken und übereignen. Zu diesem Zwecke vereinbart er einen Termin mit dem Notar C, zu welchem neben B auch dessen miteinander verheiratete Eltern D und E anwesend sein sollen. Im Vorfeld des Termins überlegt Notar C, ob er die Schenkung und die Übereignung wirksam beurkunden kann.

Abwandlung

Die Eltern des B, D und E, wollen B ein an F vermietetes Hausgrundstück schenken und B insoweit bei der Auflassung vor dem Notar vertreten. Ist dies möglich?

Lösung Fall 21

A. Wirksamer Schenkungsvertrag

Ein Schenkungsvertrag zwischen A und B i. S. von § 516 I BGB setzt nach §§ 145 ff. BGB zwei einander entsprechende Willenserklärungen, Angebot und Annahme, voraus. Darüber hinaus muss der Schenkungsvertrag formwirksam sein.

I. Angebot des A

A macht dem B nach dem Sachverhalt ein Angebot auf Abschluss eines Schenkungsvertrages über das Grundstück.

II. Annahme durch B

B ist 17 Jahre alt und damit beschränkt geschäftsfähig (§§ 2, 106 BGB). Hiernach bedarf eine Willenserklärung des B zu ihrer Wirksamkeit gemäß § 107 BGB der Einwilligung, d. h. der vorherigen Zustimmung (§ 183 Satz 1 BGB) seines gesetzlichen Vertreters, sofern B durch die Willenserklärung nicht gemäß § 107 BGB lediglich einen rechtlichen Vorteil erlangt.[1]

1. Geschäftsfähigkeit bei lediglich rechtlich vorteilhaften Rechtsgeschäften

Lediglich rechtlich vorteilhaft sind Rechtsgeschäfte, die die Rechtsstellung des Minderjährigen „ausschließlich" verbessern. Als nachteilig ist ein Rechtsgeschäft deshalb einzustufen, wenn es eine Pflicht des Minderjährigen begründet oder zum Verlust vertraglicher[2] oder dinglicher Rechte führt. Dabei sind das Verpflichtungs- und das Verfügungsgeschäft strikt zu trennen.[3] Verpflichtungsgeschäfte sind rechtlich vorteilhaft, wenn der beschränkt Geschäftsfähige durch sie keine rechtsgeschäftlichen Verpflichtungen übernimmt.[4] Bei einem einseitig verpflichtenden Vertrag wie der Schenkung wird regelmäßig nur der Schenker verpflichtet. Aus diesem Grunde kann der Minderjährige ein solches Rechtsgeschäft selbst ab-

---

[1] Gleiches gilt nach § 1903 III 1 BGB für Volljährige, die einem Einwilligungsvorbehalt unterliegen, vgl. *Medicus/Petersen*, Rn. 171. Siehe zur Terminologie *Faust*, § 18 Rn. 15.

[2] Nach h. A. verliert der Minderjährige ein vertragliches Recht durch Annahme einer geschuldeten Leistung als Erfüllung gemäß § 362 I BGB, da hierdurch nicht nur Eigentum erworben wird, sondern auch die Forderung erlischt, vgl. *Medicus*, Rn. 566; *Bork*, Rn. 1006. Aus diesem Grunde soll dem Minderjährigen die Empfangszuständigkeit fehlen; a. A. mit guten Gründen *Larenz/Wolf*, § 25 Rn. 21, da § 362 I BGB keinen Erfüllungsvertrag verlange und der Minderjährige für das Erlöschen seiner Forderung ein gleichwertiges Surrogat erlange.

[3] Vgl. *Brox/Walker*, Rn. 273 ff.

[4] Siehe dazu *Bork*, Rn. 1000.

schließen, solange er nicht der verpflichtete Vertragsteil ist und die Schenkung nicht ausnahmsweise mit einer Auflage i. S. des § 525 BGB[5] oder einem Rücktrittsvorbehalt[6] verbunden ist oder Gegenstand der Schenkung ein Tier ist (hierfür gilt § 11c TierschutzG).[7] Allerdings sind mit einem Schenkungsvertrag – wie mit den meisten Rechtsgeschäften – immer irgend geartete nachteilige Rechtsfolgen verbunden; so trifft den Beschenkten unter den Voraussetzungen der §§ 528, 530 BGB (Verarmung, grober Undank) eine Pflicht zur Rückgewähr des Geschenkes. Würde man das Merkmal des „lediglich rechtlichen Vorteils" deshalb streng im Wortsinn verstehen, gäbe es faktisch keine einwilligungsfreien Rechtsgeschäfte.[8] Ein solches Verständnis widerspräche dem Zweck von § 107 BGB, Minderjährigen zwar einerseits die Teilnahme am Rechtsverkehr zu ermöglichen (Erziehungsfunktion), sie hierbei jedoch andererseits vor den möglicherweise nachteiligen Folgen der Willenserklärungen zu schützen (Schutzfunktion).[9]

2. Auslegung des Merkmals „lediglich rechtlich vorteilhaft"

a) Wirtschaftliche Betrachtungsweise

Nach einer Ansicht kann ein Minderjähriger ein Rechtsgeschäft schon dann ohne Einwilligung des gesetzlichen Vertreters vornehmen, wenn es theoretisch einen rechtlichen Nachteil bewirkt, dieser nach seiner abstrakten Natur jedoch nur den Verlust des Erworbenen oder allenfalls leicht beherrschbare Nachteile mit sich bringt.[10] Im Ergebnis ersetzt diese Ansicht das Merkmal des „rechtlichen" Nachteils durch eine wirtschaftliche Betrachtungsweise.[11]

Gegen eine solche Interpretation von § 107 BGB spricht jedoch nicht nur der Wortlaut der Vorschrift, sondern auch, dass die Entscheidung, ob der Minderjährige rechtlich nachteilige, aber wirtschaftlich vorteilhafte Rechtsgeschäfte schließen darf, nach dem Schutzzweck des Minderjährigenrechts allein dem gesetzlichen Vertreter obliegen soll (Erziehungsfunktion).[12] § 107 BGB bezweckt mit der Anknüpfung an die „rechtliche Vorteilhaftigkeit" im Interesse des Rechtsverkehrs eine möglichst eindeutige Abgrenzung der ohne Einwilligung des gesetzlichen

---

[5] Etwas anderes gilt, wenn die Auflage aus dem beschenkten Gegenstand zu erfüllen ist, vgl. Staudinger/*Knothe* (2004), § 107 BGB Rn. 10.

[6] Eine Schenkung unter Rücktrittsvorbehalt ist nachteilig, weil der Minderjährige im Fall der Ausübung des Rücktrittsrechts zum Wertersatz oder Schadensersatz verpflichtet sein kann, z. B. wegen einer zwischenzeitlichen Verschlechterung des zurückzugewährenden Gegenstands, vgl. BGH, NJW 2005, 1430, 1431.

[7] *Larenz/Wolf*, § 25 Rn. 20; *Köhler*, JZ 1983, 225, 228; *Brox/Walker*, Rn. 273 und 275.

[8] Vgl. *Stürner*, AcP 173 (1973), 402, 416 f.; Staudinger/*Knothe* (2004), § 107 BGB Rn. 5.

[9] Instruktiv MünchKommBGB/*Schmitt*, 5. Aufl. 2006, Vor § 104 BGB Rn. 1 ff. und § 107 BGB Rn. 1.

[10] *Stürner*, AcP 173 (1973), 402, 416 ff.

[11] Staudinger/*Knothe* (2004), § 107 BGB Rn. 7.

[12] Ebenso MünchKommBGB/*Schmitt*, 5. Aufl. 2006, § 107 BGB Rn. 28.

Vertreters wirksamen Rechtsgeschäfte (Rechtssicherheitsfunktion).[13] Da die Beurteilung der wirtschaftlichen Folgen eines Rechtsgeschäfts mit erheblichen praktischen Schwierigkeiten verbunden sein kann, knüpft § 107 BGB die Genehmigungsbedürftigkeit deshalb im Interesse der Rechtssicherheit an das formale Kriterium des rechtlichen Nachteils, das im Regelfall eine Vermögensgefährdung indiziert.[14]

b)   Unmittelbarkeit der Nachteile

Nach einer weiteren Ansicht ist ein Rechtsgeschäft dann nicht lediglich rechtlich vorteilhaft i. S. von § 107 BGB, wenn die von ihm ausgelösten Rechtsnachteile unmittelbar aus dem Geschäft resultieren, also nicht erst durch das Hinzutreten weiterer Umstände verursacht werden.[15] Vor diesem Hintergrund soll die Pflicht des Beschenkten zur Rückgewähr in den Fällen der §§ 528, 530 BGB als lediglich mittelbarer Nachteil außer Betracht bleiben.[16] Mittelbare Nachteile können sich jedoch ebenso gravierend auf die Rechtsstellung des Minderjährigen auswirken wie unmittelbare Nachteile; auch ermangelt dem Kriterium der „Unmittelbarkeit" ebenso wie demjenigen der „Wirtschaftlichkeit" letztlich die notwendige Abgrenzungsschärfe.[17]

c)   Sorgerechtliche Betrachtungsweise

Nach einer weiteren Ansicht ist das Merkmal des „lediglich rechtlichen Vorteils" im Rahmen einer „sorgerechtlichen Betrachtungsweise" restriktiv auszulegen.[18] Sofern das Gesetz ein Rechtsgeschäft eines Minderjährigen als einwilligungsfrei betrachte, bedeute dies einen Eingriff in das durch Art. 6 II 1 GG geschützte Sorgerecht der Eltern. Aus diesem Grunde sollen nur solche Rechtsgeschäfte keiner Einwilligung durch die Eltern bedürfen, deren Nachteile derart geringfügig und fernliegend sind, dass hier ausnahmsweise eine elterliche Kontrolle entbehrlich erscheine. Gegen eine solch weitgehende Einschränkung von § 107 BGB spricht zum einen, dass das Merkmal der „Schwere des Nachteils" in der Praxis schwer zu handhaben ist, zum anderen, dass § 107 BGB den Minderjährigen nicht nur schützen, sondern gleichzeitig auch auf die Selbständigkeit mit Erreichen der Volljährigkeit vorbereiten will.[19]

---

[13] Soergel/*Hefermehl* (1999), § 107 BGB Rn. 1; MünchKommBGB/*Schmitt*, 5. Aufl. 2006, Vor § 104 BGB Rn. 9.

[14] BGH, NJW 2005, 415, 416.

[15] Staudinger/*Knothe* (2004), § 107 BGB Rn. 6; RGKR/*Krüger-Nieland*, 12. Aufl. 1982, § 107 BGB Rn. 2 und 16 f.; Soergel/*Hefermehl* (1999), § 107 BGB Rn. 1.

[16] MünchKommBGB/*Schmitt*, 5. Aufl. 2006, § 107 BGB Rn. 47 lit. ee.

[17] Insoweit zutreffend *Stürner*, AcP 173 (1973), 402, 409; *Köhler*, JZ 1983, 225, 227.

[18] *Köhler*, JZ 1983, 225, 228.

[19] *Coester-Waltjen*, JURA 1994, 668, 669 Fn. 5; Staudinger/*Knothe* (2004), § 107 BGB Rn. 7.

d) Teleologische Auslegung (Schutzzweck der Norm)

Nach überzeugender Ansicht ist die Frage, wann ein Rechtsgeschäft lediglich rechtlich vorteilhaft ist, mit Hilfe teleologischer Gesichtspunkte zu lösen.[20] Hiernach führen lediglich solche gesetzlichen Rechtsfolgen dazu, ein Rechtsgeschäft als „rechtlich nachteilig" i. S. von § 107 BGB einzustufen, deren Ausgestaltung den Minderjährigen nicht selbst hinreichend schützen.[21] So tragen im Deliktsrecht die §§ 828 f. BGB den Interessen des Minderjährigen angemessen Rechnung; im Bereicherungsrecht wird der Minderjährige über § 818 III BGB zureichend geschützt. Zwar haftet der Minderjährige hier eigentlich nach § 819 I BGB verschärft, wenn er den Mangel des rechtlichen Grundes beim Empfang der Leistung oder später kennt; bei der Anwendung des § 819 I BGB ist jedoch die Minderjährigkeit des Bereicherungsschuldners in Zusammenhang mit der Auslegung der Vokabel „bösgläubig" zu berücksichtigen.[22] Folgt man dieser Ansicht, ist B vorliegend dadurch ausreichend geschützt, dass er gemäß den §§ 528 I 1, 531 II BGB lediglich nach Bereicherungsrecht haftet.

3. Zwischenergebnis

Die auf Abschluss des Schenkungsvertrages über ein unbelastetes Grundstück gerichtete Willenserklärung des B ist lediglich rechtlich vorteilhaft gemäß § 107 BGB, weshalb ihre Wirksamkeit nicht der Einwilligung seiner gesetzlichen Vertreter bedarf.

III. Annahme durch C und D

Anstelle von B könnten auch dessen Eltern D und E handeln (§ 164 I BGB). Die Vertretung eines minderjährigen Kindes ist nach § 1629 I BGB Bestandteil der elterlichen Sorge i. S. von § 1626 I BGB, sofern nicht ausnahmsweise ein höchstpersönliches Rechtsgeschäft vorliegt, bei dem eine Stellvertretung unzulässig ist (Heirat).[23] Gesetzlicher Vertreter ist deshalb derjenige, dem die elterliche Sorge zusteht. Dies sind – sofern sie verheiratet sind, wie ein Gegenschluss aus § 1626a BGB zeigt – grundsätzlich beide Eltern; diese vertreten das Kind nach § 1629 I 2 Hs. 1 BGB gemeinschaftlich durch gleichgerichtete Willenserklärungen (Gesamtvertretung, vgl. § 125 II 1 HGB).

---

[20] *Bork*, Rn. 1001.

[21] *Faust*, § 18 Rn. 18.

[22] Die Haftung des minderjährigen Bereicherungsschuldners bei Bösgläubigkeit ist hoch streitig; im Kern geht es um die Frage, ob es auf die Kenntnis des Minderjährigen oder diejenige des gesetzlichen Vertreters ankommt. Siehe dazu den Flugreisefall des BGH, NJW 1971, 609, bei dem ein Minderjähriger ohne Rechtsanspruch fremde Dienstleistungen in Anspruch genommen hat; dazu im Einzelnen *Medicus/Petersen*, Rn. 176; *Hombrecher*, JURA 2004, 250.

[23] *Medicus*, Rn. 556.

Problematisch ist vorliegend, dass D und E das Rechtsgeschäft mit dem Groß-
vater des B schließen wollen. Gemäß § 1629 II BGB i. V. m. § 1795 I BGB können
Vater und Mutter das Kind nämlich insoweit nicht vertreten, als ein Vormund
nach § 1795 BGB von der Vertretung des Kindes ausgeschlossen ist. Die Vertretungsmacht eines Vormunds ist nach § 1795 I Nr. 1 BGB wiederum bei Rechtsgeschäften zwischen dem Minderjährigen und einem Verwandten in gerader Linie
beschränkt. Als Verwandte in gerader Linie sind nach § 1589 I 1 BGB solche Personen anzusehen, deren eine von der anderen abstammt. A und B sind hiernach in
gerader Linie verwandt.

Es ist jedoch anerkannt, dass § 1795 BGB ebenso wie § 181 BGB[24] teleologisch
zu reduzieren ist, wenn ein Rechtsgeschäft einem Minderjährigen lediglich einen
rechtlichen Vorteil bringt.[25] Ansonsten könnte der Minderjährige mit einem Verwandten in gerader Linie unter den Voraussetzungen des § 107 BGB zwar selbst
kontrahieren, seine Eltern dürften jedoch nicht für ihn handeln. Da der Abschluss
des Schenkungsvertrages für den B nur rechtliche Vorteile bringt (siehe oben),
können die Eltern D und E den B deshalb rechtswirksam vertreten.

IV. Form

Das Schenkungsversprechen ist nach §§ 518 I, 128 BGB notariell zu beurkunden.
Da A dem B ein Grundstück schenken will, verlangt § 311b I BGB die notarielle
Beurkundung des gesamten Schenkungsvertrages.

B. Auflassung

I. Dingliche Einigung als rechtlich nachteiliges Rechtsgeschäft

Die dingliche Einigung zwischen A und B gemäß §§ 873 I, 925 I BGB könnte
rechtlich nachteilig sein, da mit dem Grundeigentum regelmäßig öffentlich-
rechtliche Lasten und privatrechtliche Pflichten (Nachbarrecht etc.) sowie steuerliche Belastungen zusammenhängen. Als Folge könnten weder B noch dessen
Eltern wirksam rechtsgeschäftlich handeln; es müsste vielmehr nach § 1909 I BGB
i. V. mit den §§ 1795 I Nr. 1, 1629 II 1 BGB ein Ergänzungspfleger bestellt werden.[26]

Nach einer Ansicht bedeuten die mit einer Grundstücksschenkung verbundenen
Belastungen einen rechtlichen Nachteil, da B für diese zunächst mit seinem Ver-
mögen einstehen muss, auch wenn er das Grundstück später ggf. verwerten kann.
Aus Gründen des Schutzes des B und des Sorgerechts seiner Eltern sei deshalb

---

[24]   Siehe dazu noch die Abwandlung.

[25]   MünchKommBGB/*Wagenitz*, 5. Aufl. 2008, § 1795 BGB Rn. 30.

[26]   Vgl. OLG München, ZEV 2008, 248; MünchKommBGB/*Wagenitz*, 5. Aufl. 2008,
       § 1795 BGB Rn. 37.

eine vorherige Prüfung und Billigung von Grundstücksschenkungen unerlässlich.[27] Folgte man dieser Sichtweise, wäre das Rechtsgeschäft als rechtlich nachteilig zu bewerten.

Nach a. A. sind die auf einem Grundstück ruhenden öffentlichen Lasten wie Steuern, Abgaben und Gebühren nicht als rechtliche Nachteile i. S. von § 107 BGB anzusehen. Dieses Ergebnis wird unterschiedlich begründet: Nach einer Ansicht sind solche rechtlichen Nachteile aus dem Anwendungsbereich des § 107 BGB auszunehmen, die für B in typischer Weise nur ein geringes Gefährdungspotential haben; hierunter fielen z. B. laufende öffentlich-rechtliche Grundstückslasten.[28] Zwar hafte der Grundstückseigentümer für die Erfüllung seiner auf öffentlichem Recht beruhenden Abgabenverpflichtungen nicht nur dinglich, sondern auch persönlich. Die betreffenden Abgaben bemäßen sich jedoch entweder nach dem Wert des Grundstücks oder nach den der öffentlichen Hand durch die Erbringung bestimmter Dienstleistungen entstehenden Kosten; sie seien daher ihrem Umfang nach begrenzt, könnten in der Regel aus den laufenden Erträgen des Grundstücks gedeckt werden und führten typischerweise zu keiner Vermögensgefährdung.

Gegen diese Lösung spricht, dass sie die Unbeachtlichkeit der Rechtsnachteile im Ergebnis mit wirtschaftlichen Gesichtspunkten begründet, welche § 107 BGB gerade für unbeachtlich erklärt (lediglich „rechtliche" Vorteile).[29] Darüber hinaus sind bei einer Typisierung immer Fallgestaltungen denkbar, in denen der Minderjährigenschutz nicht hinreichend gewährleistet ist, etwa bei der Übereignung eines wertlosen Grundstücks mit laufenden öffentlichen Lasten. Auch eine typisierende Lösung kommt somit nicht ohne eine ergänzende Betrachtung des Einzelfalles aus, die bei § 107 BGB im Interesse der Rechtssicherheit aber ausscheidet (Rechtssicherheitsfunktion).

Entscheidend kann deshalb nur sein, ob die mit der Grundstücksschenkung verbundenen Pflichten den B auf Grund des individuellen Rechtsgeschäfts oder kraft öffentlichen Rechts treffen, das an die Eigentümerstellung automatisch gewisse Pflichten knüpft. Ein Rechtsnachteil i. S. des § 107 BGB ist hiernach nur dann gegeben, wenn den Minderjährigen privatrechtliche Pflichten aus der rechtsgeschäftlichen Abrede treffen.[30] Demgegenüber sind solche Belastungen unbeachtlich, die nicht an die Erwerber-, sondern an die Eigentümerposition anknüpfen, in welchen also lediglich eine dem Eigentum innewohnende Bindung, nicht aber eine besondere Verbindlichkeit zu erblicken ist.[31] Folgt man dieser Sichtweise, können sowohl B als auch seine Eltern wirksam eine auf die Auflassung des Grundstücks gerichtete Willenserklärung abgeben, da es sich um ein lediglich rechtlich vorteilhaftes Rechtsgeschäft handelt.

---

[27] *Köhler*, JZ 1983, 225 ff.

[28] BGH, NJW 2005, 414, 418.

[29] Überzeugend *Schmitt*, NJW 2005, 1090, 1091 f.; BGH, NJW 2005, 414 ff. hat diesen Aspekt offen gelassen.

[30] MünchKommBGB/*Schmitt*, 5. Aufl. 2006, § 107 BGB Rn. 39.

[31] *Schmitt*, NJW 2005, 1090, 1091 f.

II. Form

Die Auflassung ist nach § 925 I BGB nicht notariell zu beurkunden; es genügt die gleichzeitige Anwesenheit beider Teile vor dem Notar.[32] Da nach den §§ 20, 29 GBO die Eintragung in das Grundbuch den Nachweis der Auflassung in öffentlich beurkundeter Form voraussetzt, wird in der Praxis regelmäßig auch die Auflassung notariell beurkundet.[33]

C. Gesamtergebnis Fall 21

C kann sowohl den Schenkungsvertrag als auch die dingliche Einigung über den Eigentumsübergang des Grundstücks wirksam beurkunden: B kann die entsprechenden Willenserklärungen entweder selbst abgeben oder sich von seinen Eltern vertreten lassen, da beide Rechtsgeschäfte lediglich rechtlich vorteilhaft sind. Wenn B selbst handelt, greift § 107 BGB direkt ein, wird er von den Eltern vertreten, ist § 1795 I Nr. 1 BGB nach dem Rechtsgedanken des § 107 BGB teleologisch zu reduzieren.

Lösung Fall 21 Abwandlung

In der Abwandlung wollen die Eltern des B diesem ein vermietetes Grundstück im Rahmen eines Insichgeschäfts übereignen. Selbst wenn die Auflassung als rechtlich nachteilig i. S. von § 107 BGB bewertet würde, könnte die Übereignung ggf. nach § 181 letzter Hs. BGB erfolgen, da die Eltern in Erfüllung einer Verbindlichkeit aus dem Schenkungsvertrag handelten; der Minderjährige bliebe hiernach trotz § 107 BGB schutzlos gestellt.[34] Es ist deshalb zu klären, ob der Schenkungsvertrag und/oder das Verfügungsgeschäft wirksam vorgenommen werden können. Gemäß § 181 BGB ist das Verfügungsgeschäft wirksam, wenn es in Erfüllung einer Verbindlichkeit erfolgt.[35]

---

[32] Die Auflassung ist kein höchstpersönliches Rechtsgeschäft wie die Heirat gemäß § 1311 Satz 1 BGB oder die Testamentserrichtung nach § 2064 BGB, so dass sich die Parteien auch vertreten lassen können, vgl. *Faust*, § 24 Rn. 8.

[33] MünchKommBGB/*Kanzleiter*, 5. Aufl. 2009, § 925 BGB Rn. 16; darüber hinaus führt die notarielle Beurkundung der dinglichen Einigung nach § 873 II BGB zur Bindung der Parteien, so dass kein Widerruf mehr möglich ist.

[34] *Faust*, § 28 Rn. 42.

[35] Das Merkmal „Erfüllung einer Verbindlichkeit" in § 181 BGB bedeutet inhaltlich eine Verknüpfung zwischen schuldrechtlichem und dinglichem Geschäft. Aufgrund des Abstraktionsprinzips sind beide Rechtsgeschäfte selbstständig zu betrachten; sie werden von § 181 BGB insoweit miteinander verknüpft, als die Wirksamkeit des dinglichen Insichgeschäfts von der Wirksamkeit des schuldrechtlichen Geschäfts abhängt, vgl. *Faust*, § 28 Rn. 41. Für die Fallprüfung bedeutet dies, dass mit dem dinglichen und nicht mit dem schuldrechtlichen Rechtsgeschäft begonnen werden kann.

I. Wirksame Auflassung

Gemäß § 925 BGB handelt es sich bei der Auflassung um die bei gleichzeitiger Anwesenheit beider Parteien notariell zu erklärende dingliche Einigung des Veräußerers und des Erwerbers über den Übergang des Eigentums an einem Grundstück. Im Folgenden ist zu klären, ob B diese Erklärung selbst abgeben konnte (§ 107 letzter Hs. BGB) oder ob er trotz des Insichgeschäfts (§ 181 BGB) wirksam von seine Eltern vertreten wurde (§ 1629 II 1, 1795 BGB).

1. Auflassung als lediglich rechtlich vorteilhaftes Rechtsgeschäft

Die Auflassung ist für B nicht lediglich rechtlich vorteilhaft i. S. von § 107 BGB. B tritt als Erwerber persönlich in die Pflichten aus dem Mietvertrag ein (§ 566 I BGB). Die Pflichten aus diesem Mietvertrag sind nachteilig, da B für ihre Erfüllung – anders als bei der Belastung eines Grundstücks mit einer Grundschuld gemäß §§ 1147, 1192 I BGB – nicht nur mit dem Grundstück, sondern auch persönlich haftet.[36] Im Gegensatz zur mit dem Grundstückserwerb verbundenen Verpflichtung zur Tragung laufender öffentlicher Lasten sind die aus dem Eintritt in ein Miet- oder Pachtverhältnis resultierenden Pflichten ihrem Umfang nach auch nicht begrenzt; ihre wirtschaftliche Bedeutung hängt vielmehr von den Umständen des jeweiligen Einzelfalls ab. Aus diesem Grunde ist der Erwerb eines vermieteten oder verpachteten Grundstücks für einen Minderjährigen nicht lediglich rechtlich vorteilhaft. B könnte somit keine wirksame Willenserklärung gerichtet auf die Übertragung des Eigentums an dem Grundstück abgeben.

2. Vertretung durch die Eltern im Rahmen eines Insichgeschäfts

Vorliegend wollen die Eltern D und E des B den Schenkungsvertrag im Rahmen eines Insichgeschäfts in eigenem Namen und gleichzeitig als Vertreter des B abschließen. Gemäß den §§ 1629 II 1, 1795 II, 181 BGB ist die Vertretungsmacht der Eltern insoweit jedoch grundsätzlich beschränkt. Stellte man – dem Wortlaut von § 181 BGB folgend – allein auf die Personenidentität ab, wäre die Übereignung schwebend unwirksam. Etwas anderes könnte gelten, wenn C und D ausschließlich in Erfüllung einer wirksamen und einredefreien Verbindlichkeit (§ 181 letzter Hs. BGB) – vorliegend aus dem Schenkungsvertrag – handelten.[37]

---

[36] Gemäß §§ 566 I, 581 II, 593b BGB tritt der Erwerber mit dem Eigentumsübergang in sämtliche Rechte und Pflichten aus dem bestehenden Miet- oder Pachtverhältnis ein. Er ist daher nicht nur zur Überlassung des vermieteten oder verpachteten Grundstücks verpflichtet (§§ 535 I, 581 I, 585 II BGB); vielmehr können ihn Schadensersatz- und Aufwendungsersatzpflichten (§§ 536a, 581 II, 586 II BGB) sowie die Pflicht zur Rückgewähr einer von dem Mieter oder Pächter geleisteten Sicherheit (§§ 566a, 581 II, 593b BGB) treffen, vgl. BGH, NJW 2005, 1430; siehe auch *Menzel/Führ*, JA 2005, 859, 861 f.

[37] Die gesetzliche Gestattung der „Erfüllung einer Verbindlichkeit" betrifft sowohl Verbindlichkeiten des Vertreters gegenüber dem Vertretenen als auch den umgekehrten Fall, vgl. Staudinger/*Schilken* (2003), § 181 BGB Rn. 61; Bamberger/Roth/*Habermeier*, § 181 BGB Rn. 38.

II. Wirksamkeit des Schenkungsvertrages

Die Eltern des B könnten den Schenkungsvertrag wirksam abschließen, wenn dieser für B lediglich rechtlich vorteilhaft wäre, denn § 181 erster Hs. BGB ist in diesem Fall wegen den §§ 106 ff. BGB teleologisch zu reduzieren und steht einem Vertreterhandeln ebensowenig wie § 1795 I Nr. 1 BGB (siehe oben) entgegen.[38]

1. Formale Betrachtung

Bei formaler Betrachtung ist das schuldrechtliche Verpflichtungsgeschäft für B rechtlich vorteilhaft. Durch die Annahme des Schenkungsversprechens erlangt B gegen seine Eltern einen Anspruch auf Übertragung des Eigentums an dem Grundstück. Der Eintritt in die Pflichten aus dem Mietvertrag nach § 566 I BGB ist nach dem Abstraktionsprinzip nicht an den Abschluss des schuldrechtlichen Vertrages geknüpft, sondern tritt erst mit der dinglichen Rechtsänderung ein.[39]

2. Materielle Betrachtung bei Schenkungen durch gesetzliche Vertreter

a) Problemstellung

Würde man es bei dieser formalen Betrachtungsweise belassen, könnte der Schutz des Minderjährigen durch die gesetzlichen Vertreter ausgehebelt werden.[40] Erachtete man das Schenkungsversprechen nämlich als rechtlich vorteilhaft, da sämtliche Belastungen an die dingliche Eigentümerstellung anknüpfen, könnten der Minderjährige bzw. seine Eltern das Angebot annehmen, ohne dass es der Zustimmung eines Ergänzungspflegers nach § 1909 I BGB bedürfte. Die gesetzlichen Vertreter könnten im Anschluss wiederum gemäß § 181 letzter Hs. BGB die Auflassung erklären, da sie in Erfüllung einer ihnen obliegenden Verbindlichkeit handeln würden. Ein derartiges Ergebnis würde dem Schutzanliegen von § 107 BGB offensichtlich nicht gerecht.

b) Gesamtbetrachtung: auch schuldrechtliches Rechtsgeschäft ist rechtlich nachteilig

Nach einer Ansicht ist die rechtliche Vorteilhaftigkeit des schuldrechtlichen Rechtsgeschäft bei Schenkungen durch gesetzliche Vertreter deshalb durch eine Gesamtbetrachtung des schuldrechtlichen und des dinglichen Vertrages zu beurteilen.[41] Ob eine Schenkung von dritter Seite oder von Seiten des gesetzlichen Vertreters erfolge, sei ohne Einfluss auf die Frage, ob der schenkweise Erwerb eines

---

[38]   *Larenz/Wolf*, § 46 Rn. 129.

[39]   MünchKommBGB/*Häublein*, 5. Aufl. 2008, § 566 BGB Rn. 17.

[40]   *Schmitt*, NJW 2005, 1090 f.

[41]   BGH, NJW 1981, 109; *Gitter/Schmitt*, JuS 1982, 253 ff. Bei der Frage, ob das dingliche Rechtsgeschäft rechtlich vorteilhaft ist, findet keine Gesamtbetrachtung statt, vgl. *Faust*, § 28 Rn. 42.

dinglichen Rechts Rechtsnachteile i. S. des § 107 BGB mit sich bringe. Wenn aber eben wegen solcher Nachteile beim Erwerb von einem Dritten die Interessen des Minderjährigen durch Einschaltung des gesetzlichen Vertreters geschützt werden sollen, so fordere das Interesse des Minderjährigen bei einem Erwerb vom gesetzlichen Vertreter nach dem allgemeinen Rechtsgrundsatz des § 181 BGB die Einschaltung eines Pflegers.

Folgte man dieser Sichtweise, wäre der Schenkungsvertrag zwischen B und seinen Eltern als rechtlich nachteilig zu bewerten. B benötigte für diesen also der Einwilligung seiner gesetzlichen Vertreter; da es sich für diese jedoch um ein Insichgeschäft handelte, wäre nach § 1909 I 1 BGB ein Ergänzungspfleger zu bestellen.

c) Teleologische Reduktion von § 181 letzter Hs. BGB

Eine derartige Gesamtbetrachtung des schuldrechtlichen und des dinglichen Rechtsgeschäfts bedeutet eine nicht zulässige Durchbrechung des Abstraktionsprinzips.[42] Darüber hinaus steht bei einem zeitlichen Auseinanderfallen von schuldrechtlichem und dinglichem Rechtsgeschäft noch gar nicht fest, ob das dingliche Rechtsgeschäft tatsächlich rechtlich nachteilig ist; so kann z. B. das Mietverhältnis enden oder der Vertretene volljährig werden.[43] Es erscheint somit dogmatisch vorzugswürdig, den Minderjährigen über eine teleologische Reduktion von § 181 letzter Hs. BGB zu schützen.[44] § 181 BGB liegt die abstrakte Annahme zugrunde, dass bei der Erfüllung einer wirksam begründeten schuldrechtlichen Verbindlichkeit keine Interessenkollision auftritt; ist dies im Einzelfall jedoch der Fall, muss § 181 letzter Hs. BGB teleologisch reduziert werden. Hiernach ist der Schenkungsvertrag wirksam und von der Auflassung zu trennen; § 181 letzter Hs. BGB ist jedoch nicht anzuwenden, da der Minderjährigenschutz Vorrang hat.[45] Für das Erfüllungsgeschäft ist somit ein Ergänzungspfleger zu bestellen.

III. Ergebnis Fall 21 Abwandlung

Die Eltern des B können die Auflassung des Grundstücks nicht wirksam durch ein Insichgeschäft i. S. von § 181 BGB erklären.

Merke

1. Die §§ 106 ff. BGB dienen dem Schutz von Minderjährigen vor den möglicherweise nachteiligen Rechtsfolgen von Willenserklärungen, deren Folgen sie

---

[42] *Bork*, Rn. 1002; *Lorenz*, LMK 2005, 25; Erman/*Palm*, 12. Aufl. 2008, § 181 BGB Rn. 28.

[43] *Faust*, § 28 Rn. 42.

[44] *Säcker/Klinkhammer*, JuS 1975, 626; Soergel/*Hefermehl* (1999), § 107 BGB Rn. 5.

[45] Dasselbe gilt für § 1795 I Nr. 1 BGB, vgl. BGH, NJW 2005, 1430; dazu *Medicus/Petersen*, Rn. 172b.

aufgrund altersbedingt fehlender Erfahrung noch nicht hinreichend überblicken können.[46] Dieser Schutz geht den Interessen des Geschäftsgegners vor. Folgerichtig wird der gute Glaube des Geschäftsgegners an die volle Geschäftsfähigkeit nicht geschützt. Die §§ 106 ff. BGB ermöglichen es dem gesetzlichen Vertreter, durch Verweigerung oder Erteilung der Zustimmung zu einem Rechtsgeschäft seine Erziehungsaufgabe im Interesse des Kindeswohls zu verwirklichen. Um den Minderjährigen an die selbständige Teilnahme am Rechtsverkehr heranzuführen, können ihm die Eltern finanzielle Mittel zur selbständigen Verfügung überlassen (§ 110 BGB), eine beschränkte Generaleinwilligung erteilen oder ihm unter den Voraussetzungen der §§ 112, 113 BGB eine partielle Geschäftsfähigkeit einräumen.

2. Eine Person ist minderjährig, wenn sie das siebte Lebensjahr vollendet hat (§ 106 BGB), aber noch keine 18 Jahre alt ist (§ 2 BGB). Ein Minderjähriger bedarf zu einer Willenserklärung, durch die er nicht lediglich einen rechtlichen Vorteil erlangt, gemäß § 107 BGB der Einwilligung seines gesetzlichen Vertreters. Eine ohne Einwilligung des gesetzlichen Vertreters abgegebene, nicht lediglich rechtlich vorteilhafte Willenserklärung ist gemäß § 108 I BGB schwebend und bei Verweigerung der Genehmigung mit ex-tunc-Wirkung unwirksam. § 107 BGB ist eng auszulegen, da die Entscheidung, ob der Abschluss eines Rechtsgeschäfts dem Interesse des Minderjährigen entspricht, von den gesetzlichen Vertretern getroffen werden soll.[47] Verpflichtungsgeschäfte sind hiernach als rechtlich vorteilhaft zu bewerten, wenn der Minderjährige durch sie keine rechtsgeschäftlichen Verpflichtungen übernimmt. Verfügungsgeschäfte sind grundsätzlich dann rechtlich vorteilhaft, wenn zugunsten des Minderjährigen ein Recht übertragen, aufgehoben, verändert oder belastet wird.[48]

3. § 107 BGB ist bei Rechtsgeschäften, die einem Minderjährigen weder einen Vorteil noch einen Nachteil bringen (neutrale Rechtsgeschäfte) restriktiv auszulegen. Ein rechtlich neutrales Geschäft i. S. von § 107 BGB liegt in der Übereignung fremder Sachen nach §§ 929 Satz 1, 932 I 1 BGB, z. B. eines dem Minderjährigen von einem Dritten geliehenen Fahrrads.[49] Vor eventuellen Ersatzansprüchen des Verleihers ist der Minderjährige über die §§ 828 f., 818 III, 819 BGB hinreichend geschützt.[50]

4. Gesetzliche Vertreter des Minderjährigen sind beide Eltern, sofern sie verheiratet sind (§§ 1626, 1629 BGB), ansonsten grundsätzlich die Mutter (§ 1626a II BGB). Im Einzelfall kann die Vertretungsmacht der Eltern nach familienrechtlichen Vorschriften begrenzt sein. Hierdurch sollen Interessenkonflikte präven-

---

[46] MünchKommBGB/*Schmitt*, 5. Aufl. 2006, Vor § 104 BGB Rn. 1 ff.
[47] *Larenz/Wolf*, § 25 Rn. 18.
[48] *Brox/Walker*, Rn. 276.
[49] In diesem Fall ist der Gutglaubensschutz nicht nach § 935 BGB ausgeschlossen.
[50] Kritisch dazu *Medicus/Petersen*, Rn. 540 ff.

tiv vermieden werden, damit der Vertretene (sofern sich der Vertreter bei Abgabe der Willenserklärung nicht von den Interessen des Vertretenen, sondern von seinen eigenen Interessen leiten lässt) nicht auf einen Schadensersatzanspruch gegen den Vertreter beschränkt ist.[51]

5. Die Eltern vertreten das Kind nach § 1629 I 2 Hs. 1 BGB gemeinschaftlich durch gleichgerichtete Willenserklärungen (Gesamtvertretung, vgl. § 125 II 1 HGB). Bei der Gesamtvertretung haben mehrere Personen dergestalt Vertretungsmacht, dass sie nur gemeinsam handeln können; hierdurch soll der Vertretene vor der Gefahr eines Missbrauchs der Vertretungsmacht geschützt werden.[52] Eine Gesamtvertretung wirkt sich regelmäßig nur bei der aktiven, nicht jedoch bei der passiven Stellvertretung aus. Berechtigt zur Entgegennahme von Willenserklärungen ist somit jeder Gesamtvertreter allein, da die Beteiligung mehrerer Personen Dritten die Zuleitung von Erklärungen unnötig erschweren würde.[53] Sofern § 166 BGB die Zurechnung von Willenserklärungen auf bestimmte mit der Willenserklärung zusammenhängende Umstände erweitert, wirkt sich die Gesamtvertretung ebenfalls nicht zu Lasten Dritter aus; es genügt daher die Unredlichkeit oder Kenntnis eines Gesamtvertreters. Umgekehrt reicht für die Anfechtung aus, dass sich einer der Gesamtvertreter geirrt hat.[54]

6. Gemäß § 181 BGB kann ein (gesetzlicher) Vertreter, soweit ihm nicht durch den Vertretenen ein anderes gestattet ist, regelmäßig keine Insichgeschäfte vornehmen, es sei denn, dass das Rechtsgeschäft ausschließlich in der Erfüllung einer Verbindlichkeit besteht (gesetzliche Gestattung). § 181 BGB behandelt also nicht den Fall, ob überhaupt eine Vertretungsmacht vorliegt, sondern – ebenso wie die Grundsätze des Missbrauchs der Vertretungsmacht[55] – deren Einschränkung bei Interessenkollisionen.[56] Der Tatbestand des § 181 BGB ist einschlägig, wenn die Eltern im Namen ihres Kindes an sich selbst ein diesem gehörendes Grundstück verkaufen (Selbstkontrahieren) oder das Vermögen von einem ihrer minderjährigen Kinder auf ein anderes übertragen (Mehrvertretung).[57]

7. Nach dem Gesetzeswortlaut ist ein Insichgeschäft zulässig, wenn der Vertretene das Insichgeschäft gestattet. Eine derartige Erlaubnis kann bei der gewillkürten Stellvertretung bereits in der Vollmacht vorgesehen sein. Bei bestimmten gesetzlichen Vertretungsverhältnissen ist ebenfalls eine Gestattung von In-

---

[51]   Es sei denn, es greifen die Grundsätze des Missbrauchs der Vertretungsmacht.
[52]   *Medicus*, Rn. 933.
[53]   *Medicus*, Rn. 934; vgl. für die Vertretung eines Minderjährigen durch seine Eltern § 1629 I 2 Hs. 2 BGB, für die AG § 78 II 2 AktG, für die GmbH § 35 II 3 GmbHG.
[54]   *Medicus*, Rn. 934.
[55]   Siehe dazu *Medicus/Petersen*, Rn. 116 ff.
[56]   *Säcker/Klinkhammer*, JuS 1975, 626, 628.
[57]   *Medicus*, Rn. 955 f.

sichgeschäften denkbar, z. B. wenn der Inhalt der Vertretungsmacht bei einer juristischen Person durch die Satzung bestimmt wird. Demgegenüber kann das Vormundschaftsgericht den Eltern nicht pauschal Insichgeschäfte erlauben.[58] Darüber hinaus ist ein Insichgeschäft zulässig, wenn es ausschließlich der Erfüllung einer Verbindlichkeit dient (gesetzliche Gestattung). Als Verbindlichkeit i. S. von § 181 BGB wird dabei nicht nur die Erfüllung von Verbindlichkeiten des Vertretenen gegenüber dem Vertreter und von solchen des Vertreters gegenüber dem Vertretenen angesehen, sondern auch von Schulden des einen Vertretenen gegen dem anderen bei der Mehrvertretung.[59] Die Eltern können ihrem Kind hiernach Zuwendungen machen, die von ihrer Unterhaltspflicht gedeckt sind.

8. § 181 BGB ist ebenso wie § 1795 BGB teleologisch zu korrigieren, wenn ein Geschäft für den Vertretenen unbedenklich ist, es ihm also lediglich einen rechtlichen Vorteil bringt oder neutral ist. Der in § 181 BGB bestimmte Ausschluss der Vertretungsmacht beruht auf der Annahme, die dort verbotenen Geschäfte könnten sich zum Nachteil des Vertretenen oder bei der Mehrvertretung eines der Vertretenen auswirken; eine konkrete Verwirklichung der Gefahr wird tatbestandlich nicht gefordert. Aus diesem Grunde ist eine Ausnahme für Rechtsgeschäfte zuzulassen, die für den Vertretenen unbedenklich sind.[60]

9. Handeln die Eltern bei der Schenkung eines bislang in ihrem Eigentum stehenden, vermieteten Hausgrundstücks bei der Auflassung als Vertreter des Minderjährigen, so beurteilt sich die rechtliche Wirksamkeit dieses Rechtsgeschäfts danach, ob sie i. S. von § 181 letzter Hs. BGB „in Erfüllung einer Verbindlichkeit" aus dem Schenkungsvertrag handeln. Dies ist der Fall, wenn die Schenkung – in teleologischer Reduktion von § 181 erster Hs. BGB – dem Minderjährigen ausschließlich rechtliche Vorteile bringt.

10. Siehe zur Rechtswirksamkeit von einseitigen Rechtsgeschäften des Minderjährigen gemäß § 111 BGB bereits Fall 15.

---

[58] *Medicus*, Rn. 957.
[59] MünchKommBGB/*Schramm*, 5. Aufl. 2006, § 181 BGB Rn. 56.
[60] *Säcker/Klinkhammer*, JuS 1975, 626, 629; Staudinger/*Schilken* (2003), § 181 BGB Rn. 32.

Fall 22

*Verjährung von Schadensersatzansprüchen und Ausschluss des Rücktritts-
rechts; Verzicht; Vertrag zugunsten Dritter*

N erhält von seinem Onkel O als Geschenk einen Gutschein, welcher von dem
Inhaber des Restaurants R, dem I, ausgestellt wurde. Nach dem Inhalt des Gutscheins, für den O 200,- EUR gezahlt hat, ist N dazu berechtigt, zweimal das „Tagesmenü" zu fordern. Der Gutschein wurde am 22. 12. 2003 ausgestellt. Am 20.
12. 2006 besucht N mit seiner Freundin das Restaurant R. Er legt seinen Gutschein vor und bestellt zweimal das Tagesmenü. Inhaber I sagt ihm daraufhin,
man werde die Menüs servieren, aber N müsse 50,- EUR zuzahlen, da inzwischen
der Preis für das Tagesmenü nicht mehr 100,- EUR betrage, wie zu dem Zeitpunkt,
als der Gutschein verkauft wurde, sondern 125,- EUR. N ist empört und verlässt
das Restaurant. Am 10. 12. 2009 verlangt N von I 200,- EUR; I erwidert, für Forderungen wegen des abgelaufenen Gutscheins sei es nun viel zu spät. Hat N gegen
I einen Anspruch auf Zahlung[1]?

---

[1] Vgl. auch den Sachverhalt von Fall 13.

Lösung Fall 22

A. Anspruch des N gegen I aus § 346 I BGB

I. Schuldverhältnis

O und I haben sich darüber geeinigt, dass N das Recht erhält, zweimal das Tagesmenü im Restaurant R zu verlangen. I hat als Gegenleistung von O einen Anspruch auf Zahlung von 200,- EUR erlangt. Bei dem geschlossenen Bewirtungsvertrag handelt es sich um einen echten Vertrag zugunsten Dritter (§§ 328 ff.
BGB), weil N selbst die Leistung einfordern darf. Er soll selbst entscheiden können, wann er das Restaurant besucht. N hat das Recht aus dem Vertrag auch nicht
gemäß § 333 BGB zurückgewiesen.[2]

II. Wirksamer Rücktritt

1. Eigener Anspruch des N

Es ist durch Auslegung zu bestimmen, ob dem Dritten bei einem Vertrag zugunsten Dritter ein etwa entstandenes Rücktrittsrecht sowie etwaige Ansprüche auf
Schadensersatz statt der Leistung zustehen sollen.[3] Im vorliegenden Fall kann davon ausgegangen werden, dass N alle Rechte aus dem zwischen O und I geschlossenen Vertrag zustehen sollten, weil O keinerlei Interesse daran hat, in die Ver-
tragsabwicklung durch Einlösung des Gutscheins und Erbringung der Leistung
durch I involviert zu werden.[4]

2. Rücktrittserklärung

In dem Herausverlangen des von O gezahlten Betrages kann auch eine konkludente Rücktrittserklärung i. S. von § 349 BGB gesehen werden. Demgegenüber lag in
dem Verlassen des Lokals noch keine (konkludente) Rücktrittserklärung. Hierdurch ist nämlich noch nicht ausreichend deutlich der Wille zum Ausdruck gekommen, dass N eine Abwicklung des Vertrages herbeiführen möchte.

3. Rücktrittsgrund

N müsste weiterhin ein Rücktrittsrecht zustehen. Ein solches könnte gemäß §§ 323
I Alt. 1, II Nr. 1 BGB vorliegen. Es müsste zunächst eine Nichtleistung durch I
trotz Möglichkeit der Leistung sowie die Fälligkeit und Durchsetzbarkeit des For-

---

[2] Mit Blick auf den Inhalt der Forderung des N handelt es sich um einen gemischttypi-
schen Vertrag (§§ 311 I, 241 BGB); siehe dazu ausführlich Fall 8.

[3] Bamberger/Roth/*Janoschek*, § 328 BGB Rn. 20.

[4] Zur Auslegung nach der Interessenlage vgl. den „Charterfall" des BGH, NJW 1985,
1457, 1458.

derungsrechts gegeben sein. I war gemäß der Abrede mit O dazu verpflichtet, N zweimal das Tagesmenü zu servieren; Inhalt des Leistungsanspruchs war also nicht allein, eine Bewirtung im Wert von 200,- EUR zu verlangen. Die geschuldete Leistung hat I nach der Aufforderung des N nicht erbracht, obwohl ihm die Erbringung möglich war. Der Anspruch des N war ab der Ausstellung des Gutscheins fällig (§ 271 I BGB).[5] Der Durchsetzbarkeit des Anspruchs stand auch keine Einrede gemäß §§ 313 I, 334 BGB entgegen. Die Erhöhung von Lebensmittelpreisen und sonstige Kostenerhöhungen sind nicht unvorhersehbare Ereignisse, sondern dem Risikobereich des Restaurantinhabers zuzuordnen, der sich dazu verpflichtet, über einen längeren Zeitraum eine Bewirtungsleistung zu einem festen Betrag zu erbringen. Die erforderliche Nichtleistung liegt somit vor.

Eine Fristsetzung zur Leistungserbringung war entbehrlich, da I das Servieren des Tagesmenüs ohne Zuzahlung durch N in Höhe von 50,- EUR endgültig verweigert hat. Eine Teilleistung musste N nicht annehmen (§ 266 BGB). Die Erbringung der geschuldeten Leistung hat I somit i. S. von § 323 II Nr. 1 BGB verweigert. Damit liegt ein Rücktrittsrecht vor.

4. Ausschluss des Rücktrittsrechts wegen Verjährung

Der Rücktritt könnte gemäß § 218 I 1 BGB unwirksam sein. Nach dieser Vorschrift ist ein Rücktritt vom Vertrag ausgeschlossen, wenn der Leistungsanspruch verjährt ist. Der Leistungsanspruch des N unterlag der regelmäßigen Verjährung im Sinne von §§ 195, 199 BGB.[6] Der Vertrag zwischen O und I wurde am 22. 12. 2003 geschlossen. Es kann davon ausgegangen werden, dass der Gutschein an N kurz danach ausgehändigt wurde. Die Verjährung des Anspruchs des N begann gemäß §§ 199 I BGB somit mit dem Ablauf des 31. 12. 2003. Damit war der Erfüllungsanspruch 3 Jahre später, am 01. 1. 2007 verjährt. Der Rücktritt wurde durch N aber erst am 10. 12. 2009 ausgeübt. Insofern ist der Rücktritt nach § 218 BGB unwirksam.

5. Zwischenergebnis

Ein Anspruch des N gegen I gemäß § 346 I BGB scheidet aus.

---

[5] Die Tatsache, dass zur Erbringung der Leistung durch I die Mitwirkung des N erforderlich war, ändert nichts daran, dass N die Leistung jederzeit verlangen konnte (Fälligkeit). In einer Entscheidung des LG München I vom 5. 4. 2007 (12 O 22084/06) zur einjährigen Verfallfrist bei Gutscheinen von Amazon wird festgestellt, dass grundsätzlich die 3-jährige Verjährungsfrist des § 195 BGB anwendbar ist; dass das Verlangen einer konkreten Leistung die Verjährungsfrist erst in Gang setzen könnte, wird (zu Recht) nicht in Erwägung gezogen. Für ein Abstellen auf den Zeitpunkt des Entstehens des Anspruchs unabhängig von dem Verlangen der Leistung durch den Gläubiger bei „verhaltenen Ansprüchen" auch BGH, NJW-RR 1988, 1374, 1376.

[6] Läge laut dem Gutschein eine kürzere Verjährungsdauer vor, wäre diese auf ihre Unwirksamkeit zu überprüfen, vgl. LG München I 5. 4. 2007 – 12 O 22084/06.

B.   Anspruch des N gegen I aus §§ 280 I, III, 281 BGB

N könnte aber einen Anspruch gegen I auf Schadensersatz statt der Leistung gemäß §§ 280 I, III, 281 BGB haben.

I.   Entstehen des Anspruchs

Ein Schuldverhältnis liegt vor (siehe oben). Auch ist davon auszugehen, dass N aus diesem berechtigt sein soll, Schadensersatz statt der Leistung zu fordern (siehe oben). Die erforderliche Pflichtverletzung des I liegt in der Nichtleistung trotz Möglichkeit der Leistung sowie trotz Fälligkeit und Durchsetzbarkeit des Leistungsanspruchs (siehe oben). Eine Fristsetzung zur Leistungserbringung durch N war wegen der Leistungsverweigerung des I gemäß § 281 II Alt. 1 BGB entbehrlich (siehe oben). Zu vertreten im Sinne von § 280 I 2 BGB hat I sowohl die Nichtleistung, als auch die Leistungsverweigerung, welche zur Entbehrlichkeit der Fristsetzung führte, da beide vorsätzlich erfolgten (§ 276 I 1 BGB).

Schließlich muss ein Schaden vorliegen. Die h. A. geht davon aus, dass der Gläubiger ein Wahlrecht zwischen der Berechnung des Schadens unter Anwendung der Differenzmethode oder der Surrogationsmethode hat.[7] Bei Anwendung der Surrogationsmethode bleibt die Leistungspflicht des Gläubigers bestehen; folgerichtig muss er seine Leistung noch erbringen und kann eine bereits erbrachte Leistung nicht zurückfordern. Der Anspruch des Gläubigers auf Schadensersatz erstreckt sich somit auf den vollen Wert der von dem Schadensersatzschuldner geschuldeten Primärleistung. Die Tagesmenüs hatten einen aktuellen Wert von 250,- EUR. Nach der Surrogationsmethode beträgt der Schaden des N folglich 250,- EUR. Der Anspruch aus §§ 280 I, III, 281 BGB ist in Höhe von 250,- EUR entstanden.

II.   Erlöschen des Anspruchs?

Der Anspruch könnte gemäß § 397 BGB erloschen sein. Hierfür müsste ein Erlassvertrag zwischen I und N geschlossen worden sein.

N müsste seinen Willen, auf die Schadensersatzforderung zu verzichten, gegenüber I erklärt haben. Eine ausdrückliche Willenserklärung liegt nicht vor; das Verlassen des Lokals kann nicht als eine dahingehende Erklärung verstanden werden.

Allerdings hat N in dem Zeitraum zwischen Dezember 2006 und Dezember 2009 nichts getan. Ob diese Untätigkeit als eine Verzichtserklärung aufgefasst werden kann, ist problematisch. Im Zweifel ist ein Verzichtswille nicht zu vermuten.[8] Grundsätzlich kommt einem „Schweigen" auch kein rechtsgeschäftlicher

---

[7]   Vgl. *Huber/Faust*, Schuldrechtsmodernisierung, Rn. 189; MünchKommBGB/*Emmerich*, 5. Aufl. 2008, Vorb. §§ 281 ff. Rn. 35; umstritten ist, ob eine Rücktrittserklärung den Gläubiger an die Differenzmethode bindet.

[8]   BGH, NJW 1994, 379.

Erklärungswert zu.[9] Etwas anderes gilt, wenn die Parteien dies vereinbart haben oder das Gesetz anordnet, dass das Schweigen Erklärungswert haben soll. Ansonsten ist eine „Pflicht zum Reden" nur in Ausnahmefällen zu bejahen.

Vorliegend könnte ein solcher Ausnahmefall aufgrund des erheblichen Zeitablaufs gegeben sein. Dass aber die Anspruchsinhaberschaft nicht als Umstand ausreichen kann, um eine Gleichstellung längerer Untätigkeit mit einem Verzichtswillen zu rechtfertigen, ergibt sich bereits aus den §§ 194 ff. BGB. Ein Zeitablauf ist bei einer Forderung in erster Linie unter dem rechtlichen Gesichtspunkt der Verjährung relevant. Zwar kann ein Zeitablauf in Zusammenhang mit sonstigen Umständen, die gemeinsam mit dem Zeitablauf einen Vertrauenstatbestand[10] geschaffen haben, gemäß § 242 BGB auch bei einer noch nicht verjährten Forderung ihrer Durchsetzbarkeit entgegenstehen. Dies ist aber – wenn überhaupt – ein Problem der Verwirkung.[11] Umstände, die auf einen (erklärten) Verzichtswillen des N hinweisen, liegen nicht vor. Einen solchen Willen anzunehmen, wäre eine reine Fiktion. Insofern liegt keine Verzichtserklärung des N vor. Damit ist auch kein Erlassvertrag gegeben. Der Anspruch ist nicht erloschen.

III. Durchsetzbarkeit des Anspruchs

1. Verjährung nach §§ 214, 195, 199 BGB

Dem Anspruch könnte die rechtsausschließende (peremptorische) Einrede der Verjährung nach § 214 BGB entgegenstehen.[12]

Die Verjährung von Ansprüchen i. S. von § 194 BGB bezweckt zum einen den Schutz des Schuldners, zum anderen die Sicherung des Rechtsfriedens.[13] Der vorliegend in Rede stehende Schadensersatzanspruch unterliegt der regelmäßigen Verjährung nach §§ 195, 199 BGB. Die Verjährungsfrist beträgt drei Jahre (§ 195 BGB) und beginnt mit dem Ablauf des Jahres, in dem der Anspruch entstanden ist. Der Schadensersatzanspruch entsteht mit der Erfüllung des in § 281 BGB geregelten Tatbestandes[14] und setzt nach allgemeiner Ansicht nicht voraus, dass der Schadensersatz verlangt wird. Die Ansprüche auf Schadensersatz statt der Leistung und Erfüllung stehen nach dem Fristablauf bzw. der Erfüllung des Tatbe-

---

[9] Vgl. dazu ausführlich Fall 7.

[10] Bei der Verwirkung wird das Vertrauen durch ein Verhalten i. V. mit einem Zeitablauf begründet; bei einem Verhalten, welches isoliert ausreicht, um ein Vertrauen zu begründen, liegt der objektive Tatbestand einer Verzichtserklärung vor.

[11] Angesichts der Tatsache, dass im vorliegenden Fall nur auf das Untätigsein abgestellt werden kann, ist auch eine Verwirkung fern liegend. Das Untätigsein ist Teil des für die Verwirkung erforderlichen „Zeitmoments" und kann folglich nicht gleichzeitig das „Umstandsmoment" begründen. Siehe zur Verwirkung im Einzelnen *Boecken*, Rn. 694.

[12] Im Gegensatz dazu ist eine Einrede rechtshemmend (dilatorisch), wenn sie dem erhobenen Anspruch nur zeitweilig entgegensteht, wie z. B. eine Stundung.

[13] Vgl. dazu *Boecken*, Rn. 692 ff.

[14] BGH, NJW 1999, 2884, 2886; MünchKommBGB/*Ernst*, 5. Aufl. 2008, § 281 Rn. 165.

stands, welcher zur Entbehrlichkeit einer Fristsetzung führt, in einem Verhältnis der elektiven Konkurrenz, soweit der Schadensersatz nicht verlangt wurde (vgl. § 281 IV BGB). Der Anspruch nach §§ 280 I, III, 281 BGB ist dementsprechend (erst) am 20. 12. 2006 mit der Leistungsverweigerung des I entstanden. Die Verjährungsfrist hat mit dem Ablauf des 31. 12. 2006 begonnen. Dementsprechend ist sie am 10. 12. 2009 noch nicht abgelaufen.

Eine Verjährung des Anspruchs nach §§ 214, 195, 199 BGB liegt folglich nicht vor.

2.   § 218 BGB analog?

Die Geltendmachung des Anspruchs könnte in analoger Anwendung des § 218 I BGB ausgeschlossen sein.[15]

a)   Widerspruch zu § 218 I BGB

Das durch die wortlautgetreue Anwendung des Verjährungsrechts auf den Schadensersatzanspruch gefundene Ergebnis führt zu einem Widerspruch mit der Wertung des § 218 I BGB. Nach § 218 I BGB kann der Gläubiger nach der Verjährung des Primäranspruchs nicht mehr vom Vertrag zurücktreten; er kann folglich keinen Rückgewähranspruch gemäß § 346 I BGB auf eine erbrachte Vorleistung mehr erlangen. Würden die Verjährungsregeln unmodifiziert auf den Schadensersatzanspruch angewendet, könnte er aber faktisch doch noch die erbrachte Leistung zurückfordern, und zwar über einen nach der Surrogationsmethode berechneten Schadensersatzanspruch, wonach er den vollen Wert der ihm geschuldeten Sachleistung verlangen kann. Hierbei wird vermutet, dass dieser dem vertraglich vereinbarten Preis entspricht.[16] Er kann also auch mittels seines Schadensersatzanspruchs den gezahlten Preis zurückverlangen, obwohl es sich inhaltlich um einen Rückzahlungsanspruch handelt. Durch die selbstständige Verjährung des Schadensersatzanspruchs kann er den Rückzahlungsanspruch bis zu drei Jahre geltend machen, nachdem der Rücktritt bereits ausgeschlossen ist.

b)   Vergleichbare Sachverhalte

Dieses unbillige Ergebnis kann im vorliegenden Fall durch die analoge Anwendung des § 218 I BGB auf den Schadensersatzanspruch verhindert werden. Da der Schadensersatzanspruch und der Anspruch aus § 346 I BGB faktisch den gleichen Inhalt haben, ist die für eine Analogie erforderliche Vergleichbarkeit der Sachverhalte gegeben.

---

[15]   Für eine Verjährung des Schadensersatzanspruchs mit dem Primäranspruch: Münch-KommBGB/*Ernst*, 5. Aufl. 2008, § 281 Rn. 97.

[16]   Die Vermutung basiert darauf, dass es bei einem gegenseitigen Vertrag typisch ist, dass jede Partei zumindest Äquivalenz der Leistungen anstrebt.

c) Planwidrige Gesetzeslücke

Eine Analogie setzt eine planwidrige Gesetzeslücke voraus. Gegen eine solche Lücke könnte vorliegend die Gesetzgebungsgeschichte sprechen. Im Gesetzgebungsverfahren zur Schuldrechtsreform des Jahres 2002 hatte der Bundesrat den Antrag eingebracht, die Vorschrift des § 218 BGB-RE zur Unwirksamkeit des Rücktritts bei Verjährung des Anspruchs auf die Leistung bzw. des Nacherfüllungsanspruchs dahingehend zu ändern, dass auch § 281 BGB von der Norm erfasst werde[17]; dieser Antrag wurde vom Bundestag jedoch abgelehnt.[18] Begründet wurde dieses Vorgehen damit, dass eine solche Regelung nicht notwendig sei, da ein Schadensersatzanspruch wegen Unmöglichkeit gemäß § 281 BGB nach Verjährung des Erfüllungsanspruchs ohnehin nicht entstehen könne, weil erst eine Nichtleistung trotz Durchsetzbarkeit der Forderung die notwendige Pflichtverletzung begründe. In der Tat gibt es *nach* Eintritt der Verjährung des Erfüllungsanspruchs keine rechtlich relevante Pflichtverletzung mehr; ein Rücktrittsrecht i. S. der §§ 323 ff. (und folglich auch ein Anspruch aus § 346 I) oder ein Schadensersatzanspruch kann hier nicht mehr entstehen. Eine Pflichtverletzung *vor* Verjährung begründet demgegenüber zwar den Anspruch aus § 281 BGB, nicht aber denjenigen aus § 346 I BGB, weil hier zusätzlich noch eine Gestaltungserklärung vor Eintritt der Verjährung erforderlich ist (§ 218 BGB). Dies zeigt, dass der Gesetzgeber die Problematik nicht voll bewältigt hat: während der Anspruch auf Schadensersatz und der Rücktritt bei Pflichtverletzungen nach Eintritt der Verjährung gleich behandelt werden, ist ein Gleichlauf bei Pflichtverletzungen vor Eintritt der Verjährung nicht gewährleistet. Insofern kann von einer planwidrigen Lücke ausgegangen werden, da bei wortgetreuer Anwendung des Gesetzes das vom Gesetzgeber mit der Regelung des § 218 BGB verfolgte Ziel nicht erreicht wird.

d) Zwischenergebnis

Der Schadensersatzersatzanspruch des N war ab dem Zeitpunkt, in dem der Primäranspruch verjährte, nicht mehr durchsetzbar.[19] Da der Primäranspruch bereits am 1. 1. 2007 verjährt war, kann ein Schadensersatzanspruch im Jahre 2009 nicht mehr durchgesetzt werden.

---

[17] BT-Drucks. 14/6857, S. 10.

[18] BT-Drucks. 14/6857, S. 46.

[19] Neben einer analogen Anwendung des § 218 I BGB mit der Folge, dass der Schadensersatzanspruch zeitgleich mit dem Primäranspruch verjährt, wäre auch eine analoge Anwendung dahingehend denkbar, dass der Schadensersatz nur vor Verjährung des Primäranspruchs verlangt werden kann. Erwägen könnte man auch, die analoge Anwendung des § 218 I BGB nur auf den Teil des Schadensersatzanspruchs zu beschränken, der sich inhaltlich mit dem Anspruch aus § 346 I BGB deckt.

C. Gesamtergebnis Fall 22

Im Ergebnis kann N von I keine Zahlung verlangen.

Merke

1. Durch Zeitablauf können Ansprüche verjähren und folglich nicht mehr durchsetzbar sein (§ 214 BGB). Die Verjährungsvorschriften dienen dem Schutz des Schuldners vor einer Inanspruchnahme aus Forderungen, deren Entstehen länger zurückliegt und deren Geltendmachung aus Schuldnersicht unerwartet ist. Je mehr Zeit abläuft, desto schwieriger wird es, für den (Fort-)Bestand und die Durchsetzbarkeit der Forderung relevante Tatsachen zu beweisen. Dies gilt sowohl für Tatsachen, für die der Gläubiger den Beweis anzutreten hat, als auch für Tatsachen, die für den Schuldner günstig sind. Anders als der Gläubiger hat der Schuldner keinen Einfluss darauf, wann die Forderung geltend gemacht wird. Aus diesem Grund wird er durch die Verjährungsvorschriften geschützt.[20] Darüber hinaus dient die Verjährung der Rechtssicherheit und dem Rechtsfrieden.[21]

2. Gestaltungsrechte (wie das Rücktrittsrecht) können nicht verjähren; sie können aber der Präklusion (Verfristung) unterliegen und folglich nach Ablauf einer bestimmten Frist nicht mehr geltend gemacht werden.

3. Neben der Verjährung und der Verfristung können Ansprüche und Rechte verwirkt werden. Die Verwirkung hat zur Folge, dass der Anspruch oder das Recht gemäß § 242 BGB nicht durchgesetzt bzw. ausgeübt werden kann. Es muss eine „illoyal verspätete Geltendmachung"[22] durch den Berechtigten vorliegen. Für die Verwirkung sind neben einem längeren Zeitablauf weitere Umstände erforderlich:[23] Die allgemeine Ansicht fordert bei der Verwirkung ein „Zeitmoment" und ein „Umstandsmoment". Aus dem Zusammenspiel dieser beiden Aspekte ergibt sich die Berechtigung des Schuldners, auf die Nichtgeltendmachung der Forderung bzw. die Nichtausübung des Rechts zu vertrauen.

---

[20] Vgl. MünchKommBGB/*Grothe*, 5. Aufl. 2006, Vorb. Verjährung, Rn. 6.

[21] Vgl. MünchKommBGB/*Grothe*, 5. Aufl. 2006, Vorb. Verjährung, Rn. 7.

[22] RGZ 155, 148, 152.

[23] Die §§ 194 ff. BGB schützen abstrakt das Vertrauen auf die Nichtgeltendmachung einer Forderung wegen reiner Untätigkeit/reinen Zeitablaufs. Die Geltendmachung einer Forderung innerhalb der Verjährungsfrist kann dementsprechend nicht allein wegen Untätigkeit des Gläubigers ausgeschlossen werden (über das Rechtsinstitut der Verwirkung oder des konkludenten Verzichts). Bei einem Recht, welches einer Ausübungsfrist unterliegt, gilt dies ebenfalls; anders kann es nur bei Rechten sein, die keiner Ausübungsfrist unterliegen (wie z. B. das Klagerecht aus § 315 III, I BGB).

4. Ist das Vertrauen des Schuldners auf die Nichtgeltendmachung allein (d. h. ohne Berücksichtigung eines Zeitablaufs) wegen eines Verhaltens des Gläubigers objektiv gerechtfertigt, kann eine konkludente Verzichtserklärung[24] angenommen werden. Es muss sich allerdings um ein Verhalten handeln, welches aus Sicht des Empfängers[25] eindeutig einen Verzichtswillen ausdrückt.

---

[24] Bei einem Forderungsverzicht handelt es sich rechtstechnisch um einen Erlassvertrag i. S. von § 397 BGB; erforderlich sind deshalb Angebot und Annahme.

[25] BGH, NJW 1990, 2250, 2252. Nach den allgemeinen Grundsätzen der Rechtsgeschäftslehre kann nur die Sicht des „verobjektivierten Empfängers" entscheidend sein.

Teil 3: Aufbauschema für die Prüfung

Ist ein Vertrag („Konsens") durch Angebot und Annahme zustande gekommen?

A. Tatsächlicher Konsens

Zunächst ist immer zu prüfen, ob den Parteien nach dem Sachverhalt trotz missverständlicher Wortwahl eine tatsächliche Verständigung gelungen ist. Liegt (was im Streitfall vor Gericht durch Zeugenvernehmung festzustellen ist) eine tatsächliche Übereinstimmung vor, ist, sofern alle sonstigen einschlägigen gesetzlichen Vorschriften beachtet wurden, ein gültiger Vertrag zustande gekommen. Der Vertrag ist ein Instrument der Privatautonomie; es geht um beidseitige (bilaterale) Selbstbestimmung. Der Richter hat den übereinstimmenden Willen der Parteien zu respektieren. Die Prüfung zu Punkt B. entfällt.

Die ausgetauschten Erklärungen sind nur Erkenntnismittel für den empirisch-realen Willen der Parteien, um dessen Verwirklichung es geht. Gelungene Willensübereinstimmung erübrigt daher die Frage, wie sie gelungen ist; falsa demonstratio non nocet. Der mögliche Wortsinn (d. h. die semantisch-lexikalische Wortbedeutung) stellt keine unüberwindliche Grenze für die Auslegung von Willenserklärungen dar.

Sonderproblem bei formgebundenen Willenserklärungen (WE): Muss der Wille der Parteien in den schriftlichen Erklärungen zumindest *angedeutet* sein? (h. L.: ja; beim Testament besonders streitig).

B. Normativer Konsens

I. Angebotserklärung (Offerte)

1. Besteht kein (beweisbarer) tatsächlicher Konsens, sondern *Streit* darüber, ob und mit welchem Inhalt ein Vertrag zustande gekommen ist, so ist im Wege der Auslegung zu ermitteln, welchen Sinn die vom Erklärenden abgegebene und dem Adressaten zugegangene Angebotserklärung, bezogen auf die wesentlichen und die sonst noch erklärten Geschäftsbestandteile (essentialia und accidentalia negotii), hat.

Eine WE hat nach den allgemeinen Auslegungsregeln, die für Willenserklärungen gelten (§§ 133, 157 BGB), die Bedeutung, die ihr ein verständiger Erklärungsempfänger („reasonable person") in der konkreten Situation des Rezipienten, d. h. unter Berücksichtigung von Text und Kontext (Verkehrssitte und Treu und Glauben) bei Zugang beimessen durfte.[1] Dieser Auslegungsmaßstab

---

[1] Vgl. BVerfG, WRP 2003, 633, 635 (Benetton-Werbung II): „Dabei (s. c.: bei der Ermittlung des Sinns einer Äußerung) kommt es nicht auf nach außen nicht erkennbare Absichten des Urhebers der Äußerung an, sondern auf die Sichtweise eines verständigen

gilt für ausdrückliche und stillschweigende (konkludente) Willenserklärungen. Widersprechen sich die ausgelegte Erklärung und sonstige vom Erklärenden benutzte, zur Willensermittlung heranzuziehende nonverbale Kommunikationsmittel („facta concludentia"), so kommt der Erklärung eine vorrangige Bedeutung zu.[2] Der vielfach zur Begründung eines Vorrangs der facta concludentia verwandte Satz „protestatio facto contraria non nocet" ist weder ein von der linguistischen Pragmatik gestützter Erfahrungssatz, auf den eine tatsächliche Vermutung gestützt werden kann, noch ein aus den §§ 133, 157 BGB ableitbarer Rechtssatz i. S. einer widerleglichen oder gar unwiderleglichen Rechtsvermutung. Der Satz rechtfertigt deshalb nicht, dem nonverbalen, „faktischen" („sozialtypischen") Verhalten Vorrang vor der anders lautenden Erklärung („protestatio") einzuräumen. Dies gilt auch im Bereich des modernen Massenverkehrs (sehr streitig!).

Erweist sich eine Äußerung im Lichte ihrer Auslegung gemäß §§ 133, 157 BGB als perplex (objektiv widersprüchlich) oder als unbestimmt (objektiv mehrdeutig), so hat die Willenserklärung die Bedeutung, die der Erklärende bei Abgabe der Erklärung subjektiv mit ihr verbunden hat, da der Erklärungswortlaut in diesem Falle keine Vertrauensgrundlage für eine Interpretation zugunsten des Empfängers darstellt.

Empfängers unter Berücksichtigung der für ihn wahrnehmbaren, den Sinn der Äußerung mitbestimmenden Umstände. Wie bestimmte Minder- oder Mehrheiten von Rezipienten die Äußerung tatsächlich verstehen, kann ein Argument, muss aber nicht entscheidend sein…" Zu den Anforderungen an eine grundrechtlich nachvollziehbare Deutung der Erklärung gehöre es, „dass der Kontext berücksichtigt und der Äußerung kein … Sinn zugeschrieben wird, den sie objektiv nicht haben kann."

[2]   Dazu unübertrefflich klar bereits *F. K. v. Savigny*, (System des heutigen römischen Rechts, Band 3, 1840 [Neudruck: 1981], § 131, S. 245 f.), der Begründer der heutigen Rechtsgeschäftslehre: „Die stillschweigende Erklärung des Willens besteht in solchen Handlungen, die zwar selbständige Zwecke haben, zugleich aber als Mittel für die Erkenntnis des Willens dienen. Sollen sie dafür gelten, so muß ein sicherer Schluss möglich sein von der vorgenommenen Handlung auf das Dasein des Willens. Die Annahme einer stillschweigenden Erklärung beruht also stets auf einer wirklichen Beurteilung der einzelnen Handlung, mit Rücksicht auf alle Umstände, von welchen sie begleitet ist, und diese Beurteilung nimmt hier dieselbe Stelle ein, wie bei der ausdrücklichen die Auslegung der gebrauchten Worte. Nicht selten wird die Handlung für sich alleine gar nicht als Willenserklärung gelten können, sondern es wird dazu der positiven Mitwirkung äußerer Umstände bedürfen; aber auch, wo aus ihr allein ein Schluss auf den Willen in der Regel wohlbegründet sein mag, kann derselbe dennoch durch entgegenwirkende Umstände entkräftet werden. Diese werden oft ganz individueller Natur sein, also lediglich in dem besonderen Hergang eben dieser einzelnen Handlung liegen; sie können aber auch einen allgemeineren Charakter an sich tragen, so daß sie sich auf gemeinsame Regeln zurückführen lassen. So wird die Wirksamkeit einer Handlung als stillschweigende Willenserklärung vor Allem entkräftet durch eine ausdrückliche Gegenerklärung, welche Protestation oder Reservation genannt wird."

2. Nach Ermittlung des äußeren (objektiven) Erklärungstatbestandes gemäß dem zu 1. skizzierten Grundsatz ist das Vorliegen des inneren (subjektiven) WE-Tatbestandes zu prüfen. Eine rechtliche Zurechnung der äußeren Erklärung ist nur möglich, wenn der Äußernde die Erklärung mit *Handlungswillen* (arg.: § 105 II BGB) und mit *Erklärungsbewusstsein* (arg.: § 118 BGB; str.; a. M. BGH) abgegeben hat.

3. Prüfung eines rechtzeitigen Widerrufs der WE (§ 130 I 2 BGB) bzw. der Ausübung eines gesetzlichen oder vertraglichen Widerrufsrechts (vgl. §§ 312, 312d, 485, 495, 505 i. V. mit § 355 BGB).

II. Annahmeerklärung

Steht der Sinn der Angebotserklärung gemäß den zu I. dargestellten Grundsätzen normativ fest, so ist zu prüfen, ob die Annahmeerklärung gemäß §§ 133, 157 BGB mit dem Angebot inhaltlich übereinstimmt (bzw. im Wesentlichen übereinstimmt, so dass nach der Auslegungsregel des § 155 BGB der Vertrag gleichwohl geschlossen ist). Für die Gültigkeit der Annahmeerklärung gelten ergänzend die Grundsätze, die zu I 2. – 3. herausgearbeitet worden sind.

III. Schlussfolgerung: Konsens oder Dissens

Stimmen Angebot und Annahme in ihrem normativ maßgeblichen Sinn nicht überein, so liegt, wenn kein Fall von A. gegeben ist, *Dissens* (§ 154 f. BGB) vor.

C. Form

Stimmen die Erklärungen nach den zu A. und B. dargestellten Grundsätzen überein, so ist zu untersuchen, ob der Vertrag den vereinbarten bzw. den gesetzlichen Formvorschriften (§§ 125 ff. BGB) entspricht. Dabei ist, wenn der Sachverhalt dafür Anhaltspunkte bietet, auch zu prüfen, ob der Mangel der *vereinbarten* Form, der nach der Auslegungsregel des § 154 II BGB das Zustandekommen des Vertrages hindert, durch eine spätere, auf die Form verzichtende ausdrückliche oder konkludente Vereinbarung geheilt worden ist.

D. Gesetzes- und Sittenverstoß

Besteht Konsens, so ist zu klären, ob der Vertrag die der Privatautonomie gesetzten Grenzen überschreitet, indem er gegen zwingendes Recht oder gegen die guten Sitten (§§ 134, 138, 307 ff. BGB) verstößt. Wenn ja, ist zu prüfen, ob eine teilweise Aufrechterhaltung des Vertrages (entgegen der Auslegungsregel des § 139 BGB; vgl. z. B. § 306 BGB), ggf. nach Umdeutung gemäß § 140 BGB in Betracht kommt.

Ist ein Vertrag nach §§ 134, 138 BGB nichtig, so ist eine Anfechtung der An- gebots- oder Annahmeerklärung (s. dazu unter E.) überflüssig und wirkungslos (anders die h. L. unter Berufung auf die von *Kipp* entwickelte Theorie der Dop- pelwirkungen im Recht). *Ausnahme:* Ist eine Willenserklärung gemäß § 123 BGB anfechtbar, so hat diese Vorschrift als lex specialis Vorrang gegenüber § 138 BGB; denn es soll der arglistig getäuschten oder rechtswidrig bedrohten Person überlassen bleiben, selber zu entscheiden, ob sie durch eine Anfechtung das Rechtsgeschäft gemäß § 142 BGB unwirksam macht oder nicht.

E. Anfechtbarkeit einer Willenserklärung

Ist ein gültiger Konsens über die *essentialia negotii* und die aus der Sicht der Par- teien zu vereinbarenden *accidentalia negotii* erzielt, so ist zu untersuchen, ob die Partei, die die ihr nach allgemeinen Auslegungsgrundsätzen (§§ 133, 157 BGB) zugerechnete WE so nicht abgeben wollte und deshalb an den Vertrag nicht ge- bunden sein will, die Erklärung *anfechten* und damit rückwirkend (§ 142 I BGB) vernichten kann.

I.   Zum Verhältnis von erläuternder und ergänzender Auslegung zur Anfechtung

Ein Anfechtungsrecht gemäß § 119 I BGB besteht *nur*, wenn die *erläuternde Aus- legung* des äußeren Willenserklärungstatbestandes zur Zurechnung einer WE führt, die der Erklärende nach seinem empirisch-realen Willen zum Zeitpunkt der Abgabe der WE so nicht abgeben wollte.

Wird dagegen im Wege *ergänzender Vertragsauslegung* eine planwidrige oder absichtsvolle Unvollständigkeit des Vertrags (sog. Vertragslücke) i. S. eines folge- richtigen Zuendedenkens des Vertrages gemäß dem *hypothetischen Parteiwillen* geschlossen, so ist eine Anfechtung ausgeschlossen; denn der im Wege der ergän- zenden Auslegung nach dem Maßstab immanenter Vertragsgerechtigkeit herge- stellte, vervollständigte Erklärungssinn findet keine Entsprechung im realen Wil- len der Parteien bei Abschluss des Vertrages; diese haben ja bewusst oder unbe- wusst gerade auf die Regelung dieses Punktes verzichtet, so dass eine Divergenz von Wille und Erklärung typischerweise nicht vorliegt und schon deshalb § 119 BGB nicht anwendbar ist. Überdies entspricht die Vertragsergänzung „bei ver- ständiger Würdigung" (§ 119 I Hs. 2 BGB) dem Interesse des Erklärenden, so dass auch aus diesem Grunde eine Anfechtung ausscheidet. Ebenso ist eine Anfechtung nach § 119 BGB ausgeschlossen, wenn sich eine Vertragspartei über die Rechts- folgen („naturalia negotii") irrt, die von Gesetzes wegen mit dem gewählten Ver- tragstyp verbunden sind.

Merke: Die erläuternde Auslegung hat das Ziel, dem empirisch-realen Willen des Erklärenden, soweit dies nach den unter B. I. 1. dargestellten Grundsätzen möglich ist, zur Geltung zu verhelfen. Die ergänzende Vertragsauslegung fragt, wenn die Parteien für eine streitige Frage keine (erkennbare) Regelung getroffen haben, nach dem hypothetischen Parteiwillen. Hierbei geht es nicht um die „Erhellung von Unerhelltem" oder die „Entbergung von im Vertragstext Verborgenem" i. S. geisteswissenschaftlicher Hermeneutik, sondern um eine faire, den Interessen beider Parteien Rechnung tragende, „vertragsloyale" Interessenabwägung.

II.   Anfechtungsgründe

Als Anfechtungsgründe kommen in Betracht:

1. §§ 2078, 2079 BGB bei letztwilliger Verfügung als Spezialregelungen gegenüber §§ 119 ff. BGB

2. § 123 I Alt. 2 BGB (widerrechtliche Drohung)

3. § 123 I Alt. 1 BGB (arglistige Täuschung)

4. § 120 BGB (Erklärungsirrtum bei Abgabe der WE durch Erklärungsboten)

5. § 119 I Alt. 2 BGB (Irrtum über die Erklärungshandlung; verkürzt: Erklärungsirrtum)

6. § 119 I Alt. 1 BGB (Irrtum über den Erklärungsinhalt; verkürzt: Inhaltsirrtum)

   Merke: Eine Anfechtung wegen Inhaltsirrtums ist nur möglich, wenn der empirisch-reale Wille mit dem normativen Sinn der ausgelegten Erklärung unbewusst nicht übereinstimmt. Dies ist der Fall, wenn sich der subjektiv gewollte und der nach allgemeinen Auslegungsgrundsätzen (§§ 133, 157 BGB) verwirklichte Erklärungsinhalt nicht decken. Schlagwortartig ausgedrückt: Es muss eine unbewusste *Divergenz* von Wille und Erklärung vorliegen. Auch Eigenschaften einer Sache können ausdrücklich oder konkludent zum Inhalt der Erklärung gemacht werden. Entsprechen die gemäß §§ 133, 157 BGB objektiv miterklärten Eigenschaften nicht der subjektiv gewollten Erklärungsbedeutung, so kann der Erklärende wegen dieses Irrtums über die Sollbeschaffenheit der Sache, auf die sich seine Erklärung bezieht, diese gemäß § 119 I BGB anfechten.

7. § 119 II BGB (Irrtum über eine verkehrswesentliche Eigenschaft)

   Merke: Ein Eigenschaftsirrtum nach § 119 II BGB ist relevant, wenn der Vertragsgegenstand in der Realität Eigenschaften aufweist, die vom Inhalt der (nach §§ 133, 157 BGB ausgelegten) Erklärung verkehrswesentlich abweichen (sog. Irrtum über die Istbeschaffenheit). Die Anwendung des § 119 II BGB ist aber ausgeschlossen, wenn die §§ 434 ff. BGB als Spezialregelung eingreifen. *Kein* Anfechtungsgrund ist ein bloßer Motivirrtum. § 102 des Ersten Entwurfs zum BGB (vgl. Motive I, S. 196 ff.) stellte dies ausdrücklich klar mit den Worten: „Ein Irrtum in den Beweggründen ist, sofern nicht das Gesetz ein anderes bestimmt, auf die Gültigkeit eines Rechtsgeschäfts ohne Einfluss."

III. Ausschluss oder Einschränkung des Anfechtungsrechts
(z. B. bei Erklärungen an die Öffentlichkeit)

IV. Zugang (§ 143 BGB) der Anfechtungserklärung innerhalb der gesetzlichen Fristen (§§ 121, 124 BGB)

V. Anfechtungsrecht ist kein Reurecht

Der Anfechtungsgegner kann den Anfechtungsberechtigten am empirisch-realen Willen festhalten, wenn er nach Zugang der Anfechtungserklärung das dem Willen des Offerenten entsprechende Angebot unverzüglich annimmt.

F. Fehlen der Geschäftsgrundlage (§ 313 BGB)

Eine Partei kann eine Anpassung bzw. eine Aufhebung des Vertrages verlangen, wenn die *Geschäftsgrundlage des Vertrages* von Anfang an wegen eines gemeinsamen Motivirrtums fehlt (§ 313 II BGB) oder nachträglich wegfällt (§ 313 I BGB). Die von Anfang an dogmatisch verfehlte Rechtsprechung des Reichsgerichts zur Anfechtung wegen eines erweiterten Inhaltsirrtums analog § 119 I BGB ist mit der gesetzlichen Regelung in § 313 II BGB endgültig überholt.

Sachverzeichnis

Die Ziffern verweisen auf die Seitenzahlen des Buches.